Oliver Schröm

Die Cum-Ex-Files

Oliver Schröm

Die Cum-Ex-Files

Der Raubzug der Banker, Anwälte und Superreichen – und wie ich ihnen auf die Spur kam

Ch. Links VERLAG

Mitarbeit: Wigbert Löer

Auch als ebook erhältlich

Die Deutsche Nationalbibliothek verzeichnet diese Publikation in der Deutschen Nationalbibliografie; detaillierte bibliografische Daten sind im Internet über www.dnb.de abrufbar.

Ch. Links Verlag ist eine Marke der Aufbau Verlage GmbH & Co. KG

4. Auflage, 2022

www.christoph-links-verlag.de
Prinzenstraße 85, 10969 Berlin, Tel.: (030) 44 02 32-0
Umschlaggestaltung: zero-media.net, München
Satz: Nadja Caspar, Ch. Links Verlag
Druck und Bindung: Druckerei F. Pustet, Regensburg
Gedruckt auf säurefreiem, alterungsbeständigem Papier

ISBN 978-3-96289-123-7

INHALT

Journalismus kann abdanken,
wenn er harmlos wird.
Willy Brandt

Anmerkung zu diesem Buch

Die Cum-Ex-Files umfassen mittlerweile mehr als 200 000 Seiten, darunter interne Vermerke und Notizen, Durchsuchungs- und Vernehmungsprotokolle, E-Mails und Aufzeichnungen von abgehörten Telefonaten. Diese überwiegend vertraulichen Unterlagen von Banken, Behörden oder Anwaltskanzleien sowie mehr als tausend Stunden Interviews und offizielle oder inoffizielle Gespräche, die der Autor im Laufe von acht Jahren geführt hat, sind die Grundlage dieses Buches. Zitate, Dialoge und Gedanken der beschriebenen Personen stammen aus diesen Unterlagen, aufgezeichneten Interviews oder Gesprächen, die vom Autor mitnotiert oder umgehend in einem Gedächtnisprotokoll verschriftlicht wurden. Weitere Zitate oder Dialoge wurden mit den beteiligten Personen nachträglich für dieses Buch rekonstruiert.

PROLOG

Dubai, 19. August 2021

41 Grad im Schatten, hohe Luftfeuchtigkeit. Wer kann, verlässt zu dieser Jahreszeit die Stadt. Sanjay Shah bleibt.

In Deutschland ermittelt die Kölner Staatsanwaltschaft gegen ihn, die Hamburger Strafermittler haben bereits Anklage wegen Geldwäsche erhoben. In Belgien hat ihn die Justiz auch auf dem Kieker. Die dänische Steuerbehörde geht in vier Ländern gegen ihn vor, ein internationaler Haftbefehl ist unterschrieben und gültig. Verlässt Sanjay Shah die Emirate, hat er gute Chancen, im Gefängnis zu landen, in Dänemark, vielleicht auch in Deutschland.

Ich bin mit Shah im »Phileas Fogg's« verabredet, einem Restaurant auf dem Gelände der Montgomerie Golf Academy. Schon morgens um neun Uhr brennt die Sonne so stark, dass gerade mal ein einziger Golfer ein paar Abschläge probiert. Die Bälle fallen auf sattes Grün. Es müssen Unmengen von Wasser sein, die in die Driving Range gepumpt werden.

Shah, 51 Jahre alt, lebt auf der »Palme«, einer künstlich angelegten Inselgruppe. Er bewohnt dort 1000 Quadratmeter, die einmal dem siebenfachen Formel-Eins-Weltmeister Michael Schuhmacher gehört haben. Als Shah erfuhr, wer sein Vorbesitzer war, wollte er das Haus in Ferrarirot anstreichen lassen. Aber seine Frau war dagegen. Mittlerweile ist ihm das Haus etwas zu groß. Zwei seiner drei Kinder gehen in England zur Schule. Das jüngste ist Autist, weshalb Shah die Stiftung »Autism Rock« gegründet hat.

Finanziell läuft es im Moment nicht so gut für Shah. Die Behörden in Dänemark und Deutschland haben sein Vermögen einfrieren lassen.

Genaue Zahlen sind schwierig zu bekommen. Nach allem, was man weiß, verdiente Shah mit Cum-Ex-Geschäften wohl 500 bis 700 Millionen Euro. Der Steuerschaden, den er mit seiner Firma durch die kriminellen Aktiendeals angerichtet hat, geht in die Milliarden. Allein der dänische Staat soll rund 1,2 Milliarden Euro verloren haben.

Seit acht Jahren beschäftige ich mich als Journalist überwiegend mit Cum-Ex. Ich habe Richter, Staatsanwälte, Steuerfahnder und Polizisten kennengelernt, die versuchen, Teile des größten Steuerraubs der Geschichte aufzuklären. Meine Recherchen für verschiedene Redaktionen haben mir auch ermöglicht, mit der anderen Seite zu sprechen: mit Bankern, Beratern, Anwälten und Investoren, die sich mit den Deals die Taschen vollstopften. Sanjay Shah, britischer Staatsbürger mit indischen Wurzeln, ist einer der größten Fische unter all den skrupellosen Verbrechern, die sich auf Kosten der Steuerzahler bereichert haben.

Das Fernsehinterview soll eines der letzten sein, das ich im Cum-Ex-Milieu führe. In all den Jahren habe ich für meine Recherchen einige Preise erhalten, aber sie haben mir noch mehr Straf- und Gerichtsverfahren eingebracht. Die Schweizer Justiz ermittelte jahrelang gegen mich wegen Wirtschaftsspionage, die Hamburger Staatsanwaltschaft hatte mich wegen Anstiftung zum Verrat von Geschäfts- und Betriebsgeheimnissen im Visier. Die Bonner Staatsanwaltschaft führte ein Ermittlungsverfahren wegen Geheimnisverrat. Ausgangspunkt waren immer Anzeigen von Banken oder Anlageberatern, deren Cum-Ex-Machenschaften ich gemeinsam mit Kollegen öffentlich machen konnte. Hinzu kommen unzählige Presserechtsverfahren, mit denen Bankiers und Berater nicht nur die Redaktionen und Verlage überzogen haben, für die ich arbeitete. Manche von ihnen gingen presserechtlich auch persönlich gegen mich vor. Einige dieser Verfahren sind nach wie vor anhängig und werden voraussichtlich noch eine Weile laufen. Für uns Journalisten sind die Kosten solcher Rechtstreitigkeiten immens und mitunter bedrohlich. Die andere Seite bewältigt so etwas aus der Portokasse.

Sanjay Shah hat einen Ruf wie Donnerhall. Ich habe mich mit früheren Weggefährten und Geschäftspartnern von ihm unterhalten. Er liebe die Bühne, könne stundenlang unterhaltsam reden, sagten sie, beschrieben ihn aber auch als Menschen frei von jedem Mitgefühl. Seine

Mitarbeiter habe er mit Millionengehältern bedacht, sie nach spätestens zwei Jahren aber wieder vom Hof gejagt. »Hire and fire«, offenbar aus Prinzip.

Shah habe es krachen lassen. Es gab Weihnachtsfeiern mit Champagner in rauen Mengen und wilde Partys in Dubai, wofür Rockstars wie Prince oder Lenny Kravitz extra eingeflogen wurden. Sein Büro im Finanzdistrikt von Dubai sei der reine Protz gewesen. Dort gab es ein riesiges Aquarium, in dem soll sogar ein Hai seine Kreise gezogen haben.

Vor ein paar Monaten hat Shah über Zoom zwei Interviews gegeben, *Bloomberg TV* und der dänischen Wirtschaftszeitung *Borsen.* Er gab sich wütend, fast aggressiv, schimpfte auf die Steuerbehörden. Die ihm seine Millionen sperrten. In Richtung Pleite scheint er mir allerdings noch nicht zu schlittern. So hält Shah Anteile an einer kleinen Privatbank, die am Hamburger Fischmarkt liegt. Varengold Bank heißt sie und bietet laut Imagefilm Finanzprodukte zu Preisen an, die sich nur wenige leisten können. Shah gehören 15 Prozent der Varengold Bank.

Die Stimmung in unserem Fernsehteam ist angespannt. Seit drei Tagen sind wir in Dubai, doch das Gepäck unseres Kameramannes Felix Meschede fehlt. Täglich vertröstet uns die Fluggesellschaft. So haben wir nur den Teil der Kameraausrüstung zur Verfügung, den Felix und mein NDR-Kollege Manuel Daubenberger als Handgepäck mitgeführt hatten. Heute sind Felix und Manuel in aller Frühe losgezogen, um bei einer Produktionsfirma alles an Ausrüstung auszuleihen, was sie bekommen können. Am Ende fehlt die Zeit, die Akkus noch einmal komplett aufzuladen.

Manuel setzt sich zur Lichtprobe in den Sessel, in dem Shah gleich Platz nehmen soll. Er wird mit mir zusammen das Interview führen und die meisten Fragen stellen. Sein Englisch ist einfach viel besser als meins. Wenn wir den Großteil im Kasten haben, will ich Shah vor laufender Kamera ein heimlich aufgenommenes Telefonat zwischen einem früheren Chef der Varengold Bank und einem Cum-Ex-Paten vorspielen, der mittlerweile mit internationalem Haftbefehl von Interpol gesucht wird. Dessen Steckbrief hatten wir noch am Flughafen in Deutschland gesehen. In dem Telefonmitschnitt geht es um Shah und die Art, wie er sich einst die kleine Privatbank am Fischmarkt unter den Nagel riss, um darüber seine dunklen Geschäfte abzuwickeln. Wir wollen eine Stellungnahme von ihm dazu, bereiten uns aber darauf vor, dass er an dieser Stelle womöglich das Interview erzürnt abbricht.

Mitten in unseren Vorbereitungen steht plötzlich Shah vor uns. »Bist du Oliver?« Er ist noch kleiner als ich, seine Hände sind gezeichnet von Arthritis, sein Outfit ist unspektakulär: schwarzes T-Shirt, dunkle Jeans, blaue Sneakers. Ich begrüße ihn, aber er geht gleich wieder hinaus. Er werde draußen auf Björn Gercke, seinen deutschen Anwalt, warten, sagt er.

Ich schaue Manuel und Felix an. »Ich denke, von uns muss niemand mehr nervös sein. Dafür gibt es keinen Grund. Sanjay Shah, der ist *wirklich* nervös.«

Das Interview ist ein wichtiger Baustein für einen *Panorama*-Beitrag. Er soll am 21. Oktober 2021 ausgestrahlt werden, im Rahmen einer internationalen Kooperation von 16 Medien in allen fünf Kontinenten, koordiniert von der Recherche-Redaktion *Correctiv*. Damit setzen wir die Recherche Cum-Ex-Files von 2018 fort. Damals haben unter der Leitung von *Correctiv* 19 Medien in ganz Europa enthüllt, dass mit Cum-Ex und ähnlichen Steuertricks mindestens 55 Milliarden Euro aus den Staatskassen geklaut wurden.

Unsere neue Recherche wird noch ganz andere Schadenssummen enthüllen. Noch rechnen unsere Experten, aber nach ersten Zwischenergebnissen könnten es 150 Milliarden Euro in 11 Ländern sein. Die Cum-Ex-Räuber haben selbst vor so exotischen Aktienmärkten wie in Südafrika nicht halt gemacht. Auch Japan, einen der größten und schwierigsten Märkte, nahmen sie ins Visier. Genau dazu wollen wir auch Sanjay Shah befragen. Er weiß wie wenige, was sich aktuell in der Welt der Cum-Ex-Gauner abspielt. Seine Schüler haben heute das Rüstzeug, die Staatskassen weiterhin mit Steuertricks zu plündern. Der Steuerraub, so viel ahnen wir, geht auch im Jahr 2021 unvermindert weiter.

Etwas später sitzt Shah in dem nun perfekt ausgeleuchteten Sessel. Wir haben ein bisschen Small Talk hinter uns, dabei wirkte er auf mich weder empathiefrei noch knallhart oder skrupellos. Die Bühne allerdings, so schien es mir, liebt Shah tatsächlich. Die soll er bekommen, solange er will und die Akkus Strom geben. Unser Interview soll auf der ganzen Welt ausgestrahlt werden. Bereits nach seinen ersten Antworten ist uns klar: Sanjay Shah wird die Zuschauer nicht enttäuschen.

1

Hamburg, 12. September 2013

Das Handy klingelt, als die U-Bahn um die Kurve schießt. Mit ohrenbetäubendem Kreischen fährt der Zug in die Haltestelle Landungsbrücken ein. Am anderen Ende der Verbindung ist Kerstin Westermann, Sekretärin im Politik-Ressort des *stern.* »Ich habe einen Anrufer in der Leitung. Angeblich hat er Informationen zu einer Steuergeschichte.« Ich bin überrascht. Seit drei Jahren leite ich das Investigativ-Team des Magazins. Nur selten hat das Politik-Ressort Hinweise an uns weitergegeben. Aber Kerstin erreicht niemanden von ihren Leuten. Alle sind in der Redaktionskonferenz, Blattkritik. Ich tue mir das selten an. Kerstin weiß das.

»Ich stell' mal durch«, sagt sie und legt auf.

Die Türen der U-Bahn springen auf. Ich bleibe auf dem Bahnsteig stehen, nenne meinen Namen und frage: »Wie kann ich helfen?«

»Sind Sie interessiert an Informationen zu einem der größten Steuerskandale der Geschichte?«

Es gibt Fragen, die eigentlich kein Nein als Antwort erlauben. Aber nach 30 Jahren als investigativer Journalist weiß ich auch: Selten bewahrheiten sich großspurige Hinweise von anonymen Anrufern. »Es kommt drauf an«, antworte ich und frage, mit wem ich es zu tun habe.

»Ich arbeite für eine Schweizer Bank. Es geht um Aktiengeschäfte, durch die dem deutschen Staat vermutlich Milliarden an Steuern entgangen sind. Und Steinbrück ist daran beteiligt!«

In zehn Tagen sind Bundestagswahlen. Finanzminister Peer Steinbrück ist Kanzlerkandidat der SPD. Die Wahl scheint entschieden. Nach neusten Umfragen liegt seine Partei bei 25 Prozent, die CDU bei 40. Hat Steinbrück etwa Steuern hinterzogen?

»Nein!«, sagt der Anrufer, »aber er hat eine Gesetzeslücke noch vergrößert, wodurch sich Jahr für Jahr namhafte und prominente Deutsche zu Unrecht Kapitalertragssteuern auszahlen lassen. Der Schaden geht in die Milliarden.«

Ich habe keine Vorstellung, worum es geht. Zudem keimt Skepsis auf, ob es sich um einen der vielen Anrufer handelt, die sich mit überzogenen Verdächtigungen bei Redaktionen melden.

»Können Sie Namen nennen?«

Der Anrufer lacht. »Damit sie in der nächsten Ausgabe des *stern* stehen?«

Diese Sorge ist unbegründet, mache ich ihm klar. Ohne handfeste Belege veröffentlicht kein vernünftiger Journalist eine Geschichte über mögliche Steuervergehen von Prominenten.

Schweigen am anderen Ende der Leitung.

Ich entscheide mich für alles oder nichts. Ich bitte den Anrufer, einen Namen zu nennen, der zeigt, dass es sich lohnt, das Telefonat fortzuführen.

Schweigen.

Dann: »Carsten Maschmeyer!«

Mit lautem Zischen schließen sich die Türen der U-Bahn. Ich trete ein paar Schritte zurück. Die U3 fährt ohne mich los.

Maschmeyer ist Milliardär, ihm gehörte der Finanzvertrieb AWD. Seine Drückerkolonnen vermittelten hochriskante Finanzprodukte, Schiffsfonds etwa oder Schrottimmobilien. Zehntausende wurden durch Anlageempfehlungen des AWD um ihr Erspartes gebracht, verloren ihre Altersvorsorge. Maschmeyer wurde reich.

Mit seinem Vermögen kamen mächtige Freunde. Ex-Bundespräsident Christian Wulff machte während seiner Amtszeit in Maschmeyers Villa auf Mallorca Urlaub. Gerhard Schröder unterstützte der Milliardär mit der Anzeigekampagne »Der nächste Kanzler muss ein Niedersachse sein«. Nachdem das ARD-Magazin *Panorama* 2010 und 2011 über seinen Aufstieg, seine Geschäftspraktiken und seine Kontakte in die Politik berichtet hatte, überzog Maschmeyer das TV-Magazin mit einstweiligen Verfügungen und ging gegen die Autoren vor. Es kam zu 18 Verfahren.

Für mich bleibt die Frage: Hat der anonyme Anrufer handfeste Beweise, dass Maschmeyer in dunkle Aktiengeschäfte verwickelt ist?

»Wenn Sie Belege sehen wollen, müssen Sie in die Schweiz kommen.«

Kein Problem.

Kurze Pause. »Montag, 15 Uhr, Züricher Hauptbahnhof. Meeting Point am Ende der Bahnhofshalle, kurz bevor es zu den Bahnsteigen geht.«

Bevor ich noch weitere Fragen stellen kann, folgt der Hinweis: »Machen Sie sich schlau über Cum-Ex. Und schauen Sie sich Hanno Berger an. Dann wissen Sie, wovon ich spreche.«

Danach legt der anonyme Anrufer auf. Die nächste U-Bahn fährt ein. Ich habe noch nie von Hanno Berger gehört oder etwas von Aktiengeschäften namens Cum-Ex. Ratlos steige ich in die Bahn.

2

Frankfurt am Main, Frühjahr 2005

Ungläubig starrt Hanno Berger auf das Gutachten. »Das kann nicht sein!«, entfährt es dem Steueranwalt. Sein Mitarbeiter schweigt. Er hat seinen Boss um die Einschätzung einer juristischen Expertise gebeten. »Das kann nicht sein!«, wiederholt Berger und legt das Konvolut auf den Schreibtisch zurück. Auf dem Deckblatt prangt links oben ein Logo. Es zeigt den Erzengel Michael mit einem Speer vor der Brust. Daneben steht: Freshfields Bruckhaus Deringer LLP. Die Anwaltssozietät mit Hauptsitz in London ist eine Art Platzhirsch, weltweit. Ihre Wurzeln reichen zurück bis ins 18. Jahrhundert. Unter dem Namen der Wirtschaftskanzlei steht »Highly confidential«, streng vertraulich. Das Gutachten der Konkurrenz ist brisant, für einen Steueranwalt wie Berger gar revolutionär.

Berger ist selbst ein Schwergewicht in der Branche. Seit zwei Jahren ist der 54-Jährige Steuerchef der Deutschland-Niederlassung von Dewey Ballantine, einer der großen Wall-Street-Kanzleien in New York. Er residiert im 32. Stock des Skyper Towers in Frankfurt am Main. Das Hochhaus hat Glasfassaden und liegt im Finanzviertel, wo hohe Mieten, aber noch viel höhere Umsätze erzielt werden.

Die Geschäfte laufen gut, und das liegt auch daran, dass Berger einen Ruf genießt wie kaum ein anderer Steueranwalt in Deutschland. Unter all den Tricksern, die hochvermögenden Mandanten dabei helfen, möglichst wenig Abgaben zu zahlen, gilt Berger geradezu als Zauberer. Zu seinen Mandanten zählt neben einer Reihe von Großkonzernen beinahe alles, was in der Republik Rang und Namen hat. Der frühere Bundespräsident Richard von Weizsäcker findet sich ebenso in seiner Kundenkartei wie ein namhafter Fußballnationalspieler. Sie schätzen alle dasselbe an

Berger: Er findet immer einen Weg, wie seine Kunden mehr oder weniger legal dem Fiskus Steuern vorenthalten. »Steuern sind auch nur Kosten«, predigt Berger. »Und Kosten müssen optimiert werden.«

Aber was Berger vor sich auf dem Tisch liegen hat, ist kein neues Modell zur Steueroptimierung. Es geht vielmehr um pure Alchemie! In dem umfangreichen Gutachten geben die Kollegen von Freshfields ihre rechtliche Einschätzung zu geplanten Aktiengeschäften ab. Im Branchenjargon heißen sie nur: Cum-Ex. Hinter diesem kryptischen Begriff verbirgt sich eine perfide Masche zum Gelddrucken. Die genaue Ausgestaltung der Aktiengeschäfte ist hoch komplex (siehe Anhang), aber das Grundprinzip dahinter ist simpel: Eine Steuer wird nur einmal bezahlt, jedoch mehrfach vom Finanzamt zurückgefordert.

Dazu werden Wertpapiere rund um den Dividendenstichtag, wenn Unternehmen Gewinnanteile an ihre Aktionäre ausschütten, blitzschnell hin und her geschoben, und zwar einmal mit (Cum) und einmal ohne (Ex) Dividendeanteile. Da das internationale Abwicklungssystem für Wertpapiere eher träge ist, kommt es zu einer widersinnigen Situation: Für rund 48 Stunden ist nicht klar, wer der eigentliche Eigentümer des Wertpapiers ist. Und wer sich die vom Aktienkonzern abgeführte Kapitalertragssteuer auf die Dividende vom Staat teilweise zurückholen darf. Es scheint, als gäbe es zwei oder noch mehr Besitzer der Aktie, und sowohl der ursprüngliche Eigentümer als auch der angebliche Käufern des Wertpapiers erhält von dem automatisierten System eine Steuerbescheinigung, obwohl nur einmal Steuern abgeführt wurden. Die Deals zwischen den Aktienbesitzern ergeben nach den üblichen Maßstäben keinen Sinn, weil die Händler keine Kursgewinne machen. Es geht einzig und allein darum, Steuergelder zu ergaunern. Jeder, der sich an diesem Geschäft beteiligt, wird reicher. Und der Staat wird ärmer, eins zu eins.

Berger vertieft sich erneut in das Gutachten der Konkurrenz. Er ist ein Mensch, der mit Zahlen, aber auch mit Sätzen jonglieren kann, ein Schnell- und Vielredner, nie verlegen um Worte und Argumente. Was er aber nun aufsaugt, lässt selbst ihn für kurze Zeit verstummen. Denn der Grundgedanke ist für einen Steuervermeider wie ihn schlicht genial. Aber ist das auch legal?

Berger rätselt. Normalerweise hat er kein Problem, bei seinen Steuermodellen bis an die Grenze des Erlaubten zu gehen und manchmal vielleicht auch etwas darüber hinaus. Ohne Risiko gibt es keine Rendite. Aber Cum-Ex scheint zu lukrativ, um legal zu sein. Nicht umsonst will sich der Auftraggeber des Gutachtens absichern, diesen Griff in die Staatskasse von Freshfields juristisch als unproblematisch bestätigen lassen. Freshfields ist in seinem Urteil eindeutig: Es gibt kein Gesetz, das eine mehrfache Auszahlung einer nur einmal einbezahlten Steuer verbietet.

Auftraggeber ist die Bank Macquarie aus Sydney. Die australische Investmentbank betreibt neuerdings eine Dependance in München. Sie ist berüchtigt für ihr aggressives Vorgehen am Aktienmarkt. Kein Geschäft scheint zu riskant, solange es genug Boni für die Banker abwirft. Bei Macquarie verdienen Manager ab einem gewissen Level mehrere Millionen im Jahr. In der Branche heißt die Bank deshalb die »Millionärsfabrik«.

Aber bevor Macquarie in Deutschland in das Cum-Ex-Geschäft einsteigt, möchten sich die Australier doppelt absichern und haben daher einen hochrangigen Mitarbeiter aus Bergers Steuerabteilung beauftragt, ein Zweitgutachten zu erstellen. Dieser zieht vorsichtshalber seinen Boss hinzu. Und Berger handelt. Für die Prüfung des Freshfields-Gutachtens trommelt er sein Steuerteam bei Dewey zusammen, großteils junge Kollegen, hoch talentiert und eingeschworen vom ihm selbst. Viele arbeiten schon länger bei Berger, sind gemeinsam mit ihm zu Dewey gekommen, fasziniert von seinen Ideen, seinem Einsatz und seiner Raffinesse. Für einige ist er Lehrer und leuchtendes Vorbild.

Über Wochen brütet Berger mit seinem Team über dem dargelegten Modell. Ist die Konstruktion juristisch wasserdicht? Falls ja, dann dient Cum-Ex als Geldquelle, die erst einmal nicht versiegen kann. Den Profit bringt ja der Staat, und den kann man im Grunde ewig abschöpfen. »Der Staat«, bimst Berger seinem Team ein, »geht niemals pleite.«

Keiner weiß das besser als Berger. Er hat lange genug auf der Seite des Staates gearbeitet, als Steuerprüfer für die hessische Finanzverwaltung. Am Finanzplatz Frankfurt war er für die Prüfung der Banken zuständig. In den Zentralen der Deutschen Bank, der Dresdner Bank und der Commerzbank fürchtete man ihn. Berger war einer der Besten in seinem Fach. Er holte immer etwas mehr raus als seine Kollegen.

Berger stammt aus einer Juristen- und Beamtenfamilie. Sein Vater war Pfarrer und schickte ihn aufs altsprachliche Lessing-Gymnasium in Frankfurt. Dort lernte er Altgriechisch, es fiel ihm bald leichter als Englisch. Sein Bruder studierte Jura und wurde Richter. Auch Hanno Berger schrieb sich an der Goethe-Universität für Rechtswissenschaften ein. Ein Freund des Vaters riet ihm, sich auf Steuerrecht zu spezialisieren und erstmal in die Finanzverwaltung zu gehen. Berger folgte dem, Steuerrecht interessierte ihn. Die hessische Finanzverwaltung nahm ihn nach Zweitem Staatsexamen und Doktorarbeit – und bereute es nicht. Auf Talente stießen sie immer mal wieder in den 35 Finanzämtern, der Oberfinanzdirektion Frankfurt und dem Finanzministerium in Wiesbaden. Aber dieser junge Kollege, der auch noch einen Doktortitel führte, paarte Begabung mit Einsatzbereitschaft. Arbeitszeiten schienen Berger nicht zu interessieren. Er kniete sich rein, als habe er in einer der internationalen Großkanzleien angeheuert, die in Frankfurt Filialen betrieben und von Neuzugängen wie ihm schon aus Prinzip 60-Stunden-Wochen erwarteten. Abends und an Wochenenden besuchte er Fortbildungen und hielt dort irgendwann auch selbst Vorträge. Sein Wort hatte bald Gewicht. Und der schon in jungen Jahren wortgewaltige Berger wusste, dass die andere Seite jedes Wort von ihm auf die Goldwaage legt.

Hanno Berger stieg zügig auf und erhielt bald eine Stelle als Regierungsdirektor. Damit war er unglaublich schnell in der Besoldungsgruppe A15 angekommen. 1988 übernahm er im Finanzamt Frankfurt-Börse ein Sachgebiet, das ihn schon lange faszinierte: die Betriebsprüfung bei Banken. Unter ihm arbeiteten Dutzende Fachbeamte, befasst mit der Frage, ob die Banken korrekte Angaben gemacht hatten oder dem Staat mehr Steuern schuldeten. Ihr neuer Chef dirigierte seine Kontrolleure aber nicht nur, sondern ging ihnen selbst voran. Mehrfach die Woche besuchte er große Banken, prüfte deren Zahlen und trieb Steuern ein. Der Staat zeigte Präsenz beim Hochkapital – in der Person von Hanno Berger. Den schüchterte so schnell niemand ein. Als Speerspitze des Fiskus drang er in das Fleisch jener ein, die dem Staat möglichst viel vorenthalten wollten.

Doch bei aller Furchtlosigkeit und bei allem Sinn, den seine Aufgabe stiftete – Berger ärgerte sich in jenen Jahren auch. Die Gegner waren keineswegs schlauer als er, aber oftmals deutlich besser aufgestellt. Sie entwickelten hochkomplexe Finanzkonstruktionen, die während der Prüfungszeit kaum zu durchdringen waren. Manches musste Berger gezwungenermaßen durchgehen lassen.

»Der Beamtenrock ist kurz, aber er wärmt«, sagt Berger später über diese Zeit. Aber alsbald kommt eine der großen deutschen Banken auf ihn zu und fragt: »Berger, warum kommen Sie nicht zu uns?« Die Moral haben die Banker nicht auf ihrer Seite, aber ein paar andere gute Argumente. In dieser Szene wirbt man mit einem Jahresbonus, der allein oft schon höher liegt als die Jahresbezüge eines A15-Beamten. Dazu kommt ein Gehalt, das sich von Anfang an im mittleren sechsstelligen Bereich bewegt. Berger lassen diese Offerten nicht kalt. Jedenfalls kann er sie noch Jahre später runterrattern: Umgerechnet 280 000 Euro mit einem Dienstwagen der Luxusklasse bietet ihm eine große deutsche Bank. Eine Wirtschaftsprüfungsgesellschaft will ihm sogar ein Jahresgehalt von 340 000 Euro zahlen.

Die hessische Finanzverwaltung hat da keine Chance: Sie verliert ihren Spitzenbeamten. Ende der 90er Jahre fängt Berger bei der New Yorker Großkanzlei Shearman & Sterling an, für die der legendäre Anwalt Georg F. Thoma die Größen der deutschen Industrie bei Zusammenschlüssen, Übernahmen und Verkäufen berät. Berger soll bei den Milliardendeals die Steuern drücken, sie möglichst sogar steuerfrei gestalten. Zu seinen Kunden gehören Großkonzerne wie etwa der Chemieriese Bayer oder das Pharmaunternehmen Aventis, das alsbald mit Sanofi fusioniert.

Im Job will Berger immer der Beste sein. Und er weiß die Menschen für sich einzunehmen – indem er ihnen Geld spart. Mit seiner Wortgewalt und Sachkenntnis vermag er nicht nur die Gier seiner Kunden zu wecken, sondern auch die seiner Kollegen. Bei einer Partnersitzung der Deutschland-Niederlassung von Shearman & Sterling prahlt er: »Ich kann euch alle so gut wie steuerfrei stellen!« Viele seiner Anwaltskollegen verdienen im Jahr zwischen 800 000 und 1,2 Million Euro. Berger verzückt sie mit dem Vorschlag, ihren Steuersatz von 50 auf gerade mal fünf Prozent zu drücken. Und der Ex-Beamte liefert tatsächlich. Ernst & Young, die Wirtschaftsprüfer von Shearman, werden eingeschaltet. Berger erklärt ihnen sein Konzept der »garantierten Zahlungen«. Das Prinzip: Die Gehälter der Partner werden als garantierte Zahlungen der US-Muttergesellschaft ausgewiesen. Damit fallen sie unter den US-amerikanischen Steuersatz – und fließen durch das Doppelbesteuerungsabkommen zwischen den USA und Deutschland weitgehend abgabefrei auf die Konten der Empfänger. Es dauert Jahre, bis der Gesetzgeber die Lücke schließt. So lange funktioniert Bergers Trick.

Als Betriebsprüfer ist Berger eineinhalb Jahrzehnte lang Steuervermeidern auf die Pelle gerückt, hat sie manchmal bis in das letzte Schlupfloch verfolgt, nun sucht er selbst für seine Mandanten nach solchen Löchern. Sein Spielfeld sind Gesetzestexte, das Spielgerät ihre Paragrafen, manchmal gar einzelne Worte. Ist an irgendeiner Stelle im Paragrafendschungel etwas lax oder zumindest nicht ganz eindeutig formuliert, beißt Berger sich fest. Skrupel kennt der frühere Steuerprüfer und Pfarrersohn nicht: »Steuerrecht ist Eingriffsrecht, es ist der Staat, der dem Bürger etwas wegnimmt. Die Steuern stehen nicht dem Staat a priori zu, sondern sind erst mal das Geld des Bürgers. Weshalb Steuersparen das Recht eines jeden Steuerpflichtigen ist. Ein Unternehmer muss geradezu Steuern sparen; nutzt er die Möglichkeit nicht, ist das eine Untreue gegenüber den Aktionären.«

Es ist ein permanenter Wettlauf mit dem Gesetzgeber. Und die Suche nach steuerlichen Auswegen im Gewirr der Paragrafen ist für Berger wie eine Sucht. Dabei agiert er nicht als genialer Individualist. Von der Konkurrenz wirbt er findige Steueranwälte ab. Sein Team bei Dewey Ballantine heißt intern nur »Think Tank«, eine Ansammlung von gutbezahlten Experten. Und die Neuen bringen »heiße Ware« mit, etwa Steuergutachten von KPMG und anderen Prüfungsgesellschaften. So legendär Bergers Ruf als kreativer Steuer-Guru ist, so simpel sind teilweise die Methoden seiner »Denkfabrik«. Sie klaut die Ideen der Konkurrenz, verfeinert sie und bringt sie mit dem Label »Hanno Berger« auf den Markt.

Seine Leute pflegen zudem Kontakte ins Finanzministerium, ins Bundeszentralamt für Steuern und in die Finanzverwaltungen der Länder. Sie antizipieren neue Gesetze, und manchmal gelingt es ihnen durch gezielte Publikationen in Fachzeitschriften oder durch Lobbyisten, den endgültigen Text noch zu beeinflussen. Erfährt jemand aus Bergers Think Tank von dem Plan einer Gesetzesänderung, dann schwärmen alle zur

Recherche aus, beschaffen Informationen zum Inhalt und zu Gerichtsurteilen, die sich mit der Thematik beschäftigen. Anschließend wird diskutiert, tagelang und manchmal bis spät in die Nacht.

Berger bläut seinen Kollegen ein: Alles, was legal erscheint, ist auch legitim. Natürlich verstehen sie in seinem Team, dass es um ein Gemeinwesen schlecht bestellt ist, wenn alle Akteure ihr Handeln an dieser Maxime ausrichten. Aber solche Gedanken lassen sich auch wieder vertreiben. Berger ist dabei behilflich, etwa wenn er sein Verständnis von »Moral und Recht« ausbreitet. »Zwei unterschiedliche Dinge« seien das, sagt er und fügt auch gleich hinzu, dass Recht und Gerechtigkeit nun einmal »nicht das Gleiche« seien. Schließlich seien sie hochbezahlte Steueranwälte, engagiert von Großkonzernen und Superreichen. Um die sozialen Folgen ihrer hochkomplexen Tätigkeit sollen sich andere kümmern. Der Chef redet dabei nicht um den heißen Brei herum. »Wer sich nicht damit identifizieren kann, dass in Deutschland weniger Kindergärten gebaut werden, weil wir solche Geschäfte machen, der ist hier falsch.«

Es ist ein Schnüffeln und Tüfteln im Auftrag der ganz Großen, und im Erfolgsfall ist die Konsequenz dieser Arbeit, dass der Staat von den Konzernen Millionen und Abermillionen weniger erhält. Berger spürt höchste Befriedigung bei seiner neuen Aufgabe. Er ordnet ihr beinahe alles unter. Morgens um sieben verlässt er das Haus, mindestens drei Tage in der Woche ist er in der Welt unterwegs. Am Wochenende kehrt er spät abends zurück, vom Frankfurter Airport rast er mit dem Porsche in das 80 Kilometer entfernte Schlüchtern-Elm. Dort lebt er auf dem mütterlichen Hof, gemeinsam mit Frau, Tochter und seiner Mutter. Er hat sich das Anwesen luxuriös umbauen lassen. Kaum betritt er das Haus, sorgt das Smart-Home-System Creston dafür, dass klassische Musik ertönt und sich die Raumtemperatur angepasst.

Hier entspannt er dann von seinem Kampf um Steuermillionen, den er sich mit dem Staat liefert – und der ihn »intellektuell herausfordert« und erfüllt, wie er bekennt. »Wenn Sie erfolgreich sind«, erklärt er seinen Mitarbeitern, »sind Sie nicht müde. Sie sind nur müde, wenn Sie Arbeit machen, die Sie nicht weiterbringt, die destruktiv ist.« Berger arbeitet 18, manchmal sogar 20 Stunden am Tag, anfangs sieben Tage die Woche.

Innerhalb weniger Jahre steigt Berger zum gefragtesten Steueranwalt Deutschlands auf. Aus der Kanzlei Shearman & Sterling drängt ihn Georg F. Thoma jedoch bald heraus, weil Berger ihm suspekt wird. Kein Problem! Berger wechselt 2004 zu der US-Sozietät Dewey Ballentine, gegründet 1911. Verträge bekommen angehende Partner dort mit zwei Sätzen vorgelegt: »Don't read, just sign«, nicht lesen, einfach unterschreiben. Das Vertragswerk wurde seit der Gründung nicht geändert. Jeder neue Partner muss 180 000 US-Dollar als Einlage zahlen. Zum Ritual der Vertragsunterzeichnung gehört ein Glas Sherry, Jahrgang 1911, dem Jahr der Kanzleigründung.

Berger baut für Dewey in Frankfurt das Büro auf. Er nimmt seinen Think Tank von Shearman & Sterling mit, wirbt weitere Staranwälte von der Konkurrenz ab. Bald verfügt er über eine noch schlagkräftigere Truppe als zuvor. Banken und Reiche halten die Türen weit geöffnet, um zu hören, welche neuen Ideen Hanno Berger anzubieten hat. Und tatsächlich liefern Berger und sein Team immer gewagtere Konstruktionen. Der Chef wird dabei zur Marke. Man lässt sich »vom Berger« beraten, ganz gleich für welche Kanzlei er arbeitet.

Es ist das Deutschland vor der Finanzkrise, der Kapitalismus wird in diesen Jahren nicht groß hinterfragt. Wachstum gilt als Selbstzweck. Wer Steuern vermeidet, handelt eher pfiffig als anrüchig. In Frankfurt haben sich viele Player angesiedelt, die ansonsten in New York oder London agieren. Auch in Deutschlands Finanzmetropole ist gutes Geld zu verdienen.

Wer als Bank Berger an Bord hat, kann seinen Mandanten interessante Finanzprodukte anbieten, auf die reiche und bekannte Menschen wie Sportstars und Politiker gern setzen. Und eine bessere Referenz als den langjährigen und gemeinhin geschätzten CDU-Politiker Richard von Weizäcker kann man sich für ein steuervermeidendes Konstrukt kaum denken. Die Prominenz seiner Mandanten weiß Berger bei der Akquise neuer Kunden zu nutzen.

Sein großes Erfolgsmodell wird ein spezieller Fonds, eine Bond-GbR-Struktur. Mit ihrer Hilfe werden steuerlich relevante Verluste generiert, so dass die Einkommenssteuer auf nahezu Null geschraubt werden kann. Berger rechnet seine Kunden arm, damit sie auf Kosten des Fiskus noch reicher werden. Am Ende kann der Gesetzgeber dieses Modell nur durch eine Gesetzesänderung stoppen. Berger weiß aber auch diesen Umstand noch für sich zu nutzen und deklariert die Gesetzesänderung kurzerhand zum Gütesiegel seiner Arbeit. In der Fachwelt spricht man nun von der »Lex Berger«.

In seinem Büro im 32. Stock des Skyper Towers reichen die Fenster von der Decke bis zum Boden, so kann Berger sehen, was ihm zu Füßen liegt. Da ruht der Frankfurter Hauptbahnhof, ein mächtiges Gebäude, von hier kaum mehr als ein gewelltes Dach. Der Main fließt gemächlich unter den Brücken hindurch. Schaut er steil hinab, stehen manchmal Menschen an den Ampeln, klein wie Ameisen. Diese räumliche Entrücktheit überträgt sich auf sein Handeln.

Im August 2005 verfasst Berger das Zweitgutachten für die australische Bank Macquarie. Mit seinem Think Tank hat er das Cum-Ex-Modell durchdrungen und schätzt die Sache schließlich genau wie die Konkurrenz ein: Eine einmal entrichtete Steuer auf diese Weise mehrfach wieder ausbezahlen zu lassen, ist seiner Ansicht nach nicht illegal. Es gibt kein Gesetz, das dies untersagt. Und was nicht explizit verboten ist, so Bergers Credo, ist erlaubt.

Aber damit ist für ihn der Fall keinesfalls erledigt. Bei solch lukrativen Geschäften will Berger nicht nur juristische Bewertungen abgeben. Er will selbst mitmischen. Berger geht auf Banken zu und bietet ihnen sein neues Projekt an. So, wie er es gewohnt ist, hören sie aufmerksam zu. Zuerst wird er bei der Dresdner und der DZ Bank vorstellig. Doch zu seiner Überraschung winken beide ab. In London klappert er die großen Investmentbanken ab, JP Morgan, Morgan Stanley, Goldmann Sachs und Credit Suisse. Auch sie lassen ihn abblitzen.

Berger bemerkt, dass er auf ein Spielfeld drängt, das etliche Banken längst betreten haben. Es gibt für sie keine Notwendigkeit, dabei mit Berger zusammenzuarbeiten. Die nötigen Gutachten für die juristische Absicherung der Aktiendeals holen sich die Banken bei den Steuerexperten anderer Großkanzleien wie eben Freshfields oder Clifford Chance mit ihren 3000 Rechtsberatern weltweit oder Linklaters mit 30 Büros in 20 Ländern. Spätestens seit Anfang der 2000er Jahre plündern Banken auch in Deutschland die Steuerkasse. Aktien rund um den Dividendenstichtag blitzschnell im Kreis zu handeln, das beherrschen nicht nur private Geldhäuser. Selbst Landesbanken wie die WestLB in Düsseldorf oder die HSH Nordbank tummeln sich auf diesem Feld – und machen, völlig absurd, als Banken im Besitz des Staates Millionengewinne auf Kosten des Staates.

Berger ärgert sich, dass man ihn nicht aufs Spielfeld lässt, aber er ist niemand, der schnell aufgibt. Er überlegt. Was kann er anbieten, wenn es bei den Banken keinen Beratungsbedarf gibt? Er verfügt noch über ein anderes Pfund: seine Kontakte zu Investoren. In den zehn Jahren, die er nun auf der Seite des Kapitals arbeitet, hat er etliche Superreiche kennengelernt. Unter ihnen sind Menschen, die unfassbar viel besitzen, daraus aber gern noch mehr machen möchten. Diese Leute sind für Banken interessant. Mit ihnen lässt sich perspektivisch auch in anderen Bereichen noch Geld verdienen. Sie sind der Schlüssel, um in das Geschäft hineinzukommen, mit ihnen lässt sich das Spielfeld vergrößern. Er braucht jetzt ein paar Hochvermögende, die bereit sind, kurzentschlossen einige Millionen Euro einzusetzen.

In Berlin will Hanno Berger beginnen. Dort lebt ein Mann, den er aufsuchen wird. Der Herr ist Anfang 70 und könnte bereit sein, Berger zu vertrauen. Genug Geld hat er auch. Das *manager magazin* schätzt sein Vermögen im Oktober 2005 auf eine Milliarde Euro. Sein Name: Rafael Roth.

3

Zürich, 16. September 2013

Seit 15 Minuten ist der Mann überfällig. Am Ende der Züricher Bahnhofshalle warte ich darauf, dass der anonymen Anrufer erscheint oder sich zumindest meldet. Ich stehe etwas verloren beim Meeting Point, einem blauen Würfel mit einem dicken weißen Punkt und darauf zulaufenden Pfeilen, der unter einer überdimensionalen Bahnhofsuhr hängt. Vielleicht ein Dutzend Personen warten dort ebenfalls auf ihre Verabredung.

Es ist nicht das erste Mal, dass sich ein mutmaßlicher Whistleblower mit einem Steuerthema bei mir gemeldet hat. Vor drei Jahren nahm erstmals ein ehemaliger Bankmitarbeiter über einen Mittelsmann zu mir Kontakt auf. Er hatte bei der LTG Treuhand in Liechtenstein im IT-Bereich gearbeitet und ein Tages-Backup mit sämtlichen Kundendaten gestohlen. Ein *stern*-Interview mit ihm erschien im Sommer 2010 unter der Überschrift »Der Albtraum der Millionäre«. Das Fürstentum Liechtenstein suchte ihn bereits wegen des Datendiebstahls per Haftbefehl, und im Internet waren sieben Millionen Euro auf seinen Kopf ausgesetzt. Der Name des Datendiebs: Heinrich Kieber.

Das Backup enthielt vertrauliche Informationen über fast 6000 Bankkunden weltweit, darunter 46 politische exponierte Personen, sogenannte PEP. Sie hatten bei der LTG Treuhand Vermögen von rund sieben Milliarden Schweizer Franken gebunkert, davon entfielen allein drei Milliarden auf deutsche Kunden. Kieber lieferte die Kontodaten von 1400 »Stiftungen« deutscher Millionäre und von Steuerbetrügern dem Bundesnachrichtendienst. Deutsche Steuerbehörden eröffneten daraufhin 618 Verfahren, mehr als 200 weitere Bundesbürger zeigten sich selbst an. Die Aktion brachte mehr als 220 Millionen Euro ein. Der prominenteste Fall in Deutschland war Klaus Zumwinkel. Der damalige Post-Chef wurde zu zwei Jahren Haft auf Bewährung und einer Geldstrafe von einer Million Euro verurteilt. Außerdem musste er 3,9 Millionen Euro Steuern nachzahlen. Die Fernsehaufnahmen, wie ihn die Staatsanwältin zum Verhör abführen ließ, wurden zum Symbolbild der Steueraffäre.

Und nun also Carsten Maschmeyer? Zumindest hatte mir der anonyme Anrufer vertrauliche Bankunterlagen zu dubiosen Aktiengeschäften des deutschen Finanzjongleurs in Aussicht gestellt. Ob die Dokumente einen Gesetzesverstoß offenlegen, bleibt abzuwarten. Zunächst ist es nichts Verwerfliches, wenn ein deutscher Staatsbürger ein Konto in der Schweiz, in Liechtenstein oder in Panama unterhält. So lange er das Geld in Deutschland versteuert, ist alles in Ordnung. Aber die Erfahrung mit den Daten von Kieber zeigt: Meist nutzen reiche Leute sogenannte Offshore-Konten, also Konten in Staaten mit niedrigen Steuern und wenig Kontrollen, um dort Geld vor dem Finanzamt zu verstecken oder um darüber schmutzige Geschäfte abzuwickeln.

Die Tage vor dem Abflug nach Zürich habe ich genutzt, um mich in das Thema einzulesen. Schließlich hatte ich bis zu dem Anruf des Bankmitarbeiters noch nie etwas von Cum-Ex gehört. Nach einer Archivrecherche habe ich immerhin so viel verstanden:

Bei Cum-Ex geht es nicht um klassische Steuerhinterziehung, denn hierbei versteckt nicht jemand sein Geld in der Schweiz, in Panama oder einem Offshore-Inselstaat, um keine Steuern zahlen zu müssen, sondern hier greift jemand in die Staatskasse und nimmt sich dort Geld heraus, auf das er gar keinen Anspruch hat. Für mein Verständnis ist das einfach Diebstahl, Steuerraub sozusagen. Letzteres ist ein Begriff, den es in der Rechtsprechung so wohl nicht gibt, aber die Sache ganz gut beschreibt. Und eines ist mir auch klar: Wenn Maschmeyer in diese Geschäfte verwickelt ist, ist das definitiv eine Story für den *stern*.

Die Lektüre des Archivmaterials erbrachte jedoch noch eine andere Erkenntnis: Das Thema Cum-Ex ist alles andere als neu. Bereits am 13. Juli 2009 hatte der *Spiegel* darüber berichtete. »Hase und Igel« lautete damals die Überschrift. »Mitten in der Wirtschaftskrise versuchen große Investoren, vom Fiskus Milliarden zu ergaunern. Das Bundesfinanzministerium (BMF) will die Steuertrickser nun stoppen.« In einem Briefwechsel zwischen Bundesfinanzministers Peer Steinbrück und seinem hessischen Amtskollegen gehe es »um die jüngsten Steuertricksereien der Hochfinanz«. Eine anonyme Quelle habe dem BMF einen Tipp gegeben. In dem Artikel wird das Prinzip der Cum-Ex-Geschäfte bereits gut beschrieben.

Ein Absatz in der *Spiegel*-Story machte mir klar, was der anonyme Anrufer vor drei Tagen mit dem Hinweis meinte, Steinbrück sei daran beteiligt. Das BMF war bereits sieben Jahre vor dem *Spiegel*-Bericht auf die Problematik aufmerksam gemacht worden. »Im Dezember 2002« habe das Ministerium vom Bundesverband deutscher Banken »erste Hinweise auf den Missbrauch« erhalten. Die Länder seien im Spätsommer 2005 informiert worden. »Hat Steinbrücks Truppe also geschlafen?«, fragt der *Spiegel*. »Werden kleine Steuerzahler gepiesackt, während man die mächtigen Sünder laufen lässt?«

Es ist das erste Mal, dass ein deutsches Medium über die »Steuerausfälle in Milliardenhöhe« durch die dubiosen Aktiengeschäfte berichtet: »Die Dimension des Problems ist offenkundig gigantisch.« Allerdings kommt der Begriff »Cum-Ex« in dem Artikel nicht vor. Das ist erst sechs Wochen später in einem weiteren *Spiegel*-Bericht der Fall: »Steueroase Deutschland«, lautet diesmal die Überschrift. »Finanzminister Steinbrück kämpft wegen der Krise mit wachsenden Staatsdefiziten. Und Konzerne wie Superreiche zahlen weiterhin zu wenig Steuern, oft völlig legal, denn die Schlupflöcher sind riesig.« Der Artikel widmet sich mehreren Tricks der »Steuervermeidungsindustrie«. Dies sei eine Branche, »die von den Fehlern lebt, die Ministerien und Parlament in der Steuergesetzgebung unterlaufen«.

Erwähnung findet auch Hanno Berger, jene Person, über die ich mich auf Anraten des anonymen Anrufers schlaumachen sollte. Der *Spiegel* nennt ihn »König der Steuertrickser«. Das Markenzeichen des Juristen sei: null Steuern für Multimillionäre. Den Fiskus auszutricksen sei für ihn eine »sportlich-intellektuelle Herausforderung«, wird Berger zitiert, der als »beleibter Endfünfziger mit dem Händedruck eines Bauarbeiters« beschrieben wird. Gegen Ende des Berichts geht es schließlich um die Cum-Ex-Aktiendeals.

Seltsamerweise hat der Artikel über einen »der größten Steuerskandale der Nachkriegsgeschichte« keine großen Wellen geschlagen. Im Pressearchiv finden sich in den Jahren nach den beiden *Spiegel*-Veröffentlichungen nur vereinzelt Artikel dazu, meist in Wirtschafts- und Börsenzeitungen. Dabei scheint die Dimension des von der Öffentlichkeit weitgehend unbeachteten Skandals tatsächlich gigantisch zu sein. Der Gesamtschaden soll sich auf etwa zwölf Milliarden Euro belaufen.

Erst seit Ende 2012 gab es dann vermehrt Berichte über Cum-Ex. Auslöser waren Ermittlungen gegen die HypoVereinsbank, die bis über beide Ohren in dem Steuersumpf stecken musste. Nicht nur die Wirtschaftsfachblätter, sondern auch Tageszeitungen wie die *Süddeutsche Zeitung* berichteten jetzt über »Cum-Ex-Transaktionen« und bezeichneten sie als »Steuerhinterziehung im großen Stil«. Auch die *Welt am Sonntag* widmete sich dem Thema. »Steinbrücks Schlupfloch« lautete die Überschrift. Wie schon vier Jahre zuvor im *Spiegel* wurde der Bundesfinanzminister Steinbrück kritisiert, er habe dem Raubzug der Finanzindustrie nichts Wirkungsvolles entgegengesetzt. Das Schlupfloch bestehe darin, dass der Fiskus die Tricksereien gar nicht bemerke.

Trotz der Bedeutung und Dimension des Vorgangs fanden sich die Berichte zumeist nur auf den hinteren Seiten des Wirtschaftsteils und erreichten damit lediglich das Fachpublikum. Bei der *Süddeutschen Zeitung* schaffte es das Thema wenigstens einmal auf die Titelseite: »Schwerer Betrugsverdacht gegen Banken« lautete am 16. März 2013 die Schlagzeile. »Geldinstitute und Händler sollen den deutschen Fiskus durch kriminelle Aktiengeschäfte um viele Milliarden Euro geprellt haben. Staatsanwälte ermitteln in Hessen und Bayern.« Wie in den anderen Berichten standen auch in dieser Titelstory die Ermittlungen gegen die HypoVereinsbank im Zentrum. Aber auch andere Banken wie Dresdner Kleinwort, die zum Investmentbereich der Dresdner Bank gehört, oder die Commerzbank sollen mitten in der Finanzkrise versucht haben, mit Cum-Ex-Deals Milliarden vom Fiskus zu ergaunern. Im Fall der Commerzbank wäre das besonders dreist: Sie war während der Finanzkrise mit Milliardenkrediten des Bundes gestützt worden. Und gleichzeitig soll sie den Staat, der sie vor dem Niedergang bewahrt hatte, ausgeraubt haben.

Die Archivrecherche förderte noch ein anderes Ergebnis zutage, das mich bestärkte, dieses sperrige Thema jetzt für den *stern* anzugehen: Der Name von Carsten Maschmeyer tauchte im Zusammenhang mit Cum-Ex-Geschäften bislang nirgends auf.

Angespannt schaue ich zur Bahnhofsuhr hoch. Vor mehr als 25 Minuten war ich mit dem anonymen Anrufer verabredet. Die Menschenschar am Meeting Point hat sich verändert. Die meisten Personen, die anfangs mit mir auf jemanden warteten, sind verschwunden. Offensichtlich haben ihre Verabredungen nicht so lange auf sich warten lassen. Aber warten bin ich gewohnt. Das bringt der Job mit sich. Nur die Treffpunkte variieren. Mal sind es Hotellobbys, Hinterzimmer von Restaurants oder Empfangshallen von Flughäfen. Oder eben Bahnhöfe.

Ort und Zeit sind mir gleichgültig. Wichtig ist mir, mit Informanten möglichst persönlich in Kontakt zu kommen, und einen Eindruck von der Person zu gewinnen. Das ist nicht immer einfach. Quellen haben verständlicherweise oft Angst, sich zu zeigen. Sie fürchten, enttarnt zu werden und ihren Job zu verlieren oder Schlimmeres. Um das Risiko einer Enttarnung zu minimieren, gebe ich den Informanten Informationen, wie sie mit mir relativ gefahrenfrei Kontakt halten können. Und durch das Kennenlernen sollen auch sie sehen, mit wem sie es zu tun haben.

Mit Heinrich Kieber beispielsweise kommunizierte ich über einen elektronischen »toten Briefkasten«. Wir hatten dazu einen gesonderten E-Mail-Account eingerichtet, über den er mir Nachrichten oder Dokumente aus seiner gestohlenen Daten-CD zukommen lassen konnte. Um nicht Gefahr zu laufen, dass die Dateien abgefangen und zurückverfolgt werden, wurden sie nie per E-Mail versendet. Sie blieben im Entwurfsordner liegen. Kieber und ich hatten das Passwort des Accounts ausgetauscht, und so konnte sich jeder einloggen und die Nachrichten und Daten aus dem Ordner herunterladen und eigene hochladen, ohne dass sie verschickt werden mussten. Zudem benutzte ich nicht meinen eigenen Laptop, sondern agierte aus Internet-Cafés heraus. Telefoniert haben wir über Prepaid-Handys, von denen nur jeweils der andere die Nummer kannte.

Die langen, oft nächtlichen Gespräche – Kieber befand sich damals in einem Zeugenschutzprogramm in den USA – waren notwendig, um ge-

genseitiges Vertrauen aufzubauen. Ich möchte erfahren, was jemanden antreibt, seine Firma oder Behörde oder Partei zu hintergehen. Was ist die Motivation dafür, Staatsgeheimnisse oder Bankgeheimnisse heimlich weiterzugeben und damit Kopf und Karriere zu riskieren? Geschieht dies aus Rache oder für Geld, aus Zivilcourage oder Geltungssucht?

Bei Heinrich Kieber kam vermutlich vieles zusammen. Er wollte sich am Fürstenhaus rächen, von dem er sich schlecht behandelt fühlte. Die Liechtensteiner Justiz hatte ihn empört, da sie seine Anzeige wegen seiner mutmaßlichen Entführung und Folter nicht verfolgt und als Räuberpistole abgetan hatte. Aber nach aufwendigen Recherchen stellte sich heraus, dass die Geschichte einen wahren Kern beinhaltete. Zudem wollte er noch möglichst viel Geld verdienen, was ihm auch gelang. Allein der BND zahlte ihm fünf Millionen Euro für die Steuerdaten mit Deutschland-Bezug. Aus den USA dürfte Kieber noch wesentlich mehr erhalten haben. Die US-Börsenaufsicht SEC (Security Exchange Commission) honoriert Whistleblower generell mit bis zu 30 Prozent der Summe, die mit ihrer Hilfe durch Vollstreckungsmaßnahmen eingespielt werden. Allein zwischen 2012 und 2018 haben die USA auf diese Weise 778 Millionen Dollar eingenommen. Da sind die Verlockungen groß. Zwischen 2011 und 2019 haben sich 2655 Whistleblower aus 113 Ländern mit entsprechenden Hinweisen an die US-Behörden gewendet. In einem Fall hat ein ausländischer Whistleblower mehr als 40 Millionen Dollar bekommen. Während in Deutschland der Ankauf von Steuer-CDs umstritten ist und Whistleblower keinerlei Schutz genießen, sind sie in den USA per Gesetz vor Vergeltungsmaßnahmen am Arbeitsplatz geschützt und werden wie im Fall Kieber zur Not in ein Zeugenschutzprogramm aufgenommen und mit neuer Identität versehen.

Schließlich ging es Kieber auch um Anerkennung. Whistleblower wie er wollen, dass die Welt erfährt, wie talentiert sie sind. In einem Buchskript hatte er detailliert beschrieben, mit welcher Raffinesse es ihm mit seinem Datendiebstahl gelungen war, das Fürstentum Liechtenstein als Steueroase mehr oder weniger trockenzulegen. Im Gegenzug für die Informationen und Daten sollte ich ihm helfen, einen Verlag zu finden. Weil er auf das Buchhonorar nicht angewiesen war, überredete ich ihn, es kostenfrei im Internet zu veröffentlichen. Und im *stern*-Interview wiesen wir auf das Buch hin. Aus rechtlichen Gründen konnten wir dann keinen Link veröffentlichen, aber zumindest einen Tipp geben, wie es im Netz zu finden ist.

Nur mit Zivilcourage hatte das alles wenig zu tun. Kieber versicherte wohl, es sei ihm ein Anliegen gewesen, die unmoralischen Praktiken der Bank an den Pranger zu stellen. Schließlich habe sie die Vermögen von Drogenbaronen, Waffenhändlern und Diktatoren gebunkert und letztlich an deren Verbrechen mitverdient. Das klang gut, doch das Hauptmotiv war es wohl eher nicht. Whistleblower sind in den seltensten Fällen Heilige. Sie erlangen ihr Insiderwissen oft nur dadurch, dass sie lange Zeit Teil des korrupten oder kriminellen Systems waren, über das sie dann – aus welchem Grund auch immer – auspacken.

Die möglichen Motive meines jüngsten anonymen Anrufers sind mir noch völlig unklar. Ich weiß nicht einmal, um welche Schweizer Bank es sich handelt, über die Maschmeyer seine Cum-Ex-Geschäfte abgewickelt haben soll. Immerhin hatte der Anrufer gleich ein persönliches Treffen vorgeschlagen. Doch langsam beschleicht mich die bange Frage, ob er überhaupt kommt. Mittlerweile ist er fast eine halbe Stunde über der vereinbarten Zeit. Ich überlege, wie lange ich noch warten soll. Es wäre nicht das erste Mal, dass ein Informant in letzter Sekunde kalte Füße bekommt. Aber ich beschließe, weiter zu warten. Der Rückflug ist ohnehin erst für den Abend gebucht.

Mein Telefon klingelt. Auf dem Display leuchtet »privat«. Der Anrufer hat seine Rufnummer unterdrückt.

»Wir sind verabredet!«, sagt die Stimme, mit der ich vor vier Tagen telefoniert habe. Schnell schaue ich nach links und rechts, ob ich den Anrufer ausmachen kann.

»Drehen Sie sich einfach um 180 Grad, dann sehen Sie mich!«

Auf der anderen Seite der Bahnhofshalle steht ein Mann neben einem Blumengeschäft. Er hat ein Handy am Ohr. Als er sieht, dass ich zu ihm herüberschaue, lächelt er. Ich lege auf und laufe auf ihn zu. Auf den ersten Blick wird deutlich: Der Mann ist kein IT-Nerd wie Heinrich Kieber, der weiß, wie man die Sicherheitsvorkehrungen im Computersystem umgeht und Kundendaten absaugt. Der Mann trägt einen dunklen Anzug, hellblaues Hemd, rote Krawatte und schwarze Budapester.

Die Uniform eines Schweizer Bankers, mittlere Manageretage, wenn nicht höher.

Ohne viele Worte zu machen, dirigiert er mich in ein italienisches Schnellrestaurant am Eingang der Bahnhofshalle. Auf unbequemen Bänken sitzen Touristen und Teenager bei Pizza und Coke. Es riecht nach angebranntem Essen, und das Stimmengewirr der Gäste macht eine Unterhaltung mühsam. Sicherlich nicht sein Stammlokal. Ich bin beruhigt: Der Mann ist vorsichtig. Er achtet darauf, mit mir nicht gesehen zu werden.

»Haben Sie sich über Berger und Cum-Ex schlaugemacht?«

Oh ja. Auf dem Flug nach Zürich habe ich mich noch einmal durch das Archivmaterial gearbeitet und mir einen Bericht über Hanno Berger und seine Cum-Ex-Geschäfte nach oben gelegt. »Brand im Casino« lautete die Überschrift. Erschienen war der umfangreiche Artikel in *JUVE*. Die Fachzeitschrift aus Köln für Juristen und Steuerberater ist so etwas wie die Bibel der Wirtschaftsanwälte. Regelmäßig veröffentlicht die Redaktion Rankings, Analysen und Umsatzzahlen von Kanzleien. Aber vor allem besticht das Blatt mit kenntnisreichen Berichten über große Wirtschaftsverfahren und Deals.

Im Zentrum des Berichts stand auch hier die HypoVereinsbank, die im Zusammenspiel mit Hanno Berger durch Cum-Ex-Geschäfte einen dreistelligen Millionenbetrag ergaunert haben soll. »Jahrelang hat sich der Fiskus beim Aktienhandel über den Dividendenstichtag austricksen lassen. Von dem Geschäft profitieren Banken, Berater, Händler und Investoren«, war dort zu lesen. Vor allem erklärt die Fachzeitschrift anschaulich, wie »das Cum-Ex-Prinzip« funktioniert.

Dennoch muss ich gegenüber meinem Gesprächspartner einräumen, dass es mir immer noch so geht wie mit Einsteins Relativitätstheorie: Wenn man sich viel Mühe gibt, denkt man für einen Moment, sie endlich begriffen zu haben. Soll man sie ein paar Minuten später aber jemand erklären, scheitert man.

Der Banker lacht. Aus seiner Jackentasche zieht er ein paar Papiere und reicht sie mir herüber. Es handelt sich um zwei Dokumente, eines drei, das andere zwei Seiten lang. Ich bin etwas ernüchtert. Insgeheim hatte ich mir mehr Material erhofft. Meine Enttäuschung bleibt nicht unbemerkt.

»Das ist eine Kostprobe!«, sagt der Mann.

»MASCHMEYER« steht über dem zweiseitigen Papier. Es ist auf Englisch: »Account opening«, Kontoeröffnung:

- BP 6061427: 22 September 2010 (personal account)
- BP 6103464: 28 December 2011 (company account)

Demnach hat Maschmeyer zunächst ein privates und ein gutes Jahr später auch ein Firmenkonto in der Schweiz eröffnet. Die Details kann ich zwei schwer lesbaren Kontoauszügen entnehmen, die in das Dokument hineinkopiert wurden. Obwohl es sich um den Auszug einer Schweizer Bank handelt, sind die Beträge in Euro ausgewiesen. Auf sein privates Konto hat er mehr als 40 Millionen Euro einbezahlt, auf das Geschäftskonto 10 Millionen. Die Kreditlinie beläuft sich auf 8,5 Millionen Euro. Weitere Details sind tabellarisch aufgelistet. Unter dem Namen von Maschmeyer und der Referenznummer des Kontos steht das Kürzel BSC.

»Bank Sarasin & Cie AG«, erklärt der Banker. »Nach der Übernahme im Mai diesen Jahres durch die Safra-Gruppe wurde die Bank umbenannt. Sie heißt nun Bank J. Safra Sarasin AG. Die Safra-Gruppe ist ein libanesisch-brasilianisches Familienunternehmen. Joseph Safra ist einer der reichsten Banker der Welt. Er ist Jude.«

Das Wort »Jude« spricht er mit einem Unterton aus, der mich zusammenzucken lässt.

»Im Mai diesen Jahres ging mit der Fusion die lange Tradition einer altehrwürdigen Schweizer Privatbank zu Ende.« Mit Bitterkeit in der Stimme fügt er hinzu. »Sarasin wurde 1841 gegründet!«

Altehrwürdig? Wie bei so vielen anderen Schweizer Geldinstituten bringt man den Namen der Bank eher mit Skandalen und dunklen Geschäften in Verbindung. Zuletzt war Sarasin Anfang 2012 in den Schlagzeilen, weil ein Mitarbeiter die Daten eines Kunden weitergegeben hatte. Bei dem Kunden handelte es sich um den Direktoriumspräsidenten der Schweizer Nationalbank. Es ging um lukrative Devisengeschäfte, die er über sein Privatkonto bei der Konkurrenz laufen ließ. Die Unterlagen gelangten schließlich zu dem rechtskonservativen SVP-Abgeordneten Christoph Blocher, der sie über eine ihm politisch nahestehende Wochenzeitung öffentlich machte. Der Nationalbankchef musste zurücktreten. Die »Dollar-Affäre« war eine große Geschichte in den Schweizer

Medien. Sie rüttelte an dem Heiligtum der Helvetier, dem Bankgeheimnis. Denn Sarasin musste den Datendiebstahl öffentlich einräumen.

Mir selbst war der Name der Bank bereits vor mehr als zehn Jahren untergekommen, in einem ganz anderen Zusammenhang: bei Recherchen zu einem Buch über die Parteispendenaffäre in Deutschland. Es ging um das geheime Parteivermögen der CDU. Damals verlor sich die Spur der Schwarzen Kassen der CDU bei der Bank Sarasin.

Unter dem Bankkürzel »BSC« stehen in der Tabelle weitere Angaben zu Maschmeyer. Nach Namen, Geburtsdatum und Adresse taucht in der Rubrik »Equities«, Eigenkapital, ein Wortungetüm auf: Sheridan SIC-SIF-GLEquity Arbitr. Fd Cap-Liq. Dahinter steht ein Geldbetrag: 24 676 555,72 Euro.

»Das ist der Fonds, in den eine Teilsumme des Geldes von Maschmeyer investiert wurde«, sagt der Banker.

Auf der zweiten Seite des Dokumentes findet sich ein weiterer Einzahlungsbeleg, diesmal auf das Firmenkonto der MM Familien KG, Hanebuthwinkel 17, 30655 Hannover. Darauf wurden 10 893 388,07 Euro einbezahlt. Es ist noch vermerkt, dass »CM«, also Carsten Maschmeyer, Eigentümer der Firma ist. Unter einer Zwischenüberschrift »Career«, Karriere, folgen Angaben zur Person: »Herr Maschmeyer ist ein deutscher Finanzunternehmer und persönlicher Freund von Eric Sarasin.«

Maschmeyer ist also mit einem der Nachkommen des Bankengründers befreundet? Mein Gegenüber winkt ab.

»Eric Sarasin ist seit der Fusion nur noch Frühstücksdirektor. Sein Name hilft natürlich bei der Akquise von Kunden. Deshalb ist er als stellvertretender Vorsitzender zuständig für das Private Banking. Letztlich tut Eric Sarasin sowieso nur das, was ihm die Kundenberater der Bank aufschreiben. Er ist, vorsichtig ausgedrückt, nicht gerade eine Leuchte.«

Das interne Papier skizziert weiter den geschäftlichen Werdegang Maschmeyers, den Aufbau seines fragwürdigen Finanzdienstleisters AWD Holding AG sowie dessen Verkauf an den Schweizer Versicherungskonzern Swiss Life. Erwähnt werden auch seine aktuellen Firmenbeteiligungen: die MaschmeyerRürup Ltd, die Biotech-Firma HolsboersMaschmeyer NeuroChemie GmbH und eine Vermögensverwaltungsgesellschaft namens Paladin Asset Management GmbH.

Beim letzten Satz des Papiers muss ich schmunzeln. In Boulevardblättern lässt sich Maschmeyer als gewiefter Unternehmer feiern, der seinen Finanzdienstleitungsbetrieb noch rechtzeitig verkaufte, bevor die Branche in die Krise rutschte – und somit zum Einkommensmilliardär wurde. Die Kundenbetreuer der Bank Sarasin taxieren die Kapitalmittel des »Drückerkönigs«, wie er gelegentlich genannt wurde, dagegen wesentlich konservativer: »Sein Vermögen wurde Ende 2010 auf 650 Millionen Euro geschätzt.«

Das andere Papier ist auf Deutsch. Wie das erste hat es keinen Briefkopf, kein Datum und auch keine Unterschrift. Das ist nicht unüblich. Ich kenne diese bankinternen Aufzeichnungen aus dem Datenmaterial von Heinrich Kieber. Formlos verfassen Berater nach jedem Kundengespräch einen Vermerk für die elektronische Akte. Neben beruflichen und finanziellen Hintergründen halten sie auch Vorlieben des Kunden fest, seine Eigenarten oder Hintergründe zu Familienstreitigkeiten, über Zweit- und Drittfrauen oder uneheliche Kinder.

Mich interessiert bei Maschmeyer nur das Geschäftliche. Ich will wissen, ob er an diesen fragwürdigen Cum-Ex-Aktiendeals zulasten des deutschen Fiskus' verdient hat. Nur das könnte von einem »überragenden öffentlichen Interesse« sein und eine Veröffentlichung rechtfertigen. Die nächsten Zeilen machen Hoffnung:

»Auf sein persönliches Konto hat Herr Maschmeyer im September 2010 zunächst 5 Mio. EUR eingezahlt und diese in den Sheridan Malta Fonds investiert. Der Sheridan Malta Fonds wurde mit einer Performance von 23 % vollumfänglich zurückgezahlt.«

Bei der Fünf-Millionen-Anlage dürfte es sich um eine Art Testlauf gehandelt haben. Augenscheinlich wollte Maschmeyer prüfen, ob die Deals funktionieren und entsprechende Erträge abwerfen. Mit einer Rendite von 23 Prozent, also 1 150 000 Euro, war das Ergebnis dann wohl mehr als zufriedenstellend. Im Dezember 2010 jedenfalls steckte Maschmeyer weitere Millionen von seinem Firmenkonto in denselben Fonds auf Malta. Die Gewinnaussichten ließen ihn gleich noch tiefer in die Tasche greifen. Ebenfalls im Dezember 2010 investierte er 40 Millionen Euro in einen Fonds namens Sheridan, der in Irland aufgesetzt war.

Mehr als die Investitionssumme sticht mir eine andere Information ins Auge: »In den 40 Mio. EUR sind Summen von Frau Ferres, Herrn Slomka, Frau Maschmeyer enthalten.« Die Geschichte wird immer besser. Nicht nur Maschmeyer und seine Ex-Frau haben offenbar Geld in den Cum-Ex-Fonds gesteckt, sondern auch seine Verlobte, die Schauspielerin Veronica Ferres. Dazu gesellt sich Mirko Slomka, damals Trainer von Hannover 96. Maschmeyer kommt aus Hannover, der örtliche Fußballclub diente ihm gelegentlich als Bühne. Jeder Zeitungsleser kennt die Fotos von Maschmeyer mit Ex-Kanzler Gerhard Schröder auf der Tribüne des Fußballstadions des damaligen Bundesligisten. Interessanterweise haben wohl Ex-Frau, Verlobte und Bundesligatrainer nicht selbst in Cum-Ex-Aktiengeschäfte investiert. Sie haben ihr Geld einfach Maschmeyer anvertraut, der alles über sein Konto bei der Sarasin-Bank laufen ließ. »Für BSC ist aber Herr Maschmeyer der einzige Kunde«, heißt es in dem Vermerk.

Allerdings muss irgendetwas schief gelaufen sein bei dem 40-Millionen-Investment. In dem Vermerk ist von mehreren Krisengesprächen die Rede, sowohl in Hannover bei Maschmeyer als auch in Zürich in der Bank. Maschmeyers Gesprächspartner war aber nicht sein Freund Eric Sarasin, sondern Kai Henke.

»Der war ein Kundenberater der Bank. Ursprünglich aus Hamburg«, erklärt mein Gegenüber. »Henke war damals zuständig fürs Deutschlandgeschäft.«

Ich bin etwas abgelenkt. Der letzte Absatz des Dokumentes gibt mir zu denken. Unter der Zwischenüberschrift »Drittkunden« steht dort:

Prof. Prinz, Hamburg, EUR 5 Mio. Sheridan USPP
Tönnies, Rhedawedenbrück (sic!), EUR 1 Mio. Sheridan USPP
Diese beiden Kunden sind in den Sheridan USPP Fund investiert,
der ebenfalls in deutsche Dividendenpapiere angelegt hat, aber über
eine andere Struktur. Somit ist das Problem ähnlich gelagert,
wie bei Herrn Maschmeyer, aber nicht gleich.

Der Bankmitarbeiter scheint mein Stirnrunzeln bemerkt zu haben.

»Sagen Ihnen die Namen etwas?«

Ich nicke mit dem Kopf. Bei dem einen Namen handelt es sich um den schwerreichen Unternehmer Clemens Tönnies. Sein Familienunternehmen ist einer der größten Fleischproduzenten Europas. Tönnies ist zudem Boss des Traditionsfußballclubs Schalke 04, berüchtigter Strippenzieher und befreundet mit Staatsmännern wie Wladimir Putin.

Bei dem anderen Namen handelt es sich um Matthias Prinz, ein Medienanwalt. Er war es, der Kollegen vom ARD-Magazin *Panorama* nach deren Enthüllungen über die Machenschaften von Maschmeyer mit mehr als einem Dutzend Verfahren überzogen hatte. Mehr Kopfzerbrechen als die Klagefreudigkeit von Prinz bereitet mir etwas anderes. Der Medienanwalt ist der Schwager von Thomas Osterkorn, Herausgeber des *stern*. Davor war er viele Jahre Chefredakteur und mein Förderer. Ohne seine Unterstützung hätte ich vor drei Jahren nie und nimmer das Investigativ-Team des *stern* gründen können.

Ich lege die Dokumente zurück auf den Tisch. Nach dem ersten Durchlesen kann ich nicht behaupten, alles durchdrungen zu haben. Viele Fragen sind noch offen. Etwa: Warum fließen die Investments aus dem Malta-Fonds mit einer Traumrendite von 23 Prozent zurück, aber nicht bei der 40-Millionen-Anlage in den Irland-Fonds?

Der Banker lächelt wieder wissend. Es folgt ein Crashkurs in Cum-Ex und seiner politischen Dimension. Die Details müsse ich gefälligst in Deutschland recherchieren. Wegen einer Gesetzesänderung 2012 komme es zu Schwierigkeiten bei der Erstattung der Kapitalertragssteuer aus den Aktiengeschäften. »Eine ganze Reihe von Kunden wartet nun auf ihr Geld. Maschmeyer ist da kein Einzelfall. Auch Tönnies und dieser Professor Prinz gehören dazu. Und viele andere.«

Die Ausführungen werfen mehr Fragen auf, als sie Antworten liefern: Warum will er die Cum-Ex-Geschäfte der Bank hochgehen lassen? Warum will er ausgerechnet Maschmeyer auffliegen lassen, wenn noch so viele andere Superreiche in diese Aktiendeals investiert haben? Ich bin unsicher. Kann ich dem Banker trauen? Oder sind die Unterlagen gar frisiert, um Maschmeyer eins auszuwischen? Was ist seine Motivation?

Die fünf Seiten selbst beweisen erst einmal wenig. Sie sind wohl voller Details, die sich auch ein Stück weit überprüfen lassen. Aber würden sie bei einer juristischen Auseinandersetzung als Beweis ausreichen? Ich habe meine Zweifel. Als ich meine Bedenken offen äußere, schwindet beim Banker das Lächeln.

»Was erwarten Sie jetzt?«, fragt er verärgert.

Ich brauche einen Beweis, dass ich ihm vertrauen kann. Schließlich tue ich etwas, das ich noch nie getan habe. Ich bitte ihn, sich auszuweisen. Der Mann schaut mich entgeistert an. Eigentlich erwarte ich nicht, dass er meiner Bitte nachkommt. Warum soll er seine Identität preisgeben? Ich bereue bereits, danach gefragt zu haben, als er in die Innentasche seines Jacketts greift. Er zieht sein Portemonnaie hervor und entnimmt eine Plastikkarte, die er auf den Tisch wirft. Es ist seine Identitätskarte mit Foto, Namen, Geburtsdatum, Ausstellungsdatum und Ort.

»Zufrieden?«

Offensichtlich habe ich mit meinen Zweifeln an seiner Glaubwürdigkeit einen wunden Punkt getroffen. Ich hoffe bei so viel Offenheit mir gegenüber, dass der Mann aus Zivilcourage handelt, dazu beitragen will, einen Steuerraubzug von Superreichen und ihren gierigen Helfern zu beenden.

Er steckt seinen Ausweis zurück ins Portemonnaie. Ebenso schnappt er sich die Bankunterlagen. Beides lässt er in der Innentasche seines Jacketts verschwinden. Ich bin überrascht. Ich hatte gehofft, die Papiere für weitere Recherchen mitnehmen zu können. Habe ich mit der Frage nach seinem Ausweis doch überreizt?

Aber es geht um etwas anderes. »Es gibt noch weiteres Material«, sagt er. »Doch zunächst müssen wir über meine Unkosten sprechen.«

Jetzt muss ich leise lachen, über meine Gutgläubigkeit. Wenigsten ist eine Frage jetzt geklärt, die Frage nach der Motivation. Dieser Whistleblower will Geld.

4

Frankfurt am Main, Anfang 2006

Beim Gesprächspartner das Gefühl von Gier zu erwecken, das versteht Hanno Berger wie wohl kaum jemand in der Finanzbranche. Der Mann, dem er an diesem Tag gegenübersitzt, ist Banker bei der HypoVereinsbank (HVB). Berger kennt ihn seit zwei Jahren und hat sich stets so verhalten, dass ihr Verhältnis freundschaftlich wirkt.

Der Banker ist verheiratet und hat vier schulpflichtige Kinder. Er ist in Rheinland-Pfalz nahe der Mosel zur Schule gegangen, studierte dann Betriebswirtschaftslehre an der Universität Mannheim und wurde bei der Bayerischen HypoVereinsbank Assistent des Vorstands. Dann wechselte er innerhalb der Bank ins Private Wealth Management, die private Vermögensverwaltung, bankintern »Millionärsabteilung« genannt. Einer wie er kann jederzeit wichtig werden für Hanno Berger. Und an diesem Tag geschieht genau das.

Berger schildert dem Betreuer für hochvermögende Kunden wortgewaltig, dass er für einen Mandanten eine Bank sucht, die diesem für geplante Aktiengeschäfte einen hohen Kredit einräumt. Der Mandant, das ist dem Banker sofort klar, kann kein gewöhnlicher Millionär sein. Berger nennt den Namen, und spätestens jetzt hat er volle Aufmerksamkeit seines Gegenübers. Es geht um Rafael Roth – der Mann, den Berger in Berlin aufgesucht hat.

Rafael Roth, zu diesem Zeitpunkt 72 Jahre alt, ist für jeden Banker in Deutschland ein attraktiver Kunde. Sein riesiges Vermögen hat er mit Immobilien gemacht. Roth gilt als »Baumeister Berlins«, berühmt und berüchtigt für sein Gespür für den ganz großen Deal. Legendär ist sein Geschäft mit einem Grundstück am Ku'damm-Karree: 1990 hatte Roth es für 30 Millionen D-Mark von der Stadt erworben – und zwölf Jahre später für sagenhafte 194 Millionen Euro verkauft.

Rafael Roth ist der Türöffner für Bergers eigentliches Anliegen. Mithilfe der HypoVereinsbank will er einen Fuß in den Cum-Ex-Markt bekommen. Seit er vor mehr als einem halben Jahr das Gutachten von Freshfields über die Möglichkeiten dieser Aktiendeals auf dem Tisch hatte, lässt ihn der Gedanke nicht mehr los. Cum-Ex ist, wenn er nicht völlig falsch liegt, wie eine Lizenz zum Gelddrucken. Bislang haben Banken solche Deals nur untereinander betrieben. Aber Berger ist wild entschlossen, das gigantische Geschäft auch für Privatinvestoren zu öffnen – und dabei ebenso gigantische Provisionen für seine Kanzlei und vor allem für sich selbst zu erzielen.

Dabei denkt Berger groß. Die HypoVereinsbank soll Roth für die geplanten Aktiengeschäfte einen Kredit über 500 Millionen Euro gewähren – eine halbe Milliarde. Die Höhe mutet geradezu gewaltig an. Ein Investor wie Roth bietet der HVB jedoch auch Sicherheiten. Er kann die Summe mit seinen Immobilien und seinem Privatvermögen abdecken.

Der Kundenbetreuer aus der »Millionärsabteilung« ist jedenfalls interessiert. Mit ihm hat Berger fortan einen wichtigen Fürsprecher bei der HypoVereinsbank. Es ist ein wichtiger Schritt für Berger auf seinem Weg zum ganz großen Geld. Seine Fachkompetenz und der hohe zeitliche Einsatz, die Hartnäckigkeit und die Portion Skrupellosigkeit, mit der er seine Karriere seit einigen Jahren verfolgt – all das scheint sich langsam auszuzahlen.

An Wochenenden erholt sich Berger nach wie vor zu Hause in Osthessen. Die Familie seiner Mutter hatte sich der Forstwirtschaft gewidmet. Auch Berger verschwindet gelegentlich auf seinem riesigen Traktor in den Wäldern, inspiziert den Bestand. Die Stunden im Wald sind seine Leidenschaft, daran hat auch ein Unfall nichts ändern können. Einige Jahre zuvor rutschte er mit seinem Traktor an einer Böschung ab und wurde dabei aus dem Fahrersitz katapultiert. Der Traktor überschlug sich mehrfach, und schließlich knallte ein Überrollbügel auf eines von Bergers Beinen. Die Verletzung erwies sich als langwierig, Mitarbeiter mussten zu Meetings nach Schlüchtern kommen. Berger versuchte danach, die Anzahl an Dienstreisen zu reduzieren.

London, 26. Februar 2006

An diesem Freitagmorgen bleibt Hanno Berger allerdings nichts anderes übrig, als nach England zu fliegen. Er ist mit dem Neuseeländer Paul Mora verabredet, einem Investmentbanker der HypoVereinsbank in London, Leiter des Equity-Bereichs, Eigenkapitalfinanzierung. Es ist eine Begegnung auf Augenhöhe: Berger misst 1,90 Meter und ist rund 120 Kilo schwer. Paul Mora ist 1,89 Meter groß und bringt 110 Kilo auf die Waage. Auch hinsichtlich seiner rechtlichen Expertise für Kapitalmärkte kann es Mora mit Berger aufnehmen, mindestens. Er ist jünger als Berger und einer der entscheidenden Player im Cum-Ex-Geschäft.

Mora arbeitet bereits seit 15 Jahren in der Finanzbranche. In Neuseeland studierte er Jura, ging Anfang der 90er Jahre zur japanischen Großbank Sumitomo Finance International, arbeitete dort im Wertpapierpensionsgeschäft und befasste sich mit rechtlichen und steuerlichen Fragen. 1997 wechselte er zur US-amerikanischen Investmentbank Merrill Lynch Europe Ltd. Als Head of Structured Products Desk war er auch zuständig für die Gestaltung maßgeschneiderter Lösungen für Kunden, die Probleme mit ihrem zu hohen Einkommen beziehungsweise ihrer Kapitalertragssteuer lösen wollten – die also um fast alles in der Welt weniger Steuern zahlen wollten.

Schon früh in seiner Karriere machte sich Paul Mora einen Namen im Markt der rein steuergetriebenen und grenzüberschreitenden Produkte. 2002 ging er zur Credit Suisse First Boston und entwickelte hier als Global Head of Proprietary Trading ebenfalls neue Finanzprodukte. Seit Mai 2004 leitet er von London aus die Abteilung für Eigenkapitalfinanzierung (Head of Equity Finance) der HypoVereinsbank. Sein jährliches Festgehalt liegt zwischen 100 000 und 140 000 Britischen Pfund. Der größere finanzielle Antrieb sind für Mora aber die Bonuszahlungen. Da kommt er jährlich auf umgerechnet mehr als 800 000 Euro. Zudem erhält er jedes Jahr rund 300 000 Euro auf seine Pensionsanwartschaften.

Berger bietet dem Neuseeländer an, ihm einen Kunden vorzustellen, der groß und reich genug ist, um ihn als Investor für die Cum-Ex-Geschäfte einzusetzen. Aufgrund unzulänglicher Regelungen sei es ja möglich, sich in Deutschland Kapitalertragssteuer mehrfach erstatten zu lassen, sagt Berger und präsentiert seinen Vorschlag, wie er sich den Ablauf der Cum-Ex-Geschäfte mithilfe der HypoVereinsbank vorstellt. Die Bank soll für seinen Mandanten »over the counter« (OTC), also außerbörslich, Aktiendeals durchführen. Aktienhandel über die Börse ist komplizierter und kostet mehr Gebühren. Vor allem aber hat OTC den Vorteil, dass diese Geschäfte nur über das Telefon gemacht werden, von Ohr zu Ohr sozusagen. Auf diese Weise können Verkäufer und Käufer Absprachen einfacher treffen – und ohne dabei eine Papierspur zu hinterlassen. Das Vorgehen ist wie gemacht für Absprachen zu Leerverkäufen (siehe Anhang), was eigentlich streng verboten ist, aber die Voraussetzung für Cum-Ex-Geschäfte. Eine echte Verhandlung von Preisen und Stückzahl der Aktien findet bei Cum-Ex-Geschäften nicht statt. Die Durchführung der Deals beruhen allein auf verbotenen Absprachen, ein echter Marktvorgang findet überhaupt nicht statt.

Berger braucht Mora, um im Cum-Ex-Markt mitmischen zu können. Denn dazu benötigt man Zugang zu Brokern und zu Leerverkäufern. Beides hat Berger nicht. Also muss Berger Mora von seinem Plan überzeugen. Er wird konkret: Die HypoVereinsbank soll dem Milliardär Rafael Roth bei dem Aktiengeschäft das Konto führen und ebenfalls das Wertpapierdepot. Als Depotbank würde die HVB schließlich Roth die Steuerbescheinigung ausstellen, mit der sich der Immobilienkönig dann wiederum die Kapitalertragssteuern auf die Aktiendividenden erstatten lässt, die vorher gar nicht abgeführt worden sind. Das Geld, das verdient wird, soll aus der Steuerkasse kommen, das ist damit klar.

Hanno Berger versteht es normalerweise, Menschen von seinen Ideen zu überzeugen. Doch diesmal läuft es schleppend. Paul Mora zeigt sich skeptisch. Er ist nicht angewiesen auf Berger und das Geld seiner reichen Privatinvestoren. In Moras Geschäftsbereich machen Cum-Ex-Geschäfte rund 40 Prozent des jährlichen Gesamtgewinns aus. Warum sollte er dieses lukrative Geschäft überhaupt für Privatkunden öffnen und damit weitere Spieler beteiligen? Mora hat bei der HypoVereinsbank genügend Kapital und zudem alle Fäden in der Hand. Er verdient gut, und weitere Personen in die Deals zu involvieren, würde das Risiko erhöhen, dass das Modell sich herumspricht und womöglich angreifbar wird.

Mora lässt Berger abblitzen. Doch Berger lässt nicht locker.

London, 8. März 2006

Einige Tage später sitzt Berger wieder mit Mora zusammen. Der Neuseeländer hat aus der HypoVereinsbank-Zentrale in München eindeutige Signale bekommen, sich nicht länger Bergers Geschäftsidee zu verschließen. In der Zentrale weiß Berger den Kundenbetreuer aus der »Millionärsabteilung« auf seiner Seite, und der hat inzwischen bei anderen Entscheidern für das Projekt geworben. Der Kundenbetreuer konnte dabei ein gutes Argument vorbringen: Rafael Roth, den der Steueranwalt Berger als Investor an die HypoVereinsbank binden will, sei ein höchst begehrter Zielkunde für das Private Banking. Der Milliardär hat in der Vergangenheit mithilfe der HVB bereits Immobiliengeschäfte abgewickelt, gilt inzwischen aber als sogenannter toter Kunde: Er ist im Hause registriert, tätigt aber im Moment keine Geschäfte.

Das erneute Treffen findet in einem Konferenzraum von Dewey Ballantine statt, One London Wall, mitten in der City of London, dem historischen Finanzviertel, wo sowohl die britische Börse als auch die Bank of England beheimatet sind. Die Straße ist benannt nach der Stadtmauer, die die Römer zum Schutz des Hafens an der Themse erbaut hatten. In einem Straßenabschnitt stehen noch Reste der Mauer, umringt und beschattet von glitzernden Bankgebäuden. Das Bürogebäude der Kanzlei, ein Glaspalast in Bügeleisenform mit bodentiefen Fenstern, hat der Stararchitekt Norman Foster entworfen.

Mora ist nicht allein zu dem Meeting im Londoner Ableger von Bergers Kanzlei gekommen. Er hat Martin Shields dabei, seine rechte Hand. Shields ist Ire, seit wenigen Tagen 28 Jahre alt. Mora und Shields kennen sich aus gemeinsamer Zeit bei Merrill Lynch, der US-Investmentbank. Nach seinem Wechsel zur HypoVereinsbank hat Mora Shields abgeworben.

Mit dem Rückenwind aus München versucht Hanno Berger, den Cum-Ex-Macher Paul Mora für das Projekt Rafael Roth zu gewinnen. Die Herrschaften in den oberen Etagen der HypoVereinsbank sind unter Zugzwang. Erst vor ein paar Monaten ist die Bank von der italienischen UniCredit geschluckt worden. Neue und lukrative Kunden wie Roth machen sich gut in den Büchern und bei den neuen Eigentümern. Letztlich beugt sich Mora dem Druck der Bankleitung aus München. Er ist bereit, dem Milliardär aus Berlin Cum-Ex-Geschäfte zu ermöglichen.

Es ist die Privatisierung von Cum-Ex, der Berger an diesem Tag in der City of London einen großen Schritt näherkommt. Das Treffen markiert deshalb einen Meilenstein in der Geschichte von Cum-Ex. Fortan sollen auch Superreiche wie Rafael Roth an dem gigantischen Raubzug teilhaben können, um auf Staatskosten noch reicher zu werden.

Das Treffen in den Londoner Kanzleiräumen von Dewey Ballantine markiert auch einen Einschnitt in der Karriere von Berger. Er überschreitet die Grenze vom Steueroptimierer zum Steuerräuber und schraubt in den nächsten Jahren mit Gewinnen aus Cum-Ex sein Privatvermögen in einen geschätzten dreistelligen Millionenbereich.

Und noch weitere Konsequenzen bringt die Begegnung mit sich. Sie rückt die Sitzungsteilnehmer später in den Fokus der Ermittler, was zu Anklagen vor deutschen Gerichten führt. Während Shields als erster Banker weltweit wegen seiner Rolle in Cum-Ex-Geschäften verurteilt wird, landet Berger 15 Jahre später in Untersuchungshaft und nach Mora wird weltweit gesucht. Sein Fahndungsplakat wird an allen Flughäfen hängen, so wie einst die Steckbriefe der Hintermänner der Terroranschläge vom 11. September 2001 in den USA. Mora lebe in Neuseeland, teilen seine Anwälte mit. Er bestreitet die gegen ihn erhobenen Vorwürfe.

Wenige Tage nach der Zusammenkunft mit Berger beginnt Mora mit den Vorbereitungen für das Geschäft. Er meldet sich bei ICAP, einer Brokerfirma in London. Firmen wie ICAP kommt bei den geplanten Kreisgeschäften mit Aktien eine zentrale Rolle zu. Um später die Steuerbescheinigungen generieren zu können, sollen Wertpapierhändler von ICAP im ersten Schritt gigantische Aktienpakete deutscher DAX-Konzerne besorgen und an Roth liefern. Bevor der Berliner Milliardär die Aktien wieder zurückgibt, wird er mithilfe von ICAP auf die Dividende der Aktien eine Bescheinigung für Steuern bekommen, die zuvor nie abgeführt wurde. Damit keine Risiken durch fallende oder steigende Kurse entstehen, finden die Transaktion gleichzeitig statt. Das erfordert genaue Absprachen zwischen den Beteiligten – und die sind, wie alle wissen, streng verboten.

Mora kann sich auf die Leute bei ICAP verlassen. Der Kontakt zu der Brokerfirma geht auf die private Beziehung eines führenden Angestellten der Firma zurück. Mora und der ICAP-Mann sind beide am Londoner »Cinnamon Club« beteiligt. Der exklusive Club befindet sich 100 Meter entfernt von Westminister Abbey in einem viktorianischen Häuschen, das früher die Kirchenbibliothek beherbergte. Heute dienen Werke von Shakespeare, Machiavelli und Tolkien als Kulisse für eines der edelsten indischen Restaurants der Stadt. Dort feiern Banker seit jeher lukrative Abschlüsse. Die Reservierungen für die ausschweifenden Feiern gestalteten sich oft umständlich, und so haben Mora und seine Freunde den Laden einfach gekauft, mit dem schönen Nebeneffekt: Nirgendwo in der City of London lassen sich Cum-Ex-Geschäfte diskreter einfädeln und geheime Absprachen besser treffen als in den geschützten Räumen des eigenen Clubs.

Die Beziehung zu ICAP ist auch sonst recht eng, und sie wird gegenseitig gut gepflegt. Paul Mora und seine rechte Hand Martin Shields verbringen auf Einladung von ICAP mit deren Brokern mehrere Skiwochenenden. Die HypoVereinsbank wiederum weiß derlei Gastfreundschaft zu erwidern. Sie lädt Leute von ICAP auf das Oktoberfest nach München ein, gemeinsam mit Mora und Shields. Bevor es auf die Theresienwiese geht, feiert man mit den Gästen aus London noch eine Client Roof Party.

Am 20. März 2006 telefoniert Berger mit Mora. Er will sich versichern, ob es klappt mit der Anbahnung des Aktiengeschäftes. Und, ja, Mora kann ihn beruhigen. Shields tüftelt bereits an dem haarkleinen Ablaufplan der Deals. Denn Cum-Ex ist ein Saisongeschäft. Die Millionengewinnen können nur einmal im Jahr geerntet werden, nämlich rund um den jeweiligen Dividendenstichtag, wie sie an der Börse die Hauptversammlungen der Konzerne nennen. Und weil die Hauptversammlungen der DAX-Konzerne in Deutschland alle zwischen Mitte April und Anfang Juni stattfinden, müssen die ganzen Deals innerhalb von sechs Wochen über die Bühne gehen.

Vor der Handelssaison legen die Cum-Ex-Dealer fest, welche Aktien an welchem Tag in welchem Umfang gehandelt werden. Das ist der Job von Shields. Der legt dafür eine Excel-Tabelle an. Darin wird er in den nächsten vier Wochen bis kurz vor Beginn der Saison mit den Cum-Ex-Kreisgeschäften alle relevanten Information eingeben. Zug um

Zug wird der junge Ire die Tabelle mit Details verfeinern. Etwa wann welche Aktien gekauft, verkauft und zurückgegeben werden. Ebenso will er in die Tabellenblätter einpflegen, in welcher Stückzahl und zu welchem Preis die Aktien gekauft werden – und natürlich den Betrag der Dividende, dem von den Unternehmen ausgeschütteten Gewinnen, aus denen sich die Kapitalertragssteuer ergibt, auf deren zweite Erstattung die Cum-Ex-Dealer aus sind. Für Shields ist die Excel-Tabelle wie eine Partitur, nach der die Beteiligen im genau von ihm vorgegebenen Takt zu spielen haben. Und wie ein Chefdirigent orchestriert er die Deals. Seiner Excel-Tabelle gibt er den Dateinamen »German Analysis«.

Shields ist eigentlich gar kein Aktienhändler, sondern gelernter Ingenieur. Er hat in Oxford Wirtschaftswissenschaften und Ingenieurswesen studiert. Eine Zeit lang arbeitete er auch als Ingenieur, bevor ihn das Börsenparkett in der City of London anzog. 2002 bewarb er sich mit 23 Jahren bei Merrill Lynch. Die Investmentbanken stellten damals in großer Zahl Absolventen mit einem wissenschaftlichen Abschluss an. Von 120 Absolventen des Studienjahrganges von Shields arbeiteten nur fünf tatsächlich auch als Ingenieure. Die meisten anderen heuerten wie Shields bei einer der großen Investmentbanken an.

Der Handel mit Aktien ist für Shields eine mathematische Herausforderung. Als Ingenieur weiß er Prozesse und Abläufe zu planen und zu strukturieren. Es geht um den Umgang mit Zahlen und Variablen. Es geht um die Lösung von Problemen. Und es geht um große Summen. So zumindest stellt er sich seinen neuen Job bei Merrill Lynch vor. Aber die Realität ist zunächst eine andere. Statt in der Hektik des Börsenparketts findet sich der Ire im Backoffice der Bank wieder. Es geht dort um die Festlegung der Margen, das Verarbeiten von Dividenden und die Ausführung von Termingeschäften. Bereits nach einer Woche sucht Shields seinen Chef auf und beschwert sich über das »langweilige Zeugs«. Statt einer anderen Aufgabe bekommt er nur den väterlichen Rat, dass er das »langweilige Zeugs« noch einmal gut gebrauchen kann. Der Name seines Chefs: Paul Mora.

Als Mora den Iren 2004 zur HypoVereinsbank in seine Abteilung für Eigenkapital holt, ist Shields 26 Jahre alt. In der Branche gilt er alsbald als Mathe-Genie. Endlich werden ihm große Summen anvertraut. Und der junge Mann verdient gut: 100 000 Britische Pfund und Boni von rund einer halben Million Pfund. Bei seinem Job geht es weniger darum, für Kunden oder Anleger einen Profit zu erwirtschaften. Unter Moras Leitung soll Shields vielmehr das Eigenkapital der Bank gewinnbringend anlegen. Er und seine Kollegen sollen Handelsstrategien entwickeln, deren Wertschöpfung allein darin besteht, Steuervorteile auszunutzen. Cum-Ex ist dafür wie geschaffen. Shields hat keine Ahnung von Steuerrecht, aber er lernt den Markt zu lesen und weiß sehr schnell, wie sich steuerliche Vorgaben auf die Transaktionen und Dividenden auswirken. Mit Mora zusammen macht er den Handel mit der Kapitalertragssteuer zum Kerngeschäft.

Während in London die Vorbereitungen auf die Cum-Ex-Saison laufen, muss in Frankfurt Hanno Berger erst einmal die Voraussetzungen dafür schaffen, dass Roth investieren und abkassieren kann. Der Milliardär aus Berlin ist zu dieser Zeit im Grunde Privatier, jedenfalls nicht mehr operativ tätig. Seine Immobilienunternehmen hat er allesamt verkauft. Um sich die Kapitalertragssteuer aus den Cum-Ex-Geschäften erstatten zu lassen, braucht es allerdings eine Gesellschaft. Nur institutionelle Anleger sind in Deutschland von der Kapitalertragssteuer befreit und können sich mit der Bescheinigung die Steuer erstatten oder anrechnen lassen, Privatanleger nicht.

Am 24. März 2006, nur vier Tage nach dem finalen Telefonat mit Mora, gründet Berger für den Privatier die Rafael Roth Financial Enterprises GmbH. Sie wird in Frankfurt ins Handelsregister eingetragen. Sitz der Geschäftsführung ist jedoch die Adresse Rossertblick 18 in Eppstein. Berger hat sich das Taunusstädtchen ganz bewusst als Geschäftssitz ausgesucht. Der 13 000-Einwohner-Ort fällt nämlich in die Zuständigkeit des Finanzamtes Wiesbaden I. Berger war lang genug Steuerbeamter in Hessen, um die Ex-Kollegen von Wiesbaden I einschätzen zu können. Die Beamten dort seien seinen Steuerprodukten und Analysen »zugänglicher« als andere Finanzamtsmitarbeiter, erklärt er seinen Mitarbeitern.

Rafael Roth liegt im Ranking der reichsten Berliner hinter der Verlegerwitwe Friede Springer auf Platz zwei. Er ist persönlich zurückhaltend und bewohnt eine vergleichsweise schlichte Villa im West-Berliner Stadtteil Dahlem. Hier und weiter westlich in den ruhigen Nebenstraßen des Stadtteils Zehlendorf stehen Gebäude von ganz anderer Üppigkeit und Größe.

Berger weiß, wie die Menschen ticken, die über Geld eigentlich niemals mehr nachdenken müssten. »Die Leute, die reich sind, haben Antennen. Sie haben Bauchgefühl. Intellektuell durchdringen sie die Geschäfte nicht«, sagt Berger später einmal. »Sie sind immer interessiert, Geld zu verdienen, und sie sind eng, wenn es darum geht, es auszugeben.« Letztlich sei es eine Vertrauenssache. »Sie vertrauen dir – oder eben nicht.«

Roth hat Berger persönlich zum ersten Mal im Sommer 2004 getroffen. Damals hatte der Steueranwalt bereits eine Mandatsvereinbarung aufsetzen lassen und selbst unterzeichnet. Nun sollte Roth die Vereinbarung gegenzeichnen. Anlass der Zusammenarbeit war das in der Welt der Reichen bekannte Steuersparmodell Bond GbR aus dem Think Tank von Berger. Als dieses Steuerschlupfloch vom Gesetzgeber geschlossen wird, braucht Berger nicht lange, um mit sogenannten Asset Link Notes (ANL) ein neues Steuersparmodell aus dem Hut zu zaubern. Wenn dieses Finanzprodukt in der Mechanik auch anders angelegt ist, hat es denselben Effekt: Mit aktiengebundener Schuldverschreibung generiert Berger für seine Kunden steuerliche Verluste, um die Einkommenssteuerlast zu reduzieren – und die Steuerforderungen an Milliardäre wie Roth sind aus deren Sicht immens. Berger kann helfen.

In der Vereinbarung mit der Steuerkanzlei Dewey Ballantine ist festgehalten, dass Roth sich wünscht, von Berger persönlich betreut zu werden. Für Berger wiederum galt als ein wichtiger Zusatz in dem Vertragswerk, dass sich seine Vergütung in einen pauschalen und einen erfolgsabhängigen Teil aufteilt. Je größer die Summe an Steuern ist, die der Milliardär mithilfe von Berger einspart, desto höher fällt dessen Honorar aus.

Hanno Berger erlebte damals einen 70-Jährigen, der auch nach seinem Rückzug aus dem Firmengeschäft renditehungrig und risikofreudig wirkte. Damit ist Rafael Roth nun, zwei Jahre später, der ideale Kandidat, um als erster Privatinvestor in den Cum-Ex-Markt einzutreten.

Berlin, 31. März 2006

In Berlin erläutern Vertreter der HypoVereinsbank Rafael Roth ihre Anlagestrategie. Neben dem Kundenbetreuer aus der »Millionärsabteilung« sind auch Paul Mora und Martin Shields aus London eingeflogen. Shields hat für Roth eine Präsentation mit dem Titel »German Basis Opportunity« vorbereitet. Schritt für Schritt erklären Shields und Mora dem Milliardär anhand eines Rechenbeispiels das Cum-Ex-Modell. In wenigen Tagen erbringe etwa eine Investition von 100 Millionen Euro in Aktien eines Dax-Unternehmens mit fünf Prozent Dividendenrendite ein Ergebnis von 10 Millionen Euro.

Rafael Roth ist skeptisch, und er gibt sich keine Mühe, diese Skepsis zu verbergen. Der Milliardär traut den beiden Händlern aus London nicht so recht. Mora und Shields treten tatsächlich alles andere als zurückhaltend auf, prahlen mit ihrer jahrelangen Erfahrung im Equity-Finance-Markt. Roths Blick wandert zu Berger, und der Steueranwalt weiß die leicht angespannte Situation zu entschärfen. Das Prinzip sei doch ganz einfach: Durch Kreisgeschäfte mit Aktien rund um den Dividendenstichtag komme es zur doppelten Abrechnung einer nur einmal abgeführten Kapitalertragssteuer. Das klingt nun verständlich für den Milliardär – und macht ihm zugleich deutlich, dass diese Art von Geschäft nur funktioniert, wenn er den Steuerabschlag geltend machen kann. Roth ist auf die Erstattung des Finanzamtes angewiesen. Aber genau hier hat Berger ja vorgesorgt – und Roths GmbH im Einflussbereich des ihm angeblich wohlgesonnenen Finanzamtes Wiesbaden I angesiedelt.

Für den Moment reichen Roth die Ausführungen Bergers. Der Milliardär signalisiert, dass er stark interessiert sei. Jetzt ist auf Seiten der HypoVereinsbank einiges zu klären. Paul Mora erstattet ein paar Tage später per E-Mail seinem Vorgesetzten bei der HVB Bericht. »Die Besprechung lief sehr gut«, schreibt er und räumt ein, dass es »ohne die Unterstützung« des Kundenberaters »schwierig verlaufen« wäre. Roth nennt er einen »sehr attraktiven Kunden« für die Bank. Mora ist nunmehr bereit. »Bitte halten Sie mich über die weiteren Gespräche auf dem Laufenden, damit ich das Geschäft vorantreiben kann«, schreibt er am Ende seiner E-Mail.

Seit dem Treffen mit Roth hat Shields weiter an seiner Excel-Tabelle gearbeitet. Er plant, mit Aktien von 18 Dax-Unternehmen zu handeln, darunter BMW, TUI, Lufthansa, Commerzbank, EON sowie die Deutsche Bank und die Münchner Rück. Neben Kauf, Verkauf und Rückkauf der Aktien geht aus der Tabelle die eingepreiste Dividende und das Kapitalertragssteuervolumen hervor, das erzielt werden sollen. Mit der Erstattung einer zuvor nie entrichteten Kapitalertragssteuer wird nach Berechnung von Shields ein Gewinn von rund 23 Millionen Euro erzielt. Dafür müssen mithilfe von ICAP insgesamt Aktienwerte von 3,7 Milliarden Euro bewegt werden. Denn die Beute aus der ergaunerten Kapitalertragssteuer einer einzelnen Aktie beläuft sich oft nur auf wenige Euro. Es verhält sich mit Cum-Ex-Deals wie mit dem Goldschürfen: Je größer die umgewälzten Mengen, desto mehr bleibt hängen. Am 5. April 2006 schickt Shields seine Tabelle an Mora und den Kundenbetreuer aus der »Millionärsabteilung«. Sie dient als Vorbereitung für ein zweites Treffen mit Roth, das für den nächsten Tag anberaumt ist.

Berlin, 6. April 2006

Die Delegation der HypoVereinsbank spricht erneut bei Rafael Roth vor. Neben Berger als seinen Steueranwalt hat der Gastgeber zum Arbeitstreffen diesmal auch seinen langjährigen Steuerberater hinzugebeten. Roth und sein Steuerberater bekommen von Mora und Shields erneut die Präsentation »German Basis Opportunity« gezeigt. Berger erläutert die Technik hinter der Präsentation, der HVB-Kundenberater macht deutlich, dass die Bank die technische Abwicklung der Börsengeschäfte übernimmt und sich um die Bestellung einer Bürgschaft kümmert sowie die Formalitäten der Kreditsicherung.

Der Steuerberater von Roth allerdings hat Fragen. Er will von Mora wissen, wie es ihm gelinge, so kurz vor dem Tag der Hauptversammlung des jeweiligen Konzerns ausreichend Aktienkäufer zu finden. Mora antwortet, das sei kein Problem. London sei schließlich der größte Finanzplatz der Welt, und als Broker dort habe er »genügend Kontakte« zu Fondsmanagern in der Finanzszene. Da könne er ausreichend Käufer garantieren. Offenbar überzeugen die beiden Broker von der HypoVereinsbank bei diesem zweiten Termin. Roth jedenfalls hebt anschließend den Daumen. Er ermächtigt die Bank, alles so zu tun wie vorgeschlagen.

In der Zentrale der HypoVereinsbank in München hinterfragt man nun seinerseits zwar nicht den Deal, aber die Höhe des Kredits. Bei den 500 000 000 Euro sieht die Kreditabteilung durchaus rechtliche Schwierigkeiten und auch das Risiko, dass der Ruf der Bank leiden könnte – und ziert sich erst einmal. Das kann Berger nicht gefallen. Auf dem Briefpapier seiner Steuerkanzlei Dewey Ballantine unterzeichnet er bereits einen Tag nach dem Treffen in Berlin ein Memorandum, das die HVB von jeglicher Verantwortung für die rechtlichen oder steuerlichen Auswirkungen der Transaktionen freistellt. Es ist ein Gutachten, mit dem Berger die Beteiligten nach außen absichert. Er stellt die Geschäfte als rechtlich unbedenklich dar und verpasst ihnen somit einen legalen Anstrich.

In der Zentrale der HypoVereinsbank gibt wiederum der Kundenberater aus der »Millionärsabteilung« alles dafür, dass ihm der »sehr attraktive Kunde« Rafael Roth nicht doch noch als Großinvestor abspringt. Allen Beteiligten müsse klar sein, schreibt er in einer E-Mail am 7. April 2006 an einen größeren Verteiler, dass die HVB nur beauftragt wurde. Was der Kunde davon habe, müsse dieser selber beantworten. Dies sei für die HypoVereinsbank »kein tax deal«. Steuerbetrug sei ausgeschlossen. In Steuerfragen berate Berger, »seines Zeichens Senior Partner einer der besten und angesehensten Kanzleien Deutschlands«, den »kapitalmarkterfahrenen« Roth. Der Berliner Immobilienmogul sei sich der Risiken der Transaktionen bewusst, und diese seien in diesem Kundenkreis auch üblich. Die Bank sei reiner Abwickler der vom Berater entwickelten Struktur, und die Transaktion sei mit der Rechtsabteilung geklärt. Die Kreditlinie müsste 500 Millionen Euro betragen.

London, 10. April 2006

Unbenommen von den Diskussionen in Deutschland stellt Shields seine Excel-Tabelle »German Analysis« fertig. Der Ablaufplan ist ein teuflisches Meisterwerk an Präzision und Timing. In Sekundenbruchteilen müssen riesige Aktienpakete unter Einschaltung eines Leerverkäufers veräußert und gekauft werden, dazu kommt noch die zeitgleiche Abwicklung der Future-Geschäfte, über die die Beute verteilt werden soll. Bei der geringsten Abweichung oder Verzögerung droht ein Millionendesaster. Die Händler müssen bei den Geschäften darauf achten, dass die einzelnen Transaktionen nicht mehr als drei Prozent der Aktien eines Konzerns ausmachen, denn dies wäre dann meldepflichtig, wodurch die Aufsicht auf sie aufmerksam werden könnte.

In einer zweiten Excel-Tabelle mit dem Namen »BClear Executions« berechnet Shields genau die Future-Preise und somit die Gewinnverteilung. Diese Tabelle ist planerisch das zweite Herzstück der Cum-Ex-Transaktion. Nach einem genauen Verteilungsschlüssel soll die ergaunerte Kapitalertragssteuer durch die Preise der Future-Geschäfte zwischen der GmbH von Roth, ICAP und der HypoVereinsbank aufgeteilt werden.

München, 13. April 2006

Der Kundenberater aus der »Millionärsabteilung« der HypoVereinsbank will sich absichern, um bei dem geplanten Roth-Deal nicht wegen unerlaubter Steuer- und Rechtsberatung belangt werden zu können. Er fordert bei einem Mitarbeiter von Berger ein Memorandum an, in dem der Steuerguru der Bank einen Persilschein erstellt. Bankintern schreibt er fast zeitgleich in einen großen Verteiler, Mora und Shields in Cc: Es sei zunächst festzuhalten, dass Roth über Berger auf die HypoVereinsbank einst mit der Frage zugekommen sei, ob HVB die diskutierte Struktur umsetzen könne. Berger sei einer der angesehensten Steuerjuristen in Europa, und Roth habe sich vor der Kontaktaufnahme von Bergers Kanzlei Dewey Ballantine ein Gutachten anfertigen lassen. Das Gutachten sei positiv ausgefallen. Die geplanten Aktiengeschäfte seien nach gültiger Gesetzeslage völlig in Ordnung.

Alsbald wird die Kreditlinie von 500 Millionen Euro, mit der Roth in das Cum-Ex-Geschäft einsteigen will, von der HypoVereinsbank freigegeben. Der Kredit ist abgesichert durch Guthaben, Depots und Immobilien. Die Bank verdient doppelt und dreifach: Neben den Zinsen für den Kredit wird sie 65 Prozent von der Beute erhalten, Roth 35 Prozent. So ist es vertraglich festgelegt.

In der Bankvollmacht heißt es: »In den kommenden Wochen will die Kundin für jeweils 500 Millionen Euro Aktien von bestimmten deutschen Aktiengesellschaften am Tag oder ein bis zwei Tage vor der jeweiligen Hauptversammlung kaufen und am Tag oder einen Tag nach der jeweiligen Dividendenausschüttung verkaufen.« Lediglich die Auswahl der Dax-Konzerne trifft Roth selbst, er setzt auf dividendenstarke Werte wie E.on, Siemens oder die Deutsche Bank. »Die Einzelheiten werden dabei in das alleinige Ermessen der HVB gestellt«, heißt es in der Vollmacht. Die Transaktionen werden außerbörslich abgewickelt.

London, 19. April 2006

Am Vormittag erhalten Mora und Shields die letzten erforderlichen Dokumente aus der HypoVereinsbank-Zentrale in München: Die von Rafael Roth unterschriebene Vollmacht sowie die Auftragsbestätigung tragen das Datum des Vortages. Die Papiere enthalten alle Details zu den geplanten Transaktionen. Mora und Shields machen sich sofort ans Werk, legen Kurse, Valuten, Settlement und Handelspartner fest. Shields leitet die Papiere an ICAP weiter, inklusive der Vollmacht von Roth. Die Broker von ICAP wissen, was nun zu tun ist.

Wie schon bei anderen Cum-Ex-Deals soll ICAP auch im Fall Roth gigantische Aktienpakete deutscher Konzerne kaufen, und zwar jeweils unmittelbar vor deren Hauptversammlungstag. An diesem Tag schütten Aktienkonzerne an ihre Anleger die Gewinne aus, Dividende genannt. Auf diese Dividende müssen die Anleger 2006 in Deutschland 20 Prozent Kapitalertragssteuer bezahlen. Die Konzerne ziehen diese Steuer gleich von der Dividende ab und entrichten den Steuerabschlag an den Fiskus. Wenn es sich bei dem Aktionär nicht um eine Person, sondern um einen institutionellen Anleger handelt, bekommt er von der Depotbank, wo die Aktien verwahrt werden, eine Steuerbescheinigung.

Um 15:37 Uhr geht es los. Das erste Cum-Ex-Geschäft mit dem Geld eines Privatinvestors beginnt. ICAP meldet sich bei Shields und bekundet Interesse an 25 000 Aktienstücken der Versicherung Münchner Rück und 10 000 des Pharmakonzerns Schering. ICAP kauft die Aktien bei der HVB zu einem genau in Shields Excel-Tabelle festgelegten Preis. In den nächsten Wochen folgt der Kauf von Aktien weiterer DAX-Unternehmen, je nachdem, wann deren Hauptversammlungstag ist.

Es ist wie bei einem Kriminal-Coup, den man aus dem Kino kennt: Jedem Teilnehmer ist bei Cum-Ex eine bestimmte Rolle zugedacht – und jeder Schritt ist genau abgesprochen und verläuft nach dem Plan des Mathe-Genies Shields. ICAP kauft die Aktien des jeweiligen DAX-Unternehmens kurz vor der Hauptversammlung mit (Cum) Dividendenanspruch und verkauft sie gleich weiter an die Rafael Roth Financial Enterprises GmbH. Zum Zeitpunkt des Verkaufs ist ICAP noch gar nicht im Besitz der Aktien, weshalb man von einem Leerverkauf spricht (siehe Anhang). Nach dem Hauptversammlungstag besorgt sich ICAP die Aktien und kommt gegenüber der Roth-GmbH seinen Lieferverpflichtung nach. Die Aktien sind jedoch nach Ablauf der Hauptversammlung weniger wert, weil die Dividende bereits abgezogen ist. ICAP liefert nun diese Aktien ohne Dividendenanspruch (Ex) an die Roth-GmbH und zahlt als Kompensation für die entgangene Originaldividende eine sogenannte Dividendenausgleichszahlung in Höhe der Nettodividende.

Für die planmäßige Eindeckung von ICAP mit Ex-Aktien, also solchen Aktien ohne Dividende, sorgt nach dem Ablaufplan die HypoVereinsbank selbst. Die Bank bedient sich hierzu aus Depotbeständen von Anlegern, mit denen sie selbst Rahmenvereinbarungen für Wertpapierdarlehen hat, oder besorgt sich, falls diese Bestände für die Transaktionen an die Roth-GmbH nicht ausreichen, weitere Aktien von Dritten.

Durch die ungedeckten Leerverkäufe wird nun ein Anspruch auf eine zweite Steuerbescheinigung generiert. Die Beteiligten machen sich eine Schwäche im Abwicklungsmechanismus zunutze, wonach die Depotbank des Leerkäufers, in diesem Fall die Rafael Roth Financial Enterprises GmbH, lediglich einen Zahlungseingang in Höhe der Nettodividende von Clearstream, einer Tochter der Deutschen Börse, wahrnimmt, ohne anhand der Zahlung erkennen zu können, ob es sich um die Originaldividende oder eine Dividendenausgleichszahlung handelt. Und die Dividendenausgleichszahlung unterliegt 2006 nicht der Kapitalertragssteuer.

Nach dem Zahlungseingang der Nettodividende stellt die HVB als Depotbank der Roth-GmbH als Leerkäufer für die Aktien eine zweite Steuerbescheinigung aus, obwohl auf die Dividendenausgleichszahlung keine Kapitalertragsteuer und kein darauf entfallender Solidaritätszuschlag einbehalten wurde. Anschließend gibt die Roth-GmbH in mehreren Stufen die Aktien wieder zurück an die HVB. Das Kreisgeschäft mit den Aktien dient allein dazu, die Erstellung falscher Kapitalertragsbescheinigungen anzustoßen.

Ohne die ergaunerte Erstattung der Kapitalertragssteuer würde das Cum-Ex-Geschäft keinen Sinn ergeben. Allein durch die Kosten der Aktiengeschäfte würde ansonsten ein Minus entstehen. Der Leerverkäufer ICAP würde etwa einen erheblichen Verlust machen, wenn er vorher die Kapitalertragssteuer abgeführt hätte. Für ICAP ist das Geschäftsmodell wirtschaftlich nur sinnvoll, weil die Firma keine Kapitalertragssteuer auf die Dividendenausgleichszahlung an das Finanzamt abführt.

Mittendrin in der Cum-Ex-Sause schreibt Shields am Abend des 2. Mai 2006 eine E-Mail an seine Chef und Förderer Mora: Unter der Voraussetzung, dass sich alles so umsetzen lasse wie geplant, würden sie wohl einige der besten Wochen haben, die sie je als Trader haben werden. Shields schlägt ein Glückwunsch-Essen »für die Jungs« vor. Weil darunter zwei Vegetarier seien, schlägt er ein indisches Restaurant vor, den »Cinnamon Club«.

Die letzten Aktien, die von ICAP angekauft werden, sind Stücke der Deutschen Bank. Am 14. Juni 2006 ist der ganze Spuk vorbei, alle Aktien sind wieder zurücktransferiert. Das Kreisgeschäft ist abgeschlossen. Eine echte Marktsituation bestand nie. Es werden keine Werte geschaffen. Ansonsten könnte keine Partei einen Gewinn erzielen, ohne dass eine andere Partei einen Verlust macht. Aber bei Cum-Ex gewinnen alle – und der Verlierer ist allein der Staat und sein Fiskus, weil der eine Kapitalertragssteuer zwei Mal auszahlt, obwohl sie zuvor nur einmal entrichtet wurde.

Die Roth-GmbH generiert durch die mit diesen Aktiengeschäften einhergehenden Kosten zunächst einen Verlust von rund 16 Millionen Euro. Mit der Steuerbescheinigung von ihrer Depotbank HVB lässt sie sich später beim Finanzamt Wiesbaden I rund 23 Millionen Euro Kapitalertragssteuer zurückerstatten, die sie zuvor gar nicht bezahlt hatte. Laut dem vereinbarten »Profit Split« sind davon 65 Prozent, also rund 15 Millionen Euro, für die HVB. Und 35 Prozent, also rund 8 Millionen, für Roth. Abzüglich der Kreditzinsen in Höhe von 1,5 Millionen Euro soll Roth ein Netto-Ergebnis in Höhe von 6,5 Millionen Euro bekommen. Roth ist damit jedoch nicht zufrieden. Er habe einen höheren Gewinn erwartet. Es sei ein anderer »Profit Split« vereinbart gewesen, behauptet er im Nachhinein.

München, 28. Juni 2006

Der Kundenbetreuer von der »Millionärsabteilung« informiert Mora, dass Roth sich beschwert habe. Der Kundenbetreuer will den Berliner Milliardär nicht verlieren, sondern mit dessen Geld in der Dividendensaison 2007 noch einmal mithilfe von Cum-Ex-Deals kräftig absahnen. Mora soll 250 000 Euro vom Gewinn der HypoVereinsbank London abtreten. Mit dem Geld soll Roth besänftigt werden. Der Kundenbetreuer will auch noch einmal 250 000 Euro aus der Schatulle der HypoVereinsbank München zuschießen, um Roth als Prämienkunden halten zu können. Mora gibt sich uneinsichtig: Roth habe keinerlei Grund, unzufrieden zu sein. Die Ergebnisse seien sogar besser, als ursprünglich geplant. Wenn er mit den Bedingungen nicht einverstanden sei, hätte er die Transaktion nicht machen sollen.

Am 29. Juni 2006 schlägt der Kundenbetreuer vor, dass Mora und Berger nochmals mit Roth sprechen und ihm dabei erneut den »Trade« und den »Agreed Profit Split« erklären sollten, also unterschiedliche Gewinnverteilungsmethoden. Ein paar Tage später wendet er sich schriftlich auch direkt an Roth: Er versuche derzeit intensiv, ein für Roth attraktiveres und akzeptables Ergebnis zu erzielen. Und: Er würde die gleichen Transaktionen mit Roth gern noch einmal im nächsten Jahr durchführen.

Berger hat ebenfalls Interesse, dass Roth nicht von der Stange geht. Er schlägt der HypoVereinsbank vor, Roth eine Kick-back-Zahlung von 750 000 Euro zu zahlen. Eine dreiviertel Million Euro, die vom Gewinn der Bank an den Investor zurückfließt – dem Kundenbetreuer ist das zu viel. Aber zugleich ist da die Gier, mit der er auf den Traumkunden aus Berlin schaut. Und so schlägt der Kundenbetreuer am 10. Juli 2006 Mora vor, dass die HypoVereinsbank München Rafael Roth 300 000 Euro zahlt und die HypoVereinsbank London nochmal 300 000 Euro dazugibt. Man wolle ja nächstes Jahr wieder mit Roth ins Geschäft kommen. Für alle Fälle alarmiert er noch per E-Mail Moras Vorgesetzten in London: Roth sei »stinksauer«. Der Kunde habe ein großes Interesse daran, den Deal im Jahr 2007 zu wiederholen, aber nicht auf dieser Basis. Er wolle sich eventuell beim Vorstand beschweren.

Moras Vorgesetzter entscheidet am 17. Juli 2006, die von Berger vorgeschlagene Summe an Roth zu überweisen. Damit erhält der Milliardär einen Kick-back von 750 000 Euro. Die Summe wird Mitte September überwiesen. Mora und der Kundenbetreuer kaschieren den Geldfluss, deklarieren ihn in den Büchern der Bank als »Rückerstattung zuviel vereinnahmter Provision. Weitergabe für HVB London an unseren Kunden«.

Und auch Hanno Berger persönlich räumt finanziell kräftig ab. Im Namen der Kanzlei Dewey Ballantine, bei der Berger zu diesem Zeitpunkt noch angestellt ist, stellt er für die »Beratung« 330 000 Euro bei Roth in Rechnung. Außerdem schneidet er sich ein großes Stück direkt vom Cum-Ex-Kuchen ab: Vorbei an Dewey kassiert er von Roth 2,3 Millionen Euro. Solche Extra-Honorare für das Einfädeln von Cum-Ex-Deals lassen sich an seinem Arbeitgeber vorbei kassieren, sogar steuerfrei, wenn man die eigene Infrastruktur dafür schafft. Berger lässt die Millionen über Scheinrechnungen der Privatbank Sarasin zuerst in die Schweiz transferieren. Von dort wandert das Geld weiter in das Steuerparadies der Britischen Jungferninseln auf das Konto einer Offshore-Firma, deren Gründung er mit einem Partner initiiert hat. Die Profite der Offshore-Gesellschaft fließen dann überwiegend Berger und seinem Partner zu. Der Name der Firma ist »Oak«, zu Deutsch: Eiche. Berger, der Teilzeitforstwirt aus Osthessen, hat eine Schwäche für heimisches Gehölz.

Letztlich führt das Ergebnis aus der Dividendensaison 2006 dazu, dass Rafael Roth sich nicht nur einmal als Privatinvestor an Cum-Ex-Deals beteiligt. An Berger, Mora und der HypoVereinsbank soll es allemal nicht liegen, die Geschäfte zulasten deutscher Steuerzahler zu wiederholen. Genau das werden sie in den folgenden Jahren tun, und zwar in einem Ausmaß, das schwindelig machen kann. In den Jahren 2006 bis 2008 bewegen sie Aktien im Wert von fast 16 Milliarden Euro. Der Gesamtprofit in diesen drei Jahren liegt bei 113 Millionen Euro.

5

Frankfurt am Main, 20. September 2013

Der Mann sitzt in einem Korbsessel und nippt an einer Tasse Kaffee. Außer ihm ist niemand in der Lobby des »Intercity Hotels«. Auf dem kleinen runden Tisch vor ihm liegt ein prall gefüllter A4-Umschlag. Ich setze mich in den Korbsessel gegenüber und gebe mir Mühe, nicht auf das Kuvert zu starren.

Er trägt wieder seine Bankeruniform: dunkler Anzug, Hemd, Krawatte, schwarze Budapester. Es ist kurz nach 15 Uhr, wie vereinbart.

»Ihr Zug war offensichtlich halbwegs pünktlich!«, sagt er zur Begrüßung.

Noch bevor ich mir etwas bestellen kann, deutet er mit einem Kopfnicken auf das Kuvert. Ich ziehe es zu mir herüber. Es ist nicht zugeklebt. Betont langsam ziehe ich den Inhalt heraus, einen daumendicken Papierstapel.

Obenauf liegen die beiden Dokumente, die ich schon in Zürich zu sehen bekommen habe: »Übersicht Kundenbeziehung Carsten Maschmeyer« mit Kopien der beiden Auszüge seines Privat- und Geschäftskontos bei der Schweizer Privatbank Sarasin. Es sind exakt dieselben Kopien. Ich erkenne sie an den Eselsohren. In Zürich hatte ich die unteren linken Ecken der Dokumente beiläufig umgeknickt. Ich muss sie jetzt also nicht noch einmal lesen, prüfe sie lediglich auf Vollständigkeit. Die neuen Dokumente interessieren mich mehr. Taugen sie als Beweis für die Verwicklung von Maschmeyer in Cum-Ex-Geschäfte? Oder sind es wieder nur irgendwelche Non-Papers, also Computerausdrucke ohne Briefkopf und Unterschrift?

Schnell blättere ich den Papierstapel durch. Auf den ersten Blick scheint das Material meine Erwartungen zu erfüllen. Neben Fondsprospekten enthält es bankinterne Gutachten, Kundenlisten, E-Mails und Kopien der Briefkorrespondenz zwischen Maschmeyer und Eric Sarasin, dem Vizechef der Bank.

Obwohl es offensichtlich Schwierigkeiten mit der Rückzahlung des Investments gab, betonte Maschmeyer bei seinen Mahnungen an den Banker das freundschaftliche Verhältnis. Er begrüßt und verabschiedet ihn auch stets handschriftlich, etwa in seinem Brief vom 14. Juni 2012:

> *Lieber Eric, Deinen Vorschlag, dass ich die Anteile zum 25. des Monats zurückgeben kann, nehme ich hiermit an. Danke auch für die nochmalige Bestätigung, dass ich die entsprechenden Anteile aus den erwarteten Steuererstattungen erhalte, sobald diese eingehen.*

Ich schaue kurz auf. Maschmeyer wusste also, dass die Rendite aus der Steuerkasse kommt?

Mein Gegenüber zuckt nur mit den Schultern. Ich lese weiter:

> *Wie Du weißt, haben ja meine Ex-Frau, Veronica und Mirko auch in diesen Fonds eingezahlt.*
> *Ich danke Dir persönlich außerordentlich, dass Du die Heilung des Problems so unbürokratisch und konstruktiv angehst. Bitte sei versichert, dass sich an der großen Sympathie und Wertschätzung Dir gegenüber und an unserer verlässlichen Freundschaft nichts ändern wird.*
> *Mit ganz herzlichen Grüßen aus Hannover*
> *Dein Carsten.*

Neben den Briefen und E-Mails enthält der Stapel eine Reihe von Vermerken der Kundenbetreuer über Gespräche mit Maschmeyer oder etwa dem Medienanwalt Matthias Prinz. Die Kundenreports sind überschrieben mit »Client Contact Reports« und mit einem Wasserzeichen versehen: »Intern« ist quer über jede Seite gedruckt.

Das Material scheint jedoch weit über den Fall Maschmeyer hinauszureichen. Aus einer Kundenliste geht hervor, wer sonst noch in diverse Cum-Ex-Fonds investiert hat. Viele Namen sagen mir spontan nichts. Vermutlich handelt es sich um irgendwelche »Hidden Champions«, mittelständische Unternehmer, die es in Nischenmarktsegmenten zum

Weltmarktführer gebracht haben. Andere Anleger haben gar nicht persönlich investiert, sondern über eine Treuhandgesellschaft, also eine Briefkastenfirma, wie sie zumeist in Steueroasen angesiedelt sind. Sie üben keinerlei Geschäftsbetrieb aus und haben oft nur den Zweck, die Identität des Eigentümers zu kaschieren und Vermögensanteile vor dem Fiskus zu verstecken oder Geld zu waschen.

Die Kunden auf der bankinternen Liste haben jedenfalls eines gemein: Sie sind alle sehr reich. Bei einem Fonds lag die Mindesteinlage bei 250 000 Euro, bei einem anderen gar bei einer Million. Und Maschmeyer war nicht der einzige Anleger, der eben mal 40 Millionen Euro investierte.

Auf einer der Kundenlisten sticht mir ein Name aus zwei Gründen ins Auge. Zum einen hat der Anleger den stolzen Betrag von 50 Millionen Euro in einen Fonds namens Sheridan USPP gesteckt. Zum anderen kenne ich den Namen: Erwin Müller. Eigentlich ein Allerweltsname, aber die weiteren Angaben lassen keinen anderen Schluss zu: Es handelt sich um den Gründer und Inhaber der Drogeriekette Müller. Das Unternehmen hat mehrere Tausend Mitarbeiter, verfügt über 700 Filialen und macht einen Umsatz von rund drei Milliarden im Jahr. Anders als Maschmeyer ist Müller tatsächlich Milliardär, ein Selfmade-Milliardär. Er hat als Friseur in Ulm begonnen, meiner schwäbischen Heimat. Innerhalb weniger Jahre machte er aus seinem Frisiersalon eine florierende Verbrauchermarktkette. Der »Drogeriekönig«, wie Müller bald genannt wurde, scherte sich dabei wenig um Arbeitnehmerrechte. Heute wird Müller in der Forbes-Liste mit den Namen der reichsten Menschen der Welt geführt. Sein Vermögen wird auf mehrere Milliarden Euro geschätzt.

»In 40 Minuten müsste ich weiter«, sagt der Mann und nippt an seinem Kaffee.

Das ist wenig Zeit, um die Unterlagen sorgfältig zu lesen. Kurz schaue ich von den Papieren auf und überlege, ob ich protestieren soll. Schnell verwerfe ich den Gedanken wieder. Stattdessen halte ich dem Mann eine der E-Mails hin. Sie ist vom 14. April 2011 und an Hanno Berger gerichtet. Es geht um »Cum-Ex-Strukturen«, die Berger für Kunden des Bankhauses Sarasin umgesetzt habe. Der Absender ist ein Jürgen A. Schmidt, und er fordert Berger »hiermit letztmalig auf«, bis in sieben Tagen 1,5 Millionen Euro auf das Konto einer BGW Treuhand AG bei der St. Gallener Kantonalbank zu überweisen. Unverhohlen droht er Berger:

> *Sollte der Zahlungseingang nicht fristgerecht festgestellt werden können, werde ich diese email in Originalfassung, Ihre email vom 15.10.2010 sowie eine Stellungnahme und weitere ausführliche Informationen über sämtliche dem vorliegenden Sachverhalt zu Grunde liegenden Strukturen am Donnerstag, den 28.04.2011, per Email gegenüber dem Management (u. a. Eric G. Sarasin) und Verwaltungsräten (...) der Bank Sarasin (...) offenlegen, um den kausalen Zusammenhang zwischen den von ihnen strukturierten Cum/Ex Trades und den Investitionen detailliert aufzuzeigen.*

Aber mehr als die Ankündigungen, gegebenenfalls die Vorstandsetage sowie den Verwaltungsrat über die Cum-Ex-Geschäfte zu informieren, dürfte Berger der letzte Absatz des Erpresserschreibens Bauchschmerzen verursacht haben:

> *Auf dem Verteiler wird u. a. cc: zusätzlich die E-Mail-Adresse eines Vertreters aus dem Referat Gierlich/Bundesfinanzministerium sowie die des Bundeszentralamt für Steuern (poststelle@bzst.bund.de) stehen. Bei fristgerechten Zahlungseingang des vollständigen Betrages von Euro 1,5 Mio. können Sie dieses Schreiben als gegenstandslos betrachten.*

Ohne den Ausdruck der E-Mail in die Hand zu nehmen, sagt mein Gegenüber: »Berger wurde erpresst. Und die Bank hat bezahlt, zwar nicht den geforderten Betrag. Aber immerhin 1,2 Millionen Euro!«

Als ich die weiteren E-Mails überfliege, bekomme ich eine Ahnung, warum die Bank zahlte, obwohl Berger der Adressat des Erpressers war. Berger wendete sich mit dem Problem an Eric Sarasin persönlich:

> *Sehr geehrter Herr Sarasin, auch wenn die Begründung der erhobenen Forderung abwegig ist, wäre der bei weiterer Eskalation drohende Schaden für die Investoren und Bank Sarasin um ein Vielfaches höher: unabhängig davon, dass wir nach wie vor von der Richtigkeit der in unserem Gutachten dargelegten Rechtsauffassung überzeugt sind, könnten sich aufgrund der umfassenden Kenntnisse des Anspruchstellers von einzelnen Details der Strukturierung bei einem entsprechenden Hinweis an die Finanzverwal-*

tung neben einem Reputationsschaden unkalkulierbare Risiken bei der Durchsetzung der berechtigten Steuer-Erstattungsansprüche ergeben. (...) Nach unserer Einschätzung wäre es daher im Interesse aller Beteiligten – besonders auch im Interesse ihres Hauses – die Angelegenheit durch die Zahlung eines einvernehmlichen Gütebetrages endgültig zu bereinigen.

Es ist eigentlich nicht zu glauben, hätte ich es nicht schwarz auf weiß vorliegen. Berger hat sein Problem zu dem der Bank gemacht und Eric Sarasin die Pistole auf die Brust gesetzt. Schließlich hatte der Erpresser gedroht, das Finanzministerium und die oberste Steuerbehörde in Deutschland über die Cum-Ex-Geschäfte zu informieren. Drängt sich die Frage auf: Wer ist dieser »Jürgen A. Schmidt«?

Der Mann im Korbsessel zuckt wieder mit den Schultern. »Offensichtlich ein Insider! Aber mit Sicherheit ist das nicht sein richtiger Name.«

Ich blättere weiter im Papierstapel. Der Mann macht mich auf ein sechsseitiges Papier aufmerksam, das sich in dem Stapel befindet. Aus dem Dokument geht hervor, auf welchem Wege die Bank den Erpresser bezahlt hat: nicht über irgendwelche schwarzen Kassen, sondern ganz offiziell. Es handelt sich um eine »Vertraulichkeits- und Gütevereinbarung« zwischen der Bank Sarasin und einer BGW Treuhand AG im Schweizer Alstetten, eine Briefkastenfirma des Erpressers, der sich formal durch einen Treuhänder vertreten ließ, um so seine Anonymität zu wahren.

Vertragspartner des Erpressers war wiederum nicht die Bank selbst, sondern stattdessen zwei Fonds, zum einen die AVANA Invest GmbH in München, zum anderen der Sheridan Solutions SICAV-FIS in Luxemburg. Die Bank Sarasin trat vertraglich als Treuhänder der beiden Fonds auf und konnte somit offiziell sagen, kein Geld an die Briefkastenfirma des Erpressers gezahlt zu haben. Der entsprechende Passus im Vertrag dazu lautet:

BGW nimmt ausdrücklich zur Kenntnis und bestätigt mit der Unterschrift dieser Vereinbarung, dass keinerlei Vertragsbeziehung zwischen der Bank einerseits und BGW bzw. den in Rede stehenden Vermittlern andererseits bestehen und dass mit dieser Vereinbarung auch keine derartigen Ver-

tragsbeziehungen begründet werden sollen. Ansprüche von BGW und/oder den Vermittlern gegenüber der Bank sind daher ausgeschlossen.

Das Geld wurde in zwei Tranchen überwiesen. Außergewöhnlich ist auch, dass sich die Bank gegenüber dem Erpresser vorsorglich gegen einen Verstoß gegen das Geldwäschegesetz absicherte:

Es obliegt nicht der Bank, sondern BGW, bei der Weiterleitung des Gütebetrages an die Vermittler die einschlägigen Geldwäscheprüfungen vorzunehmen.

Bizarr ist die Geheimhaltungsklausel zwischen Bank und Erpresser:

Geheimzuhalten sind auch alle Dokumente, einschließlich Memoranda, Gutachten, Präsentationen, Kalkulationen, E-Mails, Telefaxe, Kopien, Notizen usw., die sich auf die Vermittlung, die Investment-Struktur oder die Verhandlung des Abschlusses dieser Vereinbarung beziehen. Die Parteien verpflichten sich, sämtliche in diesem Absatz genannten Dokumente (insbesondere Präsentationen, Gutachten, E-Mails und sonstige Informationen in schriftlicher oder elektronischer Form) endgültig zu vernichten.

Sollte der Erpresser dennoch Medien oder Finanz- und Aufsichtsbehörden Informationen oder gar Dokumente über die Cum-Ex-Geschäfte der Bank und Hanno Berger zukommen lassen, verpflichtet sich seine Briefkastenfirma zur Zahlung einer Vertragsstrafe.

Ich habe einigermaßen Mühe, meine Fassungslosigkeit zu verbergen: Der Vorgang kommt einem Schuldeingeständnis gleich. Alle Beteiligten wussten, was sie taten – und dass diese Geschäfte nicht öffentlich bekannt werden dürfen, weil sie nicht nur anrüchig, sondern dem eigenen Verständnis nach auch illegal waren.

Der Mann im Korbsessel lacht laut über meine Schlussfolgerungen. »Wollen Sie ein weiteres schriftliches Schuldeingeständnis?«

Er macht mich auf ein anderes Dokument aufmerksam. Es trägt den sperrigen Titel »Neubegutachtung Exceptional Business – steueroptimierte Produkte und Transaktionen«. Eine neunköpfige bankinterne Arbeitsgruppe, von Eric Sarasin selbst bestimmt, hat die Fondsgeschäfte unter die Lupe genommen und der Leitungsebene dazu am 16. Juni 2011 einen 30-seitigen Bericht vorgelegt. Der Begriff »Cum-Ex« kommt in dem Papier kein einziges Mal vor. Aber es geht um die Sheridan-Fonds, mit denen Cum-Ex-Strukturen umgesetzt wurden, wie aus den anderen Dokumenten hervorgeht, letztlich auch aus den E-Mails des Erpressers.

Die Beschreibung der Fonds ist sehr technisch. Ich überfliege den Dokumententext nur, bleibe jedoch an einer Passage hängen:

> *Was das Projekt Gipfelsturm betrifft, wird aufgrund der gewonnen Erkenntnisse aus dieser Neubegutachtung die Empfehlung gemacht, den ursprünglich geplanten Rahmen der Zusammenarbeit zu überdenken.*

Was in Teufels Namen ist das »Projekt Gipfelsturm«?

»Es ist das bankinterne Codewort für Cum-Ex-Fonds, die die Sarasin-Bank ihren Kunden im Ausland, vorzugsweise in Deutschland, anbot. Im Zusammenspiel mit Hanno Berger wurden sie mit Renditeversprechen von zehn bis 15 Prozent und mehr geködert.«

Es gibt Dinge, die kann man sich nicht ausdenken. »Gipfelsturm« ist der Titel eines deutschen Fernsehspielfilms über die Erstbesteigung der Zugspitze. Die Filmmusik stammt von dem bayerischen Liedermacher Konstantin Wecker, der auch eine Nebenrolle in dem Streifen spielt, der erst vor ein paar Jahren im öffentlich-rechtlichen Fernsehen lief. Aus der Sicht der Schweizer Privatbanker stellt die deutsche Staatskasse offenbar einen Berggipfel dar, den es zu »erstürmen« gilt.

»Naja«, sagt der Mann. »Ihr Kanzlerkandidat Steinbrück schreckte in seiner Zeit als Finanzminister auch nicht vor martialischen Vergleichen zurück, wenn es um das Bankgeheimnis in der Schweiz ging.«

Steinbrück hatte die Schweizer im Frühjahr 2009 mit »Indianern« verglichen, die bei Drohungen mit der »Kavallerie« schnell die Waffen strecken. »Kavallerie« diente hier als Synonym für die »Schwarze Liste« von Staaten, die Steuerflüchtlinge schützen. »Der hässliche Deutsche« hatte das Schweizer Boulevardblatt *Blick am Abend* damals in schwarz-rot-goldenen Lettern getitelt und ein Bild von Steinbrück mit der Zeile versehen: »Diesen Mann verabscheuen wir«.

In zwei Tagen sind die Wahlen zum Bundestag. Dass Steinbrück als Kanzlerkandidat chancenlos ist, hat auch mit Enthüllungen früh im Wahlkampf zu tun: In den drei Jahren zuvor hatte er neben seinem

Mandat als Bundestagsabgeordneter mit über 80 bezahlten Reden rund 1,25 Millionen Euro kassiert. Neben der Großkanzlei Freshfields sprach Steinbrück gegen Honorar bei einer Reihe von Banken, etwa bei JP Morgan, der Deutschen Bank und sogar bei der HypoVereinsbank, die bekanntlich in Cum-Ex-Geschäfte verwickelt war. Als seine fragwürdigen Nebeneinkünfte bekannt wurden, sagte Steinbrück schnell weitere Reden ab, darunter ein »dinner speech« bei der Frankfurt-Filiale der Sarasin-Bank.

Wie schon bei unserem ersten Telefonat will mir der Mann nahebringen, dass Steinbrück in seiner Zeit als Finanzminister den Cum-Ex-Markt erst so richtig angeheizt habe. Durch eine Gesetzesänderung 2007 sollten Cum-Ex-Geschäfte in Deutschland eigentlich gestoppt werden. Doch beim Versuch, die Gesetzeslücke zu schließen, wurde eine neue, viel größere eröffnet. Statt mit Inlandsbanken wurden die Cum-Ex-Geschäfte fortan im Ausland über Geldinstitute wie die Sarasin-Bank abgewickelt.

Ich höre nur mit einem Ohr zu. Die nächste Textpassage erfordert meine ganze Aufmerksamkeit:

> *Das Konzept des Projektes Gipfelsturm wurde am 24. August 2010 vom Head Private Banking dem ExCo präsentiert und vom CEO und CFO im Grundsatz gutgeheissen.*

Die komplette Führungsebene bei Sarasin, hoch bis zum Vorstandsvorsitzenden, wusste also Bescheid und hat die Cum-Ex-Aktiengeschäfte befürwortet:

> *Die Bank nahm sich zum Ziel, ein Deutschland-Geschäft aufzubauen, welches vollumfänglich compliant und margenstark ist. Für den Markt Deutschland Offshore sah die Mittelfristplanung bis 2013 ein erhebliches Assest Wachstum (1 Mia CHF) vor.*

Es wird noch besser. So langsam verstehe ich, warum das Dokument ein »schriftliches Schuldeingeständnis« ist. Die Banker bei Sarasin wussten, was sie taten – und sie wussten, dass es falsch ist. Bei Wachstumsaussichten von einer Milliarde Schweizer Franken war eben jedes Mittel recht, auch wenn das Geld aus der Staatskasse Deutschlands kam:

Dieses Produkt ist unter den genannten Ausführungen steuerrechtlich und ›steuerreputationell‹ als nicht ok einzustufen.

Das »nicht ok« ist sogar gefettet. Daher sollte dieses Produkt nicht an Privatanleger in der Schweiz verkauft werden:

Die ausländischen Fonds sind nicht zum öffentlichen Vertrieb in der Schweiz zugelassen, d. h. es darf dafür auch keine öffentliche Werbung gemacht werden. Vertrieb an qualifizierte Anleger gilt nicht als öffentliche Werbung bzw. öffentlicher Vertrieb. Aus ist diesem Grund werden die Fonds nur an qualifizierte Anleger vertrieben.

Während die Staatskasse in der Schweiz vor Cum-Ex-Geschäften aus juristischen Gründen vorsichtshalber verschont bleibt, haben die Banker kein Problem damit, sich am Raubzug im Ausland zu beteiligen.

Ohne alle Einzelheiten durchdrungen zu haben, erahne ich den Wert und die Bedeutung der Dokumente. Das Material zeigt die ganze Dimension eines unglaublichen Skandals. Es dokumentiert die Skrupellosigkeit von Bankern, die Geldgier superreicher Investoren, die Kaltschnäuzigkeit von Beratern, und letztlich zeigt es das jämmerliche Versagen der Politik, wenn mir auch nicht klar ist, inwieweit das Steinbrück persönlich anzuhaften ist.

Ich verstehe jetzt auch, warum der große öffentliche Aufschrei ausgeblieben ist, nachdem der *Spiegel* 2009 völlig zu Recht von einem »der größten Steuerskandale der Nachkriegsgeschichte« geschrieben hatte. Die Geschichte ist groß an Bedeutung, aber eben auch äußert komplex. Es wird eine Herausforderung sein, sie so aufzuschreiben, dass nicht nur das Fachpublikum oder die Leser der Wirtschaftsteile von Zeitungen sie verstehen. Außerdem wird es nicht einfach sein, sie zu recherchieren, schießt es mir durch den Kopf. Die Finanzindustrie ist verschlossen. Schließlich geht es um unglaubliche Summen von Geld. Aber ich muss die Story wasserdicht machen oder »bullet proof« (schusssicher), wie es im Englischen heißt. Spätestens wenn wir wenige Tage vor der Veröffentlichung den Banken und Anlegern Gelegenheit zur Stellungnahme geben, werden sie ihre Presseanwälte und PR-Berater für Rechtsstreitigkeiten losschicken.

Ich verstaue die Dokumente in dem Kuvert. Der Mann schaut mich derweil erwartungsvoll an. Er muss nichts sagen. Ich weiß auch so, dass es jetzt an der Zeit ist, meinen Part des Geschäfts zu erfüllen. Aus meiner Computertasche ziehe ich ein Briefkuvert und lege es auf das Tischchen. Er nimmt den Umschlag an sich und lässt ihn kommentarlos in der Innentasche seines Jacketts verschwinden. Die Situation hat etwas von einem schlechten Film, und ich überlege kurz, ihn zu fragen, ob er nicht nachzählen möchte.

Es ist ein schales Gefühl, für Informationen zu bezahlen. Heiligt der Zweck die Mittel? Scheckbuchjournalismus ist in der Branche verpönt. Selten redet mal einer darüber. Einer der wenigen war ein alter Haudegen beim *stern*, der mir von einem Informanten erzählte, der ihm Anfang der 80er Jahre brisantes Material über die »Neue Heimat« angeboten hatte. Die »Neue Heimat« war damals mit einem Umsatz von 6,5 Milliarden D-Mark und 6000 Beschäftigten Europas größter Wohnungsbaukonzern und als gemeinnütziges Unternehmen in der Hand des Gewerkschaftsbundes DGB. Der Informant verfügte über interne Unterlagen, die Missmanagement und Selbstbereicherung im großen Stil dokumentierten.

Allerdings verlangte er 100 000 D-Mark. Weil nur er als Quelle infrage komme, würde er nach der Veröffentlichung gewiss sofort entlassen werden und müsse sich zudem noch wegen Verrats von Betriebsgeheimnissen anwaltlich verteidigen lassen. Die damalige *stern*-Chefredaktion wollte so viel Geld nicht ausgeben, der *stern*-Kollege bekam nur 10 000 D-Mark bewilligt. Als er dies seinem Informanten bei einem Essen mitteilte, sei dieser aufgestanden und habe wortlos das Lokal verlassen. Wenige Wochen später stand die Story im *Spiegel*. Die Enthüllungen über die »Neue Heimat« lösten ein politisches Erdbeben aus, führten zu einem Untersuchungsausschuss des Bundestages und gelten seitdem als Sinnbild für Korruption und Vetternwirtschaft.

Ich kann mir nicht vorstellen, dass heute noch solche Summen für brisante Dokumente bezahlt werden. Längst ist die Branche in der Krise, die Budgets sind geschrumpft. Mein Informant hatte 20 000 Euro gefordert und sich letztlich mit 10 000 Euro zufrieden gegeben, die mir nach langen Diskussionen auch gewährt wurden.

Der *stern* ist mit Scheckbuchjournalismus schon einmal auf die Nase gefallen, als Unsummen für die gefälschten Hitler-Tagebücher hingeblättert wurden. Jetzt geht es jedoch nicht um Sensationshascherei, sondern um die Aufdeckung hochkrimineller Handlungen zum Schaden der gesamten Gesellschaft. Und wenn Behörden für Steuer-CDs Whistleblower bezahlen, um damit Straftaten aufzuklären, warum sollten das in Ausnahmefällen nicht auch Journalisten dürfen? Entscheidend ist, dass die Enthüllungen aus den vertraulichen Dokumenten von einem überragenden öffentlichen Interesse sind. Solche Unterlagen sind oft widerrechtlich entnommen worden. Deshalb ist es nicht nur aus ethischen Gründen inakzeptabel, kenntnisreiche Mitarbeiter von Unternehmen oder Behörden mit einem Geldangebot zum Diebstahl zu animieren. Anstiftung zu einer Straftat ist selbst eine Straftat.

»Mit dem Material wissen Sie hoffentlich etwas anzufangen«, sagt mein Informant.

Ich frage mich immer noch, warum er es mir überlässt. Das Geld, das er erhalten hat, entspricht vermutlich nur einem Bruchteil seines Monatsgehaltes. Nachdem er beim ersten Treffen seine Identität gelüftet hatte, war es nicht so schwer, mehr über ihn zu erfahren. Und die Summe steht in keiner Relation zu dem, was ihm juristisch droht, sollte er Spuren hinterlassen. Beim Verstoß gegen das Bankgeheimnis verstehen die Schweizer keinen Spaß. Es muss also noch ein anderes Motiv geben. Will er mich womöglich reinlegen?

»Sie wissen, wie ich heiße, wo ich arbeite. Aber Sie werden mich nicht kontaktieren. Ich gehe davon aus, Sie halten sich daran.«

Bevor ich etwas sagen kann, zieht er ein zusammengefaltetes Papier aus dem Jackett und reicht es mir herüber. Darauf steht eine Reihe von Namen mit Telefonnummern. Bei den Nummern handelt es sich um Schweizer Festnetzanschlüsse und um Mobilnummern, darunter auch eine deutsche. Ich schaue ihn fragend an.

»Das ist eine Liste mit Namen von früheren und aktuellen Bankmitarbeitern. Rufen Sie die an und versuchen Sie, den einen oder anderen zum Sprechen zu bringen.«

Ich muss lachen. Wie soll das gehen? Wenn ich an den Falschen gerate, wird er die Bank warnen.

Der Mann winkt ab. »In der Bank rumort es. Das können Sie doch dem Bericht zum Projekt ›Gipfelsturm‹ entnehmen. Nicht jeder war mit diesen Geschäften einverstanden. Aber die Kritiker wurden nicht gehört.«

Es scheint ihm also doch um ein Stück Aufklärung zu gehen.

Mein Gesprächspartner steht auf und zeigt auf die leere Tasse Kaffee: »Ich gehe davon aus, ich bin eingeladen.« Ich nicke mit dem Kopf und schaue kurz auf die Uhr. Er hält seine Ankündigung, in 40 Minuten gehen zu müssen, pünktlich ein.

»Ich verlasse mich auf Sie«, sagt er zum Abschied.

6

Frankfurt am Main, Ende 2006

Der Geldregen aus Cum-Ex-Geschäften könnte für Hanno Berger und die beteiligten Banken womöglich abnehmen. Im Bundesministerium der Finanzen in Berlin versucht man zu verhindern, dass der Staat weiterhin hemmungslos und im großen Stil geschröpft wird. Berger erfährt früh davon. Schon Anfang 2006 hatte er einen Gesetzesentwurf aus dem Ministerium zugespielt bekommen. Die Steuerexperten dort arbeiten gerade an einer Reform des Jahressteuergesetzes, das die Aktiengeschäfte zum Nachteil der Steuerkasse unterbinden soll.

Es gibt eine Kompetenz, die Berger anderen voraushat und die ihm über Jahre hilft: Er verfügt über einen Zugriff auf Lobbyisten, die im direkten Austausch mit den Ministerien und dem Bundeszentralamt für Steuern stehen und die frühzeitig die Gesetzesentwürfe kennen. Kurz danach kennt sie auch Berger. Manchmal sind es langjährige persönliche Kontakte aus der Finanzszene, die Berger oder seine Mitarbeiter versorgen. Manchmal werden die Zuträger gezielt aufgebaut, mitunter auch finanziell versorgt. Das Wissen, das sie ihm liefern, ist im Zweifel weitaus mehr wert als ein gezahltes Honorar.

Der Leiter der Steuerabteilung eines Bankenverbandes ist so ein Kontakt, immer bestens informiert, was sich in Berlin im Finanzministerium in gesetzgeberischer Hinsicht tut. Was er dort erfährt, trägt er verlässlich an Berger weiter. Monatlich bekommt der Lobbyist von Bergers Kanzlei 1500 Euro überwiesen, gegen Rechnung. Einer von Bergers Mitarbeitern pflegt zudem eine gute Beziehung zu einem Mitarbeiter von Clearstream, einem Unternehmen in Luxemburg, das der Deutschen Börse gehört und die meisten Wertpapiere in Deutschland technisch verwaltet.

Manchmal gelingt es Bergers Leuten auch, Interna aus anderen Kanzleien zu beschaffen. Dabei kommt es mitunter zu Tauschgeschäften: Ein Berger-Gutachten geht an die Konkurrenz, dafür erhält Berger wiederum wichtige Insiderinformationen oder ebenfalls ein Gutachten.

Aktivitäten der Bundesregierung spornen Hanno Berger eher an, als dass sie ihm Sorgen bereiten. Er ist ja gut aufgestellt, hat kreative Mitarbeiter um sich. Ende 2006 lässt er diese emsig nach Wegen suchen, das in Berlin geplante Gesetz zu umgehen. Bevor dieses überhaupt verabschiedet ist, will Berger wissen, wie er es unterlaufen kann. Das ist wichtig, um die Dividendensaison 2007 zu planen.

Frankfurt am Main, Anfang 2007

Bergers Steuerteam in der Großkanzlei Dewey kann die geplante Gesetzesänderung in Ruhe analysieren. Dem Chef und seinen Mitarbeitern liegt dafür eine Präsentation von Clearstream vor, in der die Gesetzesänderung bildlich dargestellt ist. Es wird offensichtlich, dass sich die Cum-Ex-Deals künftig nicht mehr mit einer inländischen Depotbank abwickeln lassen. Es braucht also Banken im Ausland, um sich weiter Bescheinigungen für Kapitalertragssteuern ausstellen zulassen, die vorher nicht bezahlt wurden.

So hat sich die Bundesregierung das natürlich nicht vorgestellt, doch das ist dem früheren Finanzbeamten Berger gleichgültig. »Entscheidend ist nicht, was die Bundesregierung möglicherweise wollte, sondern was davon im Gesetz zum Ausdruck gekommen ist. Wenn der Gesetzgeber etwas anderes gewollt hätte, als er im Gesetzestext zum Ausdruck brachte, hätte er es entsprechend regeln müssen«, wird er später sagen. Für Berger ist klar: Wenn der Gesetzgeber die Deals nur über das Inland verhindert, wird er seinen Kunden eben den Weg über das Ausland empfehlen.

Die geplante Änderung des Jahressteuergesetzes 2007 geht zurück auf eine Meldung des Bankenverbandes. Der hatte bereits fünf Jahre zuvor das Bundesfinanzministerium auf die Gefahr einer doppelten Auszahlung hingewiesen – und gleich eine Idee mitgeliefert, wie das Problem beseitigt werden könnte. Das Problem für den Staat und seine

Steuerzahler ist das Glück für Berger: Das Finanzministerium unter der Leitung von Peer Steinbrück (SPD) setzt diesen Vorschlag des Bankenverbands ohne jegliche Änderung um. Es verschlimmbessert ungewollt die Situation, denn die Cum-Ex-Party kommt danach erst richtig in Gang.

Wie schon bei den Deals mit dem Berliner Immobilienmilliardär Rafael Roth will Hanno Berger an den Geschäften nicht nur als Anwalt der US-Kanzlei Dewey mitverdienen. Die Extra-Honorare lassen sich über die Offshore-Firma Oak und die Sarasin-Bank steuerfrei abwickeln. Der Partner, mit dem Berger Oak initiiert hat, hat einen Bekannten bei der Sarasin-Bank, Kai Henke. Henke will später allerdings selbst auch noch ein ordentliches Extra verdienen. Auf der Terrasse eines Restaurants, das zur Zentrale des Fußball-Weltverbandes FIFA gehört, trifft Berger im Jahr darauf gemeinsam mit einem engen Mitarbeiter den Sarasin-Mann und übergibt ihm einen Umschlag mit 250 000 Euro in bar.

New York, September 2008

Im Herbst 2008 entfesselt sich die weltweite Finanzkrise, ausgelöst durch die Pleite der US-amerikanischen Bank Lehman Brothers. In Deutschland haben die Menschen Angst um ihr Erspartes. Berger hingegen beschert die Krise Interesse an seiner Arbeit. Investmentbanker wenden sich von ihren Arbeitgebern ab und fragen Berger, ob man nicht in irgendeiner Form zusammenarbeiten könne. Auch Paul Mora kündigt nun bei der HypoVereinsbank und gründet mit dem Mathe-Genie Martin Shields die Ballance Group, um die Cum-Ex-Geschäfte weiter und möglichst noch ein bisschen lukrativer abzuwickeln.

Vor allem aber führt die Finanzkrise dazu, dass mehr Superreiche etwas über Bergers Angebote wissen wollen. Solche Investoren freuen sich angesichts der allgemeinen Marktlage, dass Berger ihnen noch eine Quelle für Rendite präsentieren kann, die sicher ist: die Staatskasse.

Frankfurt am Main, 24. März 2009

Das Bundesfinanzministerium wird wieder aktiv. Ministerialbeamte verfassen ein Schreiben, das kurz darauf auch bei Hanno Berger in Frankfurt ankommt. In Berlin hat man offenbar begriffen, dass es ohne Absprachen bei den Leerverkäufen keine Cum-Ex-Geschäfte geben kann. Dem soll nun begegnet werden. Doch Berger gibt sich gelassen. Ein Schreiben aus dem Ministerium sei ja lange noch kein Gesetz, sagt er vor seinem Team. Und doch ist offensichtlich, dass Ministeriale hier versuchen, Cum-Ex den Stöpsel zu ziehen. Dem Schreiben zufolge sollen sich Investmentfonds künftig Bescheinigungen von Wirtschaftsprüfern oder Steueranwälten besorgen, aus denen hervorgeht, dass es zu keinen Leerverkäufen mit Absprachen gekommen ist.

Nun gut, dann geht Hanno Berger die Sache eben offensiv an, macht aus der Not eine Tugend. Das Schreiben aus dem Finanzministerium bezeichnet er intern als »Gütesiegel« für Cum-Ex-Deals. Leerverkäufe, bei denen man schon mal Aktien verkauft, die man noch gar nicht hat, aber später nachliefert, sind an sich kein Problem, argumentiert Berger, nur die Absprachen darüber. Diese Absprachen für die trickreichen Ringverkäufe trifft aber nicht Berger und erst recht nicht der Investor. Die Absprachen nehmen zwischengeschaltete Broker in London vor, Leute, um die sich Mora und sein Helfer Martin Shields kümmern.

Zugleich tut Berger, was er kann, um zu verhindern, dass aus dem Schreiben des Ministeriums ein Gesetz wird. Dafür munitioniert er mehrere Lobbyisten. Einer seiner Kanzleikollegen schickt am 24. März 2009 das Ministeriumsschreiben zu einer Kontaktperson beim Bundesverband Öffentlicher Banken Deutschlands:

»Anbei ein Schreiben des BMF, das gestern auf meinem Tisch gelandet ist«, heißt es in der E-Mail. »Ihr seid auch als Adressaten für eine Stellungnahme benannt. Meinen Mandanten betrifft dieses Schreiben auch. Dabei ist das Problem weniger steuerlicher Natur. (…) Gerne würde ich die Angelegenheit kurz mit Dir besprechen. Das ist für mich wirklich wichtig – du würdest mir sehr helfen.«

Der Empfänger ist ein Jugendfreund des Berger-Kollegen, sie haben zusammen das zweite Staatsexamen in Hamburg gemacht. Er bekleidet beim Bankenverband inzwischen eine Führungsposition und ist zuständig für Kapitalmarktrecht. Das BMF-Schreiben sei »faktisches Handelsverbot für alle deutschen Aktionäre am Tag der Hauptversammlung«, schreibt der Berger-Kollege. »Das Kind wird mit dem Bade ausgeschüttet.«

Am selben Tag schreibt auch Berger eine ganze Reihe von Verbandsvertretern an sowie einige Banken und auch den FDP-Bundestagsabgeordneten Hermann Otto Solms. Der Wirtschaftsrat, der Verband der Auslandsbanken, der Bundesverband für Groß- und Außenhandel, der Bundesverband Investment und Asset-Management sowie der Bundesverband der Deutschen Industrie, sie alle erhalten Post von Hanno Berger. Er fordert die Adressaten auf, sich »an geeigneter Stelle« gegen das BMF-Schreiben einzusetzen, denn dieses sei schlicht »verfassungswidrig«. Berger bittet noch freundlich, bei Interventionen seine Person und den Kanzleinamen Dewey nicht zu erwähnen.

In seiner Analyse ist Berger alles andere als zurückhaltend, das zeigt unter anderem sein Schreiben an den Bundesverband Investment und Asset-Management. Darin prognostiziert er fatale Auswirkungen für die Wirtschaft. Mit der neuen Regelung werde »an diesen Tagen der Handel bei deutschen Anlegern zum Erliegen kommen«, so Berger, es würden »massive Marktverwerfungen entstehen«. Seine Einschätzungen entbehren jeglicher Grundlage; als Horrorszenario taugen sie in der Aktienbranche aber vorzüglich.

Berger wendet sich dann auch noch an Rüdiger von Rosen, den Präsidenten des Deutschen Aktieninstitutes. Den Lobbyisten kennt Berger persönlich. Er ist wichtig für ihn, denn von Rosen hat Kontakte bis in die Bundesregierung. Per E-Mail bittet Berger von Rosen, ohne Nennung seines Namens oder des Namens seiner Kanzlei seine Kritikpunkte den Bundesministern zu Guttenberg (Verteidigung, CSU) und Steinbrück (Finanzen, SPD) sowie dem Finanzstaatssekretär Jörg Asmussen (SPD) und dem Vorsitzenden des Finanzausschusses des Bundestages, Eduard Oswald (CSU), zur Kenntnis zu bringen.

Rüdiger von Rosen wird umgehend für Berger tätig. Schon am Tag darauf lässt er ihm einen Entwurf seines Schreibens an die Spitzenpolitiker in Berlin übermitteln. Ob das Schreiben der Intention Bergers entspreche, will von Rosen wissen. Berger antwortet sofort. Das Schreiben entspreche »voll und ganz unserer Intention«.

Für Hanno Berger geht es um viel. Er hat in den letzten beiden Jahren höchst lukrative Cum-Ex-Geschäfte abgewickelt, nicht nur mit Rafael Roth. Auch der Milliardär Klaus-Peter Schulenberg, der durch den Onlineticketverkauf CTS Eventim reich wurde, ist zu Berger gekommen, ebenso Hartmut Adler, der nach dem Verkauf der familieneigenen Adler-Modemärkte mit seiner Vermögensverwaltung Fontis selbst reiche Kunden betreute und Fonds vermittelte. Mehrere ehemalige Bauunternehmer machen mithilfe von Berger Cum-Ex-Geschäfte, ebenso Josef Schucker, der einstige Besitzer des Automobilzulieferers SCA Schucker. All diese schwerreichen Wirtschaftsgrößen werden später behaupten, sie hätten trotz der ungewöhnlich hohen Renditen nicht gewusst, dass es bei den Geschäften nicht mit rechten Dingen zugegangen sei. Der Anwalt des Ex-Modeunternehmers Adler etwa wird mitteilen, sein Mandant habe die Geschäfte nicht durchschaut, und auf ein Urteil verweisen, dem zufolge Adler arglistig getäuscht worden sei. Klaus-Peter Schulenberg wird beteuern, mit dem heutigen Wissensstand würde er die Geschäfte nicht noch einmal tätigen.

Es fällt schwer, all diesen in ihrem wirtschaftlichen Leben gewitzten und extrem erfolgreichen Leuten abzunehmen, sie hätten nicht verstanden, dass ihre turmhohen Gewinne nicht aus Steuermitteln stammten. Eines allerdings wussten all die Investoren sicherlich nicht: Bei vielen Geschäften erhielten sie nur einen Teil der Beute. Den Rest teilten Berger, Mora und ihre Leute unter sich auf.

Das funktioniert nicht immer reibungslos, immer wieder kommt es zu internen Konflikten. Berger und ein Kollege fühlen sich etwa von Paul Mora übervorteilt. Etwas blauäugig hatten sie sich darauf verlassen, dass Mora sie an den Cum-Ex-Geschäften gleichberechtigt partizipieren lässt, also 50:50. Doch der will sie mit einer deutlich niedrigeren Marge abspeisen. Sie suchen das direkte Gespräch mit ihm und fliegen in der Sommerhitze nach Mallorca, wo Mora zwischenzeitlich lebt. Während Berger dort im Dreiteiler erscheint, kommt Mora in kurzen Hosen und lässt die Gäste ziemlich abblitzen. Statt der erwarteten zehn bis 15 Millionen Euro gibt es nur eine Anteilszusage über fünf Millionen.

Frankfurt am Main, August 2010

Bergers Arbeitgeber Dewey hat inzwischen mit LeBoeuf fusioniert, mit rund 3500 Anwälten eine der größten Kanzleien der Welt. Berger sitzt mit im Geschäftsführerkomitee, kann aber mangels sehr guter Englischkenntnisse nicht in gewünschtem Maße Einfluss ausüben. Im Sog der Finanzkrise kommt Dewey & LeBoef dann ins Schlingern, geht schließlich 2012 insolvent. Das Management muss vor Gericht.

Hanno Berger allerdings schafft rechtzeitig den Absprung. Zusammen mit einem engen Kollegen, der ihm wie viele andere schon von der Kanzlei Shearman zu Dewey gefolgt ist, gründet er nun seine eigene Kanzlei. »Überraschende Trennung: Hanno Berger verlässt Dewey & LeBoeuf«, titelt *jUVE,* das Branchenblatt für Steuerjuristen. Die Szene rätselt, was Berger mit seiner eigenen Firma vorhat.

Auf der Homepage wirbt die Kanzlei 2010 mit individuellen Finanzangeboten. »Was uns ausmacht: In einer ständig komplexer werdenden Wirtschafts- und Finanzwelt, in der sich gewohnte Standards selbst überholen, sehen wir keinen Platz für Standardlösungen. ›Quer denken. Geradlinig handeln‹ heißt für uns das Gebot der Stunde. Innovativ, visionär und gleichzeitig zielgerichtet sein.« Berger lässt sich auch selbst zitieren: »Man muss den Stier bei den Hörnern packen, statt ihm auszuweichen.«

Im Skyper Tower in Frankfurt übernimmt Bergers Kanzlei die Räume von Dewey im 32. und 33. Stock. Die Meetings beruft Berger meistens kurzfristig ein. In der Regel erkundigt er sich dann, wie weit die Vorbereitungen der Cum-Ex-Strategien gediehen sind. Wer nach Ansicht des Chefs zu langsam vorankommt, wird zu ihm zitiert. Dann kann Berger laut und dramatisch werden. Er will am liebsten alles wissen und so viel wie möglich kontrollieren. Schreiben an Investoren müssen die Mitarbeiter vorformulieren. Dann verschicken Berger oder seine Sekretärin die E-Mail selbst.

An der Mandantenakquise beteiligt sich Berger intensiv. Er ruft die Superreichen zumeist selbst an. Manchmal sind Mitarbeiter bei den Telefonaten zugegen. Berger stellt das Telefon dann auf laut. So bekommen die Kollegen gleich mit, welche Wünsche der Investor äußert und wie ängstlich er womöglich ist. Zweifelt ein Mandant, bekommt er oft Bergers Standardspruch zu hören: »Die Sache ist sehr sicher. Das kann nur daneben gehen, wenn die BRD pleitegeht.«

Berger ist ein Machtmensch, klüger und schneller als andere. Den Mitarbeitern zeigt er das auch. Wenn ein Kollege eine E-Mail empfängt mit der Betreffzeile: »Bitte sofort HB in die VC geben«, muss er nicht lange überlegen. HB steht für Hanno Berger, VC für Videokonferenz. Die Technik in Bergers Kanzlei hat schon damals Militärstandard, vieles wird über Videokonferenzen geregelt. Wenn Berger ruft, müssen die Kollegen alles stehen und liegen lassen – egal wie wichtig es ist. Und wenn ihm jemand widerspricht, wird es hart. Stundenlang kann Berger monologisieren, alle in Grund und Boden argumentieren. Viele haben Angst vor ihm, berichtet sein ehemaliger Partner bei Oak.

Die Verbindungen zur Lobby der Hochfinanz sind eng in Bergers Kanzlei, aber der Chef bemüht sich auch um die Wissenschaft. Da ist zum Beispiel Hartmut Klein von der Bundesfinanzakademie. Klein trägt für Berger Informationen zusammen, die öffentlich nicht verfügbar sind. Aufgrund seiner Lehrtätigkeit in der Akademie hat Klein gute Kontakte in verschiedene Finanzverwaltungen der Republik.

Um seinen Geschäften den Anschein der Legalität zu verleihen, beeinflusst Berger auch die wissenschaftliche Debatte. Die Staatsanwaltschaft Wiesbaden wirft ihm später vor, Fachaufsätze lanciert zu haben. Joachim Englisch ist einer der Professoren, die für Berger im Laufe der Zeit tätig sind, ein Steuerrechtler von der Universität Münster. 2010 sind gerade die ersten kritischen Fachaufsätze zu Cum-Ex-Geschäften erschienen. Berger beauftragt Englisch, ein Gutachten für ein Finanzgerichtsverfahren zu schreiben. Anschließend entwickelt er dieses Gutachten mithilfe von Berger weiter zu einem Aufsatz in der Fachzeitschrift *FinanzRundschau.* Mehrfach tauscht sich Englisch dafür mit Berger aus, baut dessen Änderungswünsche ein. Der Professor lässt Berger sogar das finale Manuskript freigeben. Später fädelt Berger einen Artikel von Englisch in der *Börsen-Zeitung* ein, auch hier ließ Englisch sich von Berger das Manuskript korrigieren.

Warum tat Englisch das, ein Mann mit guter Karriere an der Universität, der Wissenschaft verpflichtet? Es ging wohl auch um Geld. Für die Gutachten setzt Englisch einen Stundensatz von 500 bis 600 Euro an, insgesamt kommen fünfstellige Beträge zusammen, die er Berger in Rechnung stellte.

Die Befriedigung der Gier, der eigenen und der schwerreicher Investoren, zieht auch Menschen an, die ähnlich skrupellos unterwegs sind. Bergers Partner ist gerade auf Rügen, um den Geburtstag seiner Frau zu feiern, als Berger dringend versucht, ihn zu erreichen. Er werde erpresst, ein Investor fordere zehn Millionen Euro in sieben Tagen, berichtet Berger dann am Telefon. Ansonsten knalle es. Der Investor habe auch seine Kontakte in die Rockerszene erwähnt.

Ob Berger in dem Telefonat dramatisch übertreibt, kann der Partner nicht heraushören. Er weiß aber, um wen es geht: Der empörte Investor ist ein namhafter Start-Up-Unternehmer, der seine Firma für etwa eine halbe Milliarde Euro verkaufte, und Berger half ihm, nicht nur die Steuerlast zu drücken, sondern auch das Vermögen gewinnbringend einzusetzen. Der Unternehmer war der perfekte Cum-Ex-Investor. Doch im Nachhinein fühlt er sich dabei offenbar um mehrere Millionen betrogen. Ein Bankberater habe ihm gesagt, dass bei dem Cum-Ex-Geschäft noch mehr als die zweistellige Rendite drin gewesen sei. Berger nimmt die Drohung ernst. Mit Schlägerbanden will er nichts zu tun haben. Am Ende überweist er 3,8 Millionen Euro an den Unternehmer. Es ist nicht die einzige Erpressung, die Berger erlebt.

Berlin, Dezember 2010

Die Berger-Kanzlei klettert im Branchenranking weit nach oben. Der Chef verdient und verdient und könnte jetzt aufhören. All den Profit, den er gemacht hat, wird er kaum jemals ausgeben können. Berger denkt auch tatsächlich an Rückzug. Er ist gesundheitlich angeschlagen, leidet an seiner schweren Knieverletzung durch den Traktorunfall. Ein paar Jahre will er noch arbeiten und abkassieren. Seine Mitarbeiter spornt er an mit der Aussicht, die Kanzlei übernehmen zu können.

Eine gute Woche vor Weihnachten sitzen Berger und sein Partner in Zürich mit dem Sarasin-Deutschland-Chef Kai Henke beim Mittagessen.

Sie bereiten die neue Dividendensaison vor. Die Sarasin-Bank soll dafür Investoren gewinnen. Ins Geschäftsessen platzt die Nachricht von einem neuen Schreiben aus Berlin. Das Bundesministerium der Finanzen hat eine neue Regelung verkündet, mit der die missbräuchliche steuerliche Gestaltung bei Leerverkäufen von Aktien über den Dividendenstichtag verhindert werden soll. Es soll schnell gehen und diesmal auch gründlicher sein. Die Regelung greift nur einer anstehenden umfangreicheren Gesetzesänderung vor. Eine bittere Nachricht für die Steuerräuber. »Big problem, game over«, schreibt Bergers Partner einem Asset-Manager in London, der in die Cum-Ex-Deals involviert ist.

Game over? Die Deutung drängt sich auf, und tatsächlich macht sich in der Szene eine Art Niedergeschlagenheit breit. Doch einer hat sich immer gern mit dem Ministerium gemessen und gezeigt, dass er im Wettlauf von Hase und Igel der Igel ist. Hanno Berger überlegt. Er motiviert seine Leute, kreativ zu sein und alle denkbaren Modelle steuerrechtlich zu analysieren. Es muss doch auch diesmal eine Lösung geben. Bisher hat Berger noch immer einen Ausweg, sprich Umgehungsweg, gefunden. Harte Arbeit braucht das, natürlich. Aber dafür bezahlt er seine Leute ja entsprechend. Und Berger selbst schläft schließlich auch mit dem Notizbuch auf dem Nachttisch – für den Fall, dass ihm nachts eine zündende Idee kommt.

Tatsächlich gelingt es Berger schließlich, eine neue Nebelkerze zu zünden und die Cum-Ex-Deals dahinter zu verbergen. Um die Staatskasse weiter zu plündern, will er anstelle der bisherigen Investmentfonds wie Sheridan künftig US-Pensionsfonds nutzen. In diesen werden die angesparten Rentengelder von Millionen Arbeitern und Angestellten gebündelt und möglichst gewinnbringend angelegt. An diesen wird sich die Politik nicht so schnell vergreifen. Künftig sollen einzelne dieser Fonds die Anträge zur Erstattung von Kapitalertragssteuern stellen, die zuvor nie bezahlt wurden. Kapital für die Deals sollen die US-Pensionsfonds nicht liefern, sondern den Initiatoren der Cum-Ex-Geschäfte einzig und allein als Erstattungsplattform dienen. Es scheint ein kleiner Ausweg zu sein, aber es wird der berühmte Tropfen, der das Fass zum Überlaufen bringt.

Berlin, 2011

Im Finanzministerium arbeiten die Beamten unter Minister Wolfgang Schäuble (CDU) am Jahressteuergesetz, um dem Steuerraub mit Aktiengeschäften rund um den Dividendenstichtag einen Riegel vorzuschieben. Künftig ist die Depotbank des Aktieninhabers zur Abführung der Kapitalertragssteuer verpflichtet und nicht mehr die Aktiengesellschaften. Damit ist die Übereinstimmung zwischen der Bescheinigung der Kapitalertragssteuer und tatsächlicher Erhebung gewährleistet. Trotz all seiner Beziehungen und seiner Umtriebigkeit kann Berger die neue Gesetzesnovelle weder beeinflussen noch komplett verhindern. Und es kommt noch schlimmer. Sein erster großer Cum-Ex-Fall wird ihm zum Verhängnis. Betriebsprüfer knöpfen sich Rafael Roth vor. Die Prüfung läuft unter dem Codewort »Sunrise«. In einem geänderten Steuerbescheid fordert das Finanzamt 124 Millionen Euro von Roth zurück. Eine Katastrophe, nicht nur für den Investor. Berger versucht zu retten, was nicht mehr zu retten ist, klagt vor diversen Gerichten – vergeblich. Roth muss zahlen und verklagt wiederum Berger und HypoVereinsbank. Diese begleicht ihre Schuld und geht zivilrechtlich gegen Berger vor.

Frankfurt am Main / Zuoz, 27. November 2012

Hanno Berger ist gerade auf der Autobahn, als ihn ein Mitarbeiter alarmiert: In der Kanzlei gibt es eine Razzia. Steuerfahnder durchsuchen im Auftrag der Frankfurter Generalstaatsanwaltschaft die Aktenschränke und Schreibtische, beschlagnahmen Computer. Die Mitarbeiter sind verunsichert. Berger fährt nicht ins Büro. Er versteht sofort, dass dies das Ende ist. Seinen Wagen lenkt er nach München, trifft am Bahnhof einen alten Geschäftspartner, mit dem er befreundet ist. Der Mann fährt Berger in seinem Wagen über die Grenze in die Schweiz ins Engadin. Dort, in Zuoz, besitzt Berger ein Haus. Zuoz ist ein Bergdorf im Kanton Graubünden, in unmittelbarer Nachbarschaft zum mondänen St. Moritz, weitaus beschaulicher und ruhiger aber als der prominente Skiort. Ein kleiner Privatflugplatz liegt nur wenige Kilometer entfernt.

7

Zürich, 1. November 2013

Zum »Schweizerhof« sind es vom Bahnhof nur ein paar Schritte. Ich muss lediglich eine breite Straße überqueren, mit einer Straßenbahnstation in der Mitte. Und plötzlich ist es, als betrete ich eine andere Welt. Am Eingangsportal des Viereinhalb-Sterne-Hotels steht ein Portier in rotem Frack und hält einem freundlich die Tür auf. Auf seinem Zylinder steht »Schweizerhof« in goldenen Buchstaben. Der Weg zur Rezeption ist gesäumt von riesigen Vasen mit weißen Orchideen, von der Decke hängen schwere Kronleuchter.

In einer abgeschirmten Sitzecke in der Lobby nehme ich Platz. Von dort überblicke ich den Eingangsbereich und die Rezeption. Als ich kurz in die Getränkekarte schaue, schaudert es mich. Die Preise für ein Kännchen Kaffee oder ein Fläschchen Mineralwasser sind geradezu obszön. Aber den Treffpunkt habe nicht ich ausgesucht.

Es sind fast sechs Wochen vergangen, seit ich die Unterlagen zu den Cum-Ex-Geschäften der Schweizer Privatbank Sarasin und ihren prominenten Deutschen erhalten habe. Drei Kollegen aus dem Investigativ-Team unserer Redaktion haben sich derweil intensiv in die Materie eingearbeitet. Die Dokumente wurden eingescannt und mit einer speziellen Software durchsuchbar gemacht. Sie liegen in »Ulrike«, einem speziell gesicherten und hochleistungsfähigen Computer. »Ulrike« ist unsere Schatzkammer. Sämtliche Dokumente, die wir zugespielt bekommen oder besorgen können, werden in diesen Computer eingespeist. Dabei spielt das Thema keine Rolle. Einfach alles kommt in »Ulrike«, was manchmal zu unerwarteten thematischen Querverbindungen führt, wenn man in dem digitalen Datenberg mit Suchbegriffen nach bestimmten Dokumenten und Primärquellen sucht. Der Computer ist offline, er ist weder an das Verlagsnetzwerk noch an das Internet angeschlossen. Er kann also nicht gehackt werden. Falls wir Daten digital bekommen, werden sie genauestens auf Viren untersucht, bevor sie eingepflegt werden. Zudem steht der Computer in einem abgeschotteten Raum, weit weg von den Redaktionsräumen des *stern,* irgendwo in dem großen Verlagsgebäude von Gruner+Jahr am Hamburger Hafen, wo mehr als 2000 Menschen arbeiten. Sollte es einmal zu einem gezielten Einbruch oder behördlichen Maßnahmen kommen, würde man den Computer nicht gleich bei uns finden.

Als wir den Raum in Beschlag nahmen, um ihn zu unserer Schatzkammer umzubauen, hing neben der Tür noch das Namenschild der vorherigen Nutzerin. Sie hieß mit Vornamen Ulrike. So kam unser Computer zu seinem Namen. Mittlerweile heißt es immer »Das muss zu ›Ulrike‹!« oder »Kannst du mal bei ›Ulrike‹ nachschauen?«, wenn ein Teammitglied Dokumente einspeisen oder in den Daten nach bestimmten Hinweisen suchen will. Ich selbst habe weder den Schlüssel zu dem Raum noch kenne ich die Codes für den Computer. Zugang zur Schatzkammer hat allein Andreas Mönnich, mein Stellvertreter. Andreas ist von Anfang an im Investigativ-Team gewesen. Davor arbeitete er als Faktenprüfer in der Dokumentation des *stern.* Er hat nie als Reporter oder Journalist im klassischen Sinne gearbeitet. Aber als Faktenexperte hat Andreas einen anderen Blick auf Geschichten und Recherchen: Er denkt sie vom Ende her. Zudem hält er mir bei vielen administrativen Vorgängen den Rücken frei. Nur so ist es für mich möglich, neben meiner Leitungsposition auch noch als Rechercheur zu arbeiten und auf Achse zu sein.

In den vergangenen Wochen habe ich die Liste mit den Namen möglicher Gesprächspartner abgearbeitet, die mir der Whistleblower zum Abschied in die Hand gedrückt hatte. Und ich habe versucht, weitere Quellen zu erschließen. Bei Sarasin mussten viele Mitarbeiter gehen, nachdem die Bank vor einem Jahr von der libanesisch-brasilianischen Unternehmensgruppe Safra übernommen worden ist. Andere überlegen, den Job zu wechseln, weil ihnen die Neuausrichtung der Bank nicht gefällt oder sie bei Sarasin keine Karrierechancen mehr sehen. Gefeuerte oder unzufriedene Mitarbeiter sind potentielle Gesprächspartner, wie ich aus früheren Projekten weiß. Sie gilt es zu finden und behutsam zu kontaktieren. Ein mühsames Unterfangen.

Bevor ich einen der Bankmitarbeiter anrufe, versuche ich stets, mir mithilfe öffentlich zugänglicher Informationen ein Bild von der Person zu machen. Dabei interessiert mich nicht nur der berufliche Werdegang, sondern auch das Privatleben, ob die Person vielleicht politisch aktiv ist oder welchen Hobbys sie nachgeht. So etwas hilft beim Erstkontakt. Es macht etwas mit einer Person, wenn sie spürt, dass man sich mit ihr befasst hat.

Viele haben trotzdem sofort aufgelegt, als ich anrief. Ein paar waren jedoch bereit, unter der Zusicherung absoluter Anonymität länger mit mir zu telefonieren. Sie schilderten ihre Eindrücke und Erfahrungen mit den Kollegen in der Bank, die mit Cum-Ex-Geschäften befasst waren. Gaben Hinweise, wer vielleicht mehr wissen könnte. Oder sie verwiesen auf die Konkurrenz, die doch auch mit Cum-Ex-Angeboten Kunden aus Deutschland locke. Nur wenige waren bereit, sich zu treffen. Mit einer dieser Personen bin ich im »Schweizerhof« verabredet.

»Hallo Herr Schröm!« Als ich von der Getränkekarte aufschaue, blicke ich in das fröhliche Gesicht von Josef Talheimer (Name geändert). Er hat blond gelocktes Haar, leichte Geheimratsecken und ist Brillenträger. Zur Begrüßung gibt er mir die linke Hand. Seine rechte ist unnatürlich nach hinten geknickt. Beim Gehen zieht er sein rechtes Bein nach.

Josef Talheimer kommt aus Hessen. Er hat dort eine Banklehre gemacht und anschließend Jura studiert. Seit mehr als zehn Jahren arbeitet er in der Schweiz, zunächst für Credit Suisse, dann für UBS, die andere Schweizer Großbank. Seit 2009 ist er Head Legal & Compliance, Products & Services bei Sarasin. Als Leiter der Compliance und Rechtsabteilung trägt er offiziell Verantwortung dafür, dass die Privatbank und ihre Mitarbeiter integer und seriös agieren und sich an Recht und Gesetz halten. Eine schier unlösbare Aufgabe, wenn man in dieser Position für ein privates Geldinstitut arbeitet, das in fragwürdige Geschäfte verwickelt ist.

»Wie ich Ihnen schon am Telefon sagte, höre ich mir gerne an, was Sie so recherchiert haben«, sagt Talheimer. »Sie werden jedoch von mir keine Informationen über Kunden bekommen. Das mache ich nicht.«

Ich winke den Kellner herbei. Talheimer soll erst einmal ankommen, sich etwas zu trinken bestellen. Ich hatte ihm am Telefon angedeutet, über das »Projekt Gipfelsturm« sprechen zu wollen. Vermutlich war das der Grund, warum er sich auf das Treffen eingelassen hat. Neugier ist jedenfalls ein probates Mittel, Personen zu bewegen, sich mit einem zusammenzusetzen. Während Talheimer seine Bestellung aufgibt, krame ich das Dokument mit dem sperrigen Titel »Neubegutachtung Exceptional Business – steueroptimierte Produkte und Transaktionen« aus meiner Tasche. Die bankinterne Auswertung des »Projekts Gipfelsturm« war zu dem Schluss gekommen, die Cum-Ex-Fonds seien teilweise steuerrechtlich »nicht ok«.

Als der Kellner mit der Bestellung verschwunden ist, lege ich das Dokument vor Talheimer auf den Tisch. Oben auf der ersten Seite stehen die Namen der Verfasser. Talheimers Name ist nicht darunter. Trotzdem gehe ich davon aus, dass er als Compliance-Chef, der für die Regeltreue des Hauses zuständig ist, das Papier genau kennt. Seine Reaktion bestätigt meine Vermutung.

»Wenn Sie das gelesen haben, dann wissen Sie doch über alles Bescheid.«

Prinzipiell hat er recht. Aus dem 30-seitigen Papier lässt sich selbst für mich als Laien herauslesen, wer welche Position in Sachen Cum-Ex in der Bank vertritt. Die einzelnen Mitglieder der Arbeitsgruppe haben Kurzreferate geliefert, die in dem Papier zusammengefasst festgehalten werden. Dabei geht es auch um die Zusammenarbeit mit Hanno Berger und seine Honorierung. Dort heißt es: »Deutschen Anwälten ist es nicht erlaubt, im Zusammenhang mit der Vermittlung von Mandanten Gegenleistungen irgendwelcher Art zu verlangen oder anzunehmen.« Das Problem löste man bei Sarasin über einen kleinen Umweg. Die Zahlungen gingen nicht direkt an Berger, sondern an die Offshore-Firma auf den Britischen Jungferninseln und somit waren Berger und seine Kanzlei formal »nicht Vertragspartei«.

Wie deutlich wird, gab es kritische Stimmen in der Arbeitsgruppe, die nicht nur vor Berger, sondern auch vor den Cum-Ex-Fonds warnten: »Ein allfälliger Reputationsschaden wäre unter dem Blickwinkel der aktuellen steuerlichen Sensitivität in der Öffentlichkeit zu beurteilen.«

Eine Mitarbeiterin aus Josef Talheimers Team gehörte ebenfalls zur Arbeitsgruppe. Laut dem Papier kam sie zu der Schlussfolgerung: »Die Weiterführung des Projektes Gipfelsturm ist zu überdenken.«

Die Kundenvertreter in der Arbeitsgruppe vertraten eine andere Position. Namentlich erwähnt ist Kai Henke, der Maschmeyer wie auch »Drogeriekönig« Müller zweistellige Millionen-Investments aufschwatzte, wie ich aus anderen Dokumenten weiß. Henke hat sich offensichtlich gegen die internen Kritiker durchgesetzt. Aus der Zusammenfassung seines Kurzreferates geht hervor, wie er das geschafft hat. Trotz der »Reputationsrisiken« brachte er mit den in Aussicht gestellten Gewinnmargen die komplette Führungsebene der Bank hinter sich, bis hoch zum Vorstandsvorsitzenden Joachim Strähle. Die entscheidende Stelle aus dem Kurzreferat von Henke habe ich mit Leuchtstift markiert:

> *Das Konzept des Projektes Gipfelsturm wurde am 24. August 2010 vom Head Private Banking dem ExCo präsentiert und vom CEO und CFO im Grundsatz gutgeheissen.*

In Schweizer Pressedatenbanken sind wir auf Berichte gestoßen, die eindrücklich die Doppelmoral beschreiben, die in der Führungsetage der Privatbank vorherrschte. Während intern Cum-Ex-Geschäfte begrüßt wurden, propagierte Sarasin im Sommer 2010 als erste Schweizer Bank die sogenannte Weißgeldstrategie. Das Verwalten von Schwarzgeld sei kein Geschäftsmodell mehr, sagte CEO Joachim Strähle. Schwarzgeldkunden aus Deutschland zeige man stattdessen, wie sie mit einer Selbstanzeige bei den Steuerbehörden reinen Tisch machen können. »Alle Kundenberater wissen, welche Art Geld wir annehmen«, ließ sich Strähle zitieren. Medienwirksam gerierte sich der Vorstandsvorsitzende als Saubermann, dessen Bank auf das einträgliche Schwarzgeldgeschäft verzichtete und sogar die Abwanderung von Kunden aus Deutschland in Kauf nahm. Dabei hatte Sarasin längst mit Cum-Ex ein anderes lukratives Vehikel entwickelt, »um neue Kunden zu akquirieren und margenstark zu binden«, wie es in dem »Gipfelsturm«-Papier heißt.

Ich frage Talheimer, wie das zusammengeht.

Statt auf Strähle kommt er auf Kai Henke zu sprechen, zuständig für die Kunden aus Deutschland. »Henke hatte in der Bank einen Persilschein. Hinweise auf Rechtsverstöße im Kontext der Sheridan-Fonds blieben folgenlos. Er hatte seine Vorgesetzten auf seiner Seite und Eric Sarasin um seinen Finger gewickelt.« Über einen Kritiker der Cum-Ex-Geschäfte in der Arbeitsgruppe habe Henke in einer E-Mail nach oben gemeldet: »Diesen Clown müssen wir auch noch in die Spur bringen.«

Nach der Übernahme durch die Safra-Gruppe haben Henke wie auch Strähle die Bank verlassen. Über die Umstände des Ausscheidens von Strähle vor sechs Monaten war überall zu lesen. Aber der Abgang von Henke ist mir neu.

Henke arbeite nun für Flossbach von Storch, ein Family Office, also eine Gesellschaft zur Verwaltung von privaten Großvermögen, mit Hauptsitz in Köln, sagt Talheimer. Allerdings lebe Henke weiter in Zürich, in Küsnacht, auf der rechten Seeuferseite, der sogenannten Goldküste. »Allein daran können sie sehen, dass er bei der Vermittlung von Cum-Ex-Geschäften gut verdient haben muss.« Talheimer deutet an, dass Henke von Berger geschmiert wurde, um dessen Finanzprodukte bei Sarasin einzubringen. »Henke agierte nicht wie ein Kundenbetreuer von Sarasin, sondern eher wie ein Vertriebsmitarbeiter der Kanzlei von Berger.«

Hatte Talheimer mit Berger auch persönlich zu tun?

»Nicht bei Sarasin«, sagt er. Und überlegt kurz. »Es muss 2001 oder 2002 gewesen sein, als ich für die Credit Suisse arbeitete.« Es sei damals darum gegangen, Privatanlegern mit Wohnsitz in Deutschland Investitionen in Hedgefonds zu ermöglichen, ohne dass die Gewinne in Deutschland versteuert werden müssen. Ohne Talheimer im Detail folgen zu können, ahne ich, dass es um eines der berüchtigten Steuersparmodelle aus dem Hause Berger ging. Viel interessanter finde ich, mit welchen Taschenspielertricks Berger die Banker für sich einnahm.

»Bevor Dr. Berger uns seine Präsentation über das Modell zeigte, mussten wir eine Vertraulichkeitserklärung unterzeichnen«, erinnert sich Talheimer. »Dr. Berger machte deutlich, dass diese Struktur von ihm entwickelt worden sei und er einen ›Urheberanspruch‹ für sich reklamiere.« Danach erst habe er wortgewaltig und sehr überzeugend sein Konstrukt geschildert, garniert mit dem Hinweis, er habe es schon mit anderen Banken, also der Konkurrenz, gewinnbringend umgesetzt. »Nach der Präsentation hatte ich mit Berger über Monate mehrmals telefonischen Kontakt«, erzählt Talheimer. Berger sei nie zu fassen gewesen. Seine Gutachten habe er stets mit dem Zusatz »Entwurf« versehen, so dass man keinen Rechtsanspruch erheben konnte.

Als Talheimer im Sommer 2009 zu Sarasin wechselte, stellte er in seiner neuen Position sofort fest, dass die Privatbank rein steuergetriebene Produkte an deutsche Kunden verkauft hatte, bei denen im Endeffekt die Kapitalertragssteuer ein zweites Mal erstattet wurde, obwohl sie zuvor nur einmal abgeführt worden war. »Und diese Produkte basierten auf Steuergutachten von Dr. Berger«, sagt Talheimer. Sofort sei er zu seinem Vorgesetzten gelaufen, um über seine Erfahrungen mit Berger bei der Credit Suisse zu berichten und vor den fragwürdigen Methoden des Steueranwaltes zu warnen. »Von meinem neuen Chef wurde mir entgegnet, Dr. Berger sei *der* Steuerexperte in Deutschland. Seine Produkte seien für Sarasin extrem profitable und selbstverständlich werde an einer Zusammenarbeit mit Herrn Dr. Berger festgehalten.«

Mehr als vier Jahre sei er bei Sarasin gegen Wände gelaufen. »Wir haben gewarnt. Aber man wollte nicht auf uns hören«, sagt Talheimer. Aber damit sei jetzt Schluss. Er habe im Oktober fristgerecht gekündigt. Ende Januar 2014 werde er die Bank verlassen.

Für mich wird klar, ich muss diesen Mann noch öfter treffen.

Winterthur, 6. November 2013

»Verdammte Scheiße!« Die Kollegen am Nachbartisch drehen sich verdutzt nach mir um. Bei der Jahreskonferenz des Schweizer Vereins »Qualität im Journalismus« soll ich eine Keynote halten. Dabei will ich am Beispiel unserer Recherchen zum Nationalsozialistischen Untergrund (NSU) die Datenbanken präsentieren, die ich einst für das Investigativ-Team habe bauen lassen. Um mir die Zeit bis zum Vortrag zu verkürzen, habe ich im Foyer des Tagungsortes im *Tages-Anzeiger* geblättert, eine der maßgebenden Schweizer Zeitungen. Der Verlag Tamedia, zudem die Tageszeitung gehört, ist Hauptsponsor der Konferenz.

Schuld an meiner verbalen Entgleisung ist der Aufmacher im Wirtschaftsteil: »Die Bank Sarasin und das Projekt ›Gipfelsturm‹«, lautet die

Schlagzeile. »Die Bank steht unter Verdacht, mit fragwürdigen Geschäften auf ungerechtfertigte Steuergutschriften abgezielt zu haben. Die Risiken waren der Bank offenbar bewusst.« Im Artikel ist ein Verweis auf die *Süddeutsche Zeitung,* der wohl ebenfalls »ein internes Memorandum vorliegt«.

Sofort rufe ich meinen Redaktionskollegen Andreas Mönnich an. Er ist immer einer der ersten in der Redaktion. »Hallo Oli!«, meldet sich Andreas. »Hast du auch *Süddeutsche* gelesen?«

Ich erwähne die Story im *Tages-Anzeiger* mit dem Verweis auf die *Süddeutsche.*

»Die *Süddeutsche* hat heute im Wirtschaftsteil eine komplette Themenseite zu Cum-Ex« sagt Andreas. »Insgesamt drei Artikel. Einer ist überschrieben mit ›Akte Flora: Der Erste packt aus‹. Darin geht es um die Cum-Ex-Geschäfte der HypoVereinsbank, also nicht unsere Geschichte«, sagt Andreas. »Dann haben sie noch ein kurzes Erklärstück unter der Überschrift ›Cum und Ex – das Geschäftsmodell‹.«

Damit kann man leben, denke ich. Aber Andreas ist noch nicht fertig. »Der dritte Artikel wird dir ganz und gar nicht gefallen. Überschrift: ›Projekt Gipfelsturm – Das Schweizer Geldhaus hat offenbar gezielt den deutschen Staat betrogen‹.«

Bevor ich mir weiter mit Kraftwörtern etwas Luft verschaffe, sagt Andreas: »Ich stell' mal auf laut. Uli und Wigbert sind auch schon da. Wir diskutieren gerade, was das für uns bedeutet.«

Wigbert Löer ist seit einem knappen Jahr im Investigativ-Team. Er war vorher im Sport-Ressort des *stern,* hatte einen heißen Tipp zu einem Wettskandal im Profifußball und war damit zu uns gekommen. Zur Grundidee des Investigativteams gehört es, dass wir möglichst ressortübergreifend arbeiten, um so die Fachkompetenz der Ressorts zu bündeln. Das klappt mal gut, mal weniger. Mit Wigbert klappte es so gut, dass er anschließend zu uns wechselte.

Uli Rauss ist einer der erfahrensten Kriegsreporter im *stern.* Wir kennen uns seit Mitte der 90er Jahre, als ich das erste Mal beim *stern* war. Als ich vor sieben Jahren zum *stern* zurückkehrte, hatte das viel mit Uli zu tun. Wir hatten angefangen zusammenzuarbeiten und sind als Investigativ-Duo ins Berliner Büro des *stern* gewechselt. Von dort recherchierten wir Themen aus den Bereichen Terrorismus und Geheimdienste und zerbrachen uns die Köpfe, wie investigative Recherchen in Redaktionen eigentlich organisiert sein müssten. Das Ergebnis war 2010 die Gründung des Teams Investigative Recherche – TIR, wie es bei uns intern heißt.

»Schön ist das nicht«, sagt Wigbert. Den Rest kann ich nicht verstehen. Alle reden durcheinander. Ich habe keinen Onlinezugang zur *Süddeutschen* und bitte Andreas, den Artikel über »Projekt Gipfelsturm« schnell vorzulesen.

Durch die Gesetzesänderung habe der Fiskus die Steuererstattungen aus den Cum-Ex-Geschäften gestoppt, fasst Andreas den Artikel zusammen. Die Anleger würden somit tief in die Miesen rutschen, weil nicht nur die Gewinne ausbleiben, sondern auch ihre Investitionen verloren seien. Deshalb würden nun einige Anleger gegen ihre eigene Bank vorgehen, um wenigstens ihre Einlagen zurückzubekommen.

»Betrogene Betrüger«, kommentiert Wigbert. Andreas zitiert nun wörtlich aus dem Artikel: »Den Kunden seien völlig legale Aktiengeschäfte vorgegaukelt worden; dass der Fiskus ausgenommen werden solle, sei ihnen verschwiegen worden, sagt der Stuttgarter Anwalt Eckart Seith. Er vertritt mehrere Anleger, die Schadensersatz von Sarasin fordern.« Andreas stoppt kurz und fragt in die Runde: »Ist dieser Seith vielleicht auch der Anwalt von Maschmeyer?«.

»Er vertritt jedenfalls mit ziemlicher Sicherheit diesen Drogerie-Müller«, sagt Uli Rauss und erwähnt einen älteren Artikel, auf den er im Pressearchiv gestoßen ist. Darin war von einem deutschen Kapitalanleger die Rede, der 50 Millionen Euro über Sarasin in einen Cum-Ex-Fonds investiert habe und nun nach Ausbleiben des Gewinnes gegen die Bank klage. Laut der uns vorliegenden Kundenliste ist Müller der einzige Anleger, der exakt die Summe von 50 Millionen Euro in einen Sheridan-Fonds investiert hatte.

Allen anderen voran hat Uli Rauss die letzten Wochen damit verbracht, Pressearchive und Unterlagen zum Thema systematisch auszuwerten und alles in »Theo« einzupflegen. Neben »Ulrike« ist diese Datenbank das zweite Herzstück unseres Investigativtools. »Theo« ist ein elektronisches Notizbuch und Recherchearchiv zugleich. Anders als bei »Ulrike« kann sich jedes Teammitglied bei »Theo« online draufschalten und in einem Eingabefeld seine Recherchen eintragen. »Theo« speichert anschließend den Eintrag automatisch in einer vorher thematisch angelegte Zeitleiste ab.

Dahinter steckt die langjährige Erfahrung, dass es für aufwendige Recherchen meist kein besseres Ordnungsprinzip als eine Zeitleiste gibt. Die technische Herausforderung besteht darin, dass mehrere Personen gleichzeitig an der Zeitleiste arbeiten können, ohne sich gegenseitig zu blockieren. Weil es bei der Gründung des Investigativteams vor drei Jahren keine vergleichbare Software von der Stange zu kaufen gab, haben wir »Theo« selbst entwickelt und von einem Programmierer bauen lassen.

»Theo« erleichtert die Zusammenarbeit, auch mit anderen Abteilungen. Durch ein ausgeklügeltes System kann der Administrator weitere Personen freischalten und festlegen, wer auf die Zeitleiste zugreifen, selbst Eingaben machen oder nur lesen oder sich über eine Suchmaske gezielt Infos herausfischen kann. Das erleichtert auch die Arbeit der Faktenprüfer, die vor Erscheinen eines Artikels leichter die Fakten und Quellen prüfen können.

In dem Artikel der *Süddeutschen* wird der Anwalt Seith so oft zitiert, dass ich davon ausgehe, dass er die Quelle sein muss. Allerdings frage ich mich, wie er an das bankinterne Dokument über »Projekt Gipfelsturm« gekommen ist, auf das er offensichtlich seine Klage gegen Sarasin aufbaut. Er muss einen Insider in der Bank haben, der ihn mit Dokumenten versorgt.

Erstmal bin ich erleichtert, dass weder Maschmeyer noch die Namen der anderen zum Teil prominenten Investoren auftauchen, zu denen wir gerade arbeiten. Der Artikel transportiert in erster Linie die Sichtweise des Anwaltes und verliert sich sonst wohl im Vagen. »Das ist wie eine Story über einen Mord ohne Leiche!« Lachen dröhnt aus meinem Handy. Nach drei Jahren Teamleitung ist es wohl langsam an der Zeit, mir einen neuen Spruch einfallen zu lassen, um die Scoops der Konkurrenz klein zu reden.

»Wir haben mehr«, sagt Uli. Er hat durch seine Detailarbeit an der Timeline den besten Überblick über das Material. Zudem weiß er nach mehr als 20 Jahren beim *stern,* welche Ingredienzien für eine Magazin-Story erforderlich sind. »Anders als dieser *SZ*-Artikel können wir eine richtige Geschichte erzählen«, meint er beruhigend. Für ein Magazin wie den *stern* ist das ausschlaggebend. Eine sperrige Wirtschaftsgeschichte findet ihren Weg bei uns nicht ins Heft.

Ich beendete das Telefonat, weil ich in ein paar Minuten auf der Konferenz sprechen muss. Es fällt mir schwer, mich auf den Vortrag zu konzentrieren. Es will mir nicht aus dem Kopf, dass ausgerechnet jetzt das Dokument über »Projekt Gipfelsturm« auch bei der Konkurrenz gelandet ist. Ich muss der Sache nachgehen. Schnell tippe ich noch eine SMS.

Zürich, 7. November 2013

Im »Schweizerhof« warte ich erneut auf Josef Talheimer. Ich habe ihm mitgeteilt, dass ich auf der Rückreise von einer Konferenz durch Zürich käme, und gefragt, ob wir uns spontan sehen könnten. Per SMS von einem deutschen Handy hat er mich wissen lassen, wann wir uns am alten Treffpunkt sprechen können.

Im »Schweizerhof« habe ich mir wieder die Sitzecke hinter der Rezeption ausgewählt. Auf den Tisch lege ich demonstrativ die heutige Ausgabe des *Tages-Anzeiger.* Während die *Süddeutsche* gestern ihr Pulver erst einmal verschossen hat, legt die Züricher Tageszeitung heute nach: »Das Doppelspiel der Bank Sarasin«, lautet die Überschrift im Wirtschaftsteil. »Als erste Bank propagierte Sarasin die Weißgeldstrategie. Hinter der Fassade verkaufte sie deutschen Kunden Steueroptimierungsprodukte.«

Als Talheimer erscheint, begrüße ich ihn einsilbig und zeige auf die Zeitung.

»Ah! Ich habe das gestern und heute natürlich auch gelesen. In der Bank sind alle ganz aufgeregt«, sagt Talheimer. »Interessante Artikel, oder?«

Ich sage nichts. Die wenigsten Menschen können das Schweigen eines Gegenübers lange aushalten. Talheimer gehört auch dazu.

»Ich habe damit nichts zu tun«, plappert er los.

Ich schweige weiter.

»Wirklich nicht! Das müssen Sie mir glauben. Ich habe zu keinem anderen Journalisten Kontakt.«

Es fällt schwer, an so viel Zufall zu glauben. Vor einer Woche habe ich mit ihm über das »Projekt Gipfelsturm« gesprochen, nun berichten mit der *Süddeutschen* und dem *Tages-Anzeiger* gleich zwei Zeitungen darüber. Die Schweizer Tageszeitung bietet sogar auf ihrer Onlineseite das interne Gutachten der Bank zum Download an. Ich habe es heruntergeladen und bemerkt, dass die Kollegen offensichtlich nicht das gesamte Material besitzen. Von dem ursprünglich 30-seitigen Dokument fehlen acht Seiten, darunter der komplette Anhang mit Tabelle zur »Übersicht steuerlich motivierten Produkte und Transaktionen«. Ebenso fehlen mitten im Text ganze Passagen sowie das Inhaltsverzeichnis.

Eines muss ich jedoch neidlos einräumen: Woher die Kollegen auch immer ihre Informationen haben, sie haben sie gekonnt für den Leser aufbereitet. Ohne nur einmal den Begriff Cum-Ex zu verwenden, erklärt der Artikel im *Tages-Anzeiger* die Aktiengeschäfte so anschaulich, wie ich es bislang nirgends gelesen habe. Und wie zuvor der Artikel in der *Süddeutschen* thematisiert er die Rolle der Investoren. Zu meiner Erleichterung ebenfalls ohne die Namen der Superreichen, um die wir uns gerade kümmern. Und auch heute im *Tages-Anzeiger* kommt Eckart Seith zu Wort. Der Rechtsanwalt lässt keine Zweifel entstehen, dass es um ein Steuerbetrugsmodell geht. Ein Satz von ihm findet meine besondere Aufmerksamkeit: Der Rechtsanwalt vertrete mehrere Geschädigte gegen Sarasin.

Geschädigte? Ich finde die Bezeichnung für Investoren wie Maschmeyer und Drogerie-Müller bizarr. Sie haben in Aktienfonds investiert, die allein dafür konstruiert wurden, um die deutsche Staatskasse auszurauben.

»Vielleicht haben nicht alle Anleger gewusst, in was für ein Produkt sie investierten, dass es sich dabei um ein rein steuergetriebenes Aktiengeschäft handelt«, sagt Talheimer.

Nicht ohne Häme entgegne ich: »Wer in Aktien eines Rüstungskonzerns investiert, kann hinterher auch nicht behaupten, er habe nicht gewusst, dass die Wertsteigerung durch den Verkauf von Kriegsgerät in kritische Regionen zustande kommt.«

Jetzt schweigt Talheimer.

Aber der Satz in dem Artikel hat noch aus einem anderen Grund meine Aufmerksamkeit erregt. Bislang sind wir davon ausgegangen, dass Seith lediglich den »Drogeriekönig« Müller vertritt. Wie am Vortag die *Süddeutsche* schreibt nun auch die Schweizer Tageszeitung von »mehreren Geschädigten«, die gegen Sarasin vorgehen und dabei von Seith vertreten werden. Wer sind die anderen? Ist Maschmeyer darunter? Das würde mich überraschen. Ich schätze den Finanzjongleur so ein, dass er lieber auf das Geld verzichtet, als durch eine Klage öffentlich einräumen zu müssen, übers Ohr gehauen worden zu sein. Das würde gewaltig an seinem Image als erfolgreicher Unternehmer kratzen und ihn als Autor von Ratgeberbüchern wie *Selfmade – Die Erfolgsformel* unglaubwürdig machen.

Talheimer müsste jedenfalls wissen, welche Kunden gegen die Bank vorgehen. Solche Vorgänge dürften bei ihm als Leiter der Rechtsabteilung über den Tisch gehen.

Er wird bei dem Thema schmallippig: »Dazu kann ich nichts sagen.«

Ich versuche es mit einem Bluff: »Wer geht außer Müller noch gegen die Bank vor?«

»Ich nenne keine Namen von Bankkunden!«

»Maschmeyer?«

»Es bleibt dabei: keine Namen.«

Ich rattere noch ein paar Namen aus der Kundenliste herunter. Talheimer bleibt stur. Plötzlich: »Sie sollten sich unbedingt mit dem Rechtsanwalt Seith aus Stuttgart treffen!«

Ich bin überrascht. Obwohl er ja bei Sarasin schon gekündigt hat, finde ich es bemerkenswert, dass der noch amtierende Leiter der Rechtsabteilung einer Schweizer Privatbank mit Nachdruck den Anwalt der Gegenseite empfiehlt. Ich frage Talheimer nicht, ob er den Anwalt persönlich kennt. Ich will ihn nicht in die Verlegenheit bringen, mich anlügen zu müssen.

8

Stuttgart, 18. März 2013

Der Wirtschaftsanwalt Dr. Eckart Seith nimmt sein altes Grundig-Diktiergerät zur Hand. Er überlegt noch einmal kurz, bevor er anfängt, einen langen Brief aufzusprechen. Am Vormittag hat er mit Dr. Christoph Weinbrenner von der Generalstaatsanwaltschaft Frankfurt am Main telefoniert. Weinbrenner befasst sich als erster und bislang einziger Staatsanwalt in Deutschland mit Cum-Ex. Er ermittelt gegen Hanno Berger im Fall Rafael Roth. An Weinbrenner richtet sich deshalb jetzt auch Seiths Brief. Die Betreffzeile lautet: »Steuerhinterziehung der Bank Sarasin & Cie AG über Absprachen bei cum-/ex-trades«.

Rechtsanwalt Seith wird die Schweizer Privatbank in Deutschland anzeigen. Sein Mandant weiß Bescheid und hat dem Vorgehen zugestimmt. Der Mandant, einstmals Handwerker, heute Milliardär, fühlt sich betrogen. Seinen Namen erwähnt der Rechtsanwalt in dem Schriftsatz nicht.

Den Entschluss, der Sarasin-Bank in Deutschland Steuerhinterziehung vorzuwerfen, hat Seith am Wochenende beim Skilaufen in der Schweiz gefasst. Seith kennt das Geldhaus Sarasin gut. Er war dort selbst Kunde. Schon sein Urgroßvater, schwäbischer Geheimrat, hatte ein Konto bei der Privatbank. Eckart Seith leitet Dr. Weinbrenner seine »anonymisierte Teilklage« gegen das Bankhaus Sarasin am Landgericht Ulm weiter. Darin fordert Seith Schadensersatz für seinen Mandanten. Es geht um einen Fonds namens Sheridan, bei dem Investoren sehr viel Geld verloren haben. Seith erklärt der Generalstaatsanwaltschaft nun seinen Vorwurf. Was er in Fachsprache schildert, ist ein Diebstahl von gewaltiger Dimension. »Die Initiatoren und Handelspartner des Sheridan Solutions Equity Arbitrage Funds« hätten mit einem »eingeworbenen Anlegerkapital von 250 Mio. € und einem Fremdkapitalhebel« ein Kapitalertragssteuererstattungsvolumen auf Dividendenausgleichszahlungen in einer Größenordnung von 300 bis 600 Millionen Euro zu generieren versucht, »ohne dass zuvor Kapitalertragsteuer erhoben bzw. abgeführt worden wäre.«

Dr. Hanno Berger, diktiert Seith weiter, habe die Geldanlage konzipiert und mitinitiiert. Initiatoren und Handelspartner hätten von den 250 Millionen Euro des eingeworbenen Fondsvermögens 230 Millionen für eigene Vergütungen, Provisionen und Gebühren verwendet. Seith erklärt dann noch einige Details und bietet an, die Generalstaatsanwaltschaft »über weitere Erkenntnisse in einem persönlichen Gespräch zu unterrichten«. Er komme dazu gern nach Frankfurt, schreibt Seith, und schlägt einen Termin noch in derselben Woche vor.

Es ist nicht der einzige Vorstoß gegen die Sarasin-Bank, den der Stuttgarter Anwalt unternimmt. Schon am Tag darauf wendet er sich auch an das Bundeszentralamt für Steuern in Bonn, zuerst telefonisch, danach schriftlich. »Ich vertrete einen südwestdeutschen Unternehmer, dem die Bank Sarasin & Cie AG, Schweiz, mit Empfehlung zum Erwerb von 50000 Anteilen des Sheridan Solutions Equity Arbitrage Funds einen Schaden in Höhe von mehr als 47 Mio. € zugefügt hat«, schreibt er der Bundesbehörde, die direkt dem Bundesfinanzministerium unterstellt ist. Sein Mandant wolle einen »Beitrag dazu leisten, dass weiterer Schaden zum Nachteil des Bundeshaushalts abgewendet wird«.

Seiths Mandant, das ist Erwin Müller, zu diesem Zeitpunkt 80 Jahre alt, der Gründer der gleichnamigen Drogeriekette. Der Patriarch aus Ulm ist ein weiterer betagter Milliardär, bei dem Berger die Gier nach noch mehr Geld ausnutzen konnte. Dass Müller seinen Anwalt aus Sorge um den Bundeshaushalt zu den Behörden schickt, ist wohl eher vorgeschoben. Tatsächlich stört den Drogerie-Patriarchen, dass Sarasin ihm das Geld, das er mit Cum-Ex-Geschäften verloren hat, nicht zurückgeben will. Sarasin hat Müllers Anwalt die kalte Schulter gezeigt, hat Seiths auf zwölf Seiten dargestellte Forderung schlicht unbeantwortet gelassen. Auch Seiths Drohung, Schadensersatzklage bei Gericht zu erheben, hat die Bank nicht umgestimmt. Deshalb soll nun der Rechtsstaat dabei helfen, dass Müller seine Millionen erhält.

Eckart Seith wird so schnell nicht lockerlassen. Es ist kein gewöhnlicher Rechtsstreit, der da vor ihm liegt. Und Seith wird dabei auch selbst zur Zielscheibe werden. Er wird Grund haben, sich zu fürchten. Doch das ahnt der Anwalt im März 2013 noch nicht.

Mit Cum-Ex müssen sich die Strafverfolger auf juristisches Neuland begeben. Es braucht neben Fachwissen auch viel Engagement und Hartnäckigkeit, um zum Ziel zu kommen. In Deutschland wird sich die Generalstaatsanwaltschaft Frankfurt dem Fall Müller nicht widmen. Das Bundesamt für Steuern in Bonn leitet Seiths Anzeige wegen Steuerhinterziehung nach interner Prüfung lieber an die Staatsanwaltschaft Bonn weiter. Schließlich landet die Anzeige auf dem Schreibtisch von Anne Brorhilker, Staatsanwältin in Köln. Brorhilker hat sich zuletzt mit sogenannten Umsatzsteuerkarussellen befasst und keine Angst vor der komplexen Thematik. Im September 2013 eröffnet sie ein Ermittlungsverfahren wegen bandenmäßiger Steuerhinterziehung und Betrugs. Brorhilker wird dabei auch mit dem Landeskriminalamt in Düsseldorf zusammenarbeiten und später weltweit insgesamt gegen fast 1000 Beschuldigte ermitteln und 86 Strafverfahren einleiten.

In der Schweiz wird all das allerdings erst einmal niemanden beeindrucken. Hier laufen die Dinge anders, und zwar auf eine Art, die Eckart Seith und seinem Mandanten Erwin Müller nicht gefallen kann.

Schaffhausen, März 2013

Das Schweizer Städtchen am Oberrhein mit seinen Barockbauten, Erkern und verzierten Fassaden liegt kaum zwei Kilometer von der Grenze zu Deutschland entfernt. In der Schwertstraße 1, nicht weit vom Bahnhof, befindet sich das italienische Restaurant »Santa Lucia«. Wenige Wochen bevor der Müller-Anwalt Seith seine Briefe an die Behörden diktiert, ist ein Raum im Keller reserviert. Den betreten kurz nacheinander Seith, ein ehemaliger und ein noch tätiger Mitarbeiter des Bankhauses Sarasin. Sie nehmen Platz, werden von Kellnern mit Wein und Speisen versorgt und gemeinsam von niemandem sonst gesehen. Die Wände des Kellerraums sind bemalt. Fenster haben sie nicht.

Der frühere Mitarbeiter ist der Deutsche Bernd Vogel (Name geändert), zu dem Zeitpunkt 52 Jahre alt. Er hat für Sarasin Kunden betreut und Geschäfte angebahnt. So lernte er, es ist schon etwas her, Eckart Seith kennen und ebenso Erwin Müller. Inzwischen ist Vogel zu einem anderen Geldhaus gewechselt. Den Premiumkunden Erwin Müller hat er mitgenommen. Vogel wusste, dass Müller Ärger mit seinen Cum-Ex-Deals hat. Und er wusste auch, wer dem Milliardär womöglich helfen kann. Er empfahl Müller den Rechtsanwalt Seith.

Der damals noch aktive Mitarbeiter ist Josef Talheimer, 46 Jahre alt und ebenfalls deutscher Staatsbürger. Er hat als Angestellter der Sarasin-Bank das größte Interesse, dass dieses Treffen geheim bleibt. Zu Cum-Ex-Geschäften hat er Seith einiges zu erzählen. Er habe die Deals geprüft, erzählt Talheimer. Und er habe vor den gewaltigen Risiken gewarnt. Cum-Ex-Deals, habe er seinen Vorgesetzten erklärt, könnten die Bank ins Verderben reißen. Doch niemand, erzählt Talheimer, habe auf ihn gehört.

Die drei Männer unterhalten sich angeregt. Eckart Seith will bei diesem Treffen den ersten Schritt machen, um sich in den Besitz von internen Dokumenten der Sarasin-Bank zu bringen. Die soll ihm Talheimer liefern. Es zeigt sich, dass Talheimer als Leiter der Compliance- und Rechtsabteilung bei Sarasin dafür an der richtigen Stelle sitzt. Er führt aus, dass er über eine Mitarbeiterin Einblick in den Umgang innerhalb der Bank mit der Cum-Ex-Problematik und die damit zusammenhängenden Dokumente hat.

Die Quelle Talheimer soll sprudeln, für Seith, für den Millionen-Zocker Erwin Müller. Die im Raum stehende Summe ist gewaltig hoch: Knapp 50 Millionen will Erwin Müller von Sarasin zurückhaben. Talheimer wie auch Vogel gehen wohl davon aus, dass sich Müller erkenntlich zeigt, sollte er mit ihrer Hilfe den Prozess gegen Sarasin gewinnen. Talheimer soll in der Sarasin-Bank die entscheidenden Papiere besorgen: Belege, die zeigen, dass die Bank Müller über den Tisch gezogen hat. Aus den Dokumenten soll hervorgehen, dass Erwin Müller nicht ausreichend beraten und insgesamt unsauber agiert wurde. Ein Schriftstück, das Talheimer erwähnt hat, wäre dafür besonders wichtig: das unabhängige Gutachten, das die Sarasin-Bank über das Geschäft mit dem Sheridan-Fonds erstellen ließ. Es stammt von einem Unternehmen, das in der

Szene bestens bekannt ist und einen guten Ruf genießt: die Wirtschaftskanzlei Freshfields.

Im Mai 2013 – Seith hat den Fall in Deutschland inzwischen bei der Generalstaatsanwaltschaft und beim Bundeszentralamt für Steuern hinterlegt – trifft der Anwalt erneut Talheimer und Vogel. Talheimer erscheint zu dem Termin wie von Seith erhofft nicht mit leeren Händen. Er bringt zwei Gutachten von Freshfields mit, eine zivilrechtliche und eine steuerrechtliche Beurteilung der Deals mit dem Sheridan-Fonds. Seith darf an diesem Tag zunächst nur in die Gutachten hineinschauen. Danach nimmt Talheimer die Papiere wieder mit. Später erhält Seith dann anonyme Post, in der sich Kopien zweier Freshfields-Gutachten finden. Mit dieser kann er gut arbeiten, denn Freshfields schätzt den Sachverhalt mit großer Klarheit ein. Die renommierte Kanzlei kommt zu dem Schluss, dass der Drogerieunternehmer Erwin Müller durch die Sarasin-Bank falsch beraten wurde. Daher habe Müller, der in den Gutachten als »EM« bezeichnet wird, Anspruch auf Schadensersatz. Der entscheidende Satz des Gutachtens lautet:

> *Somit ist EM berechtigt, eine Stornierung der Anlage zu fordern, unabhängig von der Frage, ob die Steuererstattung letztlich gewährt wird oder nicht.*

Diese Einschätzung ist in ihrer Bedeutung für Seith und Müller kaum zu überschätzen. Hier haben Experten den Fall auf Basis interner Unterlagen genau untersucht und sind zu dem eindeutigen Ergebnis gekommen, dass die Beratung mangelhaft war. Die Beratung aber ist wichtig bei solchen Geschäften, sie muss stimmen, sonst ist juristisch leicht dagegen vorzugehen.

Der Sarasin-Leiter für das Privatkundengeschäft in Deutschland, Kai Henke, und der Vorstand und Mitinhaber Eric Sarasin äußern sich in dem Gutachten zu ihren Gesprächen mit Erwin Müller. Dem Unternehmer sei zugesichert worden, dass das angebotene Finanzprodukt bei der Allianz versichert sei. Und diese Allianz-Versicherung sei für Müller entscheidend gewesen. Sarasin habe Müller das Investment als sicheres Produkt dargestellt, das exklusiv von Sarasin vertrieben werde. Der Begriff Cum-Ex sei in den Beratungsgesprächen nie gefallen.

Die Freshfields-Prüfer beschäftigen sich am Ende ihres Gutachtens auch mit der Frage, wie Gerichte in der Sache entscheiden würden. Dass Müller eine Klage gegen die Sarasin-Bank gewinnen werde, halten sie für »hoch wahrscheinlich«. Das ist alles andere als eine gute Nachricht für die Bank. Das Gutachten von Freshfields wird in dem Geldhaus deshalb als streng vertrauliche Beurteilung geführt. In den Händen von Müllers Anwalt Seith wird es jedoch zur Waffe gegen die Sarasin-Bank.

Josef Talheimer will wissen, ob er gegen das Bankgeheimnis verstößt, wenn er dem Kunden-Anwalt interne Bankunterlagen zur Verfügung stellt. Seith kennt sich in diesem Bereich des Schweizer Rechts sehr gut aus und beruhigt Talheimer. Seiner Einschätzung nach ist die Sarasin-Bank gegenüber ihrem Kunden Erwin Müller auskunfts- und rechenschaftspflichtig. Dokumente, die unmittelbar mit Müllers Investment zu tun haben, können also kein Geheimnis verletzen. Und entsprechende Papiere wie etwa die Freshfields-Gutachten verletzen daher auch nicht das Schweizer Strafrecht. Josef Talheimer kann sich mit dieser Einschätzung eigentlich sicher fühlen. Aber was ist schon sicher? Er hat vier Jahre für die Privatbank gearbeitet, hat Karriere gemacht und mehr als 200 000 Euro im Jahr verdient. Er beabsichtigt damals schon, bei Sarasin zu kündigen, vielleicht nicht sofort, aber mittelfristig.

Diese Überlegung ist nicht falsch. Denn in den nächsten Monaten wird in der Schweiz einiges geschehen, was sich viele Bankmitarbeiter bis dahin kaum vorstellen konnten. Beteiligt daran ist auch Peter Giger, der in Zürich bei der Staatsanwaltschaft III offiziell Wirtschaftskriminellen, Geldwäschern und Steuerhinterziehern nachjagt – und einen gewissen Ruf hat.

Bekannt ist Giger vor allem, weil er den Whistleblower Rudolf Elmer wegen »Verletzung des Bankgeheimnisses« ins Gefängnis bringen wollte. Elmer erlangte weltweite Bekanntheit, weil er 2008 der Plattform WikiLeaks interne Unterlagen des Bankhauses Julius Bär überließ, um auf Steuerhinterziehung in großem Stil hinzuweisen. Staatsanwalt Giger nannte den Whistleblower einen »skrupellosen Verräter« und forderte ein Berufsverbot für ihn, da die Bankenbranche vor ihm geschützt werden müsse. Man bekam den Eindruck, Giger agiere nicht als Staatsanwalt, sondern als Lobbyist der Bankenbranche. Elmer wurde nach mehreren

Verfahren zwischen 2011 und 2018 schließlich vom Hauptanklagepunkt der Verletzung des Bankgeheimnisses freigesprochen.

Im März 2013 bekommt Staatsanwalt Giger die Strafanzeige wegen des Verdachts des Anlagebetrugs auf den Tisch, die Eckart Seith an die Staatsanwaltschaft Zürich geschickt hat. Sie richtet sich gegen vier Manager der Sarasin-Bank. Nachdem Giger die Anzeige mit all ihren Anlagen gelesen hat, macht er, was man in der Schweiz »Schubladisieren« nennt: Er packt das Schreiben in die Ablage. Ob er Ermittlungen einleiten soll, prüft Giger nicht. Auch ein Jahr später wird die Anzeige noch in der Ablage liegen. Die »Prioritätenordnung« habe da laut Giger noch immer keine Bearbeitung zugelassen.

Untätig ist Peter Giger in der Sache allerdings trotzdem nicht. Anstatt die Strafanzeige gegen Sarasin zu prüfen, schickt er den kompletten Schriftsatz der Bank zur Kenntnis. »Anbei sende ich Ihnen, wie gewünscht, die Strafanzeige zur Einsichtnahme«, formuliert er. Kaltschnäuzig verrät der Staatsanwalt damit Sarasin alle Vorwürfe, Argumente und Belege, die Seith gegen die Bank in der Hand hat. Kaum vorstellbar, doch der dem Staat verpflichtete Strafverfolger erweist sich tatsächlich als Freund und Helfer einer Privatbank in Bedrängnis. Wegen des Vorwurfs »Verletzung eines Dienstgeheimnisses« wird später ein anderer Staatsanwalt Ermittlungen gegen Giger aufnehmen.

In Deutschland bleibt Rechtsanwalt Seith unterdessen in Kontakt mit Bernd Vogel und Josef Talheimer. Mehrfach trifft das Trio zusammen, mal in der Schweiz, mal auf der anderen Seite der Grenze im Schwarzwald. Seith berichtet von seiner Klage vor dem Landgericht Ulm. Dort geht er zivilrechtlich gegen die Sarasin-Bank auf Rückzahlung des 50-Millionen-Investments in die gescheiterten Cum-Ex-Geschäfte vor. Talheimer erzählt von neuen Entwicklungen in der Bank.

Im Juni 2013 geht die Erwiderung der Sarasin-Bank auf die Schadensersatzklage am Landgericht Ulm ein. Autor ist der Anwalt der Bank, Markus Meier von der international tätigen Großkanzlei Hengeler Mueller. Er versucht, die Vorwürfe von Seith komplett abzuschmettern. Der Sachvortrag des Klägers sei reine Fiktion und habe mit der Realität nichts zu tun, teilt er dem Landgericht mit.

Seith verfasst eine Replik auf die Erwiderung, in die er interne Mails hochrangiger Sarasin-Mitarbeiter einarbeitet. Daraus wird ersichtlich, dass Erwin Müller zwischenzeitlich Bedenken bei dem Geschäft hatte und die Bank dann mithilfe von Hanno Berger versuchte, ihn von einer hohen Investition zu überzeugen. Seith geht zugleich auf »verdeckte Provisionen« für die Sarasin-Bank bei dem Cum-Ex-Deal ein und auf »Schmiergelder«. Und er zeigt, dass die Sarasin-Bank Erwin Müller für sein Großinvestment sogar noch einen Kredit in Höhe von mindestens 20 Millionen Euro gewähren wollte.

Zürich, Frühjahr 2014

Seith recherchiert intensiv weiter und tauscht sich auch immer wieder mit seinen beiden Informanten Talheimer und Vogel aus. Im Herbst 2013 trifft man sich in der Nähe des Freiburger Hauptbahnhofs, im Dezember 2013 kommt man im Hotel »Schweizerhof« in Zürich zusammen. Doch am 17. Januar 2014 gibt es bereits wieder dringenden Gesprächsbedarf. Erwin Müller und seine Ehefrau haben ein Schreiben erhalten – mit freundlichen Grüßen von einem »Freund«. Die Betreffzeile lautet: »RA Seith; BNP Berater Vogel; Eure schwarzen Konten bei Bank Sarasin in der Schweiz; Eure Fondsbeteiligung Sheridan«. Mit BNP meint der Briefautor die französische Großbank BNP Paribas, in deren Züricher Filiale Bernd Vogel seit 2012 arbeitet. Er schreibt:

> *Liebe Anita, lieber Erwin,*
> *es ist mir ein persönliches Bedürfnis, Euch darauf hinzuweisen, dass Ihr auf den falschen Berater vertraut. Zum einen habt Ihr einen RA Seith beauftragt, Euch in der o.g. Sache zu vertreten. Dieser Anwalt benutzt Euch, um sich persönlich in der Presse und alsbald im TV zu profilieren. Seine aggressive Medienstrategie wird für Euch in Kürze zum Bumerang, wenn Ihr ihm das Mandat nicht sofort öffentlich entzieht. Die Presse wird sich ansonsten in den nächsten Tagen auf die Nummern von Euren Schwarzgeldkonten in der Schweiz (hier nennt der Schreiber zwei Kontonummern) stürzen, und zumindest Erwin wird unweigerlich zum neuen »Hoeneß-Fall«.*

Der Briefschreiber gibt sich als Kenner der Materie zu erkennen. Er erklärt den Eheleuten Müller, dass ihre angeblich zwischenzeitlich abgegebene Selbstanzeige nicht vollständig gewesen sei, weshalb ihnen »bei den in Rede stehenden Summen sogar eine Gefängnisstrafe« drohe, wenn den Behörden der gesamte Sachverhalt bekannt werde. Zugleich warnt der anonyme Absender vor dem Bankberater Bernd Vogel:

> *Ihm und Herrn RA Seith und ggf. auch Euch droht überdies in Kürze ein Strafverfahren in der Schweiz wegen Datenspionage, denn die Unterlagen, die RA Seith von Euch/Vogel bekommen und dann veröffentlicht hat, sind aus der Bank Sarasin von Herrn Vogel und seinen Verbündeten entwendet worden. Ein weiterer Grund, sich schnellstmöglich und öffentlich von diesen Beratern zu distanzieren. Ihr wusstet das sicherlich bis heute nicht.*

Der Brief endet mit einer Drohung, die der Autor als »freundschaftlichen Rat« vorträgt:

> *Beendet schnellstmöglich und öffentlichkeitswirksam die Verbindung zu RA Seith und dem Berater Vogel. Sonst wird sich nicht verhindern lassen, dass die o.g. Euch betreffenden Vorgänge an die Öffentlichkeit kommen, da die Presse immer weiter bohren wird, wenn Seith so weitermacht. Dann solltet Ihr Euch einen seriösen Anwalt nehmen, der – wie bei solchen Vorgängen üblich – auf die Gegner zugeht und einen geräuschlosen Kompromiss verhandelt.*
> *Ich bitte Euch eindringlich, meinem Rat zu folgen, denn noch ist es nicht zu spät für Euch, die Weichen in die richtige Richtung zu stellen.*

Der Brief ist starker Tobak, sowohl für Talheimer und Vogel als auch für Seith. Jemand, der die Interessen der Sarasin-Bank vertritt und über Detailwissen verfügt, übt unverhohlen Druck auf den Milliardär Müller aus, damit dieser sich von Seith und dessen Helfer Vogel trennt. Man kann so einen Brief als Erpressung verstehen und sich dem Erpresser fügen. Man kann sich aber auch bestätigt fühlen, weil die Gegenseite nervös ist und sich krimineller Methoden bedient.

Obwohl er bei Sarasin nun gekündigt hat, sorgt sich Josef Talheimer wegen des anonymen Schreibens. Im Februar 2014 wird er beim Bankhaus Julius Bär beginnen. Der 17. Januar ist sein letzter Arbeitstag bei Sarasin und damit die letzte Gelegenheit, an Materialien heranzukommen. Talheimer ist sich unsicher: Soll er noch Dokumente ausdrucken, die für Eckart Seith von Interesse sein könnten? Wie hoch ist das Risiko, dabei entdeckt zu werden? Es haben ihn bereits einige Kollegen in seinem Büro aufgesucht, um sich von ihm zu verabschieden. Talheimer sitzt am Rechner. Er öffnet einige Dateien. Der Drucker steht draußen auf dem Gang. Auch hier kann er jederzeit auf Kollegen treffen. Wenn es dumm läuft, steht sogar gerade jemand dort und bekommt mit, was der Drucker gerade auswirft.

Talheimer überwindet sich und erteilt den Druckbefehl. Die Blätter kann er ungestört herausnehmen und zu den anderen legen. Doch der Stapel ist ziemlich groß. Soll er wirklich alles mitnehmen – oder besser nichts mehr riskieren? Talheimer entscheidet sich für einen Kompromiss. Einen Teil der älteren Unterlagen schreddert er, einige Dokumente steckt er ein. Noch am selben Tag fährt er in das Schwarzwalddörfchen Schramberg und zieht sich dort mit Vogel und Seith im Gourmet-Restaurant »Hirsch« zurück. Irgendwann legt er die Ausdrucke auf den Tisch. Seith ist hocherfreut.

In der Schweiz ist Staatsanwalt Peter Giger inzwischen dabei, sich an Talheimers Fersen zu heften. Während er Seiths Strafanzeige erst einmal nicht bearbeitet, geht er mit Energie einer Anzeige der Sarasin-Bank gegen Unbekannt nach, die an Heiligabend 2013 eingegangen war und unter anderem auf Sachentziehung, Diebstahl, Verletzung des Bankgeheimnisses und des Betriebsgeheimnisses lautet. Es geht der Sarasin-Bank um jene Dokumente, die Rechtsanwalt Seith in seinen Schriftsätzen verwendet hat und von denen die Bank durch die Übersendung von Giger Kenntnis bekommen hat. Derselbe Peter Giger bearbeitet nun die Anzeige, die er selbst mit ausgelöst hat. Es ist der Staatsanwalt, dem die Sarasin-Bank vertrauen kann. Während in Deutschland die Staatsanwältin Anne Brorhilker mit Hochdruck ermittelt und auch in der Schweiz Razzien plant, läuft dort für Sarasin alles wie gewünscht.

Am 9. Mai 2014 präsentiert die Bank einen vermeintlich Schuldigen: Sie reicht Strafanzeige gegen Josef Talheimer ein. Der Ex-Mitarbeiter stehe im Verdacht, Bernd Vogel mit Unterlagen zu Cum-Ex-Geschäften bedient zu haben. Die Bank lässt Talheimer inzwischen auch beschatten.

Drei Tage später trifft sich Talheimer mit Vogel und Seith erneut in Schaffhausen, erneut im Restaurant »Santa Lucia«, wo ihre Zusammenarbeit begann. Diesmal sitzt das Trio nicht im Keller, sondern leicht erhöht im hinteren Teil des Lokals. Und diesmal wird der Termin auch diskret beobachtet. Mit den Großdetekteien Kroll Associates UK Ltd. und Mark41 Ltd. hat die Sarasin-Bank gleich zwei Firmen auf Talheimer angesetzt.

Talheimer spricht über die jüngsten Entwicklungen im Fall Müller, Eckart Seith interessiert sich für weitere Dokumente. Er macht seinen beiden Helfern klar, dass die juristische Aufarbeitung von Müllers Cum-Ex-Deals noch andauert.

9

Stuttgart, 7. Dezember 2013

Eckart Seith residiert mit seiner Wirtschaftskanzlei auf der Karlshöhe in Stuttgart-Süd im zweiten Obergeschoss einer denkmalgeschützten Altbauvilla, 1885 erbaut im Stil der italienischen Renaissance. Der Rechtsanwalt ist vielseitig und wirkt sympathisch. Er ist Teilhaber eines legendären Jazz-Clubs in Stuttgart sowie Mitglied der Grünen, andererseits besitzt er einen Fuhrpark mit exquisiten Autos und vertritt einen umstrittenen Unternehmer wie Erwin Müller.

Bei unserem Treffen strahlt er Zufriedenheit aus. Vor fünf Tagen hat er im 90 Kilometer entfernten Ulm einen wichtigen Etappensieg gegen die Bank Sarasin erzielt. Sein Ziel ist es, die Schweizer Privatbank in Ulm, dem Wohnort von Erwin Müller und Firmensitz seiner Drogeriemarktkette, vor dem Landgericht auf Schadensersatz zu verklagen. Müller hatte über seine Hausbank Sarasin 50 Millionen Euro in den Luxemburger Fonds Sheridan investiert. Einer Beamtin beim Bundeszentralamt für Steuern waren die Geschäfte komisch vorgekommen und sie verweigerte die Rückerstattung der Kapitalertragssteuer, die mit Cum-Ex ergaunerten falschen Bescheinigungen abgerufen werden sollte. Statt einer zugesagten Rendite von zehn bis zwölf Prozent kam es für Inverstoren wie Müller sogar zum Totalverlust, weil ihre Einlagen weg waren. Cum-Ex-Geschäfte sind Minusgeschäfte, wenn die Auszahlung oder Anrechnung der Kapitalertragssteuer auf die erschwindelten Steuerbescheinigungen verwehrt werden. Dieses Risiko tragen meist allein die Investoren, mit deren Geld das Geschäft nicht nur durchgeführt, sondern auch abgesichert ist. Die Berater und Bank sind fein raus. Nun möchte der schwäbische Milliardär sein Geld zurück.

Zunächst musste jedoch geklärt werden, ob das Landgericht in Ulm überhaupt zuständig ist. Die Anwälte von Sarasin verneinen das, Gerichtsort sei die Schweiz, Sitz der Bank. Seith wiederum weiß, dass er in der Schweiz keine Chance hat und will den Prozess in Deutschland führen. Freimütig erzählt er, dass seine bisherigen Vorstöße in der Schweiz immer ins Leere gingen. Seine Anzeige habe nicht einmal ein Aktenzeichen bekommen. Nun hat das Landgericht Ulm in der Verhandlung durchblicken lassen, dass sich Sarasin auch in Deutschland einer Schadensersatzklage stellen muss.

Neben dem Schadensersatz für seinen Mandanten geht es Seith aber auch noch um etwas anderes: »Die Sarasin-Bank galt lange als staubtrockenes, höchst seriöses Institut. Dann hat sie angefangen, mit Kundengeldern Cum-Ex-Geschäfte zu machen.« Das sei »keine Steueroptimierung oder Steuerhinterziehung, das ist ein direkter Griff in die Staatskasse. So etwas kann nach meinem Rechtsverständnis nicht legal sein.« Müller habe keine Ahnung gehabt, dass seine Investitionen in Cum-Ex-Aktiengeschäfte flossen und die zugesagte Rendite nicht aus der Wertsteigerung der Aktien kommen sollte, sondern allein aus der Steuerkasse.

Das ist für mich schwer vorstellbar, wende ich ein.

»Viele Unternehmer leben in einer sehr arbeitsteiligen Welt. Die haben Leute, die sich um die Produktion, die Buchhaltung, die Technik kümmern. Denen vertrauen sie. Und so ist es auch beim Geld«, erwidert Seith. »Meinen Klienten wurde gesagt, es würden Ineffizienzen im Markt ausgenutzt. Das klang für viele plausibel.« Dass Cum-Ex ein Raubzug gegen die Staatskasse sei, sehe Müller auch so, versichert Seith. Daher habe er ihm freie Hand gegeben, um auch strafrechtlich gegen die Schweizer Banker vorzugehen.

Müller will nicht am Bild des rechtschaffenen Vorzeigeunternehmers kratzen lassen, der es vom Friseur zum Milliardär geschafft hat. Sein Leben wird gern als schwäbische Variante der amerikanischen Tellerwäschergeschichte verkauft. Nach den Recherchen unseres Redaktionsteams ergibt sich allerdings ein anderes Bild. In Müllers Drogeriemärkten soll ein Klima der Angst herrschen. Im Zuge unserer Erkundigungen ist uns ein Video zugespielt worden. Darauf zu sehen und zu hören ist ein

Kommissionierer im Zentrallager in Ulm, Stundenlohn damals acht Euro. Es ist ein Abschiedsvideo. »Ich bekomme keine Luft mehr«, sagt der Mann. »Ich möchte Suizid begehen.« Er hatte zu jenen Müller-Mitarbeitern gezählt, die mithilfe der Gewerkschaft einen Betriebsrat gründen wollten. Müller wehrte sich vehement und listete 20 Punkte auf, warum Betriebsräte in seinem Unternehmen nichts zu suchen hätten. »Sie haben mich alle niedergemacht. Niedergemacht«, spricht der Mann in die Kamera. »Dieser Müller, was soll ich sagen?« Er weint vor der Kamera. Zwei Tage später findet man ihn tot in seiner Wohnung. Auf einem Zettel hat er den Dateinamen mit dem Abschiedsvideo hinterlassen.

Auch Müllers Börsengeschäfte passen so gar nicht zum Bild des bodenständigen Selfmade-Milliardärs. Er spielt gern an den Finanzmärkten, schließt etwa Wetten auf Euro und türkische Lira gegen den Schweizer Franken ab. Bei einer Wette auf den Fall des Schweizer Franken und des japanischen Yen verlor er spektakulär, machte 241 Millionen Euro Verlust. Auch sonst scheut Müller kein riskantes Geschäft. Die versuchte Übernahme des Parfum-Konzerns Douglas, mit riskanten Optionspapieren und Aktien betrieben, drohte zeitweise im Desaster zu enden. Müller hatte teils offen, teils mithilfe der Sarasin-Bank verdeckt Anteile des Konkurrenten gekauft.

Müller konnte also frisches Geld gebrauchen. Da unterbreitete ihm seine Schweizer Hausbank ein Investment in einen Luxemburger Fonds mit der Aussicht auf Traumrenditen von zwölf Prozent des Anlagekapitals. Müller ist einer der größten Kunden der Bank, er hat dort Vermögenswerte von einer Milliarde Euro liegen. Kundenberater Kai Henke empfahl, 150 Millionen Euro in dem Fonds anzulegen. Das Investment sei kurzfristig, binnen weniger Monate werde es mit Verzinsung zurückgezahlt.

»Nur ein Bruchteil der Investitionen von den Anlegern wurden in die Fonds gelegt. Im Normalfall hat das gereicht, um trotzdem Traumrenditen zu erzielen«, sagt Seith. »Den Großteil des Investorengeldes haben die Berater, Banker und Anwälte als Provision und Gebühren getarnt in die eigene Tasche gesteckt. Anders als in Vertragspapieren dargelegt, hatten die Kunden das volle Risiko zu tragen. Falls die Erstattung ausfällt, lag das Risiko voll und ganz bei den Investoren.«

Kann er das beweisen?

Seith legt zwei Gutachten auf den Tisch, die ich noch nicht kenne. Sie sind von Freshfields mit Datum vom 27. März 2013, also gerade einmal acht Monate alt. Damals hatte Seith mit der Bank Kontakt aufgenommen und über eine Entschädigungszahlung für Müller verhandeln wollen. Statt zu zahlen oder sich zu vergleichen beauftragten die Neueigentümer von Sarasin die Großkanzlei Freshfields Bruckhaus Deringer LLP, die Erfolgsaussichten einer Klage von Müller zu prüfen. Die Bank stellte den Prüfern ihre gesamte Dokumentation zu Müllers Investment in den Sheridan-Fonds zur Verfügung. Die Anwälte befragten zudem Bankenmitarbeiter wie Kundenberater Kai Henke und den stellvertretenden Geschäftsführer Eric Sarasin, ob Müller über die Risiken hinreichend informierte wurde.

Die interne Untersuchung durch die Wirtschaftskanzlei ließ sich die Bank etwas kosten. Freshfields wendeten 491,8 Anwaltsstunden auf und stellten dafür 246 206,39 Euro in Rechnung. Allein 72,8 Stunden benötigten die Freshfields-Anwälte für die Interviews und die Anfertigung der Gesprächsprotokolle.

Das Ergebnis der aufwendigen Überprüfung muss für die Bankenchefs niederschmetternd gewesen sein. »Nach den Angaben von Dr. Henke haben die Bankvertreter gegenüber Herrn Erwin Müller nicht erwähnt, dass der Erwerb von Sheridan Fund Anteilen mit dem Risiko eines vollständigen Verlusts des Investments verbunden ist«, heißt es über die Befragung des Kundenbetreuers. »Dr. Henke gibt ferner an, dass er mögliche Termingeschäfte oder Cum-/Ex-Geschäfte nie erwähnt hat, aber er sich auf unterschiedliche Aktienpreise vor und nach dem Dividendenstichtag bezogen hat.«

Nicht nur Henke, sondern auch Bankenvizechef Eric Sarasin, der sich persönlich bei den Verkaufsgesprächen mit dem größten Bankkunden eingeschaltet hatte, musste gegenüber den Freshfields-Anwälten einräumen, Müller nicht ausreichend beraten zu haben: »Nach eigenen Angaben haben weder Dr. Henke noch Herr Eric Sarasin Herrn Erwin Müller gefragt, ob er das Geschäftsmodell verstanden hat.« Am Ende der Befragung räumte Eric Sarasin sogar ein, dass er davon ausgeht, »dass Herr Erwin Müller das Konzept und die Struktur des Sheridan Funds nicht verstanden hat.«

Die Aussagen sind eigentlich ein Schuldeingeständnis des Kundenbetreuers wie auch des stellvertretenden CEO, ihren größten Kunden nicht ausreichend oder gar falsch beraten zu haben. Warum vergleicht sich die Bank dann nicht mit Müller?

Seith zuckt mit den Schultern. Sarasin habe Freshfields mitten in den Vergleichsverhandlungen von dem Mandat entbunden. Stattdessen wurde mit Hengeler Mueller eine andere Großkanzlei beauftragt, die Bank vor Gericht gegen Müller zu vertreten. Seith wiederum will in den nächsten Tagen gegen Eric Sarasin, Kai Henke und Hanno Berger Strafanzeige erstatten, »wegen des Verdachts des Betruges in einem besonders schweren Fall (Schaden 50 Millionen Euro)«, steht auf dem Entwurf. Henke habe beispielsweise Berger als unabhängige Auskunftsperson und Berater präsentiert, erklärt Seith. Dabei hatte der Steueranwalt als Initiator des Sheridan Fund USPP ein eigenes wirtschaftliches Interesse, das weit über seine Vergütung für Rechtsgutachten hinausgeht. Adressiert ist die Strafanzeige an die Kölner Staatsanwältin Anne Brorhilker.

Hamburg, Anfang Februar 2014

Neben dem Fall Müller interessierte uns in der Redaktion vor allem der Fall Maschmeyer. Beide sollten in unseren Artikeln eine zentrale Rolle spielen. Dafür haben wir die Zeitleiste »CumEx 1: Maschmeyer, Sarasin, Berger« in unserer eigens für den *stern* entwickelten Recherchedatenbank »Theo« angelegt. Sie ist mittlerweile auf mehr als 300 Seiten angewachsen. Diese Zeitleiste ist ein Konzentrat von Zigtausenden von Seiten. Meine Kollegen haben in den vergangenen zwei Monaten ganze Arbeit geleistet. Neben den internen Bankunterlagen haben sie auch öffentlich zugängliche Informationen ausgewertet und eingepflegt. Wigbert Löer hat sich sogar durch den Ratgeber *Selfmade: erfolg reich leben* von Maschmeyer gequält. Eine Sammlung von Handlungsanweisungen, Lebensweisheiten und Namensprotzereien. »Obwohl ich kein monatliches Einkommen mehr habe, wächst mein Vermögen, weil ich recht geschickt investiere. Mittlerweile bitten mich immer mehr Menschen um Tipps und die Möglichkeiten, bei manchen Investitionen mitmachen zu können«, schreibt Maschmeyer in dem fast 400-Seiten-Schinken. »Nach meiner Erfahrung fährt man am besten, wenn man klassische Geldanlagen wählt, vom kurzfristigen Festgeld bis zum traditionellen, lang laufenden Investmentfonds.«

In unserer *stern*-Story werden wir Maschmeyer an seinen vollmundigen Aussagen messen. Bei den Sheridan-Fonds, in die Maschmeyer insgesamt fast 50 Millionen Euro steckte, kann von »klassischer Geldanlage« nicht die Rede sein. In einen der Fonds hatte Maschmeyer allein 40 Millionen gepumpt. Mein Kollege Uli Rauss hat für unsere Zeitleiste einen Krimi aus internen Bankunterlagen und Informationen aus öffentlichen Datenbanken und Pressearchiven geschrieben und minutiös den Ablauf der Anlagen rekonstruiert.

Die Geschichte des 40-Millionen-Geschäfts begann am 5. Oktober 2010. Sarasin-Kundenbetreuer Kai Henke war eigens nach Hannover gekommen, um Maschmeyer eine Geldanlage in den Fonds namens Sheridan Fund Irland schmackhaft zu machen. Seit zwei Wochen, seit dem 22. September 2010, besaß Maschmeyer ein Personenkonto bei der Sarasin-Bank. Die ersten fünf Millionen Euro waren eingezahlt und steckten bereits in einem Fonds auf Malta. Die Aussicht auf 23 Prozent Rendite binnen weniger Monate machten Maschmeyer gierig. Er zeigte Interesse, weit mehr Geld in den Fonds in Irland zu stecken, der wie der andere zu dem Dachfonds Sheridan in Luxemburg gehörte.

Im Dezember 2010 traf sich Henke im Hotel »Hyatt Zürich« zum Essen mit Carsten Maschmeyers älterem Sohn Marcel Jo. Der Junior war gerade aus London gekommen. Dort hatte er »Economics« studiert. Marcel Jo, damals 21, hielt Anteile an Unternehmen seines Vaters. Er stand auf schnelle Autos und Pizza von »Papa John's«. Seine Eltern lebten getrennt, seit er 14 war. Er hatte Privatschulen besucht, erst in Hannoversch Münden, dann in Nizza. Dort, an der Côte d'Azur, wohnte auch seine Mutter, Bettina Maschmeyer. Sie malte viel, dekorierte Villen.

»Dr. Carsten Maschmeyer«, so notierte Henke nach dem Termin in Zürich, wolle »den Sohn in geschäftliche Dinge einführen«. Mit der Anbahnung eines Millionengeschäfts. Henke erklärte Maschmeyer junior detailliert den »Sheridan SICAV-FIS: Global Equity Arbitrage Fund«. Ein Investmentfonds für professionelle Großanleger war das. Einer, der

Cum-Ex-Geschäfte machte. Zielmarkt sei Deutschland, die Rendite liege bei mindestens zehn Prozent. Die Bank zahle bis Herbst 2011 zurück, plus Rendite natürlich. Das Geld sollte von der Schweiz über Luxemburg nach Irland fließen. Dort würden dann weitere Fonds über zwischengeschaltete Börsenhändler Aktien deutscher Dax-Unternehmen kaufen, um sie gleich darauf wieder abzustoßen. Marcel Jo versprach, sich bald zu melden.

In einem Papier der Sarasin-Bank mit dem Titel »Übersicht Kundenbeziehung Carsten Maschmeyer« steht, was danach geschah: »Der Sohn bestätigte das Investment via SMS. Es sollten EUR 40 Mio. investiert werden.«

Eine SMS. 40 Millionen Euro. »Economics«, jenseits der Universität.

Zwei Tage vor Weihnachten ging die Summe auf Carsten Maschmeyers Sarasin-Konto mit der Nummer 6061427 ein. Nach dem Jahreswechsel floss das Geld wie besprochen zunächst weiter nach Luxemburg. Die Dinge nahmen ihren Lauf.

In seinem Ratgeber *Selfmade* schildert Maschmeyer, wie er einst mit einem guten Freund vereinbart hatte, keine Geldanlagen für ihn zu tätigen. »Die Freundschaft soll eben Freundschaft bleiben«, empfahl er seinen Lesern. Bei der Aussicht auf Spitzenrenditen nahm es Maschmeyer dann aber mit seinen eigenen Ratschlägen nicht so genau. Maschmeyer hatte ja nicht allein eigenes Geld investiert, sondern auch Geld von seiner Verlobten, seiner Ex-Frau und von einem befreundeten Bundesligatrainer. Und reichen Freunden hatte er von den Traumrenditen erzählt, so dass auch sein Medienanwalt Matthias Prinz und Multimilliardär Clemens Tönnies investierten. Tönnies führt einen der größten Schlachtkonzerne Europas, sein Vermögen wird auf Hunderte Millionen Euro geschätzt. Carsten Maschmeyer kennt Clemens Tönnies und dessen Frau Margit auch von einer Gala. In der Schlachtzentrale in Ostwestfalen setzte Maschmeyer 2009 seine Liebe zu Veronica Ferres so wirkungsvoll in Szene, dass die Zeitschrift *Bunte* darüber berichtete.

Tönnies ließ sich den Fonds »Sheridan USPP« von Henke erklären. Henke kam dafür nach Rheda-Wiedenbrück. Der Unternehmer investierte nicht als Privatperson, sondern über die Asset Immobilien GmbH & Co. KG. Diese Firma gründete Clemens Tönnies, sein Sohn und seine damals noch minderjährige Tochter waren als Gesellschafter eingetragen. Clemens Tönnies zeichnete für die Asset-Fondsanteile von 998 000 Euro. »Order des Kunden schriftlich erhalten«, vermerkte die Bank.

Der Medienanwalt Prinz investierte insgesamt fünf Millionen Euro, wie Tönnies auch in den Fonds Sheridan USPP. »Diese Anlage«, notierte Henke nach einem Beratungsgespräch mit Prinz in Hamburg, »wollte Prof. Prinz auch in seinem Depot wissen, weshalb er Kunde der Sarasin Bank geworden ist.« Die Anlagestrategie habe er dem Kunden »eingehend erläutert«.

Eine interne Arbeitsgruppe der Bank bewertete diese Anlage eindeutig: Das Modell sei »steuerlich aggressiv« und könne »Reputationsschäden« einbringen. Im Prospekt des Fonds selbst stand, dass Anlegern ohne Erstattung von Kapitalertragsteuer »erhebliche Risiken« drohten – »bis hin zum Totalverlust«.

In den Sheridan USPP hatte auch »Drogeriekönig« Müller investiert. Damit hatten sich die beiden Milliardäre Tönnies und Müller sowie der millionenschwere Medienanwalt Prinz auf einen Fonds eingelassen, der Cum-Ex-Geschäfte in Reinform betrieb und somit das Geld (Rendite) aus der Staatskasse kam. War ihnen das klar? Durch den Zeichnungsschein unterschrieb Tönnies, ein Exemplar des Verkaufsprospekts erhalten zu haben und die Risiken zu kennen.

Neben Müller, Maschmeyer und seinen Freunden findet sich in unserer 300 Seiten langen Zeitleiste auch eine Auflistung aller Investoren und Informationen zu deren Hintergrund. Überwiegend handelt es sich um Superreiche sowie eine Reihe von Briefkastenfirmen, bei denen es uns in den seltensten Fällen gelungen ist, die wahren Eigentümer herauszufinden. Unter den Anlegern taucht lediglich eine klassische Lieschen-Müller-Kundin auf, eine pensionierte Hauswirtschafts- oder Berufsschullehrerin aus dem österreichischen Feldkirch. Sie hatte eine Million Euro von ihrem Vater geerbt, einem Arzt, und das Geld wie Müller, Tönnies und Prinz in der Sherdian USPP angelegt. Mit demselben Ergebnis: Totalverlust.

Andreas Mönnich, stellvertretender Leiter des Investigativ-Teams, hat für die Zeitleiste ein Glossar erstellt mit Erklärungen zu Begriffen wie Leerverkäufe, Leverage, SWAP oder Kapitalertragssteuer. Daneben hat er alle persönlichen Daten zu Kai Henke zusammengesucht, seine komplette Bankenkarriere recherchiert, sogar seine Promotion an der Universität St. Gallen besorgt. Henke, Jahrgang 1967, hat sowohl die deutsche wie auch Schweizer Staatsbürgerschaft. Er studierte Jura und BWL und arbeitete für den Beratungskonzern Boston Consulting, bevor er zur Sarasin-Bank kam. In dem München-Ableger, der Sarasin-Wertpapierhandelsbank, bekleidet Henke zu dieser Zeit die Position des Vorstandsvorsitzenden. Parallel dazu leitet er das Privatkundengeschäft in Deutschland. In Branchenblättern posiert er auf Fotos mit Kollegen und reichen Kunden, spielt Golf und trägt den schmucken Titel eines »Hamburg Ambassadors«. Damit zählte er zu einer Gruppe von Menschen, die ehrenamtlich auf der ganzen Welt, wie *Bild* einmal berichtete, »die Werbetrommel für Michel und Hafen« rühren. Die »Außenminister« seien »keine einfachen Klinkenputzer. Sie sind Türöffner für ausländische Firmen, die in der Hansestadt investieren wollen«. Für Henke auch eine willkommene Plattform für die Akquise von reichen Bankkunden.

Den Kollegenrecherchen kann man auch entnehmen, dass Henke in einem Flachdachgebäude in Küstnach wohnt, an der teuren »Goldküste« des Zürichsees, wo man abends lange Sonnenschein hat. Dort lässt er gerade aufwendig sein Bad renovieren, wie aus einer Internetwerbung der Baufirma hervorgeht, wodurch wir erst auf seinen Wohnort gestoßen sind.

Die Lektüre der Zeitleiste fördert noch ganz andere Überraschungen zutage: Wolfgang Kubicki etwa. Der FDP-Chef im Landtag von Schleswig-Holstein, Dauergast in Talkshows, profitiert mittelbar von Cum-Ex-Geschäften: Er vertritt Hanno Berger als Strafverteidiger. In einem Schriftsatz an die Generalstaatsanwaltschaft Frankfurt, die gegen seinen Mandanten ermittelt, schreibt er, dass die Steuerrückerstattungen durch die dubiosen Aktiengeschäfte rechtens seien. Eine beachtliche 180-Grad-Wendung des Politikers. Als die Cum-Ex-Geschäfte der HSH Nordbank, der Landesbank für Hamburg und Schleswig-Holstein, 2013 aufflogen, wetterte Kubicki: »Die Berichte über die Aktiengeschäfte der HSH Nordbank dokumentieren Ungeheuerliches: Die beschriebenen Geschäfte erfüllen ohne jeden Zweifel den objektiven und subjektiven Tatbestand der Steuerhinterziehung. Das muss jedem klar sein! Das wäre so, als würde der einfache ehrliche Steuerzahler künftig Erstattungen für Steuern beanspruchen, die zuvor gar nicht gezahlt wurden. Eine Bank, die für sich behauptet, ihr sei die Tragweite dieser Geschäfte nicht klar gewesen, muss sich fragen lassen, ob sie überhaupt geschäftsfähig ist.«

Zwei andere Einträge in unserer Zeitleiste beschäftigen sich mit den Edelkunden der Sarasin-Bank, darunter erneut dem »Drogeriekönig« Müller. Bevor Kundenberater Henke ihm mithilfe von Eric Sarasin und Hanno Berger das 50-Millionen-Investment in den Sheridan USPP aufschwatzte, hatte er ihm zwei andere Investments untergejubelt. Seltsamerweise zwei Fonds, die nicht von Sarasin vertrieben werden, sondern von zwei Privatbanken in Hamburg. Ende März 2010 legte Henke Müller binnen einer Woche zwei Zeichnungsscheine und Fondsprospekte vor. Es handelte sich zum einen um den Caerus II Equity Fund, angeboten von der Varengold Bank, einem kleinen privaten Geldinstitut am Hamburger Fischmarkt, die auch im weiteren Verlauf noch eine Rolle spielen wird. Zum anderen um den BC German Hedge Fund, den die Warburg-Bank in Hamburg vertrieb, Deutschlands größte inhabergeführte Privatbank. Beide Fonds haben eins gemein: Wie die von Sarasin vertriebenen Sheridan-Fonds wurden sie nur für Cum-Ex-Aktiengeschäfte konstruiert. Warum bot Henke dem größten Kunden der Sarasin-Bank zwei Fonds anderer Privatbanken an?

»Ganz einfach«, erklärt mir ein Insider. Es sei nicht unüblich, dass eine Privatbank Produkte, die sie selbst nicht aufsetzen könne, von anderen Banken einkaufe und einem Kunden anbiete. Diese Anteile werden dann in das Depot des Kunden bei Sarasin eingebucht. Dafür kassiere Sarasin eine Provision, habe ihrem Kunden zu Geld verholfen und ihn trotzdem nicht an die Konkurrenz verloren.

Müller investierte jeweils 50 Millionen Euro in die beiden Fonds der Hamburger Privatbanken. Und weil die Laufzeiten der Geldanlagen endeten, bevor die Gesetzesänderung Anfang 2012 die Cum-Ex-Geschäfte weitgehend stoppte, machte er binnen weniger Monate kräftig Kasse. Er bekam sein 100-Millionen-Investment zurück sowie zwölf Millionen Euro Rendite.

Bei der Durchsicht unserer Rechercheergebnisse schält sich ein Muster heraus: Egal ob Müller, Maschmeyer oder sonst ein Anleger – es ist die Gier, die Aussicht auf Spitzenrenditen, die sie in Aktiengeschäfte investieren ließ, die nur den Zweck verfolgen, die Steuerkasse zu plündern. Seit die Cum-Ex-Geschäfte nicht mehr so einfach möglich sind, beginnt das Hauen und Stechen. Die Fonds verklagen Finanzämter und das Bundeszentralamt für Steuer auf Auszahlung von Kapitalertragssteuern, die sie gar nicht entrichtet haben. Die Kunden verklagen ihre Banken, weil sie nicht nur keine Gewinne gemacht, sondern auch noch ihre Einlagen in den Steuerraubzug verloren haben. Und die Banken verklagen Berater wie Hanno Berger, die ihnen die einst so lukrativen Geschäfte andienten.

Ich nehme die Zeitleiste und einen Aktenordner mit den zentralen Dokumenten und setze mich mit unserer Hausjuristin Kirsten von Hutten zusammen. Schon vor Jahren habe ich es mir zur Gewohnheit gemacht, dass ich erst mit ihr über unsere Recherchen spreche, bevor ich damit zur Chefredaktion gehe. Mitunter muss ich sie sogar von unterwegs mitten in der Nacht anrufen, um die nächsten Schritte bei einem Informantentreffen mit ihr juristisch abzustimmen. Was darf ich? Wie weit darf ich gehen? Wo ist die rote Linie?

Das deutsche Presserecht ist kompliziert, vorsichtig ausgedrückt. Es geht nicht nur um richtig oder falsch. Dass die Fakten stimmen müssen, ist eine Selbstverständlichkeit. Und sie müssen belegbar sein. Im Falle von Klagen müssen wir beweisen können, dass Maschmeyer und Müller in fragwürdige Aktiengeschäfte investiert haben. Das ist nicht das Problem, die Dokumente liegen uns haufenweise vor. Jetzt geht es um die Frage, dürfen wir über Maschmeyers und Müllers Investments namentlich berichten? Oder verstößt das gegen den Schutz der Privatsphäre? Das Persönlichkeitsrecht geht sehr weit.

Unter dem Gesichtspunkt gehe ich mit Kirsten von Hutten unsere aktuellen Recherchen durch. Darf man über die privaten Geldgeschäfte von Prominenten und reichen Unternehmern berichten? Darf man auch die Banker und Berater wie etwa Kai Henke beim Namen nennen? Da über Henke als Vorstandsvorsitzender des Deutschland-Ablegers der Sarasin-Bank schon öfter in Wort und Bild berichtet wurde und er sich selbst öffentlich auch geäußert hat, gilt er als eine »Person des öffentlichen Lebens«, was sich auf das Recht auf Schutz der Privatsphäre, das Recht am eigenen Bild und die Zulässigkeit von Äußerungen in Berichterstattungen zu unseren Gunsten auswirkt.

Es ist mühsam. Aber es hilft nichts. Wir müssen jeden einzelnen Protagonisten unserer geplanten Geschichte unter diesem Aspekt überprüfen. Unser Ehrgeiz im Investigativ-Team ist es, die Herrschaften auch beim Namen zu nennen, deren fragwürdige Machenschaften wir aufzeigen. Ich bin der festen Überzeugung, dass man Cum-Ex nicht nur abstrakt beschreiben darf, sondern konkret an den Personen festmachen muss, die an dem Steuerraubzug mitwirken und von ihm profitieren. Dass dieser riesige Steuerskandal bislang nicht die gebührende Aufmerksamkeit bekommen hat, liegt offenbar auch daran, dass sich kaum jemand wagt, Ross und Reiter zu nennen. Außer in dem Artikel »Brand im Casino« aus dem Fachblatt *jUVE* war mir bislang bei all der Berichterstattung keine Veröffentlichung untergekommen, in der die Beteiligten beim Namen genannt wurden.

Kirsten von Hutten macht mich noch auf eine weitere juristische Hürde aufmerksam. Rechtzeitig vor der Veröffentlichung müssen wir den Protagonisten die Möglichkeit zur Stellungnahme geben. Dafür erhalten sie von uns einen Fragenkatalog, aus dem sie natürlich Rückschlüsse ziehen können, was wir wissen und worüber wir berichten wollen. Theoretisch könnten sie an Eides statt versichern, dass sie keine Cum-Ex-Geschäfte getätigt haben und damit vor unserer Veröffentlichung zu Gericht gehen und eine einstweilige Verfügung erwirken. Wir würden dann die Mitteilung bekommen, unter Androhung einer meist hohen Geldstrafe über diesen Sachverhalt »einstweilig« nicht berichten zu dürfen.

Falls der *stern* bereits gedruckt und gar ausgeliefert wäre, müssten nun alle Hefte zurückgeholt werden. Der *stern* würde nicht erscheinen. Ein Albtraum – mit gigantischen finanziellen Konsequenzen. Erst in einem Hauptsacheverfahren, dass üblicherweise erst Monate später stattfindet, könnten wir unsere Belege für die gestoppte Berichterstattung vorlegen und darauf hoffen, dass der Richter die einstweilige Verfügung aufhebt. Der finanzielle Schaden wäre aber bereits immens. Theoretisch könnte der *stern* dann auf Schadensersatz klagen. Eine Verurteilung könnten sich Milliardäre wie Maschmeyer oder Müller jedoch leisten. Es ist manchmal auch eine Frage des Geldes, ob man unliebsame Berichterstattung verhindern kann.

Um das Risiko einer »einstweiligen Verfügung« vor der Veröffentlichung zu minimieren, will Kirsten von Hutten bei Gerichten eine Schutzschrift hinterlegen. In der Schrift führen wir aus, was wir berichten wollen, und legen Dokumente als Beweise bei. Ziel der Schutzschrift ist es, dass der Richter nicht einfach eine Verbotsverfügung erlässt, ohne uns vorher anzuhören, und wir deutlich machen können, dass unsere geplante Berichterstattung mit Beweisen unterfüttert und presserechtlich in Ordnung ist.

Der Aufwand für eine Schutzschrift ist immens. Für einen externen Anwalt, der damit beauftragt wird, müssen wir einen Entwurf erarbeiten mit allen juristisch heiklen Punkten und die entscheidenden Dokumente zusammenstellen. Von der Schutzschrift und den Anlagen müssen mehrere Kopien erstellt und bei verschiedenen Gerichten hinterlegt werden. Der Grund: In Deutschland haben wir »fliegenden Gerichtsstand«. Alle Orte, an denen der *stern* verkauft wird, werden als Tatorte betrachtet, so dass sich die Medienanwälte von Maschmeyer oder Müller das Gericht aussuchen können, wo sie eine »einstweilige Verfügung« beantragen. Oft sind es die Pressekammern in Köln oder Hamburg, wo die Richter berühmt dafür sind, das individuelle Persönlichkeitsrecht besonders weit auszulegen und das öffentliche Informationsrecht eher nicht so hoch einzuschätzen.

Nachdem die juristischen Hürden mit Kirsten von Hutten besprochen sind, müssen wir »nur« noch einen knackigen Text schreiben und die Chefredaktion von unserer Story überzeugen. Am 11. Februar 2014 tippe ich ein Exposé. »Zuungunsten des Steuerzahlers – wie der Milliardär Carsten Maschmeyer und seine Freunde Opfer ihrer eigenen Gier wurden«, lautet der etwas sperrige Arbeitstitel. Wir wollen darin nicht nur die Rolle der Investoren als mögliche »betrogene Betrüger« beleuchten, sondern auch die Cum-Ex-Machenschaften der Finanzindustrie aufzeigen, am Beispiel der Sarasin-Bank und von Hanno Berger. Dafür schlage ich in dem Exposé eine Folgegeschichte vor mit dem Arbeitstitel: »Der Zwölf-Milliarden-Raub«.

Tagelang höre ich nichts aus der Chefredaktion. Als ich schließlich einen Termin bekomme, falle ich fast vom Stuhl. Sie offenbaren mir, dass parallel noch an einer anderen Geschichte gearbeitet wird. Eine Kollegin sitzt an einem Portrait über Veronica Ferres und hat sich dafür mit der Schauspielerin und ihrem Verlobten Maschmeyer schon mehrmals getroffen. Weitere Treffen sind geplant. Als ich den Chefs vor Augen führe, wie kompliziert und aufwendig nicht nur unsere Recherche war, sondern auch die juristische Situation ist, versichern sie mir, dass niemand im Haus von unserem Projekt etwas erfährt. Ich vermute: Erst soll diese Story ins Blatt gebracht werden, unsere Veröffentlichung muss warten. »Wir planen für eure Geschichte Heft 13«, sagt Dominik Wichmann, seit neun Monaten Chefredakteur des *stern*. Bis dahin sind es fast noch vier Wochen, in denen alles mögliche passieren kann. Vielleicht sickert sogar an die Konkurrenz durch, dass nicht nur »Drogeriekönig« Müller, sondern auch Finanzjongleur Maschmeyer in Cum-Ex-Geschäfte investierte. Ich will gerade protestieren, als Wichmann mich zum Schweigen bringt: »Wir machen das als Titelgeschichte!«

Die Euphorie im Team ist groß. Meistens holen wir zum Aufschreiben unserer Recherchen noch jemanden aus der Riege der Autoren hinzu. Der- oder diejenige bekäme neben einer ausführlichen Einweisung die Zeitleiste präsentiert, die Quintessenz unserer sechsmonatigen Recherche: sämtliche Informationen, Fakten und Beschreibungen sowie Zitate und Szenen, nahezu jedes Detail, versehen mit einer Fußnote, so dass der Autor auf einen Blick die Wertigkeit der Quelle beurteilen kann.

Diese strikte Trennung zwischen Autor und Rechercheur ist im US-amerikanischen Journalismus an der Tagesordnung und oft auch sinnvoll. Wer sich in komplizierte Themen wie Cum-Ex einarbeitet und monatelang in Unterlagen wühlt, ist notgedrungen sehr im Detail verhaftet und tut sich schwer, all sein Wissen auf einen Artikel zu reduzieren. Viele spannende Anekdoten und Fakten werden wir nicht unterbekommen, das ist uns bewusst. Selbst bei einer Titelstory ist der Platz begrenzt. In unserem konkreten Fall lautet die Aufgabe, mehr als 300 Seiten Text mit etwa 900 000 Zeichen auf einen Artikel mit 20 000 Zeichen zu reduzieren. Hinzu kommt: Selten sind gute Rechercheure auch gute Schreiber, und umgekehrt. Wenige können beides auf gleich hohem Niveau. Einer davon ist Uli Rauss. Er schreibt die erste Fassung. Dann übernimmt Wigbert Löer. Als früherer Sportreporter ist er es gewohnt, unter extremem Zeitdruck Textqualität zu liefern. Und gegen Ende hin wird es erfahrungsgemäß immer hektisch. Wenn kurz vor Redaktionsschluss der Text geändert werden muss, weil den Faktenprüfern noch eine Unstimmigkeit aufgefallen ist oder Mahnschreiben von Anwälten als Antwort auf unsere Bitten zur Stellungnahme eintrudeln.

Uli Rauss nennt seine Masterdatei »Maschsee«, angelehnt an den künstlich angelegten See nahe dem Stadtzentrum von Hannover. Dort befindet sich das Fußballstadion von Hannover 96, den Carsten Maschmeyer Jahre lang sponserte und in der VIP-Lounge gern Freundschaft mit Kungelei verband, die »Maschsee-Connection«.

Wir haben uns entschlossen, die Cum-Ex-Geschichte an Maschmeyer entlang zu erzählen. Der Milliardär ging dabei genauso skrupellos vor, wie die Deutschen es von ihm kennen. Verzweifelt kämpften frühere Kunden seines Finanzvertriebs AWD darum, wenigstens etwas von ihren Ersparnissen wieder zurückzubekommen. Von dem Mann, der einen stattlichen Teil dieser Ersparnisse kassierte, bekamen sie – nichts.

Maschmeyer weiß um dieses hässliche Image, und seit einigen Jahren arbeitet er hartnäckig daran, es zu übertünchen. Seriös, großzügig und in bester Gesellschaft – so präsentiert er sich in der Öffentlichkeit. Bei einer Fernsehgala für »Ein Herz für Kinder« spendete er großzügig zur besten Sendezeit eine Million Euro, um dann seinen Junior sechs Tage später 40 Millionen in einen Cum-Ex-Fonds investieren zu lassen.

Maschmeyer verbreitet, dass er mit der Bundesministerin Ursula von der Leyen befreundet sei und Prominente aus Politik, Sport und Kultur kenne. Er lässt sich von seiner Verlobten Veronika Ferres in der Presse als den »seriösesten Mann« loben, den sie »je kennengelernt« habe. Auch seinen Ehrendoktortitel, den er sich mit einigen Hunderttausend Euro an der Universität Hildesheim erspendete, setzt Maschmeyer ein und unterschreibt zuweilen als »Dr. Carsten Maschmeyer«. Und er erklärt, er »liebe den deutschen Mittelstand«. Ehrlich soll das klingen, bodenständig.

Der Mann, der still und heimlich von seinem Schweizer Konto aus etliche Millionen nach Malta, Luxemburg und Irland in dubiose Fonds leiten ließ, nutzte sogar die Debatte über den Steuersünder Uli Hoeneß, um sich in ein gutes Licht zu rücken. »Das Wichtigste ist ein sorgloser Schlaf«, sagte er dem *Spiegel*. »Und wenn es morgens an der Haustür klingelt, sollen es nette Nachbarn sein, keine Steuerfahnder mit Pappkartons. Ich kann wirklich beruhigt einschlafen.«

Der zweite Teil unserer Story befasst sich mit dem Ende der Millionen-Sause. Seit Finanzminister Wolfgang Schäuble Anfang 2012 stoppen ließ, was in seinen Augen Betrug war, ermitteln Staatsanwälte und Steuerfahnder, ob es bei Cum-Ex-Geschäften illegale Absprachen gab oder Steuern im großen Stil hinterzogen wurden. Es kam auch zu Razzien bei der Sarasin-Filiale in Frankfurt am Main. Der deutsche Fiskus zahlte jedenfalls seit Schäubles Stopp 2012 kein Geld mehr aus. Banken wie das Geldhaus Sarasin reichten das Problem an ihre Kunden weiter. Sie verweigerten die Rendite und die Rückzahlung der verlorenen Millioneneinlagen.

Genau die beschäftigte Maschmeyer jetzt, im Frühsommer 2012. Die Investitionssumme von 40 Millionen selbst schien nicht mehr sicher zu sein. Maschmeyer wollte daher zügig aussteigen. Er forderte die Einlage zurück. Doch die Bank spielte auf Zeit. Das Geld aus der Staatskasse hatte er auch noch nicht aufgegeben. Für den Fall, dass der deutsche Fiskus eines Tages doch zahlen würde, sorgte Maschmeyer vor und ließ sich von der Bank bestätigen, »dass ich die entsprechenden Anteile aus den erwarteten Steuererstattungen erhalte, sobald diese eingehen«.

Maschmeyer wandte sich bekanntlich höflich an Eric Sarasin. »Lieber Eric«, schrieb Maschmeyer die Anrede per Hand, »sei versichert, dass sich an der großen Sympathie und Wertschätzung Dir gegenüber (...) nichts ändern wird.« Zunächst kam auch Geld zurück, viel Geld. Zwei frühere Geldanlagen, deren Laufzeiten vor dem Stopp durch Schäuble geendet hatten, brachten Maschmeyer üppige Gewinne: Zum einen handelte es sich um jene fünf Millionen Euro, die er frühzeitig in den Malta-Fonds gesteckt hatte und die nun eine traumhafte Rendite von 23 Prozent erzielten. Zum anderen ging es um eine zweite Investition von weiteren zehn Millionen Euro, die Maschmeyer über das Konto der MM Familien KG ebenfalls in den Fonds gesteckt hatte. Sie brachten ihm immerhin eine Verzinsung von 8,9 Prozent. Hier hatten die Geschäfte also noch funktioniert.

Aber der Sheridan-Fonds mit dem Investment von 40 Millionen Euro bereitete Probleme, und in dem Fonds steckte auch das Geld von Freund,

Freundin und Ex-Frau. Im Oktober 2012 überwies die Bank zumindest 53 Prozent der Einlage. Von Gewinnen und Rendite sprach niemand mehr. Von 40 fehlten jetzt noch 18,8 Millionen. Am 17. Dezember 2012 um 15:15 Uhr trafen sich Carsten Maschmeyer und sein Filius Marcel dazu in der Sarasin-Bank in Zürich mit Kundenberater Kai Henke. Was sich bei dem Termin abspielte, können wir anhand zweier unterschiedlicher Schriftstücke rekonstruieren. Maschmeyer beschreibt die Ereignisse in einem Brief an Eric Sarasin, Henke verfasste einen »Contact Client Report«.

Es kam zur Eskalation. Henke formuliert mit der Zurückhaltung eines Bankers, aber unzweideutig: Maschmeyer habe ihn »direkt in äusserst aggressiver Art« bedroht. Maschmeyer selbst stellt es so dar: Er habe sich von Henke provoziert und nicht ernstgenommen gefühlt. Henke habe sogar »Verständnis« dafür geäußert, wenn er »rechtliche Schritte« gegen die Bank ergreife. Ob Maschmeyer das wirklich im Sinn hatte? Ein Prozess brächte ja Öffentlichkeit. Und er würde dabei nicht gerade als wohltätiger Spender glänzen können.

Maschmeyer hielt Henke nun vor, die Sarasin-Bank habe Verluste von Anfang an ausgeschlossen. 98 Prozent der 40 Millionen seien ihm garantiert worden. Außerdem warteten ja auch noch andere von ihm geschickte Kunden auf ihr Geld. Henke ging darauf nicht weiter ein. Maschmeyer versuchte es auf andere Art. »Der Kunde drohte damit, dass der Kunde Prinz, welcher vom Kunden eingeführt wurde, als Medienanwalt rechtliche und mediale Schritte planen würde«, vermerkte Henke. Doch der Banker blieb auch bei dieser Drohung gelassen. Berichte über Maschmeyer-Millionen in Cum-Ex-Geschäften konnte der Deutsche selbst ja am allerwenigsten gebrauchen.

Am nächsten Tag beschwerte sich Carsten Maschmeyer in dem Brief an seinen »Freund« Eric Sarasin über Henke und die ganze verfahrene Situation. Ein paar Tage später war Weihnachten. Im Januar 2013 erfuhr Maschmeyer, dass sein Auftritt in Zürich nichts gebracht hatte. Im Gegenteil, Eric Sarasin sprach jetzt Klartext. Nicht einmal für das vertraute Du reichte es mehr. »Zu keiner Zeit und in keiner Art und Weise wurde von der Bank Sarasin eine Garantie in der Höhe von 98 Prozent Ihrer Investitionen« gegeben, schrieb der Bank-Vorstand. Außerdem, machte Sarasin deutlich, seien Maschmeyer und sein Sohn »über die Anlagestrategie und die Risiken aufgeklärt worden«. Sarasin stellte eine kleine Rückzahlung von drei Millionen Euro »in Aussicht«. Und er fügte hinzu: »Wie Sie als Unternehmer, Berater und Finanzinvestor wissen, sind mit solchen Anlageformen generell Gefahren und Risiken verbunden.« Carsten Maschmeyer, millionenschwerer Unternehmer und Bestsellerautor, musste sich wie ein Anfänger belehren lassen. Frühere AWD-Kunden, die ihr Erspartes verloren haben, dürften solche Sätze kennen.

Ende März 2013 fragte Maschmeyer per E-Mail bei Eric Sarasin nach, wie es um sein Geld stehe. Er wolle »die Sache endgültig ›geheilt‹« wissen. Maschmeyer versuchte es erneut auf die nette Art, grüßte »auch von Veronica und Mirko« und wünschte schöne Ostern. Sarasin weilte jedoch in London und konnte sich nicht kümmern. Die Grüße von Ferres und Slomka erwiderte er.

Maschmeyer beließ es nicht bei einer freundlichen E-Mail, er heuerte zwei Bonner Steueranwälte an. Sie handelten ebenso im Auftrag von Matthias Prinz und loteten aus, ob die Cum-Ex-Geschäfte der Sheridan-Fonds ihren Klienten strafrechtlich gefährlich werden könnten. Dem Schreiben der Anwälte an die Sarasin-Bank ist bereits eine Verteidigungsstrategie zu entnehmen: Sie versuchten darzulegen, dass Maschmeyer und Prinz von Cum-Ex-Geschäften mit ihren Millionen nichts gewusst hätten. Eine interessante These war das, schon für den renommierten Juristen Matthias Prinz, vor allem aber für den Finanzguru Carsten Maschmeyer. Ausgerechnet er sollte etliche Millionen investiert haben, ohne den Deal zu begreifen?

Die Anwälte schickten im April 2013 einen Brief an Maschmeyer, der diesen in bestem Finanzdeutsch beruhigen sollte. Sie hätten »keine Anhaltspunkte« gefunden, dass der gezeichnete Fonds »missbräuchliche Absprachen« bei den Aktienkäufen getroffen hat. Sie machten Maschmeyer Mut – auch das Geld der deutschen Steuerzahler sei noch nicht verloren: Die Finanzverwaltung habe keinen Grund »zur Versagung der beantragten Kapitalertragsteuererstattung«. Anhaltspunkte für eine »strafrechtliche Vorwerfbarkeitsthematik« habe man nicht gefunden.

Aber das erhoffte Geld kam nicht. Anders als Milliardär Erwin Müller zog es Maschmeyer wie die meisten anderen Investoren vor, nicht zu klagen und die Sache diskret zu lösen. Maschmeyer machte der Bank ein

Angebot, das Eric Sarasin für den Vorstand so zusammenfasste: »Wenn wir die Sache gütlich lösen, kann er uns versichern, dass er uns neue Kunden bringen werde.«

Hamburg, 3. März 2014

Es sind noch zwei Wochen bis zum Redaktionsschluss. Ich schicke die erste Fassung unseres Textes in die Runde: Chefredaktion, Textchef, Juristin und Faktenchecker wollen bei so einer brisanten Geschichte den Text frühzeitig auf dem Tisch haben. Und es ist in meinem Interesse, die entscheidenden Punkte früh zu klären. In der Vorwoche des anvisierten Erscheinungstermins bin ich in den USA. Das ist alles andere als optimal, lässt sich jedoch nicht ändern. Ich überlege, den *stern* zu verlassen. Es ist nicht so, dass ich unzufrieden wäre. Ganz im Gegenteil, ich habe dort einst mit viel Einsatz und Überzeugungsarbeit eines der ersten Investigativ-Ressorts in Deutschland gründen können, und die Zusammenarbeit im Team war von Anfang an etwas Besonderes. Aber mir schwebt mit anderen Kollegen ein anders geartetes Projekt vor, etwas für die deutsche Medienlandschaft völlig Neues: David Schraven, der Investigativ-Chef der *Westdeutschen Allgemeinen Zeitung (WAZ),* und ich wollen nach Vorbild der US-amerikanischen Non-Profit-Redaktion *ProPublica* in Deutschland ein gemeinsames Recherchezentrum für investigativen Journalismus gründen und deshalb in New York die Redaktion besuchen. Die Gemeinnützigkeit haben wir dank Davids Cleverness schon in der Tasche, einen Namen haben wir dank meiner Frau auch schon: *Correctiv.*

Bis zum Abflug gibt es noch einiges zu tun. Wir müssen die Fragenkataloge erstellen, die vier Tage vor Redaktionsschluss an alle Personen verschickt werden, die im Zusammenhang mit den Cum-Ex-Geschäften in unserer Story vorkommen. Außerdem müssen wir das Material für die Schutzschriften zusammenstellen. Dabei ist für jede »kritische« Person in unserer Geschichte ein individueller Schriftsatz nötig, ergänzt mit einer Reihe von Dokumenten, die unsere vorgesehenen Aussagen zur Person untermauern. Der *stern* recherchiere »derzeit zum Ausmaß sogenannter Cum-Ex-Geschäfte bei möglichen deutschen Anlegern«, heißt es eingangs noch gleichlautend. »Wer sich auf solche Anlagemodelle einlässt, bewegt sich rechtlich bewusst im Grenzbereich zur Steuerhinterziehung. (…) Was das Informationsinteresse der Öffentlichkeit angeht, sind diese Fälle nicht anders zu behandeln als die Fälle prominenter Steuerhinterzieher, über die gerade in jüngster Vergangenheit vermehrt berichtet werden musste.«

Erst nach der Hinterlegung von Schutzschriften bei den Landgerichten in Hamburg, Berlin, Frankfurt, Köln und München verschickten wir unsere Fragenkataloge.

New York, 13. März 2014

Als ich vor dem Frühstück meine E-Mails checke, kann ich es zunächst nicht fassen. Um 9:54 Uhr deutscher Zeit hat Wigbert Löer unter der Betreffzeile »Problem Henke« an unser Cum-Ex-Rechercheteam geschrieben und die Juristin in Cc gesetzt: »Guten Morgen, weil noch nicht genug große Player am Start sind, kommt jetzt Henke auch noch mit Höcker.« Als ich die E-Mail weiter herunterscrolle, finde ich das Schreiben von Ralf Höcker, einem der trickreichsten und aggressivsten Medienanwälte der Republik: »Ich bedanke mich für das Gespräch und zeige noch einmal an, dass ich Herrn Kai Henke in presserechtlichen Angelegenheiten anwaltlich berate und vertrete«, schreibt er an das Wirtschaftsressort, das die E-Mail an uns weitergeleitet hat. »Nach unserer Kenntnis recherchieren Sie an einer Geschichte zum Themenkomplex Bankhaus Sarasin/Müller. Mein Mandant war im für Sie relevanten Zeitraum bei Sarasin beschäftigt und befürchtet nun, dass er in Ihrer Geschichte in erkennbarer Weise (sei es namentlich, im Bild oder durch eine eindeutig identifizierbare Beschreibung seiner Person oder Funktion) dargestellt werden könnte.«

Es folgen die üblichen Drohungen und die wenig plausible Erklärung, Henke sei keine Person der Öffentlichkeit. Er »war als Kundenbetreuer im Unternehmen Sarasin auf der fünften (!) Hierarchieebene tätig«, und deshalb dürfe nicht identifizierbar über ihn berichtet werden.

Mehr als die Drohungen beschäftigt mich die Frage, woher Henke weiß, dass wir eine Veröffentlichung planen, in der es auch um das Bankhaus Sarasin und ihn als Kundenberater geht. Keiner von uns hat bislang das Geldhaus oder gar Henke kontaktiert. Haben wir im *stern* eine undichte Stelle?

Uli Rauss informiert uns außerdem, dass Anwalt Höcker gegenüber einem Kollegen im Wirtschaftsressort gesagt habe, Henke sei bereit zu reden. »Wenn Henke tatsächlich redet, und zwar zu unserem Thema, müssen wir das ernsthaft in Erwägung ziehen.«

Kaum dass ich den Mailverkehr gelesen habe, klingelt mein Handy. Uli Rauss ist dran. Er hat schon versucht, Höcker zu erreichen. Ich schärfe ihm ein, vorsichtig zu sein. Mich beunruhigt, dass Henke von unseren Recherchen Wind bekommen und gleich einen berüchtigten Medienanwalt eingeschaltet hat. Uli versucht noch zwei weitere Male Höcker zu erreichen. Vergebens. Abends gehen die Schutzschriften raus. Ich bin etwas beruhigter.

Hamburg/New York, 14. März 2014

10:16 Uhr: Uli Rauss schickt Kai Henke eine E-Mail an dessen persönliche Adresse. Als von dort eine Fehlermeldung zurückkommt, schickt Rauss das Schreiben an die allgemeine E-Mail-Adresse der Kanzlei Flossbach von Storch AG, wo Henke ja inzwischen als Geschäftsführer für den Standort Zürich arbeitet: »Nach unserer Kenntnis sind Sie an einem Gespräch mit uns interessiert. Da Prof. Höcker sich nicht meldet, bieten wir Ihnen auf diesem Wege ein Treffen an. Aus redaktionellen Gründen müsste dieses jedoch bis spätestens Sonntag, 16. März 2014, stattfinden. Bitte lassen Sie uns ggf. die notwendigen Details erörtern. (…) Sollten wir rechtzeitig nichts von Ihnen hören, wünschen wir Ihnen für die Zukunft viel Glück.«

10:20 Uhr: Alarm in der Flossbach-von-Storch-Zentrale. Ein Kanzleikollege leitet die E-Mail an Henke weiter: »Hallo Kai, kennst Du die Herren Prof. Höcker und Rauss? Weiteres Vorgehen?«

10:38 Uhr: Henke fackelt nicht lange, schreibt sofort seinem Medienanwalt Höcker: »Bitte rufen Sie mich an. Gruß Kai Henke«.

11:39 Uhr: Nachdem die Anrufe vergebens waren, meldet sich Uli Rauss per E-Mail bei Höcker: Er bedankt sich für die E-Mail an das Wirtschaftsressort, signalisiert Interesse an einem Gespräch und bittet um Rückruf.

12:01 Uhr: Im Minutentakt verschickt Wigbert Löer von unserem Teamaccount die Fragenkataloge. Zuerst an Veronica Ferres, dann an die Ex-Frau von Maschmeyer. Anschließend an Slomka, Prinz und Tönnies. Zuletzt an unsere Hauptfigur: »Sehr geehrter Herr Maschmeyer, der *stern* recherchiert sogenannte Cum-Ex-Geschäfte über die Sarasin-Bank. Nach uns vorliegenden Informationen wurde über ein Konto von Ihnen bei der Sarasin-Bank auch Geld in Sheridan-Fonds investiert. Die Fonds betrieben sogenannte Cum-Ex-Geschäfte.«

Es folgen zwölf Fragen. Daraus kann Maschmeyer ablesen, dass wir über interne Unterlagen verfügen. Plumpes Abstreiten geht also nicht. Es wird um Beantwortung gebeten, bis Sonntag 17 Uhr. Als Ansprechpartner bin ich mit meiner E-Mail und Handynummer angegeben. Redaktionsschluss beim *stern* ist Montagabend. Je nachdem, ob und wie die Herrschaften antworten, haben wir noch genügend Zeit, ihre Reaktionen in den Text einzubauen. Dazu sind wir presserechtlich verpflichtet.

In der Titelredaktion arbeiten die Kollegen am *stern*-Cover. Die Titelzeile lautet: »Die Maschmeyer Connection – Hinter den Kulissen der Gier: Wie deutsche Prominente mit fragwürdigen Geschäften in der Schweiz noch mehr Geld machen wollten. Was dann geschah …« Auf der Titelseite zu sehen sein werden Maschmeyer groß im Vordergrund, um ihn herum seine Verlobte Ferres und seine Freunde.

14:36 Uhr: Der Albtraum wird wahr. Die Verlagsspitze erreicht ein Fax von der Geschäftsstelle des Landgerichtes Köln: »Henke gegen Gruner & Jahr AG & Co. KG« ist das Fax überschrieben. »Ohne vorherige mündliche Verhandlung« habe die Pressekammer eine einstweilige Verfügung erlassen. Unter Androhung eines Ordnungsgeldes bis zu 250 000 Euro oder Ordnungshaft bis zu sechs Monaten verbietet uns das Gericht, über Henkes frühere Tätigkeit bei Sarasin und als Kundenbetreuer von Müller »identifizierend zu berichten«.

15:32 Uhr: Höcker meldet sich per E-Mail. Sie ist adressiert an Uli Rauss, ich stehe in Cc. Der Medienanwalt lässt es sich nicht nehmen,

Rauss persönlich von dem Gerichtsentscheid zu unterrichten. Statt weiter zu versuchen, ihn zu erreichen, schreibt Höcker, habe Rauss »heute ein nur als Erpresserschreiben zu bezeichnendes Schriftstück an den großen E-Mail-Verteiler des neuen Arbeitgebers meines Mandanten gerichtet«. Mit dieser Interpretation der E-Mail und einer eidesstattlichen Versicherung von Henke, er sei bei Sarasin »auf der sechsten (sic!) Hierarchieebene« beschäftigt gewesen und habe »nur höchst selten persönlichen Kontakt« zu Kunden wie Müller gehabt, ist es Höcker binnen weniger Stunden gelungen, eine einstweilige Verfügung gegen uns zu erwirken.

16:27 Uhr: Höcker meldet sich nochmals per E-Mail. Er schickt uns eine Abschrift des Gerichtsentscheids und droht, sollten wir über Henke nur irgendwie »identifizierbar« berichten, sei dies eine »vorsätzliche Straftat« und hätte eine »empfindliche Geldentschädigung« zur Folge. Und: Sollte Henke seinen Job bei Flossbach von Storch durch unsere Story verlieren, werde er den *stern* und Uli Rauss persönlich für den »Vermögensschaden haftbar« machen.

Ich lese den E-Mail-Verkehr, die Verfügung und den Antrag von Höcker auf dem Weg zum Flughafen. Das Gericht hat uns tatsächlich vor allem wegen der E-Mail von Uli Rauss und der eidesstattlichen Versicherung verboten, über Henke »identifizierend zu berichten«.

Aus der eidesstattlichen Versicherung von Henke erfahre ich, wie er von unseren Recherchen Wind bekommen hat: »Ich erfuhr am 12.03.2014 durch den Telefonanruf des befreundeten Mitarbeiters eines Finanzbranchenblattes, dass sich dort eine Journalistin, die sich als Bild-Redakteurin des STERN zu erkennen gab, gemeldet und um die Freigabe eines sechs Jahre alten Bildes von mir zum Zwecke des Abdruckes im STERN gebeten habe.«

Im Taxi zum John F. Kennedy Airport weiß ich nicht, wohin mit meiner Wut. Über wen soll ich mich mehr aufregen? Über eine Richterin, die auf Grundlage so fragwürdiger Argumente und Unterlagen eine derart weitgehende Entscheidung trifft? Über die Unkollegialität des Finanzbranchenblattes? Oder über mich selbst?

Wir hatten vergessen, auch für Henke eine Schutzschrift zu hinterlegen. Mein Fehler!

Hamburg, 16. März 2014

Im Laufe des Sonntags trudeln die Antworten auf unsere Fragenkataloge ein. Die Ex-Frau von Maschmeyer schreibt persönlich, bei seiner Verlobten und dem Fleischunternehmer Tönnies melden sich Presseagenten. Alle mit demselben Tenor: Sie hätten nur auf Empfehlung Maschmeyers investiert, wobei der Tönnies-Berater den Namen des Finanzgurus nicht erwähnt. Am späten Nachmittag schließlich kommt im Namen von Maschmeyer das Schreiben eines Anwalts der großen Steuerkanzlei Flick Gocke Schaumburg: »Es ist richtig, dass Herr Dr. Maschmeyer zwei Publikumsfonds gezeichnet hatte, die von der Bank Sarasin international angeboten wurden.« Die Steuerkanzlei habe Interviews mit Vertretern der Bank Sarasin und dem Fonds geführt und »dabei keine Hinweise auf solche Cum-Ex-Geschäfte finden können, die nach (neuerer) Ansicht der deutschen Steuerverwaltung missbräuchlich sind«.

Gegen Abend meldet sich ein Kanzleikollege von Matthias Prinz, dem Medienanwalt und Schwager unseres Herausgebers: Die Bank habe bestritten, dass es sich bei den Geschäften um Cum-Ex-Deals gehandelt hat. Prinz hätte das private Investment nicht getätigt, »wenn ihm bekannt gewesen wäre, dass der Fonds Geschäfte der von Ihnen behaupteten Art machen könnte«. Ansonsten: »Ungeachtet dessen ist darauf hinzuweisen, dass eine Berichterstattung über private Investments – insbesondere unter Nennung etwaiger Summen oder unter Beifügung von Fotos – die Persönlichkeitsrechte von Herrn Prof. Dr. Prinz schwerwiegend verletzten würde. Herr Prof. Dr. Prinz widerspricht einer solchen Berichterstattung daher ausdrücklich.«

Der erste Eindruck: Mit den Antworten können wir umgehen, wir müssen sie nur in den Text entsprechend einbauen. Aber war das wirklich schon alles? Redaktionsschluss ist erst in etwas mehr als 24 Stunden.

Hamburg, 17. März 2014

9:55 Uhr: Am Schlusstag kommen weitere Schreiben herein: »Wir beraten Herrn Maschmeyer bei kommunikativen Themen, deswegen kam Ihre Anfrage an ihn auch auf meinen Tisch. Die Antworten auf ihre Fragen haben Sie ja gestern schon von der Kanzlei Flick Gocke Schaumburg erhalten. Ich hätte dazu noch ein paar weitere Anmerkungen. Sie waren telefonisch leider nicht erreichbar. Ich würde mich freuen, wenn Sie mich unter (…) zurückrufen«, schreibt Christoph Walther, Senior Partner von CNC – Communications & Network Consulting AG.

CNC gehört zu den Agenturen, die für viel Geld versuchen, ihre Mandanten aus den Medien zu halten. Mit Walther hatte ich noch nie zu tun, aber sein Ruf eilt ihm voraus – auch sein Preis. Bei einer anderen Recherche ist mir eine Abrechnung von ihm in die Hände gefallen: Der Mann berechnet seinen Mandaten 850 Euro – pro Stunde. Maschmeyer kann sich das leisten, aber ich habe keine Lust, mir von diesem PR-Berater die Zeit stehlen zu lassen.

11:38 Uhr: Die *stern*-Kollegin, die noch immer an einem Portrait über die Maschmeyer-Verlobte Ferres arbeitet, hat einen Anruf von der Schauspielerin bekommen. Sie informiert die Chefredaktion. Ferres sagte, sie seien vom Bankenchef hereingelegt worden. Sie seien Opfer, nicht Täter! Sie bitte um Rückruf des Chefredakteurs. Der Chefredakteur leitet mir die Info weiter und bittet mich auch, den PR-Berater von Maschmeyer anzurufen, der ebenfalls versucht hat, ihn zu erreichen.

Das Telefonat mit dem PR-Mann ist kurz. Er schlägt vor, wir sollen die Geschichte um eine oder zwei Wochen schieben. Wir bekämen weitere Dokumente und ein Gespräch mit Maschmeyer. Ich lehne dankend ab.

15:00 Uhr: Der PR-Mann schickt eine E-Mail hinterher, in der er unser Gespräch zusammenfasst – aus seiner sehr speziellen Sicht: »Es drängt sich der Verdacht auf, dass Sie eine Geschichte schreiben, bei der im Kern die Behauptung steht, Herr Maschmeyer habe in unseriöse Geschäfte bei der Sarasin Bank investiert und diese habe ihn darüber rechtzeitig informiert. Dem ist nicht so«, schreibt er. »Vielleicht interessiert es Sie auch, dass Frau Ferres wiederholt bei Zusammentreffen, zuletzt beim Champions League Spiel im Mai 2012 in München, Herrn

Eric Sarasin gegenüber deutlich zum Ausdruck gebracht hat, dass sie ihr Geld nur in ›mündelsichere Anlagen‹ investieren würde. Sinngemäß hat Herr Sarasin ihr daraufhin geantwortet, dass die Anlagen in den Sheridan Fonds selbstverständlich 100% legal und absolut sicher seien.« Ein Stunde später schickt er Unterlagen. Darunter auch Dokumente, die wir längst kennen, etwa E-Mails von Maschmeyer an Henke.

Gegen 17 Uhr fliegt meine Bürotür auf. Thomas Osterkorn, jetzt Herausgeber, früher Chefredakteur des *stern,* kommt in mein Zimmer.

»Und?«, fragt er und lässt sich in den Besuchersessel fallen. Ich stehe schnell vom Schreibtisch auf und setze mich neben ihn auf die Besuchercouch. Osterkorn lässt seinen Blick durch mein Büro schweifen. Vor vielen Jahren war es seines. Osterkorn hatte beim *stern* als Polizeireporter angefangen, dann wurde er Ressortleiter. Als Chef des Ressorts »Deutschland II« saß er viele Jahre in diesem Zimmer, bevor er Chefredakteur wurde. Nach dem legendären *stern*-Gründer Henri Nannen war Osterkorn der am längsten amtierende Chefredakteur in der ereignisreichen Geschichte der Zeitschrift.

Ich bin etwas befangen, sowohl das Investigativ-Team wie auch ich persönlich verdanken Osterkorn viel. Umständlich erkläre ich ihm, dass sein Schwager in einen Cum-Ex-Fonds investiert hat, der allein darauf ausgerichtet war, Steuergelder aus der Staatskasse zu klauen. Aber bei dem Investment habe sein Schwager Schiffbruch erlitten …

»Wieviel?«

Fünf Millionen.

Osterkorn grinst. »Tja!« – und verlässt mein Büro. Er hat mit keiner Silbe die Story infrage gestellt. Erst als er zur Tür raus ist, kapiere ich: Mit seinem Kurzbesuch wollte er signalisieren, dass er zu uns steht. Und zu unserer Story! Eine wichtige Geste.

17:37 Uhr: PR-Mann Walther legt nach. Er schickt eine persönliche Erklärung von Mirko Slomka und eidesstattliche Versicherungen von Carsten Maschmeyer und dessen Sohn Marcel. Eric Sarasin habe persönlich versichert, schreibt Slomka, dass die »Anlage absolut sicher, seriös und steuerlich unbedenklich« sei. »Über mögliche steuerliche Gestaltungsrisiken« bei dem Fonds sei vonseiten der Bank mit ihm vor der Investition nicht gesprochen worden, schreibt Maschmeyer junior in der eidesstattlichen Versicherung. Ähnlich argumentiert sein Vater: Eric Sarasin persönlich habe ihm mehrfach versichert, »dass hier keine Anlage zu Lasten der Steuerzahler getätigt worden ist«, schreibt er in seiner eidesstattlichen Versicherung. Sein Sarasin-Berater habe ihm gesagt, dass die Anlagekonstruktion »völlig unbedenklich sei«. »Man versicherte mir eindeutig, dass man keinerlei Erkenntnis dafür habe, dass der von mir mitgezeichnete Publikumsfonds in irgendeiner Form etwas mit steuermissbräuchlichen Cum-Ex-Geschäften zu tun hätte.«

Wie alle seine E-Mails hat der PR-Mann auch diese in Kopie an den Chefredakteur geschickt. Sein Schreiben endet mit dem Vorschlag: »Vielleicht ist es ja klug, vor diesem Hintergrund die Geschichte zu schieben. Wir würden selbstverständlich weiter konstruktiv an der Aufarbeitung des Sachverhaltes mitarbeiten.«

Gegen 18 Uhr versammeln wir uns im Büro von Vizechefredakteur Hans-Peter Junker. Der Textchef und die Juristin kommen auch dazu. Die Verunsicherung bei einigen Sitzungsteilnehmern ist deutlich spürbar. Unsere Juristin stellt die entscheidende Frage: Können wir nach den eidesstattlichen Versicherungen unsere Geschichte halten? Müssen wir schieben?

Es sind nur noch wenige Stunden bis zum Redaktionsschluss. Ein Austausch der Titelgeschichte wäre ein immenser Aufwand, aber möglich. Die Argumente gehen hin und her. Hat der Vizebankchef Sarasin wirklich Maschmeyer und den anderen versichert, mit der Anlage sei alles in Ordnung? Wir wissen es nicht. Ich gehe sogar davon aus, dass es so war – und blicke in staunende Gesichter. Kein Bankenmitarbeiter dieser Welt bietet einem Kunden ein Investment an und sagt: Achtung! Das ist womöglich illegal!

Es geht um etwas anderes. Maschmeyer musste als Finanzexperte wissen, dass sich solche Renditen nicht durch Wertsteigerung einer Aktie ergeben. Und er wusste offensichtlich, dass das Geld aus der Staatskasse kommt. Ich lese die entscheidende Passage aus der Story vor: »Für den Fall, dass der deutsche Fiskus eines Tages doch zahlen muss, sorgte Maschmeyer vor und ließ sich von der Bank bestätigen, ›dass ich die entsprechenden Anteile aus den erwarteten Steuererstattungen erhalte, sobald diese eingehen‹.«

Bei aller juristischer Abwägung ist es letztlich eine redaktionelle Entscheidung, ob eine Geschichte veröffentlich wird. Und Hans-Peter Junker entscheidet, dass wir es tun. Die Story geht in Druck. Überschrift und Vorspann lauten: »Die Gierigen – Deutschlands Elite will mehr, immer mehr. Dies ist die Geschichte des Großinvestors Carsten Maschmeyer und seiner Freunde. Auch sie haben viele Millionen Euro in der Schweiz angelegt, in fragwürdige Fonds, die die deutsche Staatskasse schröpften. Doch nun muss ausgerechnet der Finanzguru um sein Geld bangen. Er kämpft – mit Maschmeyer-Methoden.«

Hamburg, 18. März 2014

Der Dienstag verläuft ruhig. Keine einstweiligen Verfügungen, keine Anrufe. Zumindest nicht bei mir. Angeblich hat Carsten Maschmeyer gestern noch bei einem der Herausgeber angerufen und mit juristischen Konsequenzen gedroht. Am späten Nachmittag kommen die ersten Vorabexemplare aus der Druckerei. Normalerweise bekommen Ministerien, Zeitungsredaktionen und Agenturen sie per Boten zugeschickt. Bei juristisch superheiklen Geschichten wie unsere Titelstory entfällt dieser Service. Nicht einmal in der Redaktion werden die ersten Exemplare verteilt. Lediglich im Vorzimmer der Chefredaktion kann man die Ausgabe einsehen.

Um 17:59 Uhr ist es mit der Ruhe vorbei. Online vermeldet das *Handelsblatt* »exklusiv«: »Maschmeyer will Bank Sarasin verklagen«. Sieben Minuten später kommt die *Süddeutsche* mit derselben Schlagzeile. Nach »*SZ*-Informationen« wolle Maschmeyer gegen die Sarasin-Bank vorgehen. Es folgt das *manager magazin* mit der Schlagzeile: »Maschmeyer fühlt sich betrogen«. In der Schweiz schreibt die *Handelszeitung* »AWD-Gründer verklagt Bank Sarasin« und das Magazin *Bilanz* titelt »Carsten Maschmeyer kämpft gegen Bank Sarasin«.

Den Artikeln fehlt jegliche Einordnung. Es geht um die pure Nachricht, dass Maschmeyer bei Millioneninvestitionen angeblich betrogen wurde und sich nun wehrt. Tenor: Der Finanzguru als Opfer. Die Agentur CNC und ihr Senior Partner Christoph Walther haben ganze Arbeit geleistet. Bevor der *stern* am Donnerstag am Kiosk liegt, haben sie die Zeit genutzt, um über die Onlinedienste der Tageszeitungen ihre Sicht der Maschmeyer-Geschichte zu setzen.

Unsere eigene Meldung kommt wie geplant am nächsten Tag, 24 Stunden bevor der *stern* am Kiosk liegt: »Die fragwürdigen Deals der Prominenten in der Schweiz«, lautet die Überschrift auf stern.de. »Koalition der Gierigen: Prominente um den Ex-AWD-Chef Carsten Maschmeyer steckten Millionen in Fonds, die hohe Rendite versprachen – und zu Lasten der deutschen Steuerzahler agierten.« Unsere Nachricht geht vergleichsweise unter. Der Algorithmus bei Google etwa spült zuerst immer die Meldungen mit dem Maschmeyer-Spin der Konkurrenz nach oben, unsere Geschichte kommt unter ferner liefen.

Es bleibt jedoch keine Zeit sich zu ärgern. Noch bevor der *stern* offiziell erscheint, stellen wir für unseren Anwalt die Unterlagen für Widerspruchsverfahren gegen die einstweilige Verfügung des Kundenberaters Kai Henke zusammen. In der Titelgeschichte konnten wir ihn deswegen nicht beim Klarnamen nennen. Bei der nächsten Story soll das anders sein. Ich bin da guter Dinge. Uli Rauss hat genügend Material zusammengetragen, um belegen zu können, dass Henke alles andere als ein kleiner und x-beliebiger Kundenberater bei Sarasin war.

Für unsere nächste Cum-Ex-Geschichte laufen die Recherchen bereits auf Hochtouren. Sie soll am 16. April 2014 erscheinen. An diesem Tag wird die Finanzbranche nach München schauen, zum Bundesfinanzhof (BFH). Es geht vordergründig um eine 2,6-Millionen-Klage einer Investmentfirma. Aber letztlich geht es darum, ob bundesweit Finanzbehörden Milliardensummen an Cum-Ex-Räuber auszahlen müssen. Eine ganze Reihe von Fonds und Investmentfirmen attackieren die Finanzbehörden. Auch die Fonds, in denen die Gelder von Maschmeyer und Müller flossen, haben bereits vor unteren Finanzgerichten Klage eingereicht. Sie pochen auf die Erstattung der Gelder aus den erschwindelten Steuerbescheiden. Das ist ungefähr so, als würde ein verhafteter Bankräuber nach Abschluss seines Gerichtsverfahrens auf Auszahlung der Beute bestehen.

Die Hamburger Investmentfirma DWH (Data Warehouse) hat ebenfalls auf Erstattung der Kapitalertragssteuer aus Cum-Ex-Aktiengeschäften geklagt, die das Finanzamt Hamburg-Altona verweigerte. Nach dem gängigen Cum-Ex-Muster war die Steuer vorher gar nicht abgeführt und waren die Bescheide mit den trickreichen Aktienkreisgeschäften erschwindelt worden. Die Ansprüche von DWH belaufen sich auf 2,6 Millionen Euro. DWH hatte zunächst vor dem Finanzgericht Hamburg verloren und den Fall vor den Bundesfinanzhof gebracht.

Im März 2013 hatte der Bundesfinanzhof ohne mündliche Verhandlung einen Gerichtsentscheid zugunsten der Hamburger Investmentfirma erlassen. In ihrer Begründung bezogen sich die BFH-Richter ausgerechnet auf Fachaufsätze aus der Feder von Hanno Berger, der die Steuererstattungen natürlich als rechtens erachtet. Dass gegen Berger längst wegen seiner Beteiligung an den Cum-Ex-Geschäften des mittlerweile verstorbenen Berliner Immobilienunternehmers Rafael Roth ermittelt wurde, störte die BFH-Richter nicht.

Für die Finanzbehörden in Deutschland ist der Entscheid des höchsten Finanzgerichtes der Republik womöglich ein Milliardendesaster. Das Urteil hat Signalwirkung auf die ganze Cum-Ex-Branche. Sollte es Schule machen, müssten die Finanzbehörden allein im Fall der Sheridan-Fonds rund 500 Millionen Euro auszahlen. Bundesweit müssten wohl Milliardensummen an die Cum-Ex-Räuber ausgeschüttet werden.

Das Bundesfinanzministerium (BMF) hat sich nach dem ersten Entscheid eingeschaltet. Obwohl das Finanzamt Hamburg-Altona der eigentliche Prozessgegner der Investmentfirma ist, hat das BMF den Fall an sich gezogen und schnell eine mündliche Verhandlung vor dem Bundesfinanzhof beantragt. Damit gilt der Gerichtsbescheid »als nicht ergangen«. Und die Juristen des Ministeriums arbeiten seitdem mit eigens angeheuerten Steuerrechtlern daran, die dramatische Entwicklung noch bei der mündlichen Verhandlung Mitte April zu stoppen und umzukehren.

Es geht um verdammt viel. Die Sorge, dass die Sache schief gehen kann, ist zu spüren, als ich mit meinem Stellvertreter Andreas Mönnich zu einem Hintergrundgespräch im Bundesfinanzministerium bin. »Nicht gezahlte Steuer lässt sich schon allein unter moralischen Gesichtspunkten nicht zurückfordern«, sagt Staatssekretär Michael Meister. Er nennt Berger nicht beim Namen, aber jedem im Amtszimmer des Staatssekretärs ist klar, wen Meister meint, als er von »Innovativkräften« spricht, die sich mit ihren Steuergestaltungsmodellen zumindest im »grenzlegalen

Bereich« bewegen. Zu dem Schwindel mit den Steuererstattungen hat der CDU-Mann eine klare Meinung: »Nach meiner Auffassung liegen die sogenannten Cum-Ex-Geschäfte nicht im Bereich der legalen Steuergestaltung. Sie liegen im Bereich der Illegalität.«

Mittlerweile arbeitet beim *stern* das komplette Investigativ-Team an der Cum-Ex-Recherche mit. Dirk Liedtke kümmert sich um den ersten Sündenfall von Hanno Berger, die Causa Rafael Roth. Johannes Gunst reist nach Basel, um sich am Hauptsitz der Privatbank Sarasin umzuhören. Nachdem Maschmeyer medial so gegen das Geldinstitut schießt, hoffen wir, dass auch Sarasin seine Zurückhaltung aufgibt. Nina Plonka kämpft sich durch unsere Unterlagen und internationale Handelsregister. Das Ergebnis lässt sich an der riesigen abwaschbaren und magnetischen Tafel in ihrem Büro bewundern, wo sie das Firmengeflecht von Hanno Berger aufgezeichnet hat. Seit sich der Steuerjurist Ende 2012 in die Schweiz abgesetzt hat, lebt er in Zuoz. Der »Guru der Gierigen«, so unser Arbeitstitel, soll im Zentrum unserer Story stehen – und ich will versuchen, ihn in seinem Schweizer Exil zu treffen.

Hamburg, 25. März 2014

Gegen 18 Uhr rufe ich bei Berger an. Nach zwei Mal klingeln hebt er ab: »Berger!«

»Oliver Schröm vom *stern*. Hallo Herr Berger!«

»Ja, hallo Herr Schröm!« Berger wirkt entspannt, fast so als hätte er mit einem Anruf vom *stern* gerechnet.

»Herr Berger, ich bin nicht bekannt dafür, dass ich diplomatisch bin. Ich fall mal mit der Tür ins Haus: Können wir uns treffen?«

Berger lacht: »Wegen der Maschmeyer-Geschichte oder was?« Er seufzt.

Schnell spule ich ein paar Stichworte ab: »Sarasin, Cum-Ex, Erpressung. Das volle Programm.« Die Aufzählung endet mit der Erwähnung der Offshore-Firma Oak. »Ich will Ihnen ja nicht unrecht tun, deshalb macht es vielleicht Sinn, dass wir uns zusammensetzen.«

Berger: »Aaaaaaah. Also, ich sag mal so, das, was Sie da geschrieben haben, ist nicht in Ordnung aus meiner Sicht, ja? Es stellt die Falschen an den Pranger. Die gierigen Reichen, ja, die den Hals nicht voll kriegen oder dann auch noch Schmiergelder irgendwohin zahlen und noch Dreck am Stecken haben usw. Das stimmt so nicht, das kann ich Ihnen schon einmal sagen. Und das hat mich gestört. Das stimmt mit der Faktenlage gar nicht überein. Das ist einfach nicht seriös recherchiert.«

Berger sagt mit keiner Silbe, dass er nicht zitiert werden will. Was weder Berger noch ich wissen: Sein Telefon wird abgehört. Auf Antrag der Staatsanwaltschaft in Köln werden seine Gespräche mitgeschnitten und für die Akte protokolliert.

»Ich weiß es ganz genau, wie es war, und ich kann Ihnen sagen, es war anders. Und …«, ein kurzer Seufzer unterbricht seinen Wortschwall. »Wenn ich als Jurist so oberflächlich arbeiten würde, gearbeitet hätte, dann hätte ich x-Haftpflichtfälle gehabt, muss ich Ihnen mal sagen.«

Berger spricht schnell, gelegentlich vernuschelt er Wörter. »Keiner, weder Sarasin noch Maschmeyer noch irgendeiner, der Cum-Ex-Geschäfte gemacht hat, hat irgendetwas falsch gemacht. Kennen Sie eigentlich eine BFH-Entscheidung zu Cum-Ex-Geschäften? Einen Gerichtsbescheid? Kennen Sie das?«

Kaum dass ich seine Frage bejaht habe, geht der nächste Wortschwall auf mich nieder. Berger ist sich sicher, dass der Bundesfinanzhof seinen Bescheid in der mündlichen Verhandlung nicht revidieren wird: »Wissen Sie, für mich ist der BFH der Papst, und wenn der gesprochen hat, dann haben alle Kardinäle zu schweigen. Die können ihre eigene Meinung haben, ja, aber das muss man zurückstellen. Da stimmt dann irgendwas nicht mehr. Wir haben Gewaltenteilung, eigentlich in der Verfassung, faktisch schon lange nicht mehr.«

Berger wirkt hemdsärmelig, vermittelt aber Vertrauenswürdigkeit und Kompetenz. Ohne Punkt und Komma betet er Gesetze, Kommentare, Paragrafen und Urteile herunter. So schnell wie er denkt, kann er nicht sprechen. Worte wie »Gesetzgeber« oder »Bundesverfassungsgericht« schrumpfen auf ein bis zwei Silben zusammen.

»Es wird nirgendswo davon gesprochen, dass der Staat permanent das Recht überschreitet. Das Bundesverfassungsgericht hat klar den Gesetzgeber in die Schranken gewiesen und gesagt, der Gesetzgeber darf nicht rückwirkend Gesetze machen, dadurch dass er vermeintlich offene

Rechtsfragen klärt, rückwirkend, das ist ein Verstoß gegen das verfassungsrechtliche Rückwirkungsverbot. Der Gesetzgeber schrappt ständig an der Leitplanke der Verfassungsmäßigkeit entlang, auch darüber hinaus. Ich könnte ein Buch dazu schreiben, wie der Gesetzgeber permanent Verfassung und Recht bricht und die Finanzverwaltung auch, das ist nämlich ein Staat im Staate. Darüber berichtet keiner, sondern nur völlig einseitig über einzelne Exzesse von Leuten wie Hoeneß.«

Kurz holt er Luft, um betont langsam fortzufahren: »Das gefällt mir nicht, sag ich ganz offen. Und ich habe Zweifel, dass bestimmte Magazine und Journalisten noch in der Lage sind, das zu berichten. Da seh' ich Schwierigkeiten mit dem Gespräch.«

Ein persönliches Treffen mit ihm scheint nicht so leicht zu bekommen zu sein. Nun geht es darum, möglichst viele Antworten per Telefon zu erhalten: »Sie sind ja so eine Art wandelndes Lexikon, Sie schießen das jetzt alles so aus der Hüfte?«

Berger: »Sie können mich alles fragen. Das ist ja nur ein Bruchteil dessen, was es dazu zu sagen gibt. Gott, ich kann Ihnen Vorträge von fünf, sechs Stunden halten. Ich hab das ja viele Jahre gemacht. Und ich hab nur das gemacht, was rechtsstaatlich okay ist.«

Berger erschlägt einen mit Fachwissen, zitiert Bundesdrucksachen, Gesetzestexte, rattert die Namen der großen Wirtschaftskanzleien herunter, die Gutachten über Cum-Ex-Geschäfte geschrieben haben. Fragen braucht er nicht. »Und das hab ich ja nicht gemacht, Freshfields hat die Gutachten geschrieben, Clifford Chance, Norton Rose (Fulbright), Stiefenhofer (Noerr), die Deutsche Bank hat die Trades gemacht, die Dresdner Bank hat die Trades gemacht, die Commerzbank hat die Trades gemacht, die HypoVereinsbank hat die Trades gemacht, die WestLB hat die Trades gemacht, die Schleswig-Holsteinische Landesbank hat die Trades gemacht, und und und.«

»Dann sind Sie gar nicht der Vater der Cum-Ex-Geschäfte?«

Berger: »Nein!!! Das ist ja alles an den Haaren herbeigezogen. Wissen Sie eigentlich, dass 2002 der Bundesverband der deutschen Banken das Bundesministerium der Finanzen auf diese Situation aufmerksam gemacht hat? Der hat gesagt, wir müssen hier die Steuerbescheinigung ausstellen, das ist rechtens und wir brauchen eine Gesetzesänderung.

Wissen Sie eigentlich, dass der Bundesminister für Finanzen geschlafen hat, viele Jahre? Und nicht nur geschlafen. 2007, da ist der Steinbrück, ich nenne ihn den ›V-VaZ‹, den größten Verfassungsverbrecher aller Zeiten, ich kann das auch dokumentieren, der hat die Verfassung permanent gebrochen mit rückwirkenden Gesetzen, unbestimmten Gesetzen, Nicht-Anwendungserlassen. Es ist eben nicht so, der Berger hat's erfunden, sondern die schreiben, es ist schon lange so. Das ist natürlich von allen Banken, auch ausländischen Banken gemacht worden. Nur diese Schlafkappen, auf Deutsch gesagt, die haben das nicht gemerkt.«

Es gibt die Idee, dass das Gemeinwesen sich um alle kümmert, werfe ich ein. Dass es dafür Geld braucht. Und dass die Reichen über Steuern mehr Geld geben als die Armen. Der frühere Finanzbeamte Berger hat ein anderes Staatsverständnis. »Der Staat, der tut nur Gutes, dem geht es nur ums Gemeinwohl? Man kann doch nicht aus lauter Staatsgläubigkeit glauben, dass alles, was der Staat tut, okay ist. Das hatten wir ja schon mal, wenn man mit der Moral versucht das Recht zu ersetzen, dann wird das zu einem absoluten Unrechtsstaat. Das haben Sie im Mittelalter gesehen, bei den Kreuzzügen, sie haben's heute bei den Taliban und Gottesstaaten, wohin es im Extremfall führt, und das muss ich sagen, das gefällt mir nicht, und da sehe ich das äußerst kritisch.«

Was er betreibe, sei nicht verwerflich. Auch wenn der Staat dadurch Steuern erstattet, die er nie eingenommen hat. Gegen diese Geisteshaltung ist nicht anzukommen.

Themenwechsel: »So einer wie Sie muss doch auf Entzug sein, oder?«, frage ich und will wissen, ob er die Beratertätigkeit nicht vermisse.

Berger: »Ach Gott ...« Er seufzt kurz. »Ich könnte beraten, aber ich mach' das nicht mehr. Wissen Sie, wenn da Leute zu mir kommen und sagen, Herr Berger, können Sie mal steuerliche Verluste besorgen oder wie kriege ich meine Einkünfte kapitalertragssteuerfrei, dann muss ich sagen, ich hab 'ne Idee. Ja, ich könnte Ihnen das umsetzen.«

»Wie legen Sie denn ihr Geld an?«

Berger lacht laut: »Ich kann Ihnen sagen, viele meiner Mandanten sind reich geworden durch Immobiliengeschäfte. Und da versuche ich mich ein bisschen dran zu orientieren. Es gibt Hotelgruppen, die kaufen zum Beispiel heruntergekommene Hotels oder Appartements, peppen die auf, verkaufen die nach ein, zwei Jahren wieder, und an den richtigen Standorten kann das doch ein bisschen mehr Profit bringen. Da können Sie schon 15 bis 20 Prozent machen. Man muss halt streuen. Wenn Sie heute was in Euro anlegen, kriegen Sie ja nur ganz wenige Zinsen. Ich habe noch in anderen Währungen natürlich … Und ich hab natürlich viele Jahre, das muss ich sagen, gut verdient, war bei amerikanischen Sozietäten, und das hab ich halt irgendwie angelegt, und da hab ich bisher ein ganz glückliches Händchen gehabt. Auch im Bereich Immobilien und natürlich die ein oder andere Aktie.«

Als ich ihn auf die Offshore-Firma auf den Britischen Jungferninseln anspreche, wohin seine Provisionen geflossen sind, lenkt er zunächst mit Komplimenten ab und ärgert sich, dass interne Informationen aus der Sarasin-Bank abgeflossen sind.

»Sie wissen erstaunlich viel, aber glauben Sie mir, es ging um Kundenschutz. Es gab und gibt noch ein dickes Leakage. Die haben sich nicht genug gekümmert, die hätten das Loch schon längst schließen müssen. Das muss man doch rausfinden. Es ist eine bitterböse Situation, das Bankgeheimnis bei der Bank Sarasin ist nicht mehr gewahrt. Deswegen hat der Maschmeyer auch so einen Hals. Der wird Sarasin aber nicht verklagen. Der Maschmeyer schießt sich selber ins Knie. Weil das wieder aufgegriffen wird, vom Fiskus, dann wird das den Gerichten vorgehalten, und die sagen, schaut mal hier: betrügerisch.«

Nach 75 Minuten zeichnet sich das Ende des einseitigen Gesprächs ab: »Ich habe mich bemüht, mein ganzes Leben, seit ich Anwalt bin, nur ganz konservative, saubere Sachen auf die Schiene zu setzen, weil ich auch davon überzeugt war, dass das rechtsstaatlich zulässig ist. Aber so läuft das nicht mehr. Ich bin jetzt über 30 Jahre im Steuerrecht tätig gewesen, und ich kann Ihnen sagen, das war früher anders. Heute macht das keinen Spaß mehr.«

Berlin, 1. April 2014

In einem Konferenzzimmer der Agentur Blumberry führe ich im Beisein eines PR-Mannes ein Telefonat mit dem früheren Partner von Hanno Berger. Das Gespräch ist nicht annähernd so unterhaltsam wie das vor wenigen Tagen mit Berger selbst. Der Mann hatte dem *stern* über seinen PR-Berater ein unmoralisches Angebot unterbreitet. Er bietet Unterlagen über »Drogeriekönig« Müller, wenn man im Gegenzug bei künftiger Berichterstattung über Cum-Ex seinen Namen nicht erwähnt. Müller soll sich bei Wetten auf die türkische Lira verzockt und dies über Konten bei Sarasin finanziert haben. Um Schlimmeres zu verhindern, habe Müller wie der FC-Bayern-München-Chef Uli Hoeneß eine Selbstanzeige erstattet.

Das Angebot lässt sich nicht so einfach vom Tisch fegen. Der PR-Mann von Blumberry hat früher beim Bertelsmann Verlag gearbeitet, zu dem Gruner+Jahr gehört, wo der *stern* erscheint. Er hat die Offerte weit oben platziert, so dass mir nichts anderes übrig bleibt, als wieder einmal nach Zürich zu reisen, um mir die Sache anzuhören und anzuschauen.

Zürich/Köln, 9. April 2014

Vor dem Landgericht in Köln wird unser Widerspruch gegen die einstweilige Verfügung verhandelt, die der frühere Sarasin-Kundenberater Henke mit fragwürdigen Methoden gegen uns erwirkt hatte. Manchmal sind solche gerichtlichen Auseinandersetzungen nicht nur nervenaufreibend, sondern man erfährt auch Dinge, die man sonst vielleicht nicht mitbekommen hätte und die die Grundlage für eine weitere Story bilden. So ist es auch diesmal. Medienanwalt Ralf Höcker jedenfalls hat eine ganze Reihe von Dokumenten bei Gericht eingereicht, um seine fadenscheinige Behauptung zu stützen, Henke sei nur eine kleine Nummer bei Sarasin gewesen. Dazu gehört auch eine weitere eidesstattliche Versicherung von Henke. Es geht um die 40 Millionen Euro, die Carsten Maschmeyer in einen Cum-Ex-Fonds investierte.

Aber die Aussicht auf Millionengewinne war Maschmeyer offensichtlich nicht genug: »Herr Maschmeyer verlangte von der Bank sogar eine Provision für die Vermittlung der von ihm geworbenen und betreuten Kunden Tönnies, Ferres und Slomka«, schreibt Henke in seiner Versicherung gegenüber dem Gericht. Demnach hätte der einstige Macher des Finanzdienstleisters AWD, der durch Provisionen zum Superreichen geworden ist, als Privatanleger versucht, Freundschaft und Liebe in Geld umzumünzen. Eine kühne Behauptung, wofür Henke offenbar Belege haben muss. Schließlich kann die Abgabe einer falschen eidesstattlichen Versicherung mit bis zu drei Jahren Haft bestraft werden.

Statt zur Gerichtsverhandlung nach Köln fliege ich aber nach Zürich. Dort bin ich mit dem Berger-Partner und seinem PR-Mann am Flughafen verabredet. Vorsichtshalber reise ich nicht allein an. Nina Plonka aus dem Investigativ-Team begleitet mich.

Die PR-Firma Blumberry hat im achten Stock des Flughafenhotels »Radisson Blue« den Besprechungsraum »Visby« gemietet. Auf dem Weg dorthin kommen wir an einer Bar vorbei. Dort sitzt zu unserer Überraschung Kai Henke. Als er uns sieht, dreht er uns schnell den Rücken zu. Nina und ich schauen uns verdutzt an. Zufall? Wohl kaum. Ich bin froh, dass sie dabei ist. Bei dem anstehenden Gespräch ist ein Augen- und Ohrenzeuge wichtig.

Im Besprechungsraum sind die Jalousien heruntergelassen. Um einen dunklen, runden Tisch stehen sechs dunkle Sessel. Auf der Anrichte an der Wand stehen Sandwiches. Später kommt ein Kellner mit einem Tablett voller Ananasscheiben herein. Espressomaschine und Getränke stehen bereit.

»Da draußen sitzt Kai Henke. Das ist wohl kein Zufall, oder?«, frage ich zur Begrüßung.

»Ach, Sie haben unseren Überraschungsgast schon gesichtet«, sagt der PR-Mann. »Lassen Sie uns erst einmal ein Vorgespräch führen.«

Der frühere Berger-Partner begrüßt uns. Er hat große dunkle Augen, kurze schwarze Haare und ergrauende Schläfen. Sein Blick ist fest. Er trägt einen breiten goldenen Ehering und hat sehr gepflegte Hände.

Vorsichtig schaue ich mich um. »Falls hier mitgeschnitten wird, nur fürs Protokoll: Das wäre illegal und somit nicht verwertbar.« Bergers Ex-

Partner lacht. Henke habe im Vorfeld des Treffens gefragt, woher man wisse, dass »die« nicht verkabelt seien. Er zeigt auf uns.

Danach geht es um die *stern*-Story, bei der Maschmeyer und seine Verlobte Veronica Ferres auf dem Titel zu sehen waren: »Der König der Diebe und das Dekolleté«, sagt Bergers Ex- Partner dazu. Mehr habe die Story ja nicht zu bieten gehabt, im Grunde hätten wir ja »nichts Neues« vorgelegt. Er werde uns jetzt allerdings eine »tragfähige Geschichte präsentieren«. Die Dokumente würden die Geschichte zu 80 Prozent wasserdicht machen. Es sei eine »sehr gute Geschichte«. Voraussetzung dafür sei allerdings, dass wir nicht »gegen« ihn und Henke recherchieren. Wenn Berger mit uns spreche, sei das dessen Sache. Berger sei nicht mehr im Geschäft, sei sozusagen pensioniert. Eine Berichterstattung über ihn, seinen ehemaligen Partner, sei jedoch etwas anderes, wäre womöglich »existenzvernichtend«. Er habe schließlich einen Ruf zu verlieren, und seine Mandanten seien »sehr sensitiv«. Er habe nichts mit Cum-Ex zu tun. Sein Schwerpunkt sei anwaltliche Beratung im Bankenwesen. Er habe Hanno Berger vertraut.

Bevor es inhaltlich zur Sache geht, überrascht der PR-Berater mit einem Vorschlag: Irgendwann werde der Herr Henke, der gleich hinzukäme, diesen Raum hier verlassen. Und er wisse nicht, wo er hingeht. Dann werde auch Herr Schröm den Raum hier verlassen, und man wisse nicht, wo er hingeht. Was da geschieht, wo die beiden sich treffen, da gibt es dann keine Zeugen. Es gebe aber ein zweites angemietetes Zimmer.

Als ich nichts zu dem Vorschlag sage, versuchen der PR-Berater und Bergers Ex-Partner uns das Versprechen abzuringen, dass wir nicht »feindselig recherchieren«. Wir müssten doch verstehen, dass er jetzt mit niemandem sprechen möchte, der ihm »feindlich gesonnen« sei. »Sind Sie feindlich?«, fragt er. Es ist ein bizarres Gespräch, immer wieder unterbrochen von der Frage: »Sind Sie feindlich?«

Wir versprechen nichts, bleiben vage, versichern lediglich: Wir recherchieren ergebnisoffen. Sollten wir etwas über die beiden publizieren wollen, bekämen sie vorher Gelegenheit zur Stellungnahme. Schließlich fassen die beiden das Gespräch so zusammen, dass sie herausgehört hätten, wir seien aktuell »nicht feindlich gesonnen«. Der Ex-Berger-Partner fängt an, seine Geschichte zu erzählen.

Schließlich tritt Henke ein. Ich mache ihm deutlich, dass wir das Treffen als Hintergrundgespräch erachten. »Aber wenn Sie uns einen Bären aufbinden oder uns hinter die Fichte führen, fühlen wir uns nicht zu dieser Abmachung verpflichtet«, sage ich und schaue Henke an. Er trägt eine bernsteinfarbene Hornbrille, hat dunkle Augen, die schwarzen Haare mit Gel nach hinten gestriegelt. Unter seiner grünlichen Wachsjacke, die er anbehält, trägt er einen hellgrauen Anzug. Nervös spielt er an den Fingerknöcheln. Außer »Guten Tag« und später irgendeine Form der Verabschiedung wird er an diesem Tag nichts zu uns sagen. Offensichtlich fürchtet er noch immer, dass »die« verkabelt sind.

Bergers Ex-Partner kommt sodann auf den »Drogeriekönig« Müller zu sprechen, den er nur »Kunde M« nennt. Die nötigen Unterlagen, die ich wohl erhoffte, habe man noch nicht. Stattdessen reicht er ein *Focus*-Interview mit Müller herüber, in dem mit blauem Textmarker Passagen markiert sind. Diese Kopie des Interviews könnten wir später mitnehmen. Erneut erzählt er die Geschichte von Müllers missglückter Übernahme des Konkurrenten Douglas, seiner ebenfalls missglückten Wette auf die türkische Lira und der Selbstanzeige. Dabei schaut er immer wieder auf das Blatt Papier vor sich, worauf er sich mit rotem Stift Notizen gemacht hat. Aber viel Neues bekommen wir nicht zu hören. Im Großen und Ganzen sind es dieselben Anekdoten, die er vor ein paar Tagen schon am Telefon erzählt hat, nur angereichert um einige Details, vielleicht auch ein paar Interna. Als er mit seinem langatmigen Vortrag fertig ist, schaut er von seinen Notizen auf. Mit seinem festen Blick fixiert er uns.

Ich bedanke mich für die Ausführungen. Einen Großteil davon könne man jedoch in Pressearchiven nachlesen, sage ich in die Runde, und reiche ihm die Kopie des *Focus*-Interviews zurück. Wir seien nicht interessiert.

Die drei schauen sich verdutzt an. Der PR-Berater ergreift schließlich das Wort: »Gut, ich glaube, wir beenden das Gespräch an dieser Stelle.« Zum Abschied prophezeie ich Henke, dass er heute vor dem Landgericht Köln verliert. Ich habe keine Ahnung, dass das Gericht schon früh morgens zugunsten des *stern* entschieden hat. Henke war sogar anwesend, wie ich später erfahre. Er muss danach den nächsten Flieger nach Zürich genommen haben, um nun bei uns zu versuchen, auf anderem Wege eine »identifizierbare Berichterstattung« zu verhindern.

Hamburg, 16. April 2014

Unter dem Titel »Guru der Gierigen« erscheint unsere Story über Hanno Berger. Ursprünglich hatten wir gar nicht vor, den Ex-Partner von Berger darin zu thematisieren. Für uns war er nur eine Randfigur. Nach dem Treffen in Zürich haben wir uns anders entschieden. Am früheren Nachmittag geht das Urteil des Bundesfinanzhofs über den Ticker. Der Papst hat gesprochen, um in der Diktion von Hanno Berger zu bleiben, und er hat den Bescheid aufgehoben. Die mit Cum-Ex ergaunerten Steuerbescheide müssen nicht ausbezahlt werden. Der Kardinal schweigt. Berger ist telefonisch für mich nicht mehr zu erreichen.

Zürich, 7. Mai 2014

Statt mit uns zu sprechen, hat Berger ebenfalls den Medienanwalt Ralf Höcker eingeschaltet und vor dem Landgericht Köln eine einstweilige Verfügung gegen uns erwirkt. Es ist dasselbe teure Spiel wie zuvor bei Kai Henke. Berger will weder Eigentümer seines noblen Unterschlupfes in Zuoz sein noch etwas mit der Offshore-Firma Oak auf den Britischen Jungferninseln zu tun haben. Dies sollen wir nicht mehr behaupten und verbreiten dürfen. Die zweite Aussage können wir durch interne Unterlagen aus der Sarasin-Bank leicht belegen, da Bergers illegale Provisionen dorthin transferiert wurden. Bei der Eigentümerfrage des Hauses in Zuoz ist uns in der Tat ein kleiner Fehler unterlaufen: Es gehört formal nicht Berger, sondern seiner Ehefrau.

Als ich Josef Talheimer davon erzähle, muss er herzhaft lachen. Mit dem früheren Compliance-Chef der Sarasin-Bank sitze ich im Lobby-Café des »Schweizerhof«, das mir mittlerweile fast so vertraut ist wie das eigene Wohnzimmer. Seit unserer letzten Veröffentlichung sind nicht nur einstweilige Verfügungen bei uns eingegangen, sondern auch eine Reihe neuer Dokumente zu den Machenschaften von Berger. Vieles erklärt sich von selbst, aber es gibt Unterlagen, bei denen Talheimer helfen kann, sie zu verstehen oder einzuordnen.

Bislang war er dazu auch klaglos bereit, so lange es nicht konkret um

Kunden seines früheren Arbeitgebers ging. Erst vor eineinhalb Wochen hatten wir uns zum ausführlichen Gespräch über die Cum-Ex-Branche am Flughafen getroffen. Aber diesmal ist es anders. Talheimer will Geld. Als ich mich etwas verwundert zeige, argumentiert er: Er sehe sich als »Helpdesk« und erbringe eine Dienstleistung, die eben honoriert werden müsse. Der Journalismus habe nicht nur eine aufklärerische Seite, sondern auch eine geschäftliche. Schließlich verdiene der *stern* Geld damit, und ich würde auch meinen Lebensunterhalt damit bestreiten. Wieso solle er also seine Zeit und Arbeit umsonst zur Verfügung stellen?

Als ich zaghaft nachfrage, was er sich vorstellt, nennt er eine Summe, die mich überrascht: 3000 Euro. Es erschließt sich mir nicht, warum ein Jurist mit einem geschätzten Jahresgehalt von mehr als 200 000 Schweizer Franken diesen in Relation geringen Geldbetrag für seine Hilfe aufruft. Vermutlich Bankerlogik. Nichts ist umsonst, sonst ist es wertlos. Wenn Talheimer sich nicht als Informant, sondern als »Dienstleister« des *stern* versteht, soll er sich so auch verhalten. Wie jeder andere freie Mitarbeiter möge er eine Rechnung stellen. Als Compliance-Manager muss ich Talheimer nicht erklären, was das bedeutet. Seine Forderungen werden verbucht, und er muss das Honorar versteuern.

Talheimer meint, das sei kein Problem. Als ich zwei Tage später zurück in Hamburg bin, erhalte ich eine SMS: »Hallo Herr Schröm, bestens, Rechnung kommt. Gruss Talheimer.« Danach höre ich für Jahre nichts mehr von ihm.

10

Zürich, 13. Mai 2014

Es ist kühl und Wolken hängen über der Stadt, als Josef Talheimer in sein Büro bei Julius Bär kommt. Er ist nun schon einige Monate bei der Bank. Talheimer fährt seinen Computer hoch, im Pappbecher neben der Tastatur dampft ein Kaffee. Ohne Anklopfen öffnet sich die Bürotür. Vier Männer in Zivil treten ein. »Polizei. Sie sind verhaftet«, sagt einer und zeigt seinen Ausweis. Aus dem Hintergrund hört Talheimer eine Anweisung. »Sofort durchsuchen!« Sie kommt vom Staatsanwalt. Peter Giger, 49, ist persönlich vor Ort. Giger will hier nichts liegenlassen. Er rechnet mit Belegen, die den Verdacht erhärten, dass der vier Jahre jüngere Mitarbeiter der Bank bei seinem letzten Arbeitgeber straffällig geworden ist. Giger erklärt Talheimer, dass dafür eine Freiheitsstrafe von einem Jahr oder mehr vorgesehen ist.

»Kennen Sie einen Rechtsanwalt?«, fragt Giger.

Talheimer verneint. Darauf ist Giger vorbereitet. Es gibt ja Pflichtverteidiger.

»Hier ist die Liste.«

Auf mehreren DIN-A4-Blättern stehen Namenkolonnen. Talheimer überfliegt die aufgeführten Anwälte – er kennt keinen von ihnen.

»Suchen Sie sich einen raus«, sagt er zu Giger. Talheimer geht davon aus, dass er nach zwei oder drei Tagen wieder auf freiem Fuß ist. Was soll man ihm schon nachweisen?

In einem Zivilwagen und ohne ihm Handschellen anzulegen bringen die Beamten Talheimer zur Kantonspolizei am Züricher Hauptbahnhof. Dort notieren andere Polizisten Talheimers persönliche Daten, fotografieren ihn, nehmen Fingerabdrücke. Dann bringen sie ihn in eine Einzelzelle.

Es war die Sarasin-Bank, die Talheimer per Anzeige am 9. Mai 2014 angezeigt hat. Der Ex-Mitarbeiter stehe im Verdacht, Bernd Vogel mit Unterlagen zu Cum-Ex-Geschäften bedient zu haben. Peter Giger hat die erste Vernehmung auf 14 Uhr angesetzt. Tatsächlich startet er sie um 14:45 Uhr. Er erkundigt sich zuerst nach den Verhältnissen, in denen Josef Talheimer augenblicklich lebt. Talheimer ist nach der Trennung von seiner Frau in ein Zimmer auf dem Land gezogen, von dort pendelt er zur Arbeit nach Zürich. Seiner Ex-Frau und den beiden Kindern zahlt er Unterhalt. Ab und an reist er nach Hanau bei Frankfurt. Dort wohnt seine Lebensgefährtin.

Dann befragt ihn der Staatsanwalt zur Sache.

Giger: »Sie stehen in dringendem Verdacht, Geschäftsgeheimnisse der Bank J. Safra Sarasin AG und Bankkundengeheimnisse der Kunden der Bank J. Safra Sarasin AG verraten zu haben. Wollen Sie dazu etwas ausführen?«

Talheimer: »Unbedingt. Ich war bei der Bank Sarasin in der Funktion als Head Legal & Compliance & Products & Services tätig. Ich habe in dieser Funktion unter anderem Produktprüfungen vorgenommen, beziehungsweise durch Mitarbeiter meines Teams vornehmen lassen. Im Zusammenhang mit den in der Verfügung genannten Cum-Ex-Geschäften kann ich mich daran erinnern, dass im Frühjahr des letzten Jahres ein Kunde die Bank eingeklagt hat. Infolgedessen wurde eine Arbeitsgruppe gebildet, die aus Mitgliedern verschiedener Abteilungen der Bank bestand. Eine Mitarbeiterin von mir nahm Einsitz in diese Arbeitsgruppe und war für juristische Beurteilungen zuständig. Ich selbst war nicht Mitglied dieser Arbeitsgruppe. Meine Mitarbeiterin hat jedoch für potenzielle Ferien oder Krankheitsabsenzen mir Zugriff auf den ›Ordner‹ erteilt. Wir haben dort, oder sie hat mit mir auch einzelne Vorgänge durchbesprochen, um eine zweite juristische Meinung einzuholen. In diesem Zusammenhang habe ich auch einzelne Dokumente gesehen und begutachtet. Ich habe aber zu keinem Zeitpunkt Unterlagen weitergegeben, so dass ich die mir vorgeworfenen Straftaten nicht nachvollziehen kann.«

Giger: »Das war's?«

Talheimer: »Ja.«

Dass sein Gegenüber jede Weitergabe interner Bankdokumente zurückweist, kann Peter Giger nicht überraschen. Er ist bereit, in der Vernehmung weite Wege zu gehen. Der Staatsanwalt weiß, dass in diesem Kampf um ein Geständnis die Zeit für ihn spielt. Der Verdächtige hat nämlich einen Nachteil: Er sitzt im Gefängnis und ist daran keineswegs gewöhnt.

Doch erst einmal beantwortet Josef Talheimer, der selbst Jurist ist, die Fragen des Staatsanwalts ruhig. Auch als Giger ihm Tatsachen vorhält, die sich aus der Auswertung interner Computerdaten der Bank ergeben, bleibt Talheimer gelassen.

Giger: »Der Tatverdacht beruht darauf, dass Group Internal Audit der Bank J. Safra Sarasin AG (...) ausführt (...), sie hätten am 22.11.2013 um 09:26 Uhr ein Dokument ›Weisungsverstöße K.H.‹ (K.H. steht für den Mitarbeiter Kai Henke) ohne berufliche Veranlassung ausgedruckt. Was sagen Sie dazu?«

Talheimer: »Das mag sein, dass ich dieses Dokument, wenn es Internal Audit geprüft hat, ausgedruckt habe. Dieses Ausdrucken von Dokumenten, sowohl dieses als auch anderer Dokumente, hängt damit zusammen, dass ich ungern online lese, weil meine Sehstärke in den letzten Monaten stark nachgelassen hat. Möglicherweise. Oder ich kann es mir nur so erklären, dass ich dieses Dokument versehentlich ausgedruckt habe.«

Giger: »Dieses Dokument sei nur einem kleinen Kreis von Personen zugänglich gewesen und als vertraulich qualifiziert gewesen. Was sagen Sie dazu?«

Talheimer: »Das ist richtig. Meines Wissens waren Dokumente in diesem Zusammenhang nur einem kleinen Kreis zugänglich. Ich habe dieses Dokument aber, wie auch andere vertrauliche Dokumente, und von denen gibt es relativ viele, auch in meiner jetzigen Tätigkeit bei Julius Bär, nach dem Ausdruck im Schredder entsorgt.«

Giger: »An anderem Ort (...) wird weiter ausgeführt, dieses Dokument sei fünf Tage später, am 27. November 2013, Beilage gewesen zu einem erpresserischen Mail (...) an Kai Henke, der damals bereits länger nicht mehr bei der Bank gearbeitet habe. Was sagen Sie dazu?«

Die »erpresserische E-Mail« ist kurz und ging am Spätnachmittag jenes 27. November 2013 im privaten Account von Kai Henke ein, als dieser noch Leiter Privatkunden Deutschland der Sarasin-Bank war. Der Schreiber hängte interne Sarasin-Dokumente an und schrieb:

> *Moin Moin,*
> *beiliegende Doks werden in der nächsten Woche zusammen mit vielen anderen Unterlagen an die Versicherungen verschickt. Nach Auszahlung wird man dort die Verantwortlichen in Regress nehmen.*
> *Ausserdem haben bestimmte Stellen in Deutschland sehr grosses Interesse an den Unterlagen. Nur zur Info …*

Talheimer streitet kurzerhand ab, den Inhalt zu kennen. Doch Giger hat Nachfragen.

Talheimer: »Dazu kann ich nichts sagen. Mir ist kein Mail bekannt.«

Giger: »Das erpresserische Mail ist am 27. November 2013 (…) vom Account haubentaucherl7@Yahoo.com versandt worden. Was sagen Sie dazu?«

Talheimer: »Da kann ich nichts dazu sagen. Das weiß ich nicht.«

Giger: »Die technische Analyse der IP-Adresse habe ergeben, dass dieses E-Mail aus der Gemeinde Hanau, Großraum Frankfurt, versandt worden sei. Was sagen Sie dazu?«

Talheimer: »Da kann ich auch nichts dazu sagen.«

Giger geht an diesem Tag auch noch auf Talheimers letzten Arbeitstag bei Sarasin ein. Beim Ausdrucken der Dokumente hat er elektronische Fußabdrücke hinterlassen. Giger hält Talheimer einzelne Bankdokumente vor. Talheimer erklärt, der Drucker habe auf der Etage gestanden und viele Mitarbeiter hätten darauf Zugriff gehabt. »Dies hatte zur Konsequenz, dass andere Mitarbeiter häufig auch fremde Dokumente mitnahmen. Dann musste man halt zweimal ausdrucken.«

Giger kennt die Druckerdaten, und er weiß, dass er in Kürze auch die Nachrichten kennen wird, die Talheimer auf seinem Smartphone geschrieben und empfangen hat. Er geht nun auf den *stern*-Artikel »Die Gierigen« ein, die Titelgeschichte vom 20. März 2014 über Carsten Maschmeyer, Clemens Tönnies und andere prominente Deutsche, die mithilfe von Hanno Berger und der Sarasin-Bank Cum-Ex-Deals machten.

Giger: »Sie haben soeben erwähnt, eine ehemalige Mitarbeiterin habe Sie mit einem SMS angeschrieben und auf den *stern*-Artikel Bezug genommen. Dadurch hätten Sie von diesem Artikel erfahren. Wir müssten den SMS-Verkehr auf dem Samsung finden, das wir heute behändigt haben. Wollen Sie damit sagen, dass Sie mit dieser *stern*-Publikation rein gar nichts zu tun haben?«

Talheimer: »Das ist korrekt.«

Giger: »Und Sie kennen diese Journalistenkreise auch nicht?«

Talheimer: »Ich bin, wie ich gehört habe, neben anderen ehemaligen Mitarbeitern in den letzten Wochen telefonisch kontaktiert worden. Dies war etwa vor zwei Wochen, also nach diesem Artikel. Auf die Frage, woher der Redakteur meinen Namen und gar meine Telefonnummer hat, sagte er mir, er gebe die Quelle nicht preis. Sagte aber gleichzeitig, dass er bereits viele Mitarbeiter oder ehemalige Mitarbeiter kontaktiert habe.«

Giger: »Und bei diesem Telefon blieb es?«

Talheimer: »Ich muss überlegen. Der Redakteur war recht geschickt. Er erwähnte Namen ehemaliger und bestehender Mitarbeiter, die er bereits kontaktiert habe, und wollte weitere Detail-Informationen zu dem Fall Müller, nicht zum Maschmeyer-Fall, sondern zu einem früheren Fall. Ich sagte ihm, dass ich diese Informationen aufgrund der bestehenden Geheimhaltungspflichten nicht geben würde (…).«

Giger: »Im Bericht von Group Internal Audit wird weiter ausgeführt, Sie hätten am 17. September 2013 zudem das Dokument ›Übersicht Kundenbeziehung Carsten Maschmeyer II‹ ausgedruckt, das später im *stern*-Magazin vom 20. März 2014 auf Seite 56 abgedruckt worden sei.«

Talheimer: »Nein, wie gesagt. Ich habe aber (wenn der Logfile dies sagt) dies ausgedruckt. Ich habe es aber nachher vernichtet.«

Geduldig geht Giger weitere Dokumente mit Talheimer durch, darunter auch ein Freshfields-Gutachten. Talheimer streitet ab, die Papiere weitergeleitet zu haben. Giger fragt Talheimer nach seiner Beziehung zu Bernd Vogel. »Ein ehemaliger Kollege, den ich aus den Zeiten bei der Credit Suisse in den frühen Zweitausenderjahren kennen gelernt habe«, antwortet Talheimer. »Wir haben uns dann aus den Augen verloren, bedingt durch beiderseitige berufliche Wechsel. Wir treffen uns jetzt wieder seit einiger Zeit, ab und zu zum Lunch oder auch zum Nachtessen.« Ein privater Kontakt, »dass man sich gegenseitig zu Hause besucht hat«, habe nicht bestanden.

Peter Giger gibt an diesem ersten Verhörtag auch Wissen preis, dass er gewonnen hat, weil Josef Talheimer von zwei Detekteien im Auftrag der Sarasin-Bank observiert wurde. Deren Erkenntnisse sind in den »Confidential Report« der Bank eingeflossen, der Giger vorliegt und den er der Ermittlungsakte hinzugefügt hat.

Peter Giger, Mitglied der rechtspopulistischen Schweizerischen Volkspartei, wirkt in diesem Fall, als agiere er im Interesse der heimischen Finanzindustrie. Denn Giger weiß sehr wohl, dass Talheimer und Vogel daran beteiligt waren, ein Fehlverhalten der Sarasin-Bank aufzudecken. Das zeigt ein Brief, den Giger später an die Schweizer Bundesanwaltschaft schickt. Dort schreibt er von einer »fragwürdigen Finanzanlage, die von der Bank J. Safra Sarasin AG an sehr reiche Kunden vertrieben wurde«, und stellt fest: »Diese fußte auf einer Steuerumgehung.«

Allerdings hat Giger bei seinen Ermittlungen gegen die beiden Deutschen eine Sache zu beachten: Ein Richter könnte den Sachverhalt auch so beurteilten, dass hier zwei Banker Unterlagen eines Bankkunden an dessen Rechtsanwalt gegeben haben. Daran ist erst einmal nichts auszusetzen, denn der Kunde – in diesem Fall Erwin Müller – hat ja das Recht, Einblick in die ihn betreffenden Unterlagen zu erhalten. Wirtschaftspolitisch mag Peter Giger es für unverfroren oder gar skandalös halten, dass Talheimer und Vogel nicht im ökonomischen Sinn der Schweizer Bank handelten, bei der sie angestellt waren. Strafrechtlich scheint es aber gar nicht sicher zu sein, dass sich die beiden in dieser Sache schuldig gemacht haben.

Vielleicht weiß Giger das schon, als er seine Vernehmung führt, vielleicht ahnt er es nur. Jedenfalls greift er entschlossen zu, als plötzlich ein ausländischer Journalist und ein ausländisches Medium in der Gemengelage auftauchen. Ein Treffen mit dem deutschen Reporter, der womöglich Interna aus einer Schweizer Bank erhält, um sie zu veröffentlichen, kann man in der Schweiz auch als Wirtschaftsspionage bewerten. Eine Redaktion und ihr Mitarbeiter werden damit zur feindlichen Macht hochstilisiert. Der Kontakt zum *stern* ist für Giger jedenfalls eine heiße Kiste. Talheimer soll sich zu dem Treffen äußern.

Giger: »Das Treffen mit Schröm vom 18.04.2014 soll 110 Minuten gedauert haben. Was sagen Sie dazu?«

Talheimer: »Das stimmt definitiv nicht, es war ein Kaffee. Und er hatte, wie gesagt, auch noch Weitere, die er treffen wollte. Ob er dort noch länger saß, weiß ich nicht.«

Auch hier ist der Staatsanwalt dank der Zuarbeit der Bank im Vorteil. Denn was die Detektive im Auftrag der Bank herausfanden und niederschrieben, liegt ihm vor. Darin ist zu dem Treffen Talheimers mit dem Reporter aus Deutschland vermerkt:

11.45 h: JT (Josef Talheimer, Name geändert) bestieg in Zürich Altstetten den Zug Richtung ZRH Flughafen. Er verließ diesen Zug in Oerlikon um 11.49 h, um sich auf der Plattform nervös und aufmerksam umzusehen. In der Folge bestieg er dann den nächsten Zug Richtung Zürich Flughafen.
Dort begab er sich ins Flughafenhotel Radisson Blue (Open Lounge). JT wurde dort um 12.10 h von Oliver Schröm, einem bekannten deutschen Investigativ-Journalisten, erwartet. In der Folge fand ein rund zweistündiges Meeting mit diesem Journalisten statt, in welchem zahlreiche Dokumente hin- und hergeschoben und besprochen wurden. Einzelne Textpassagen in diesen Dokumenten waren mit Leuchtstift markiert. Das Überwachungsteam konnte feststellen, dass das Meeting eher in einer angespannten Atmosphäre begonnen hatte und in einer gelösten Atmosphäre endete. JT verließ das Treffen um 14.00 h, um an seinen Arbeitsplatz in Zürich Altstetten zurückzukehren.

In der Vernehmung bedient Giger sich seines Wissens.

Frage: »Sie erschienen um 12:10 Uhr und verließen das Meeting um 14:00 Uhr, um an ihren Arbeitsplatz in Altstetten zurückzukehren. Was sagen Sie dazu?«

Talheimer: »Wie gesagt, ich habe ein Kaffee oder Mineralwasser getrunken. Und entsprechend lang hat das Meeting gedauert. Ich musste noch etwas vorbereiten für meine Sitzung und habe mich dann in die Kantine bei Julius Bär gesetzt, um dabei noch etwas zu essen.«

Giger: »Was haben Sie besprochen mit Schröm?«

Talheimer: »Ich wollte ihm einfach persönlich den Standpunkt klarmachen, dass ich keine Aussagen tätigen werde und er von mir keine Informationen erhalten wird.«

Giger: »Während dem Meeting wurden zahlreiche Dokumente hin und her geschoben. Was können Sie dazu ausführen?«

Talheimer: »Ich kann dazu ausführen, dass von mir sicher kein einziges Dokument übergeben oder gezeigt wurde. Ich hatte gar nichts dabei. Schröm hatte Dokumente dabei, die er mir gezeigt hat, um mich damit zu Aussagen zu verleiten. Er hatte einen Ordner dabei.«

Giger: »Sie sollen auch ein Dokument unterzeichnet haben. Was können Sie dazu ausführen?«

Talheimer: »Ich habe kein Dokument unterzeichnet. Wer behauptet das? Wenn Sie mir den Vorhalt machen, weil in irgendeiner Weise Informationen geflossen sind – ich habe definitiv nichts unterschrieben.«

Giger: »Am 7. Mai 2014 trafen Sie Oliver Schröm abermals. Was können Sie dazu ausführen?«

Talheimer: »Ich habe ihn nicht verabredet getroffen, wir sind uns über den Weg gelaufen. Er stand, das war in Zürich am Hauptbahnhof, ich hatte einen Kollegen bei mir. Ich bin dann – wie war denn das? Wir sind zu dritt in die Bahnhofsstraße eingebogen, weil ich noch Besorgungen machen musste, und dann hat, und dann haben wir noch im Schweizerhof ich meine ein Bier oder so genommen. Es war ebenfalls ein Treffen von kurzer Dauer.

Giger: »Wer waren die Kollegen, die dabei waren? Waren die im Schweizerhof auch dabei?«

Talheimer: »Nein.«

Giger: »Wer waren die Kollegen?«

Talheimer: »Das weiß ich nicht mehr.«

Giger: »Heute schreiben wir den 13.05.2014, wir sprechen jetzt vom 07.05.2014, vom letzten Mittwoch. Was sagen Sie dazu?«

Talheimer: »Dass ich erstaunlich finde, dass ich mich nicht erinnern kann. Aber da ich durch meine Wohnsituation im Moment viel Anderes im Kopf habe. Herr Schröm wollte sich, nach meiner Erinnerung, dann noch am Hauptbahnhof mit einem ehemaligen Mitarbeiter treffen, der sich verspätet hat oder nicht gekommen ist.«

Talheimer schildert dem Staatsanwalt eine Version über die Treffen und den Austausch mit dem Journalisten, die ihn entlasten sollen. Er will von dem Kontakt zu dem Müller-Anwalt Seith ablenken, den er wohl juristisch als problematischer erachtet. Giger geht es unterdessen vor allem um die Frage, ob Talheimer dem deutschen Journalisten Dokumente übergeben hat.

Giger: »Im Schweizerhof sollen wieder Dokumente ausgetauscht worden sein. Was sagen Sie dazu?«

Talheimer: »Das ist ebenfalls nicht korrekt.«

Giger: »Inwiefern?«

Talheimer: »Ich habe kein Dokument ausgehändigt.«

Giger bleibt hartnäckig, gibt nicht auf. Er will Talheimers Kontakt zu dem Journalisten aus Deutschland noch nicht abschreiben.

Giger: »Hat ihnen Schröm Dokumente ausgehändigt?«

Talheimer: »Nein.«

Giger: »Hat ihnen Schröm Dokumente gezeigt?«

Talheimer: »Ja, er hatte wieder seinen Ordner dabei. Aber ich habe keine Dokumente gegeben oder angenommen. Aber Schröm hat wieder versucht, mich zu locken.«

Giger: »Und wanderten nun Dokumente über den Tisch hin und her oder wanderten keine Dokumente über den Tisch hin und her?«

Talheimer: »Nein, er hat mir lediglich Dokumente aus dem Ordner gezeigt. Er hat die einzelnen Dokumente rausgenommen und mir gezeigt. Also nicht alle, nur so ein bis zwei, wie man das so macht.«

Josef Talheimer bittet den Staatsanwalt an dem Tag noch, dass seine Ex-Frau und seine Lebensgefährtin von der Inhaftierung erfahren. Auch seinen Vorgesetzten bei der Bank Julius Bär möchte er davon in Kenntnis setzen.

Am Ende des ersten Verhörs fragt der Staatsanwalt noch zur Gesundheit:

Giger: »Fühlen Sie sich gesund?«

Talheimer: »Ich bin grundsätzlich körperlich gesund, brauche zuweilen wegen meiner Behinderung Schmerztabletten. Im Moment fühle ich mich gesund.«

Giger: »Brauchen Sie Medikamente jetzt?«

Talheimer: »Jetzt nicht.«

Dann schließen sich für Josef Talheimer die Türen. Er erhält ein Bett in einer Sechser-Zelle in dem Untersuchungsgefängnis in Dielsdorf, rund 40 Autominuten von Zürich entfernt. Der Fernseher läuft nahezu rund um die Uhr. Komplette Sendungen kann Talheimer dabei nicht anschauen – meistens zappt einer der anderen Häftlinge zügig weiter.

Talheimer kann in den nächsten Tagen schlecht schlafen. Mehrfach muss er sich übergeben. Er reicht Haftbeschwerde ein, die Mitte Juni abgelehnt wird. Talheimer versteht, dass er nicht nur ein paar Tage im Gefängnis bleiben muss – und womöglich auch nicht nur ein paar Wochen.

Zürich, 12. Juni 2014

Nach 30 Tagen im Untersuchungsgefängnis vernimmt ihn Staatsanwalt Peter Giger erneut. Das Gespräch beginnt bei dem Thema, mit dem es einen Monat früher geendet hat. Doch inzwischen hat sich für Josef Talheimer einiges geändert.

Giger: »Wie geht es Ihnen gesundheitlich?«

Talheimer: »Mir geht es gesundheitlich sehr schlecht, und zwar von Tag zu Tag schlechter. Der Hintergrund ist meine von Geburt an bestehende Körperbehinderung, die einer regelmäßigen Therapie sowie auch einer orthopädischen Matratze bedarf, um schmerzfrei sein zu können und insbesondere auch keine Muskelreduktion zur Folge zu haben. Ich habe mich regelmäßig beim Gefängnisarzt gemeldet, der mir meines Wissens am 28.05.2014 eine Physiotherapie verordnet hat, die ich aber bis zum heutigen Tage nicht erhielt. Ich erhalte dreimal täglich Schmerzmittel. Ein Mittel gegen die Spastik, ein Mittel gegen Übelkeit, dies als Konsequenz gegen die Nebenwirkung der Medikamente, sowie ein Magenmittel. Ich habe das Schmerzmittel am heutigen Tage reduziert, um meine Wahrnehmungsfähigkeit auf ein ausreichendes Niveau zu bringen, bin da aber nicht sicher, ob ich mit dieser Maßnahme den Anforderungen der Einvernahme bis zum Ende und vollumfänglich gerecht werde. Ich habe starke Schmerzen im Rückenbereich, in der Hüfte, besonders in der rechten Hüfte.«

Talheimer ist von Geburt an schwerbehindert. Die Nabelschnur hatte sich um seinen Hals gelegt, sodass sein Gehirn nicht genügend Sauerstoff bekam. Als Säugling war er halbseitig gelähmt. Deshalb hält er noch heute seine rechte Hand wie abgeknickt. Beim Gehen zieht er das rechte Bein nach.

Josef Talheimer, Jurist, beschreibt den Zustand, in dem er sich nach einem Monat Haft befindet, zwar sachlich, doch macht er deutlich, es geht ihm ausgesprochen dreckig. Der Gefängnisarzt habe ihn bereits auf die begrenzten Therapiemöglichkeiten im Gefängnis hingewiesen, doch er brauche Physiotherapie.

Was er bekommt, sind starke Schmerzmittel, darunter das Opiat Tramol. Es schränkt seine Wahrnehmung stark ein. Dreimal täglich reicht ihm ein Wärter in Latexhandschuhen durch eine Klappe in der Zellentür einen Klarsichtschieber mit Schmerztabletten. Talheimer muss sie sofort einnehmen, anschließend den Mund aufmachen und die Zunge herausstrecken, damit sich der Wärter davon überzeugen kann, dass er die Tabletten auch geschluckt hat.

Talheimer beschreibt dem Staatsanwalt die »Grenzsituation«, in der nicht nur er, sondern auch seine Ex-Frau sich befindet. Sie ist ungelernt und sucht nun als Deutsche Arbeit in der Schweiz, um sich und die beiden gemeinsamen Kinder zu versorgen, da er seinen Arbeitsplatz bei der Bank Julius Bär verloren hat. Er wolle alles tun, was helfe, um seinen Haftbefehl außer Kraft zu setzen, sagt er. Es geht erneut um die Kontakte zu dem deutschen Journalisten.

Giger: »Sie haben jetzt die Gelegenheit, die Wahrheit zu erzählen, Herr Talheimer. Wollen Sie davon Gebrauch machen?«

Talheimer: »Herr Staatsanwalt, das ist die Wahrheit.«

Giger: »Zwischenzeitlich haben wir weitere Verbindungen erheben können, mit Schröm sind wir bis dato bei weit über 100 Verbindungen, die weit zurückreichen – viel weiter als dass Sie uns angeben. Sie sagen nach wie vor nicht die Wahrheit, obwohl Sie es beteuern.«

Talheimer: »Ich beteuere, und dies wird die Zeugeneinvernahme des Herrn Schröm auch ergeben, dass ich die mir zur Last gelegten strafrechtlichen Taten nicht begangen habe. Es gab in anderen Zusammenhängen Kontakte mit Schröm.«

Zu einer Einvernahme des Herrn Schröm wird es nicht kommen, was allerdings nicht am Staatsanwalt Giger liegt.

Talheimer erzählt dem Staatsanwalt nun, der *stern* habe von ihm »in abstrakter Form« seine Meinung als Bankjurist zu anderen Recherchen im Umfeld von Finanzdienstleistungen hören wollen. Giger entgegnet, die »Geschichte betreffend allgemeinen Beratungsbedarfs von Herrn Schröm« mache auf ihn »keinen überzeugenden Eindruck«. Talheimer windet sich. Er leidet er offenbar stark unter den Haftbedingungen.

Zürich, 20. Juni 2014

Mehr als zwölfmal lässt Peter Giger den Untersuchungshäftling Josef Talheimer zur Vernehmung vorführen. Am 20. Juni 2014 erklärt Talheimer gleich zu Beginn, dass es ihm »gesundheitlich sehr schlecht« gehe. Er sei in der vergangenen Woche mehrfach gestürzt, »bedingt sicher durch die hohe Dosierung der Medikamente, die ich seit drei Wochen erhalte«. Heute im Transporter habe er das Gefühl gehabt, sich übergeben zu müssen.

Nach einiger Zeit bittet Talheimer um eine Pause. Giger lehnt ab. Talheimer versucht es nochmal, sagt, er wolle nicht mehr die Unwahrheit sagen. »Ich bitte aber im Hinblick auf meinen angegriffenen Gesundheitszustand um Verständnis, dass ich umfassende Äußerungen heute nicht machen kann, weil ich mich unwohl fühle.« Giger entgegnet, er könne ja damit beginnen.

Talheimer: »Das Problem ist, dass ich wirklich im Moment viele Dinge durcheinanderbringe, und dass ich hier insbesondere korrekt meine Aussagen treffen möchte, wozu ich mich im Moment nicht in der Lage sehe. Dies gerade auch im Hinblick auf die Komplexität der Thematik.«

Talheimers Zustand, dokumentiert durch einen Arztvermerk, mag an den Tabletten liegen, die ihm verordnet werden – und deren Einnahme von den Beamten im Gefängnis kontrolliert wird. Der Staatsanwalt zeigt sich allerdings unbeeindruckt.

Giger: »Sie sind Anwalt, Sie sprechen nach wie vor druckreif ins Protokoll. Ihre Aussagen sind stringent. Sie werden nach weiterer Haft nicht fitter sein als heute.«

Es liest sich im Vernehmungsprotokoll beinahe unwürdig, wie Talheimer noch ein weiteres Mal um Nachsicht bettelt. »Ich bin wirklich beeinträchtigt in meiner Wahrnehmung. Ich habe Schwindelgefühle und seit zwei Tagen kaum etwas gegessen. Mir geht es sehr schlecht, wirklich sehr schlecht«, sagt er.

Etwas später gewährt der Staatsanwalt eine halbstündige Pause.

Talheimer hat trotz seiner körperlichen Behinderung noch immer keine Physiotherapie erhalten. Gegen die Schmerzen bekommt er unverändert täglich starke Medikamente, berichtet er Giger zum Anfang seiner Einvernahme am 3. Juli 2014. Talheimer ist am Ende. Er hat eine lange Erklärung vorbereitet, geplant als Befreiungsschlag.

»Ich weiss, dass ich wiederholt unglücklich ausgesagt und nicht nur Ihnen, sondern anderen die Zeit gestohlen habe«, beginnt er. »Ich bedauere dies, und ich möchte heute Ihrer Empfehlung Folge leisten, reinen Tisch machen. Dies vor dem Hintergrund meiner familiären und meiner persönlichen gesundheitlichen Situation und auch vor dem Hintergrund Ihrer Begründung, dass Sie mich unter Umständen aus der Haft entlassen würden, wenn Sie mich nicht mehr brauchen.« Um vom eigentlichen Thema abzulenken, der Übergabe von Dokumenten an Seith, wirft Talheimer dem Staatsanwalt ein Leckerchen hin: »Ich möchte beginnen mit dem Komplex Schröm.« Talheimer trägt vor, er habe dem *stern*-Reporter beim letzten Treffen, kurz vor seiner Verhaftung, ein Dokument in geschwärzter Form übergeben, ein Freshfields-Gutachten zur Einordnung der Cum-Ex-Geschäfte von Sarasin. Dafür habe ihm der *stern* später 3000 Euro überwiesen.

Seine Aussage erstreckt sich über sieben Stunden, unterbrochen von einer 15-minütigen und einer eineinhalbstündigen Pause. Thalheimer verliert sich oft in Allgemeinplätzen zur Gesetzessituation zu Cum-Ex in Deutschland, über Hanno Berger und Sarasin. Nach einer Mittagspause erwähnt er fast beiläufig, wie er sich auf Bitten von Vogel erstmals mit Seith traf. Der Anwalt habe ihm Unterlagen zur Prüfung ausgehändigt und nicht umgekehrt. »Inhaltlich sagte Seith zu mir, dass er die Unterlagen erworben habe.«

Talheimers Hoffnung, nach seiner langen Einlassung entlassen zu werden, erfüllt sich nicht. Am 10. Juli 2014 wird die Vernehmung fortgesetzt. Giger geht es inzwischen längst auch um Talheimers Kontakte mit Eckart Seith.

»Bei mir entsteht einfach der Eindruck, dass Sie am Abend des letzten Arbeitstages bei der Bank J. Safra Sarasin AG zum Anwalt des Erzfeindes fahren, der die Bank mit einer gewaltigen Klage in existenzielle Nöte bringt«, sagt Giger.

Erneut offenbart Giger, wie er als Schweizer Patriot die Dinge versteht. Die zwei Bankmitarbeiter Talheimer und Vogel sind Täter, der Anwalt des Bankkunden Müller ein »Erzfeind«, der die Bank, demnach das Opfer, in Nöte bringt. Giger agiert nicht wie ein Staatsanwalt, der Verbrechen aufklären muss. Er denkt politisch, hat die Interessen der Schweizer Banken im Blick, will offenkundig den Finanzplatz Schweiz schützen.

Talheimer ist Giger in dem Vernehmungsmarathon letztlich nicht gewachsen. Er fleht den Staatsanwalt an: »Ich muss aus der Haft. Ich halte es da nicht mehr aus.« Talheimer weint.

Zürich, 12. Juli 2014

Giger hat sich an diesem Tag etwas vorgenommen, was er die »Achse Schröm/*stern*« nennt. Vernehmungstaktisch macht der Staatsanwalt damit alles richtig. Die langen Vernehmungen und der starke Medikamenteneinfluss sorgen nämlich dafür, dass Talheimer erneut in schlechter Verfassung ist. Weil der Deutsche noch immer nichts Substanzielles zu Seith und Vogel sagt, will Giger ihm mit den 3000 Euro vom *stern* für ein geschwärztes Freshfields-Gutachten einen Strick drehen. Dass die Aussagen Talheimers dazu jeglicher Logik entbehren, stört Giger nicht. Als Datum der Übergabe des Dokumentes hatte Talheimer in den zurückliegenden Verhören den 7. Mai 2014 angegeben, sieben Wochen nach Erscheinen der *stern*-Story »Die Gierigen«. Der *stern* soll also für ein geschwärztes Dokument über die Cum-Ex-Geschäfte der Bank Sarazin bezahlt haben, als die Story zu dem Thema schon längst erschienen war.

Giger: »Soweit ich heute beurteilen kann, liegt das Schadenspotenzial der Bank in diesem ganzen Cum-Ex-Bereich möglicherweise im hohen zweistelligen Millionenbereich. Und da verkaufen Sie ein prozessual äußerst heikles Dokument für Euro 3000,–? Das macht für mich überhaupt keinen Sinn. Können Sie das etwas beleuchten?«

Talheimer: »Herr Giger, ich will die Wahrheit sagen, und das war die Wahrheit. Es gibt so viele Fragen, wo ich mich auch frage, weshalb ich das gemacht habe. Schröm offerierte mir den Betrag auch als Gegenleistung für die Unterstützung in den Monaten zuvor. Das Dokument war damit wohl der Auslöser für diese Zahlung, aber nicht der einzige Grund.«

Dass er nicht als Dokumentenhändler dasteht, sondern eher als Whistleblower, der dem Reporter mit Fachwissen und internen Hinweisen half, ist Talheimer offenbar wichtig. Giger will ihm das aber nicht abnehmen. Später fragt er Talheimer noch einmal, ob er dem *stern* tatsächlich nur ein einziges Dokument übergeben habe. Talheimer bleibt dabei. Er sei für den *stern* primär ein »Helpdesk« gewesen. Über den Reporter sagt er: »Wenn er Einzelfragen zu Dokumenten hatte, wenn er Zusammenhänge nicht verstand, er sich Abkürzungen nicht erschließen konnte, er auch Fragen offenbarte, die man als Externer ohne bankinternes Wissen sich nicht selbst beantworten konnte, kontaktierte er mich. Daraus resultierte eine Vielzahl von Kontakten.«

In dieser »Vielzahl von Kontakten« und der angeblichen Übergabe eines geschwärzten Dokumentes wird Giger einen Verrat von Betriebs- und Geschäftsgeheimnissen erkennen und dabei den Journalisten aus Deutschland wie eine ausländische Macht einstufen. Giger wird gegen Talheimer und den Reporter fortan wegen Wirtschaftsspionage ermitteln.

Zürich, 21. Juli 2014

Inzwischen hat Talheimer dem Staatsanwalt Peter Giger nichts mehr entgegenzusetzen. Die Haftbedingungen setzen ihm weiter zu, seine Gesundheit ist angegriffen. Die Schmerzmittel dröhnen. Und der Staatsanwalt hält ihm als Karotte wieder das Ende der Untersuchungshaft vor die Nase. Josef Talheimer gibt schließlich zu, Unterlagen aus der Sarasin-Bank an Eckart Seith übergeben zu haben. Giger fragt, wer der Initiator war, wer den Vorgang gesteuert habe und wechselt ins Englische: »Who was sitting in the driver's seat?«

»Seith«, antwortet Talheimer und belastet danach auch Vogel, der als eine Art Kontaktmann agiert habe. Es sei dabei auch um Geld gegangen, sagt Talheimer aus. Ein Prozent der Klagesumme, also rund eine halbe Million Euro, habe man ihm und seinem früheren Kollegen als Provision versprochen. Eckart Seith bestreitet das später. »Es floss kein Geld und es gab auch keine Zusage darüber«, wird der Anwalt sagen.

Josef Talheimer gesteht auch noch die Drohung gegenüber dem früheren Sarasin-Banker Kai Henke per E-Mail im November 2013. Und er erklärt dem Staatsanwalt, dass er davon ausgehe, dass wiederum Henke hinter dem anonymen Brief an Erwin Müller stecke.

In Haft bleibt Talheimer trotzdem. Er erhält ein Schreiben von seinem Pflichtverteidiger. Giger habe ihn angerufen, schreibt der Anwalt. Es tue dem Staatsanwalt furchtbar leid, er habe ihn herauslassen wollen. Aber es hätten sich neue Entwicklungen ergeben, die aus Sicht von Giger eine Verlängerung der U-Haft erforderlich machten.

Talheimer kann dem Staatsanwalt nicht trauen. Und seinem Pflichtverteidiger traut er auch nicht. Doch was soll er machen? Er hat sich dem Alltag in der Justizvollzugsanstalt zu unterwerfen. In der Sechser-Zelle versucht er, sich innerlich zurückzuziehen. An Werktagen hat er jeweils fünf Stunden für sich, wenn die anderen Steckdosen schrauben oder Papiertüten kleben müssen. Talheimer ist von solcher Arbeit befreit. Dass die Kollegen nach dem Wecken um sechs Uhr morgens umgehend den Fernseher anschalten, kann er nicht verhindern. Und es gibt im weiteren Tagesverlauf fast immer jemanden, der sich durch das Programm zappt. Das Gerät läuft oft bis zwei Uhr nachts.

Wenn es gut geht, kann Talheimer eine Tageszeitung vom Vortag ergattern. In der Gefängnisbibliothek stehen ausgemusterte Bände der Stadtbücherei. Er darf einmal wöchentlich einkaufen, das Angebot umfasst Wasser, Saft und Schokoriegel, und zweimal die Woche darf er zum Duschen gehen. Dort gibt es, immerhin, Kabinen.

11

Hamburg, 3. Juni 2014

»Du hast ein Fax in Deinem Fach, vom Anwalt«, sagt Anandi Fiederling-Baisch zur Begrüßung. Sie arbeitet seit einem Jahr für das Investigativ-Team. »Solltest Du mal ganz schnell lesen, glaube ich. Kommt von Christian Schertz.«

Christian Schertz ist einer der bekanntesten Medienanwälte Deutschlands, bekannt und berüchtigt für seine Mahnschreiben, die er zuweilen nahezu flächendeckend an Redaktionen schickt, um diese von einer Berichterstattung über seine Mandanten abzuhalten. Christian vertritt die Reichen und die Schönen. Gelegentlich übernimmt er auch Mandate von normalen Menschen. Bevor der Ch. Links Verlag vor vielen Jahren ein Buch über die CDU-Parteispendenaffäre von zwei Kollegen und mir veröffentlichte, hat es Christian juristisch lektoriert. Als später ein deutscher Ex-Terrorist gegen mein Buch *Im Schatten des Schakals* juristisch vorgehen wollte, wehrte Christian die Attacke ab. Für seinen Sammelband *Rufmord und Medienopfer* wiederum schrieben Uli Rauss und ich einen Beitrag über das Schicksal des Ex-Guantanamo-Häftlings Murat Kurnaz.

Gespannt nehme ich das Fax aus meinem Fach. Es ist an die Rechtsabteilung des Verlages gerichtet, ich habe eine Kopie erhalten. Schon aus der Betreffzeile wird klar: Hier schreibt nicht mehr mein Anwalt, der juristische Attacken auf meine Bücher abwehrt. Hier meldet sich höchst offiziell der Rechtsbeistand der Bank J. Safra Sarasin AG. »Meine Mandantschaft hat Kenntnis davon, dass Herr Oliver Schröm, Mitarbeiter der Redaktion des ›STERN‹, mit einem ehemaligen Mitarbeiter unserer Mandantschaft im Kontakt stand, um an Informationen und Dokumente betreffend die Bank und ihre Kunden zu gelangen«, schreibt Christian. »Diese Aktivitäten stellen eine Verletzung von Geschäftsgeheimnissen dar, und es besteht zudem Anlass zur Befürchtung, dass der oben erwähnte ehemalige Mitarbeiter der Bank entsprechende Informationen und Dokumente mittels unbefugter Datenbeschaffung bzw. unbefugtem Eindringen in die Datenverarbeitungssysteme der Bank gestohlen hat.« Am Schluss des Schreibens droht Christian, »mit aller gebotenen Nachhaltigkeit« gegen Redaktion und mich vorzugehen und »strafrechtliche Schritte« einzuleiten, »sollte der *stern* oder der besagte Redaktor (sic!) dieses Material in irgendeiner Weise verwenden und/oder veröffentlichen«. Ich schaue zu Anandi hinüber: »Danke!« Sie lacht: »Gern geschehen!«

Das Vorgehen von Sarasin ist ungewöhnlich. Die Banker versuchen erst gar nicht, die Kernaussagen unserer Titelstory über ihre Cum-Ex-Machenschaften zu attackieren. Wie auch? Die Veröffentlichung liegt fast drei Monate zurück, und sie wissen ganz genau, dass sie trotz eines Christian Schertz presserechtlich keine Chance haben. Unsere Beleglage mit all den internen Unterlagen ist dafür zu gut, die Recherche wasserdicht. Weder der sonst so klagewütige Maschmeyer noch der Medienanwalt Prinz haben trotz anfänglicher Drohungen juristische Schritte eingeleitet.

Es scheint um etwas anderes zu gehen: Die Verantwortlichen der Bank Sarasin haben offenbar Angst, dass weitere entblößende Geschichten erscheinen. Das wollen sie verhindern, nicht mit presserechtlichen, sondern mit strafrechtlichen Schritten. Die Logik dahinter: Die Schweizer Privatbank deklariert ihre Cum-Ex-Deals zu Geschäftsgeheimnissen. Wer ihren Steuerraub öffentlich macht, begeht in ihren Augen die Straftat des Geheimnisverrats.

Mehr als ihre Drohung sorgt mich allerdings der Hinweis, ich hätte in Kontakt zu einem »ehemaligen Mitarbeiter« der Bank gestanden, um an Informationen über Kunden zu gelangen. Ich gehe in mein Zimmer und schicke Josef Talheimer eine SMS. Vielleicht weiß er mehr.

Als er nach Stunden noch immer nicht reagiert hat, rufe ich ihn an. Sein Handy ist ausgeschaltet. Ich versuche es bei Julius Bär, seinem neuen Arbeitgeber. Mit unterdrückter Nummer rufe ich in der Zentrale der Bank an und lasse mich verbinden. Statt Talheimer meldet sich eine Frauenstimme und will wissen, wer ich bin. Ich nenne einen falschen Namen und bitte darum, mich durchzustellen. Es sei privat. »Was wollen Sie von ihm?«, fragt sie. »Woher kennen Sie Herrn Talheimer?« Vor allem die zweite Frage gefällt mir nicht. Ich lege auf. Und ahne nichts Gutes.

Acht Tage später wird aus der bösen Ahnung Gewissheit. Eckart Seith meldet sich. »Ein früherer Mitarbeiter von Sarasin wurde verhaftet«, sagt der Stuttgarter Wirtschaftsanwalt. »Er heißt Josef Talheimer. Ihm wird vorgeworfen, den *stern* gefüttert zu haben.«

Mir schießen Fragen durch den Kopf, die ich Seith jetzt gern stellen würde. Aber ich halte mich zurück. Ich weiß wohl von Talheimer, dass Seith und er sich kennen. Deshalb bin ich auch immer davon ausgegangen, dass Talheimer der Insider ist, der Seith für seine Klagen in Deutschland und der Schweiz gegen die Privatbank mit Informationen munitionierte. Ich weiß jedoch nicht, ob Talheimer je gegenüber Seith offenbart hat, dass er mein, wie er selbst immer sagt, »Helpdesk« ist.

Ich versuche es Seith gegenüber mit einem Ablenkungsmanöver und verweise auf eine öffentlich bekannt gewordene Anzeige bei der Züricher Staatsanwaltschaft. Sie stammt von Carsten Maschmeyer, der darin Eric Sarasin persönlich bezichtigt, dem *stern* Unterlagen über die Cum-Ex-Geschäfte überlassen zu haben. Egal, wer gerade verdächtigt wird, sage ich zu Seith, ich äußere mich grundsätzlich nicht zu möglichen Quellen. Wir beenden das Gespräch.

Die Bedeutung des Quellenschutzes ist im Journalismus kaum zu überschätzen, und ich habe da leider nicht nur gute Erfahrungen gemacht. Ende der 90er Jahre hatte mir ein Beamter des Verfassungsschutzes Namen und Fotos von CIA-Mitarbeitern zukommen lassen, die in Deutschland Wirtschaftsspionage betrieben. Daraus entstand ein Bericht im ZDF-Magazin *Kennzeichen D* und ein Artikel in der *Zeit* mit der Überschrift »Spionage unter Freunden«. Sogar die *Washington Post* und *CNN* griffen meine Recherche auf. Das Problem war dann aber, dass meine Quelle aufflog. Sie verlor ihren Job und hatte zudem noch ein Strafverfahren wegen des Verdachts auf Geheimnisverrat am Hals. Ich machte mir Vorwürfe und finanzierte der Quelle einen Anwalt. Dann brauchte ich sogar selbst einen. Die Staatsanwaltschaft warf mir vor, ich hätte den

Verfassungsschützer zum Verrat von Staatsgeheimnissen angestiftet. Das traf zwar nicht zu, aber mir drohte trotzdem eine Bewährungsstrafe.

Als Beschuldigter bekam ich über meinen Anwalt Einblick in die Akten der Staatsanwaltschaft und erfuhr, warum meine Quelle aufgeflogen war. Der Verfassungsschützer hatte seinen langjährigen Zimmerkollegen eingeweiht, und dieser schwärzte ihn nach der Veröffentlichung bei Vorgesetzten an. Am Ende wurde das Verfahren gegen mich nach Zahlung von 10 000 D-Mark eingestellt. Der Verfassungsschützer stand ohne Job da. Er musste sein Einfamilienhaus verkaufen, um das Studium der Töchter weiter finanzieren zu können. Ich beschloss damals, so etwas nie wieder erleben zu wollen.

Was um alles in der Welt ist diesmal schiefgelaufen? Weshalb hat man Talheimer verhaftet? Reicht es in der Schweiz, ein deutsches Medium »gefüttert« zu haben, um einen deutschen Staatsbürger zu verhaften? Ich scrolle die SMS durch, die Talheimer und ich uns in den vergangenen Monaten geschickt haben. Es sind viele. Nachdem Talheimer im Januar Sarasin verlassen hat und zu Julius Bär gewechselt ist, haben wir uns öfters getroffen. Talheimer half mir bei der Einordnung von Sachverhalten, bei der Charakterisierung der beteiligten Personen und erklärte mir die Zusammenhänge von Dokumenten, die ich ihm vorlegte. Er war tatsächlich unser »Helpdesk«.

Die Kurznachrichten sind harmlos, meist nur Terminmitteilungen – außer die letzten beiden. Nachdem Talheimer bei einem unserer letzten Treffen ein Honorar für seine Beratung wollte und ich dafür eine Rechnung verlangte, hatte er mir am 9. Mai 2014 die SMS mit dem Inhalt »Hallo Herr Schröm, bestens, Rechnung kommt. Gruss Talheimer« geschickt. Ich antwortete umgehend, schrieb, er solle »Info und Recherche« als Verwendung der Rechnung angeben. Das war unser letzter Kontakt.

Kann man Talheimer jetzt daraus einen Strick drehen? Er war ja nicht einmal mehr bei Sarasin, als er mir diese SMS schrieb. Wenn er nebenher auf Honorarbasis für ein Medienunternehmen arbeitet, tangiert dies allenfalls seinen neuen Arbeitgeber, die Bank Julius Bär. Trotzdem, ich ärgere mich. Letztlich sind wir, bin ich in der Kommunikation zu leichtsinnig gewesen. Gleichzeitig frage ich mich allerdings, ob die

Staatsanwaltschaft in der Schweiz über Rechtshilfeersuchen an die Daten eines deutschen Handys kommt. Schließlich tobt seit dem Ankauf von sogenannten Steuer-CDs ein heimlicher Wirtschaftskrieg zwischen der Schweiz und Deutschland. Zuletzt haben die Schweizer sogar Haftbefehle gegen Steuerbeamte aus Wuppertal erlassen, weil sie am Ankauf der CDs beteiligt gewesen sein sollen. Würden deutsche Behörden also Handydaten eines deutschen Staatsbürgers herausrücken, weil er Informationen über die Machenschaften einer Schweizer Bank weitergab?

Ich setze mich mit Kirsten von Hutten zusammen. Ich unterrichte sie über Talheimers Verhaftung, seine Beziehung zu mir und dem *stern* und über meinen Verdacht, dass es Talheimer war, der Müllers Anwalt mit Bankunterlagen versorgte, damit dieser seine 50-Millionen-Euro-Klage aufsetzen konnte. Die Bankunterlagen dokumentierten die Cum-Ex-Deals und das Geschäftsgebaren durchaus eindrucksvoll.

Der Blick der Juristin ist nüchtern und beruhigend zugleich: Talheimer sei zum einen Jurist und müsse wissen, was er tut, sagt sie. Zum anderen sei doch gar nicht klar, ob sein Kontakt zum *stern* der Grund für die Verhaftung war. Genauso gut könne die Staatsanwaltschaft ihm doch seine Beziehung zum Umfeld des Drogerieunternehmers Müller vorwerfen. Und bei Müllers Schadenersatzforderung an Sarasin gehe es ja schließlich um ganz andere Summen. Kirsten von Hutten rät mir, nichts zu unternehmen.

Hamburg 14. Juli 2014

Neben der Verhaftung von Talheimer und presserechtlichen Attacken von Hanno Berger und dem früheren Sarasin-Kundenberater Kai Henke gegen uns kommt es noch zu weiteren Reaktionen auf unsere beiden Storys. Und diese sind dann auch mal erfreulich: Es melden sich neue Informanten, darunter zwei mit handfesten Belegen. Es geht um weitere Machenschaften – von Maschmeyer und von Berger.

Im Falle Maschmeyer meldet sich ein potenzieller Whistleblower bei uns. Wigbert Löer kümmert sich um ihn. Er wird die Person in den nächsten Wochen nicht nur einmal treffen. Die Quelle, das stellt sich heraus, verfügt über eine Festplatte voller Dateien und außerdem über etliche Dokumente in Papierform, darunter Vorstandsprotokolle, Briefe und Bankunterlagen, Verträge, Präsentationen und Kundendateien. Die Unterlagen zeigen eine Methode Maschmeyers, die er selbst mit dem Begriff »Beziehungskonto« kennzeichnete. Um Erfolg zu haben, müsse man darauf einzahlen.

Schnell stellt sich heraus, dass aus der Masse an Dokumenten nichts Substanzielles über Cum-Ex, ansonsten aber sehr viel Neues zu erfahren ist, über die Geschichte von Maschmeyers Finanzunternehmen AWD zum Beispiel und über seine Beziehungen zu Politikern. Das Material ist üppig, fast schon ausufernd. Es reicht sogar für ein Buch. *Geld Macht Politik. Das Beziehungskonto von Carsten Maschmeyer, Gerhard Schröder und Christian Wulff* wird Mitte November 2014 erscheinen. Parallel zu unserer Arbeit am Buchmanuskript schreiben Wigbert und ich an der *stern*-Titelgeschichte »Der Milliardär und der Kanzler«, die ebenfalls Mitte November am Kiosk und bei den Abonnenten sein soll.

Wir können am Beispiel Carsten Maschmeyer beschreiben, wie Korruption in der Politik funktioniert. Nicht mit direkten Geldzahlungen, sondern mit Umgarnungen, Nettigkeiten und gegenseitigen Gefallen. Und mit einem Deal, der auf den ersten Blick gar nicht verwerflich wirkt. Die Regierung Gerhard Schröders tat vieles, was für die Finanzgeschäfte Carsten Maschmeyers von Vorteil war. Umgekehrt sicherte Maschmeyer Gerhard Schröder während seiner Kanzlerschaft vertraglich eine obszön hohe Summe für die Rechte an seiner Autobiografie zu. Schröder kassierte dafür nach seiner Kanzlerschaft fast zwei Millionen Euro. Es ist schwer vorstellbar, dass ein Buchverlag dem Sozialdemokraten solch eine Summe für sein hektisch verfasstes Werk geboten hätte.

Mallorca, 18. August 2014

Mitten in den Recherchen zum Maschmeyer-Buch meldet sich Eckart Seith. Gerade habe er einen aufgeregten Anruf aus der Schweiz erhalten, sagt der Anwalt, von der Ehefrau Bernd Vogels, dem früheren Sarasin-Mitarbeiter und Kundenberater von Erwin Müller. Auch Vogel sei festgenommen worden. Seith und er sind sich offenbar freundschaftlich verbunden.

Seith meldet sich bei mir von einem 20 Jahre alten Weltumseglerschiff, auf dem er gerade mit seiner Frau und ein paar anderen Passagieren vor der Südküste Mallorcas unterwegs ist. Genießen kann er den Turn aber nicht mehr. Es sei gut möglich, dass inzwischen in der Schweiz auch gegen ihn ein Haftbefehl vorliege, vermutet er. Deshalb macht er sich Sorgen, wie er zurück nach Deutschland kommt. Da er nicht wisse, ob der Haftbefehl weitergegeben wurde, wolle er die Passkontrollen am Flughafen von Palma de Mallorca nun besser meiden.

Auf dem Segelschiff hat Seith Handyempfang, es sind nur wenige Kilometer bis zum Ufer. Er geht unter Deck. Der Rest der Crew soll von der delikaten Angelegenheit nichts erfahren. Der Handyempfang ist weiterhin gut, und so kann er mit Schweizer Rechtsanwälten telefonieren, um seine rechtliche Lage einzuschätzen. Von ihnen bekommt er auch den dringenden Rat, keine Linienmaschine zu besteigen. Es bestehe die Gefahr, dass er verhaftet werde, auf Grundlage eines internationalen Haftbefehls. Seith kontaktiert danach die Staatsanwaltschaft in Deutschland und fragt, ob die Behörde sich für ihn einsetzen könne. Außerhalb der Bundesrepublik könne man leider nichts für ihn tun, erhält er zur Antwort.

Meine Sorgen beziehen sich aber nicht nur auf Seith, der mich unterstützt hat. Während unseres Telefongesprächs hat er mir noch eine andere Neuigkeit mitgeteilt: Auch gegen mich wird in der Schweiz inzwischen strafrechtlich ermittelt. Würde die Schweiz einen Journalisten aus Deutschland tatsächlich festnehmen?, frage ich mich. Ich gehe in Gedanken auch nochmal meine Kontakte mit Bernd Vogel durch. Da war nicht viel, das ist sicher. Ich hatte Vogel treffen wollen, weil ich wusste, dass er Erwin Müllers langjähriger Kundenbetreuer ist. Er war dazu auch bereit gewesen, sagte dann aber kurz vor dem Termin über seine Sekretärin wieder ab. Ich hakte noch einmal nach, per E-Mail. Keine Reaktion. Danach habe ich nichts mehr von ihm gehört.

Ich verdränge das Thema Ermittlung erst einmal. Das geht auch gar nicht anders, denn das Buch über Maschmeyer und Schröder will geschrieben werden. Ich muss sobald auch nicht wieder in die Schweiz.

Außerdem hat in unserem Recherchetean der Digitalexperte Dirk Liedtke einen kleinen Schatz gehoben: Jemand hat ihm einen Stick mit Dateien aus dem Hause Hanno Berger zur Verfügung gestellt. Darauf sind Verträge, Korrespondenz und eine Liste mit Kunden gespeichert.

Palma de Mallorca, 20. August 2014

Eckart Seith hat in Ruhe überlegt. In der Schweiz hat er einen Strafverteidiger für Bernd Vogel organisiert. Und er hat für sich selbst eine Cessna Mustang gechartert, ein kleines, einmotoriges Privatflugzeug. Darin fliegt ihn ein Freund aus Deutschland zurück nach Stuttgart. Der Transfer kostet ihn ungefähr 10 000 Euro, aber so vermeidet er das Risiko, in der Schweiz in Auslieferungshaft zu gelangen. Sein geplanter Rückflug mit Air Berlin drei Tage später verfällt.

Hamburg, 15. Oktober 2014

Im Vorjahr habe ich einen Vortrag auf einer Journalistenkonferenz in der Schweizer Stadt Winterthur gehalten. Für dieses Jahr hat mich der Veranstalter erneut angefragt. Ich habe vor Wochen zugesagt, nur: Kann ich das wirklich riskieren?

Ich rufe Martin Stoll an, einen Kollegen und alten Freund von der Züricher *Sonntagszeitung.* Martin ist nicht nur einer der Organisatoren der Konferenz, sondern auch einer der besten Enthüllungsjournalisten der Schweiz, er stand auch selbst mal im Fokus der Schweizer Justiz. Seinerzeit hatte er Auszüge aus einem vertraulichen diplomatischen Bericht des Schweizer Botschafters in den USA publiziert. Darin entwarf dieser im aggressiven Ton eine Strategie, wie sich die eigene Regierung im Konflikt zwischen Schweizer Banken und dem Jüdischen Weltkongress positionieren sollte. Es ging dabei um die Entschädigung von Holocaustopfern für nachrichtenlose jüdische Vermögen auf Schweizer Konten. Der Botschafter musste nach der Veröffentlichung zurücktreten und Martin wurde wegen der Verwendung vertraulicher Dokumente zu einer

Geldstrafe von 800 Schweizer Franken verurteilt. Er zog dann erfolgreich bis vor den Europäischen Gerichtshof für Menschenrechte in Straßburg. Ich frage Martin, ob er in den Justizapparat hineinhören kann. Er sagt, eine Kollegin vom *Tages-Anzeiger* in Zürich habe da gute Drähte.

Zwei Tage später ruft Martin zurück. »Sie werden dich bei der Einreise herausfischen«, sagt er. »Ob sie dich verhaften, ist unklar, aber sie werden dich festhalten und vernehmen wollen. Also lass Handy und Computer besser mal zu Hause.«

»Ist das dein Ernst?«, frage ich ihn.

Martin lacht: »Deine Verhaftung wäre die beste Werbung für unsere Konferenz, oder?«

Schweizer Humor. Ich spreche mit Kirsten von Hutten. Da sie auf Medienrecht spezialisiert ist, zieht sie einen Strafverteidiger hinzu, den Hamburger Rechtsanwalt Jes Meyer-Lohkamp. Beide raten mir dringend ab, die Konferenz in der Schweiz zu besuchen.

Meyer-Lohkamp wendet sich an die Staatsanwaltschaft in Zürich. »Mir liegen Hinweise dafür vor, dass im Zusammenhang mit der Presseberichterstattung über Vorgänge bei der Bank J. Safra Sarasin AG ein Ermittlungsverfahren der Staatsanwaltschaft III des Kantons Zürich eingeleitet worden ist«, schreibt er und beruft sich dabei auch auf das Fax von Christian Schertz. »Dieses vorausgeschickt bitte ich um eine kurze Mitteilung, ob mein Mandant als Zeuge vernommen werden soll. Sollte mein Mandant im Hinblick auf die oben dargestellte Sachverhaltsschilderung der Rechtsanwälte Schertz Bergmann als Beschuldigter geführt werden, bitte ich darum, mir Akteneinsicht zu gewähren.«

Die Antwort kommt erst Monate später, ein Satz nur, unterschrieben von Peter Giger. Er »bitte um Verständnis, dass wir solche Anfragen nicht beantworten können.«

Hamburg, 30. Oktober 2014

Wir legen im *stern* mit einem weiteren Text nach. Unter der Überschrift »Der Steuerguru und seine Jünger« bringen wir trotz der Drohungen der Sarasin-Bank gegen den *stern* und mich neue Details über die Cum-Ex-

Geschäfte der Schweizer Privatbank im Zusammenspiel mit Hanno Berger. Aber es geht in dem Artikel auch jenseits von Cum-Ex um Bergers Kunden, die er steuerlich beriet. Uns liegen inzwischen Honorarabrechnungen für Stiftungen in Liechtenstein, Präsentationen für amerikanische Fonds, Bescheinigungen für Steuerverluste und Darlehensverträge vor – Dokumente, die einen Blick in eine ansonsten verschlossene Welt erlauben.

Da ist zum Beispiel der Unternehmer und Multimillionär Karlheinz Kögel, ein früherer Radiomoderator, später Reiseanbieter (L'Tur) und Ersteller von Hitlisten (Media Control). Dem Adidas-Konzern bot Berger ein Modell an und Ende 2011 stellte er auch dem trudelnden Karstadt-Quelle-Konzern 107 000 Euro in Rechnung. Selbst in Kommunen vertraute man auf Berger. Die Stadtwerke München ließen sich von ihm per Gutachten darüber aufklären, wie man durch »Vermeidung der Kapitalertragssteuer« in Kombination mit einer »virtuellen Doppelbesteuerung« über den Umweg Luxemburg Geld sparen könne. Die Beratung durch Berger führte nach Angaben der Stadtwerke allerdings nicht zu den entsprechenden Aktivitäten.

Er habe immer nur getan, was rechtlich möglich sei; »ob das moralisch verwerflich ist, ist ja kein Kriterium«, sagte mir Berger, als ich ihn vor der Veröffentlichung im *stern* erneut kontaktierte. Unser Text hat dann dennoch strafrechtliche Folgen für das gesamte Rechercheteam. Dafür setzt Berger sich ein. Er zeigt alle beteiligten *stern*-Reporter bei der Staatsanwaltschaft Köln an: wegen »Geheimnisverrat«.

12

Köln, 14. Oktober 2014

Mit Wirtschaftskriminalität hat die Kölner Staatsanwältin Anne Brorhilker beruflich einige Erfahrungen gemacht. Nun widmet sich Brorhilker, zu der Zeit Anfang 40, den Cum-Ex-Geschäften. Zu dem komplexen Thema kommt sie per Zufall. Eigentlich liegt der Fall bei einer Kollegin auf dem Tisch, einer Halbtagskraft. Brorhilker hat eine unkomplizierte Haftsache vorliegen. Die beiden tauschen die Fälle. Brorhilker merkt schnell, dass es kein sonderlich guter Tausch ist. Der Cum-Ex-Fall ist kompliziert, aber als sich ihr die Systematik der Aktiendeals erschließt, fängt sie an, für das Thema zu brennen.

In der Staatsanwaltschaft Köln gilt Brorhilker als Kollegin, die man nicht unterschätzen sollte. Schwer abzuschütteln sei sie und bereit, sich an einem Thema festzubeißen, außerdem in Vernehmungen geschickt und mitunter kreativ, heißt es in der Behörde. Allerdings ist Anne Brorhilker in ihrem Haus erst einmal auf sich allein gestellt. Die Kollegen verspüren keinen Drang, sich an den komplizierten Ermittlungen zu beteiligen.

Brorhilker kann sich in Menschen, die dabei helfen, dass große Konzerne und reiche Menschen wenig Steuern zahlen müssen, hineindenken, denn sie kennt die andere Seite – von Zuhause. Ihr Vater, Jurist wie sie selbst, war Steuerberater und Partner bei der Wirtschaftsprüfungsgesellschaft EY, vormals Ernst & Young. Auch Brorhilkers Bruder hat es in der Branche weit gebracht. Er ist Partner bei EY in Hamburg. EY zählt gemeinsam mit KPMG, PricewaterhouseCoopers (PWC) und Deloitte zu den vier Wirtschaftsprüfungsunternehmen mit dem weltweit höchsten Umsatz. In der Szene heißen sie nur »Big 4«. Ohne die großen und mittleren Wirtschaftskanzleien geht nichts bei Cum-Ex. Es gibt kaum einen Aktiendeal, der nicht mit einem Gutachten von Anwälten juristisch abgepuffert wird, wie es auch Hanno Berger unter dem Briefkopf seiner Kanzlei jahrelang tat.

Anne Brorhilker hat kein Problem damit, sich mit Bankern, Brokern, Beratern und anderen Playern der Finanzindustrie anzulegen. Für sie gibt es keinen Grund, vor ihnen besonderen Respekt zu haben, auch wenn sie gern großspurig auftreten. Der Staat hat im Laufe der Jahre manchen Fehler gemacht im Umgang mit dieser Klientel, und er hat an verschiedenen Stellen auch nicht die richtigen Beamten dafür. Diesmal ist es anders. Anne Brorhilker ist klar, dass sie ein Verbrechen von der Dimension, wie es sich bei Cum-Ex abzeichnet, nur mit weiterer Hilfe aufklären kann. Sie steht vorne im Wind, aber neben und hinter sich hat sie Beamte des Landeskriminalamts und der Steuerfahndung Düsseldorf. Zusammen bilden sie die »Ermittlungsgruppe Tax«.

An einem Donnerstag Mitte Oktober wird die Arbeit von Brorhilker und ihren Mitstreitern nicht nur in Fachkreisen wahrgenommen. Das Team startet die erste große Aktion. Auf Rechtshilfeersuchen der Kölner Staatsanwältin werden weltweit Hunderte von Durchsuchungs- und Beschlagnahmebeschlüssen umgesetzt. Zur Überraschung von Brorhilker kooperieren sogar Offshore-Staaten. Auf den Caymans in der Karibik und auf den Britischen Jungferninseln werden auf Veranlassung der Staatsanwältin Büros durchsucht und ihr wenig später in zerbeulten Kartons die Ergebnisse nach Köln geschickt.

Auch Hanno Berger erfährt von den Razzien. Der Anwalt ist erzürnt, noch Tage später. Das zeigen Telefonate Bergers, abgehört, aufgeschrieben und zusammengefasst von Ermittlern des Landeskriminalamts Düsseldorf. Es sei nicht ausgeschlossen, dass »die versuchen, auch in dieses Land hier reinzukommen«, erklärt Berger einem seiner vielen Gesprächspartner in den Tagen nach den weltweiten Durchsuchungen. Mit »diesem Land« meint Berger die Schweiz, wo er sich aufhält. Und »die«, das sind aus seiner damaligen Sicht Polizeibeamte, die dem »faschistoiden« Staat Deutschland dienen. Gegenüber einem Familienmitglied bezeichnet Berger die Ermittler auch als »sozialistische Drecksschweinebande«. Er werde nicht mehr nach Deutschland kommen, kündigt er an, und spricht am Telefon über weitere Fluchtpläne. Ein anderes Familienmitglied fragt ihn, ob er sich nach Dubai absetzen könne. Berger bejaht.

Was die Ermittler bei der Razzia gefunden haben, interessiert Berger natürlich brennend. Offenbar hat er Leute, die ihn darüber unterrichten, was wo beschlagnahmt worden ist. Die ersten Informationen lassen ihn offenbar aufatmen. »Ich habe gedacht, die hätten irgendetwas, was nicht so schön wäre, die Schweine, aber das haben sie nicht«, erzählt er einem Familienmitglied.

Es sind Geschäftspartner und Mitarbeiter, die Berger anruft, vor allem aber ist es die Familie. Manchmal gibt er sich dabei optimistisch. Er habe noch »jede Menge Trümpfe im Ärmel«. Ob er damit auch gute Kontakte zu Journalisten meint, wird nicht ganz deutlich, allerdings müht sich Berger redlich an der medialen Front. Gleich Mitte Oktober 2014 ruft er bei großen Redaktionen in Deutschland an, spricht auf Anrufbeantworter und versucht, Reporter von seiner Sicht der Dinge und damit von seiner Unschuld zu überzeugen. Er versteht sich als ehemaliger Beamter und unbescholtener Bürger, der vom deutschen Staat zu Unrecht verfolgt werde.

Zuoz, 23. Oktober 2014

Oft lehnt die Schweiz es ab, wenn Ermittler aus dem Ausland bei Finanzvergehen um Unterstützung durch Hausdurchsuchungen bitten. Das kleine Land verweist dann auf das Steuergeheimnis und hält sich aus der Sache heraus. Doch diesmal läuft es anders. Die Staatsanwältin Anne Brorhilker ist von Köln aus eigens in die Schweiz gereist, hat bei ihren Kollegen dort persönlich um Amtshilfe geworben und dabei auch Erfolg gehabt. Und so kommt ein paar Tage nach den Durchsuchungen in Deutschland und zehn weiteren Ländern auch die Schweiz an die Reihe.

Die Großrazzia wird von der Staatsanwaltschaft Zürich I geleitet, die auf Rechtshilfe, Geldwäsche und Einziehungen spezialisiert ist. Mehr als 100 Beamte sind im Einsatz: in Zürich, Basel und St. Gallen, in Büros von Banken und Anwaltskanzleien. Und auch in den Bergen des Engadin in Zuoz. Dort, auf 1700 Meter Höhe, lebt Hanno Berger. In die Schweiz hat er sich verkrochen, weil er in Deutschland mit einer Verhaftung rechnen muss. Wirklich sicher wähnen konnte er sich zuletzt allerdings nicht mehr. Und nun passiert es tatsächlich. Als ein Familienmitglied morgens früh um 7:35 Uhr am Telefon ist, kann Berger nur noch mitteilen, dass die Polizei da sei. »Oh nein«, antwortet die Person entsetzt.

Das Amtsgericht in Köln hatte den Ermittlern des Landeskriminalamts Nordrhein-Westfalen die Abhörmaßnahmen erlaubt, sowohl bei Bergers drei Festnetzanschlüssen in Zuoz als auch bei seinem Mobiltelefon. Berger behauptet später, die Überwachung sei illegal gewesen – und stellt Strafanzeige. Dass Polizisten auch Büros in der Sarasin Bank durchsuchen und sogar die Privatwohnung Eric Sarasins, kann den aufgebrachten Berger auch nicht besänftigen.

Berger will jetzt »draufhauen auf die Schweine«, so kündigt er es abends im Gespräch mit einem Familienmitglied an. Einer deutschen Redaktion wolle er zutragen, dass die staatliche Westdeutsche Landesbank ebenfalls Cum-Ex-Transaktionen durchgeführt hat. Und dabei soll es nicht bleiben. Berger will in Sachen WestLB auch Informationen über »Borjans, das Schwein« an Journalisten geben. Mit Borjans meint er den späteren SPD-Vorsitzenden Norbert Walter-Borjans, der damals in Düsseldorf als nordrhein-westfälischer Finanzminister amtiert. Walter-Borjans verhalte sich wie ein Pharisäer, findet Berger. Die WestLB mache selbst solche Trades, und der Finanzminister verfolge gleichzeitig die anderen. Staatsanwaltschaft, Landeskriminalamt, Finanzministerium und eine landeseigene Bank – in der Aufregung geraten Berger die Zuständigkeiten hin und wieder durcheinander. Immerhin begegneten ihm die Schweizer Beamten höflich, als sie sein Haus durchsuchten.

Die Razzien in der Schweiz, bisher eine Art geschütztes Cum-Ex-Biotop, sind ein Fanal für Berger und viele andere, die in die Deals verwickelt sind. Der deutsche Staat wehrt sich jetzt. Er will nicht mehr nur Gesetze ändern. Er will auch die Akteure des gigantischen Geschäfts zur Verantwortung ziehen. Zumindest wollen das die Kölner Staatsanwältin Anne Brorhilker und ihr Kollege Christoph Weinbrenner in Frankfurt, der unabhängig von ihr wegen der Causa Rafael Roth seit drei Jahren gegen Berger ermittelt.

Zürich, 14. November 2014

Mit seiner Wut auf den nordrhein-westfälischen Finanzminister Norbert Walter-Borjans ist Hanno Berger in der Schweiz nicht allein. Walter-Borjans personifiziert im Nachbarland nach Auffassung vieler eine unbotmäßige Einmischung in innerschweizerische Angelegenheiten. Was maßt sich dieser Sozialdemokrat eigentlich an? Was soll die Schweiz noch alles hinnehmen? Ist das jetzt die nächste Schlacht in dem Gerangel der beiden Staaten, in dem Medien längst einen Wirtschaftskrieg zu erkennen glauben?

Die Missstimmung ist gewachsen in den zurückliegenden Monaten und Jahren, und tatsächlich hat ein Steuerfahnder aus Nordrhein-Westfalen dazu beigetragen. Peter Beckhoff, Leiter der Steuerfahndung Wuppertal und damit letztlich dem Landesfinanzminister unterstellt, hat mit der Zustimmung des jeweiligen Ministers mehrfach illegal entwendete Bankdaten angekauft. Die sogenannten Steuer-CDs enthielten Tausende Kontodaten reicher Deutscher, die ihr Geld in die Schweiz geschafft hatten, ohne dann dafür Steuern zu entrichten. Das Land NRW zahlte hohe Beträge für solche CDs, machte ihren Einkauf publik und holte, mal durch Selbstanzeigen, mal durch Nachprüfungen, vielfach höhere Summen heraus. Dabei droht der Schweiz ein entscheidender Standortvorteil für ihre Finanzbranche verloren zu gehen: Das strenge Bankgeheimnis des kleinen Landes scheint nicht mehr viel Wert zu sein, wenn regelmäßig Daten verschiedener Banken bei Finanzbehörden im Ausland auftauchen.

Als Schweizer Strafverfolger im Jahr 2012 Ermittlungen gegen drei Steuerfahnder aus Wuppertal aufnahmen und Haftbefehle gegen Peter Beckhoff und zwei seiner Kollegen erließen, eskalierte die Konfrontation. »Für mich ist das ein ungeheuerlicher Vorgang. Wir verwahren uns als Land Nordrhein-Westfalen davor, dass unsere Mitarbeiter in ein kriminelles Licht gerückt werden«, empörte sich in Düsseldorf Ministerpräsidentin Hannelore Kraft (SPD). »Wer sein Geld am Finanzamt vorbei in die Schweiz schickt, handelt nicht nur asozial, sondern ist Straftäter in Deutschland«, stellte der SPD-Vorsitzende Sigmar Gabriel klar.

In der Schweiz hatte die Politik keine klare Antwort auf die Frage gefunden, was schwerer wiegt: dass Reiche Steuern dort zahlen, wo sie ihr Geld verdienen, oder dass ein Land mit dem illegal zugeflossenen Geld reicher Ausländer selbst kräftig Geld verdienen kann. Es spricht viel dafür, dass der Züricher Staatsanwalt Peter Giger, der sich der deutschen Sarasin-Mitarbeiter Josef Talheimer und Bernd Vogel mit Härte und Hartnäckigkeit annimmt, für sich eine klare Antwort gefunden hat.

Im November reist Anne Brorhilker erneut in die Schweiz. Dort hat die Staatsanwaltschaft noch einige Nachfragen zu den Ermittlungsverfahren, bei denen sie um Unterstützung gebeten worden ist. Bei ihrem Besuch trifft Brorhilker unerwartet auch auf Peter Giger. Der Staatsanwalt sitzt mit am Tisch, als sie sich mit ihren Kollegen in der Schweiz austauscht. Giger gibt sich skeptisch zu dem Anliegen der Kollegin, wie Sitzungsteilnehmer später berichten. Die Deutschen hätten bereits Rechtshilfe bei Ermittlungen wegen des Vorwurfs bandenmäßiger Steuerhinterziehung erhalten. Dass die Schweiz jetzt auch noch Ermittlungen unterstützen solle, bei denen es lediglich um einzelne Betrugsfälle gehe, hält Peter Giger für überhaupt nicht angemessen.

Josef Talheimer und Bernd Vogel sitzen immer noch auf Antrag von Giger im Gefängnis. Erst im Dezember 2014 kommt die Erlösung. »Sie werden entlassen«, teilt ein Wärter Josef Talheimer eines Tages mit. Auf einem herbeigeschobenen Wagen findet Talheimer seine Habseligkeiten wieder, darunter auch die Vernehmungsprotokolle und persönliche Briefe. Abschließend wird er noch einmal durchsucht. Der Wärter erklärt ihm, wo sich die nächste S-Bahn-Station befindet, und gibt ihm die Hand. Talheimer nickt und verlässt die Justizvollzugsanstalt in dem Anzug, den er am Tag seiner Inhaftierung trug.

Auf dem Weg zur Haltstelle kauft er bei einem Kiosk Telefonkarten für einen öffentlichen Fernsprecher, nimmt dann die S-Bahn zum Hauptbahnhof Zürich und von dort einen Zug nach Deutschland. Um 23 Uhr trifft er in Hanau ein. Euphorie kommt bei ihm allerdings nicht auf. Talheimer weiß, dass er erstmal einen neuen Job finden muss – in Deutschland. Am Bankenplatz Zürich hat sich sein Schicksal längst herumgesprochen.

Der Züricher Staatsanwalt Peter Giger wird Josef Talheimer später anklagen und eine Freiheitsstrafe von drei Jahren und neun Monaten fordern. Er wird auch Bernd Vogel vor Gericht bringen und bei ihm eine etwas geringere Strafe verlangen. Und Giger positioniert sich klar zu Eckart Seith: Der Anwalt des Milliardärs Erwin Müller, so sieht es Giger, hat eine Freiheitsstrafe von drei Jahren und sechs Monaten verdient.

Bevor es allerdings zur Verhandlung vor Gericht kommt und Giger sein Plädoyer halten kann, dreht Seith den Spieß um: Er rückt den Staatsanwalt Giger selbst in den Fokus der Justiz. Am 24. August 2015 erstattet Seith Strafanzeige gegen Giger wegen Amtsmissbrauchs sowie Amtsgeheimnisverletzung. Seith weiß inzwischen, dass der Staatsanwalt im Mai 2013 seine Anzeige gegen Sarasin-Manager an die Bank weitergereicht hat – »wie gewünscht«, schrieb Giger damals. Das sei, sagt Seith später, »als gebe man einem Täter die Tatwaffe zurück, die er am Tatort liegen gelassen hat«.

Giger schickt dem Obergericht Zürich zu dem Vorwurf eine umfangreiche Stellungnahme. Dabei enthüllt der Staatsanwalt in seinem 87 Seiten starken Dokument, dass der Wirtschaftskrimi um die Cum-Ex-Geschäfte der Sarasin-Bank mit der Politik verflochten ist. Er habe bei seinem Vorgehen Rückendeckung, lässt Giger durchblicken, und zwar von ganz oben. Die Schweizer Justizministerin sei informiert und habe zugestimmt, das Verfahren gegen die Deutschen auszuweiten. Es gehe nicht mehr nur um die Verletzung von Geschäfts- und Bankgeheimnissen, sondern auch um wirtschaftlichen Nachrichtendienst, also um Spionage. In einer E-Mail spricht das Schweizer Justizdepartment später sogar von einer »politischen Straftat«.

Die Sache zieht sich. Noch bevor es eine juristische Klärung gibt, wird Staatsanwalt Giger im September 2016 urplötzlich von dem Fall abgezogen. Dass man ihm den Fall wegnimmt, erklärt die Behördenleitung mit dem dürren Wort »Ressourcenplanung«. Mehr hat sie dazu öffentlich nicht zu sagen. Gegen Giger wird derweil formal weiter ermittelt, bis man das Verfahren still und leise einstellt. Die Anklage gegen Talheimer, Vogel und Seith lässt die Staatsanwaltschaft deshalb aber keineswegs fallen. Das Verfahren gegen die drei Deutschen ist auch bei Druck dieses Buches noch nicht abgeschlossen.

In dem Wirtschaftskrieg zwischen der Schweiz und der Bundesrepublik gewinnt erst einmal Seith eine wichtige Schlacht. Im Mai 2017 urteilt das Landgericht Ulm in Sachen Erwin Müller gegen das Bankhaus Sarasin und verfügt, dass die Schweizer Bank dem deutschen Drogerie-Unternehmer Schadensersatz in Höhe von 45 Millionen Euro zahlen muss. Die Richter sehen es als erwiesen an, dass Müller nicht ausreichend und nicht richtig bei seinen Investments beraten worden ist. Ein Triumph für Müller. Und mindestens so sehr für seinen Anwalt Eckart Seith. Doch die Sarasin Bank geht in Berufung.

Am 8. Juni 2017, kurz nach dem Urteil am Landgericht Ulm und der Entscheidung der Sarasin-Bank, sich noch nicht geschlagen zu geben, nähert sich nachts eine vermummte Gestalt Eckart Seiths Villa im Stuttgarter Süden. Die Überwachungskamera zeichnet auf, wie sie über die Gartenmauer klettert und mit moderner Funktechnik die Haustür scannt. Durch die geschlossene Haustür hindurch speichert die Person die elektronischen Signale des Autozündschlüssels auf einem Laptop, den sie mitgebracht hat. Danach öffnet sie mit den ermittelten elektronischen Signalen das Gartentor, startet Seiths BMW 640i Cabrio und fährt mit dem Sportwagen in die Nacht. Nach rund 200 Metern allerdings, an einer kleinen Lichtung, hält der Dieb das Auto schon wieder an. Er zertrümmert die Technik und Inneneinrichtung des Wagens. Dann steigt er in das Auto, in dem Komplizen auf ihn warten, und fährt davon.

Der Täter ist ganz offensichtlich ein Profi. Seith versteht die Tat als Nachricht. Er hat mit seinen juristischen Attacken einigen Leuten Millionengeschäfte vermasselt und deswegen in der Vergangenheit schon Drohungen erhalten. Aber diesmal ist das Zeichen sehr deutlich. Dennoch bleibt Eckart Seith an dem Thema dran. Ohne ihn wären die Cum-Ex-Geschäfte wohl nicht in dieser Breite aufgedeckt worden. Es ist längst der Fall seines Lebens. Seith vertritt Erwin Müller auch vor dem Oberlandesgericht Stuttgart und ist dort erneut erfolgreich. Die Richter urteilen, dass die Sarasin-Bank Müller 45 Millionen Euro Schadensersatz zahlen muss. Nun, nach der zweiten Instanz, gibt Sarasin auf und zahlt.

Düsseldorf, 25. November 2015

Es ist einiges passiert im Leben des Eric Sarasin, als er nach Düsseldorf reist. Nun hat er sich entschlossen, Brorhilker und den Beamten des Landeskriminalamts Nordrhein-Westfalen darzulegen, was er über die Cum-Ex-Aktivitäten seines Hauses weiß. Sein Rechtsanwalt begleitet ihn, ausgerüstet mit einer blauen Mappe. Darin befinden sich Rechnungen, Rahmenverträge und Zahlungsbelege – Dokumente, die dazu geeignet sind, weitere Cum-Ex-Akteure zu belasten.

Dass der Banker Eric Sarasin höchstpersönlich auspacken will, hat mit dem Strudel zu tun, in den seine Bank und er persönlich geraten sind, seit der *stern* im März 2014 die Cum-Ex-Geschäfte des Geldhauses enthüllt hat und auch die Rolle nachzeichnete, die der stellvertretende Geschäftsführer persönlich bei der Kundenakquise spielte. Zunächst zeigte Carsten Maschmeyer ihn bei der Staatsanwaltschaft Zürich an und bezichtigte ihn, der Informant des *stern* gewesen zu sein. Dann kam es auch zu Anzeigen gegen Sarasin in Deutschland bei der Kölner Staatsanwaltschaft, zunächst eine von Maschmeyer, dann eine weitere von Seith, beide erfolgten »wegen des Verdachts des Betruges in einem besonders schweren Fall«. Anders als ihr Schweizer Kollege Giger hat die Kölner Staatsanwältin Brorhilker die Anzeigen nicht »schubladisiert«, sondern Ermittlungen gegen Sarasin eingeleitet und im Zuge ihre weltweiten Razzien auch bei ihm privat durchsuchen lassen. Danach musste der letzte Namensträger der traditionsreichen Privatbank das Geldinstitut verlassen. Nach zehn Jahren in der Geschäftsleitung, zuletzt als stellvertretender CEO, war damit für Eric Sarasin die Karriere als Banker unwiderruflich beendet.

Anne Brorhilker erwartet Sarasin im LKA-Gebäude in Düsseldorf mit großem Interesse. Er war bereits im September dort und hatte vier Stunden lang Fragen beantwortet. Wenn der Schweizer Banker nun umfassend aussagt, könnte das die Ermittlungen der Staatsanwältin deutlich voranbringen. Es sind Ermittlungen, die sehr viel Zeit kosten und Kräfte binden. Nicht jeder Kollege in der Staatsanwaltschaft freut sich über den riesigen Aufwand. Vorgesetzte haben ihr zwischenzeitlich nahegelegt, sich mit den Beschuldigten und den Banken zu vergleichen. Sie solle sogenannte Deals eingehen: Einstellung der Strafverfahren gegen Geldauflage.

Bei derartigen Vereinbarungen winkt schnelles Geld für die Staatskasse, mitunter in Millionenhöhe. Das scheint einigen Staatsanwälten lieber zu sein als langwierige Ermittlungen und Prozesse, die dann womöglich mit Haftstrafen enden. Manch einer hält dieses pragmatische Vorgehen für eine gute Lösung. Anne Brorhilker tut das nicht. Sie sieht bei Cum-Ex das systemische Problem, das große Ganze hinter dem Einzelfall, den Raubzug gegen den Staat, den Griff in die Steuerkasse. Schon deshalb will sie die Täter vor Gericht bringen. Warum sollten die reichen Weiße-Kragen-Kriminellen mithilfe von Deals vergleichsweise billig davonkommen, wenn andere für viel weniger Steuerbetrug hart verurteilt werden?

Die Staatsanwaltschaft wirft Sarasin Beihilfe zur Steuerhinterziehung und zum gewerbsmäßigen Betrug vor. Der Banker hofft, dass er glimpflich davonkommt, wenn er Anne Brorhilker sein Insiderwissen zur Verfügung stellt. Er hat dabei nur ein Problem: Wenn er die spannenden Dokumente aus der blauen Mappe seines Anwalts der deutschen Ermittlerin aushändigt, würde ihm zu Hause in der Schweiz eine Strafverfolgung wegen Verstoßes gegen das Bankgeheimnis drohen.

Es ist eine missliche Lage, doch die Staatsanwältin findet eine Lösung. Sie erkundigt sich gezielt nach einem bestimmten Bericht der Projektgruppe »Rivella«. Diese war nach dem Projekt »Gipfelsturm« in der Bank Sarasin ins Leben gerufen worden, um die bis dahin abgewickelten Cum-Ex-Geschäfte zu bewerten und auszuloten, wie teuer gegebenenfalls die Auseinandersetzungen mit Kunden werden konnten, die ihre Investitionen zurück haben wollten.

Eric Sarasin führt aus, dass er den »Rivella«-Report nicht mehr habe. Er habe ihn zurückgeben müssen. Die Bank habe ihm auch »strengstens untersagt, diesen Bericht herauszugeben«. Er habe sich »anhand sonstiger Unterlagen« auf diese Vernehmung vorbereitet, die er noch in Kopie habe.

»Haben Sie die Unterlagen dabei?«, wird Sarasin gefragt. »Ja!«, antwortet er, aber er könne die Unterlagen »nicht freiwillig herausgeben«.

Kurzerhand unterbricht die Staatsanwältin die Vernehmung und beantragt per Telefon beim Ermittlungsrichter des Amtsgerichts Köln die

Beschlagnahmung der »mitgeführten Unterlagen im Zusammenhang mit dem Projekt Rivella, d.h. Rechnungen, Zahlungsbelege, Verträge und sonstige Kommunikation«. Als ihrem Antrag entsprochen wird, öffnet Sarasins Anwalt die Mappe, und die entsprechenden Unterlagen werden Teil der Ermittlungsakte.

In meist längeren Ausführungen beantwortet Eric Sarasin an diesem und zwei weiteren Tagen in Düsseldorf die Fragen der Staatsanwältin zu den Cum-Ex-Geschäften. Er beschreibt die Akteure, darunter einen Banker, der »immer sehr geldgetrieben« gewesen sei. Es geht um den einstigen Kundenbetreuer Kai Henke. Er habe »immer heftige Diskussionen« mit Henke gehabt, wenn es um »Vergütungen oder Boni ging«. Zugleich sei »Herr Henke ehrgeizig und arrogant« gewesen. Henke habe mehrfach ihm gegenüber zum Ausdruck gebracht, er sei »besser als alle anderen Kundenbetreuer« und solle auch mehr verdienen.

Anne Brorhilker und die LKA-Beamten wollen erfahren, ob den Bankern bei Sarasin klar gewesen sei, dass der Profit bei den Cum-Ex-Geschäften aus der deutschen Steuerkasse kam, erzielt durch die doppelten Auszahlung einer Kapitalertragssteuer.

»Von einer doppelten Erstattung« sei ihm gegenüber »nicht die Rede gewesen«. Hätte er davon erfahren, gibt Eric Sarasin zu Protokoll »hätte ich dies sicherlich hinterfragt«.

Irgendwann gesteht er allerdings, dass die Bank den Millionären die Geschäfte bei der Beratung nicht ausreichend erklärt hat. Auf Ebene der Geschäftsbereichsleitung habe man feststellen müssen, »dass die Kunden völlig unzureichend dokumentiert worden sind«. Es sei »in Bezug auf die Kundenberatung zu großen Mängeln gekommen«.

Eric Sarasin berichtet noch, dass die Sarasin-Bank ihre Finanzprodukte im Normalfall selbst erstelle und keine Konstrukte von Leuten wie Berger annehme. Das habe man diesem anfangs auch zu verstehen gegeben. »Herr Dr. Berger« sei deswegen sehr aufgebracht gewesen und habe geäußert, dass andere »Banken Schlange stehen würden«. Bergers Vorteil war, dass er die Gier der Sarasin-Banker geweckt hatte, die Gier auf hohe Profite und auf neue reiche Kunden. Daher war das Modell von Berger dann doch so verlockend, dass man sich letztlich darauf eingelassen hat. Er selbst, gibt Eric Sarasin zu, habe das Produkt »beim ersten

Mal nicht ganz verstanden«. Ausschlaggebend sei letztlich aber gewesen, »dass hier von einem Zeichnungsvolumen von 200 Millionen Euro die Rede war und wir die Chance hatten, neue Kunden zu gewinnen«.

Als das Geschäft dann anlief, hatte Eric Sarasin die Aufgabe, den Kontakt zu den großen Kunden zu halten. Er sei aber kein Kundenberater gewesen, habe keinem Kunden etwas verkauft. Nur den Kunden Maschmeyer habe er persönlich gewonnen. Sie seien aber keine Freunde gewesen, es habe sich um eine geschäftliche Beziehung gehandelt, das ist Sarasin wichtig. Brorhilker gegenüber sagt er, dass sowohl Maschmeyer als auch Erwin Müller anfangs »ihre versprochene Rendite erhielten« – und dass »beide Kunden Ende 2010/Anfang 2011 nach Nachfolgeprodukten gefragt« hätten.

Brorhilker ist zufrieden. Auf diesen Aussagen von Sarasin kann sie aufbauen und gezielt weiter vorgehen. Nach einigen Wochen lässt sie ihn wissen, dass die Staatsanwaltschaft Köln ihre Ermittlungen gegen ihn eingestellt hat. Er muss nur eine Geldauflage bezahlen, 200 000 Euro. Brorhilker setzt damit ein Signal: Wer jetzt redet und auspackt, kommt noch mit einem blauen Auge davon. Dass Sarasin mit seiner Version der Einstellung an die Medien geht, damit kann die Staatsanwältin leben. Ein Schuldeingeständnis sei das nicht, wird Sarasin in der *Basler Zeitung* zitiert. Der frühere Vize-CEO gibt sich ansonsten erleichtert. »Mit dem heutigen Tag findet eine für mich und mein Umfeld außerordentlich belastende Zeit ein glückliches Ende.«

Für Eric Sarasin ist die juristische Auseinandersetzung tatsächlich recht schnell zu Ende gegangen. Was er aber ausgesagt hat und was aus den beschlagnahmten Dokumenten hervorgeht, das wird nicht so schnell erledigt sein. Es bringt Brorhilker auf eine neue Spur. Bald zeichnet sich der nächste Fall ab: Im Norden Deutschlands gibt es eine andere traditionsreiche Privatbank, die ebenfalls in Cum-Ex-Geschäfte verstrickt ist und dabei mit Sarasin zusammengearbeitet hat.

Hamburg, 20. Januar 2016

Die Ermittler reisen aus Nordrhein-Westfalen an, ihr Ziel ist die Ferdinandstraße, die in der City verläuft, keine 100 Meter von der Binnenalster entfernt. In der Hausnummer 75 residiert M.M. Warburg & CO, eine der größten Privatbanken Deutschlands. Sie wurde 1798 gegründet und hat seit fast 150 Jahren hier ihren Sitz. Die Geschichte der Bank ist von Wachstum und wirtschaftlichen Erfolgen geprägt. Inzwischen verwaltet Warburg für seine Kunden ein Vermögen von mehr als 50 Milliarden Euro.

Die Fahnder betreten das Hauptgebäude der Bank morgens um 8:30 Uhr und melden sich beim Pförtner. Ein Abteilungsleiter führt sie in einen Besprechungsraum im Erdgeschoss und bittet, sich in eine Besucherliste einzutragen. Die Fahnder verweigern das und machen dem Mann klar, dass sie keine gewöhnlichen Besucher sind und gern zügig Zugang zu verschiedenen Büros hätten. Sie haben einen Durchsuchungsbeschluss dabei, es geht um den Verdacht eines großen Betruges.

Bald darauf sprechen die Ermittler mit einer Prokuristin der Bank. Sie wollen sie zuerst, so ist es üblich, über ihre Rechte und Pflichten als Zeugin belehren, doch die Prokuristin winkt ab. Sie sei selbst Rechtsanwältin, erwidert sie, und kenne das Procedere. Im weiteren Gespräch erweist sie sich dann als mitteilungsfreudige Quelle. Die Problematik bei Cum-Ex-Geschäften sei ihr bekannt, lässt sie die Ermittler wissen. Außerdem berichtet sie von Warnungen des ehemaligen Leiters der Rechtsabteilung der Warburg-Bank. Der habe Cum-Ex-Geschäfte für Betrug gehalten, weil die Steuer dabei »einmal zu viel« erstattet werde. Über solche Geschäfte werde aber nicht von Rechtsanwälten wie ihr entschieden, sondern auf Ebene der Inhaber-Partner.

Das Reich eines Partners liegt in einem Nebengebäude drei Häuser weiter. Christian Olearius belegt dort eine ganze Etage. Sein Büro hat einen offenen Kamin und Stuck an den Decken, natürlich ein Vorzimmer, auch einen Besprechungssaal und zudem eine Küche. Die Fahnder warten mehr als eine Stunde auf den damals 73-Jährigen. Um zehn Uhr erscheint er schließlich. Überrascht wirkt er nicht, man hat ihm am Telefon von der begonnenen Razzia berichtet. Und dann lässt sich auch Christian Olearius auf ein Gespräch mit den Ermittlern ein.

Der Mitinhaber bestätigt, dass die Partner der Warburg-Bank die Aktiengeschäfte, wie er sagt, »eingesegnet« hätten. Er gehe jedoch davon aus, dass weder er selbst noch die Bank illegal gehandelt hätten. An Details der Geschäfte könne er sich nicht erinnern. Diese seien aber in den Sitzungsprotokollen der Partnertreffen festgehalten.

Die Fahnder machen sich auf die Suche. Über eine Wendeltreppe gelangen sie in ein tiefer gelegenes Geschoss. Hier befindet sich der sogenannte Bunker, ein gesicherter Archivraum. Ein Mitarbeiter öffnet die Stahltür, und der Blick der Ermittler fällt auf mehrere schwere Stahlschränke, die ihnen ebenfalls aufgeschlossen werden. Darin finden sich die Sitzungsprotokolle. Sie erweisen sich als wichtige Quellen, denn sie bestätigen nicht nur, dass Olearius und die anderen Partner die umstrittenen Transaktionen selbst genehmigt haben. Sie zeigen nach Auffassung der Ermittler auch, dass die Banker sich durchaus und sehr genau mit den steuerlichen Auswirkungen der Geschäfte beschäftigt haben. Dass die Deals zulasten der Steuerzahler gehen, wird aus den Unterlagen deutlich erkennbar.

Die Anreise aus Köln und Düsseldorf hat sich für die Ermittler bereits hier gelohnt. Doch eine Mitarbeiterin der Bank macht sie noch auf weitere Ordner aufmerksam. Die stünden in ihrem Büro, sagt die Frau aus eigenem Antrieb, und führt bereitwillig dorthin. In den Ordnern geht es um eine Seriva Vermögensverwaltungs GmbH. Auch diese Gesellschaft beteiligte sich für ihre Investoren an diversen Cum-Ex-Geschäften. Mit dabei war zugleich Christian Olearius selbst. Er hat über die »Christian Olearius Beteiligungsgesellschaft« 1,5 Millionen Euro dort investiert.

Da die Medien von der Razzia in dem altehrwürdigen Geldhaus erfahren, sieht sich die Bank zu einer Stellungnahme veranlasst. Darin behauptet Warburg: »Eine mehrfache Erstattung von Steuern hat die Bank weder erhalten noch beantragt.« Das kann durchaus zutreffen. Nur widerlegt diese Stellungnahme nicht den Vorwurf, Teil eines kriminellen Netzwerks gewesen zu sein. Wie schon in einem anderen Fall hatte die Sarasin-Bank im Rahmen der Cum-Ex-Geschäfte auch der Warburg-Bank in Hamburg Rechnungen ohne Gegenleistung gestellt. Sie addierten sich von 2006 bis 2010 auf rund 23 Millionen Euro. Die Rechnungen seien nicht »leistungsunterlegt« gewesen, erklärte Sarasin der Staatsanwältin Brorhilker. Das Geld wiederum floss weiter auf die Britischen Jungferninseln zu einem Konto der Firma, deren Gründung Berger einst mit initiiert hatte. Es war wieder einmal Bergers Anteil an den Cum-Ex-Geschäften der Warburg-Bank, die er sich neben seinem anwaltlichen Beratungshonorar für seine Kanzlei Dewey Ballantine extra honorieren ließ.

Dokumente aus der blauen Mappe des Sarasin-Anwalts brachten dann weitere Warburg-Treffer und den Ermittlern damit wichtige Erkenntnisse. Einen Monat vor der Durchsuchung der Warburg-Bank hat in Berlin der Deutsche Bundestag beschlossen, zum Thema Cum-Ex einen Untersuchungsausschuss einzusetzen. Einige Jahre später wird die Hamburger Bürgerschaft ebenso entscheiden und einen entsprechenden Untersuchungsausschuss einrichten. Das Thema wird zum heißen Eisen, und es wird die Politik in der Freien und Hansestadt stärker beschäftigen, als es der regierenden SPD lieb ist.

13

Hamburg, 4. Juli 2016

Mein erster Arbeitstag beim ARD-Magazin *Panorama* beginnt mit einer kleinen Überraschung. Hier, beim Norddeutschen Rundfunk, Teil der öffentlich-rechtlichen Sender, die nach Ansicht mancher rechtsradikaler Schreihälse die Gebühren nur so verprassen, sitzen die Mitarbeiter in Zweier- und Dreierzimmern. Beim *stern* hatte jeder in unserem Team ein Einzelzimmer.

Ich teile mir ein Büro mit Christian Salewski, einem vergleichsweise jungen Kollegen von Mitte dreißig. Er hatte sich mal bei mir für einen Job im Investigativ-Team des *stern* beworben. Nun sind wir Kollegen auf Augenhöhe.

»Was hier gesprochen wird, bleibt in diesem Zimmer«, sage ich.

»What happened in Vegas, stays in Vegas«, antwortet Christian.

Ich habe keine Zimmerpflanze, ziehe aber ein altes Plakat aus dem Umzugskarton und pinne es an die Wand hinter mir. »Cum/Ex-Trade – Transaktionschoreografie bis 2012« steht darauf. Auf einer farbigen Grafik wird der Ablauf eines Cum-Ex-Deals dargestellt.

»Was ist das?«, will Christian wissen.

Ich erkläre es ihm. Kurz vor meinen Wechsel zu *Panorama* habe ich von einer langjährigen Quelle einen USB-Stick mit Ermittlungsunterlagen der Staatsanwaltschaften in Frankfurt und Köln zu Cum-Ex erhalten – und ihn erstmal zur Seite gelegt. Ich befasse mich seit Monaten mit Korruption in der Onkologie. Erste Beiträge sind bereits erschienen, im *stern*, in Kooperation mit *Panorama*. Für mich persönlich hat sich aus der Recherche heraus der Wechsel zu *Panorama* ergeben. Nun arbeite ich mit Hochdruck an einer Folgegeschichte. Zeit, mich wieder um Cum-Ex zu kümmern, habe ich gerade keine. Ich frage Christian Salewski, ob er sich den USB-Stick einmal anschauen will.

Ich halte den USB-Stick hoch:

»Vertrauen gegen Vertrauen!«

Er lacht. Ich werfe den Stick quer über den Schreibtisch. Christian steckt ihn in den Rechner und öffnet die ersten Dateien.

»Wonach soll ich suchen?«

Nach einer Story.

Es dauert nicht lang, bis Christian auf etwas Spannendes stößt.

»Die Staatsanwaltschaft Bonn hat über ein Jahr gegen dich und deine *stern*-Kollegen ermittelt. Hanno Berger hatte euch angezeigt.«

Christian dreht den Bildschirm zu mir herüber. Hanno Berger hat tatsächlich Anzeige gegen uns erstattet, bei der Staatsanwaltschaft Köln, am 5. November 2014. Eine Woche nach Erscheinen des *stern*-Artikels »Der Steuerguru und seine Jünger«, unsere dritte Story über Berger, seine Kunden und fragwürdige Steuergeschäfte. Die Anzeige richtete sich auch gegen »den Chefredakteur der Illustrierten *stern*« sowie gegen »bisher unbekannte verantwortliche Amtsträger«. Der Vorwurf: »Verletzung von Privatgeheimnissen«. Darauf steht eine Geldstrafe oder eine Freiheitsstrafe bis zu einem Jahr. Bergers Anwalt vermutete unsere Quelle in der Staatsanwaltschaft Köln und regte deshalb an, das Verfahren an eine andere Ermittlungsbehörde abzutreten. Anschließend übernahm dann in der Tat die Bonner Staatsanwaltschaft. Wir bekommen das Aktenzeichen 500 Js 189/14.

Die Akte wuchs im Lauf der Zeit auf 85 Seiten an. Berger nutzte die Anzeige gegen uns für den Versuch, Einsicht in die Ermittlungsakte der Staatsanwaltschaft Köln zu bekommen. Daraus ließe sich ablesen, welche Details wir woher haben, argumentierte er. Netter Versuch. Eine entsprechende Anfrage der Bonner Staatsanwaltschaft schmetterte die Kölner Staatsanwältin Brorhilker ab.

Am 11. August 2015 stellte die Staatsanwaltschaft Bonn die Ermittlungen gegen uns ein. Dagegen legte Berger umgehend Beschwerde ein. Es liege »eine schwere unbefugte Verletzung fremder Geheimnisse, namentlich von Betriebs- und Geschäftsgeheimnissen« der Berger-Sozietät vor, und zwar »durch Amtsträger und die Redakteure, die diese Veröffentlichung veranlasst haben«. Die Staatsanwaltschaft Bonn lehnte es aber trotzdem ab, weiter gegen uns zu ermitteln.

Die Suche nach unserer Quelle läuft unter einem anderen Aktenzeichen weiter. In einem Zusatz heißt es: Falls sich »ein strafrechtlich relevantes Verhalten verantwortlicher Redakteure des ›*stern*‹ ergeben sollten, die nicht der kurzen Verjährungsfrist unterliegen, werden Ermittlungen aufgenommen«.

Hamburg, Mitte/Ende Juli 2016

Post vom *stern*. Als ich den Briefumschlag in meinem Büro beim NDR öffne, befindet sich darin ein Kuvert, das die Kölner Staatsanwaltschaft »persönlich/vertraulich« an mich adressiert hat. Es enthält ein zweiseitiges Schreiben mit Datum vom 24. Juni 2016.

»Ermittlungsverfahren der Staatsanwaltschaft Köln 113 Js 952/13«, heißt es in der Betreffzeile, und dann: »Tatvorwurf: Steuerhinterziehung u.a., hier: Benachrichtigung gem. § 101 StPO«.

In dem Brief werde ich »von Gesetzes wegen« benachrichtigt. »In dem vorbezeichneten – nicht gegen Sie geführten – Ermittlungsverfahren ist aufgrund gerichtlicher Anordnung gemäß § 100a der Strafprozessordnung (StPO) eine Überwachung von Telekommunikation angeordnet worden, in deren Verlauf Sie als Gesprächsteilnehmer festgestellt wurden. Gemäß § 101 Abs. 4 Nr. 3 der Strafprozessordnung (StPO) sind die Beteiligten der Telekommunikation über die durchgeführte Maßnahme (im Regelfall) zu benachrichtigen.«

Ich erzähle Christian von dem Brief. Mein neuer Kollege reagiert etwas irritiert.

»Die Staatsanwaltschaft hat dich abgehört?«

»Nicht mich, sondern jemanden, der unter Wind ist.«

Ich rufe den Staatsanwalt in Köln an und erfahre, dass es um Hanno Berger geht. Ich hatte Berger im März 2014 mehrmals angerufen. Einmal hatten wir länger gesprochen. Damals bin ich offenbar in eine TKÜ geplatzt, in eine Telekommunikationsüberwachung.

Christian hört mit einem Ohr zu. Er sucht in dem Ordner nach dem

Protokoll des Gesprächs. Es ist nichts zu finden. Entweder haben sie das Gespräch nicht aufgezeichnet oder gleich gelöscht, als sie merkten, dass ich Journalist bin.

»Gespräche mit anderen Journalisten haben sie sehr wohl mitgeschnitten und protokolliert«, sagt Christian. Wieder dreht er den Bildschirm zu mir herüber. In einer Datei mit der Bezeichnung TKÜ befindet sich eine ganze Reihe von Protollen von Telefonaten zwischen Berger und einem Redakteur des *Handelsblatts.* Aufmerksam lesen wir die Protokolle durch, in denen Berger manchmal namentlich und manchmal als »Beschuldigter« bezeichnet wird.

14. Oktober 2014: Der Redakteur informiert Berger, er bekomme den Artikel nicht in der morgigen Ausgabe untergebracht. Berger betont noch einmal, dass niemand erfahren dürfe, was er an den *Handelsblatt*-Redakteuer geschickt habe.

15. Oktober 2014: Berger, heißt es in dem Abhörprotokoll, sagte dem *Handelsblatt*-Redakteur, der Durchsuchungsbeschluss, der ihm bei der Razzia vorgelegt wurde, habe ein vier Monate altes Datum getragen. Die Staatsanwaltschaft spreche in dem Dokument von einer »Tätergruppe«. »Um Täter zu sein«, erklärt Berger dem Redakteur, müsse er doch »etwas Ungesetzliches getan haben«. Dabei habe der Bundesfinanzhof vor wenigen Wochen erklärt, die doppelte Anrechnung von Kapitalertragsteuer sei in bestimmten Fällen gar nicht gesetzeswidrig gewesen. Berger beruft sich offenbar darauf, dass er gegen gar kein Gesetz verstoßen könne, weil es zu Cum-Ex noch keine endgültige Regelung gebe. Der Redakteur pflichtet Berger bei: Man könne keine Gesetze brechen, sagt er, »die es gar nicht gibt.«

Berger moniert bei dem *Handelsblatt*-Redakteur die Berichterstattung der *Süddeutschen Zeitung.* Die Journalisten dort würden alles verdrehen. Es ging just um das Urteil des Bundesfinanzhofs. Berger bat den Redakteur, über seine, Bergers, Auslegung im *Handelsblatt* zu berichten. Der Redakteur wolle das tun, heißt es in dem Abhörprotokoll, »benötigt aber einen Aufhänger«. Berger solle Beschwerde einlegen gegen die Durchsuchung, dann hätte er einen Aufhänger.

Salewski und ich sind uns einig: Das ist alles andere als gewöhnlich und sehr fragwürdig. Ein *Handelsblatt*-Redakteur forderte dem Protokoll zufolge einen in die Schweiz geflohenen Beschuldigten indirekt auf, gegen Beschlüsse in Deutschland Beschwerde einzulegen, um anschließend darüber berichten zu können. Und Berger ging offensichtlich darauf ein, legte tatsächlich Beschwerde gegen die Durchsuchungsmaßnahme ein. Am 24. Oktober teilte er dem *Handelsblatt*-Redakteur laut Protokoll mit, er werde ihm die Beschwerde über die Durchsuchungsmaßnahmen zukommen lassen. Berger bitte den Redakteur, »die Inhalte der Beschwerde mit den Inhalten des Durchsuchungsbeschlusses«, den er bereits geschickt habe, zu vergleichen.

Dasselbe Spiel versuchte Hanno Berger auch mit einem *Spiegel*-Redakteur. Der ließ sich aber nicht darauf ein. Der *Handelsblatt*-Redakteur rief Berger ein paar Tage später an und bestätigte, dass er die Unterlagen bekommen habe.

»Hast du Zugriff auf das Pressearchiv des NDR?«, frage ich Christian in unserem Büro.

Der lacht. »Jeder hier hat Zugriff, selbst du.«

Ich bitte ihn, sämtliche Artikel des *Handelsblatt*-Redakteurs aus dem Zeitraum der TKÜ herauszufischen. Natürlich bin ich gespannt, ob es Berger gelungen ist, seine Sichtweise in der angesehenen Wirtschaftszeitung zu platzieren. Der Hauptbeschuldigte in einem der größten Finanzskandale aller Zeiten hätte damit nicht nur Professoren mit Gefälligkeitsgutachten beauftragt, sondern auch so ein wichtiges Medium wie das *Handelsblatt* für seine Sache eingespannt.

Tatsächlich finden sich Inhalte eines der abgehörten Gespräche fast wortwörtlich im *Handelsblatt*. Anonym darf Berger die Rechtmäßigkeit der Durchsuchungsbefehle infrage stellen. Und der Redakteur zitiert sich selbst, legt aber seinen Satz, »man könne keine Gesetze brechen, die es gar nicht gibt«, einem »Cum-Ex-Akteur« in den Mund.

Aber damit nicht genug. Der Redakteur versorgte auch seinerseits den geflohenen Berger mit Dokumenten. Der Redakteur nenne diese »vertraulich«, vermerkten die Ermittler zu einem Telefongespräch zwischen den beiden. Der Redakteur bitte Berger, die Unterlagen »unter Verschluss« zu halten.

Während ich mich erst einmal weiter mit Korruption durch Krebsmittelhersteller beschäftige, vertieft sich Christian in den nächsten Wochen in die Cum-Ex-Dokumente. Neben den Ermittlungsakten der Staatsanwaltschaft habe ich ihm auf einen USB-Stick mit mehr Speicherplatz alles gezogen, was ich in den vergangen drei Jahren zu Cum-Ex recherchiert habe. Das sind neben Dokumenten auch meine Aufzeichnungen und Protokolle von Gesprächen mit Insidern oder Informanten. Aus dem Datenwust fischt Christian ein Dokument heraus, das elektrisiert. Das Ablaufprotokoll einer Durchsuchung bei einer Hamburger Privatbank, deren Mitinhaber offenbar tief verstrickt ist in Cum-Ex-Geschäfte.

Schwaneberg, 29. Oktober 2016

Christian Olearius, der Mitinhaber der Bank M.M. Warburg & CO, besitzt ein Anwesen in der Uckermark in Brandenburg. Es handelt sich um ein üppiges Gutshaus, erbaut in der zweiten Hälfte des 18. Jahrhunderts. Ende Oktober 2016 besucht Christian den Ort mit einem Kameramann und einem Drohnenpiloten. Fürs Fernsehen braucht man immer viele Bilder. Und in Kooperation mit der *Zeit* wollen wir einen Beitrag über Warburg machen, in Hamburg eine Institution. Olearius selbst gilt als großer Mäzen, kultiviert das Image des seriösen Hamburger Kaufmanns.

Die Kollegen wollen gerade Aufnahmen der örtlichen Kirche machen – die Renovierung des neues Dachs hat Christian Olerarius finanziell unterstützt –, als ein Anwohner sie anspricht. Er will wissen, was sie machen. »Ein paar Luftaufnahmen«, antwortet Christian.

Der Anwohner fragt daraufhin, ob man wegen Herrn Olearius hier sei. Dessen Gutshaus liegt direkt auf der anderen Straßenseite. Christian sagt, man sei hier, um sich einen Eindruck vom landwirtschaftlichen Betrieb »Gutshof Schwaneberg« zu machen. Nun fragt der Anwohner, ob denn eigentlich die Berichterstattung zu Herrn Olearius bekannt sei. Darin gehe es um, wie er sich ausdrückt, »dreckige Aktiengeschäfte«. Ja, die Berichte seien bekannt, erwidert Christian und sagt dem Mann, dass er Herrn Olearius auch gern zum Thema Cum-Ex-Geschäfte befragt hätte, dieser aber ein Interview verweigert habe. Herrn Olearius und seine Frau habe er gerade bei einem Spaziergang gesehen, erwidert nun der Anwohner.

Christian und die Kollegen gehen daraufhin ein Stück in die Richtung, in die der Anwohner gedeutet hat. Was sie dann haben, nennt man im Journalismus Reporterglück: Herr Olearius und seine Frau kommen ihnen nach wenigen Minuten entgegen. Es folgt ein etwa fünfminütiges Gespräch vor laufender Kamera, bei dem Christian sich als »Christian Salewski, NDR« vorstellt und freundlich fragt, ob er eine Frage stellen dürfe. Olearius gibt ihm nicht zu verstehen, dass er nicht aufgenommen werden möchte. Er grummelt zwar »Komm, hör auf, lassen Sie mich doch zufrieden«, lässt sich dann aber doch auf ein Gespräch ein.

Christian Salewski: »Es wär ja schon interessant, von Ihnen mal eine Äußerung zu den jüngsten Vorwürfen zu bekommen. Wir haben ja dazu Ihren Pressesprecher angefragt, der sagte, Sie wollen dazu nichts sagen. Aber wir denken doch schon, dass das berechtigt wär …«

Christian Olearius: »… wie Sie einem nachspionieren! Furchtbar!«

(…)

Salewski: »Das ist doch kein Nachspionieren.«

An dieser Stelle mischt sich Frau Olearius in das Gespräch ein. »Mit einer Drohne fliegen Sie hier rum«, sagt sie. »Das ist ja das Letzte.«

Salewski: »Wieso ist das das Letzte? (…) Sie haben sich doch immer wieder geäußert im Sinne des Gemeinwohls und zur Verantwortung des Unternehmers, und da könnten Sie sich doch jetzt auch äußern, wo diese Vorwürfe im Raum stehen.«

Olearius: »Entsetzlich.«

Salewski: »Was meinen Sie mit entsetzlich?«

Olearius: »Ihre Fragen.«

Salewski: »Aha, meine Fragen sind entsetzlich. Können Sie das bitte ausführen? Entschuldigung, ich versuche ja nur zu verstehen. Sie sind doch ein Mäzen, ein hochangesehener Mäzen, und sagen immer, dass der Unternehmer dem Gemeinwohl zu dienen hat. Jetzt stehen diese schwerwiegenden Vorwürfe gegen Sie im Raum. Ich möchte ja nur, dass …«

Olearius: »Ich hab die doch nicht erhoben! Warten Sie doch mal ab! Haben Sie doch mal etwas Geduld. Ja?«

Salewski: »Ja, aber worauf soll ich denn warten?«

Olearius: »Auf eine vernünftige Beendigung dieser gesamten Chose.«

Salewski: »Was wäre denn vernünftig? Ich meine, ich versuche es ja nur zu verstehen. Helfen Sie mir doch, das zu verstehen. Ich möchte gerne mit Ihnen in Ruhe reden. Wir können uns auch in Ruhe hinsetzen …«

Olearius: »Haben Sie noch nie was gehört von einer Unschuldsvermutung? Und haben Sie noch nie etwas davon gehört, dass man auch ein Zeugnisverweigerungsrecht hat? Bis die Sache geklärt ist, beruhigen Sie sich doch mal, bitte.«

Salewski: »Ja, gut. Wir müssen gar nicht über Ihren konkreten Fall reden. Erzählen Sie mir doch was über Cum-Ex-Geschäfte generell. Das ist doch zu Lasten des Steuerzahlers. Im Abstrakten, nicht Ihr Fall. Oder ist das anders, hab ich da was falsch verstanden?«

Olearius: »Es wird alles in Vernunft, mit Zeit, vernünftig aufgeklärt. Und ich brauche von meiner Einschätzung, die Sie ja kennen, keinen Deut abzuweichen. Brauch ich nicht.«

(…)

Salewski: »Die einzige Frage, die ich versuche zu verstehen, ist gar nicht so sehr: Ist das jetzt legal oder illegal, diese Cum-Ex-Geschäfte, sondern einfach nur: Das ist doch ein Griff in die Steuerkasse, jedes Mal, ob das jetzt legal möglich gewesen sein mag oder nicht …«

Olearius: (lacht) »Sie haben eine merkwürdige Auffassung.«

Salewski: »Aber die Auffassung teilt ja auch die Bundesregierung und das Bundesfinanzministerium.«

Olearius: »Sie haben eben gesagt, es sei legal …« (Olearius schüttelt jetzt den Kopf.)

Salewski: »Nee, ich hab gesagt, es ist erstmal wurscht, ob es legal oder illegal ist, die Frage ist, ob es anständig ist.«

Olearius: (lacht)

Salewski: »Waren das anständige Geschäfte, die Sie gemacht haben, ob es legal oder illegal ist, erstmal egal?«

Olearius: (schweigt)

Salewski: »Hätten Sie die denn heute lieber nicht gemacht, diese Geschäfte?«

Olearius: (schweigt)

Salewski: »Darf ich mal … Ich hab mir ein Zitat rausgesucht von Ihnen. Da sagen Sie den Kollegen vom *Handelsblatt:* ›Die starke Gier nach

Profiten müsse ein Ende haben.‹ Das war 2010. Das ist genau der Zeitraum, wo jetzt vermeintlich kriminelle Geschäfte getätigt wurden. Passt das zusammen?«

Olearius: (schweigt)

Salewski: »Sie äußern sich doch immer im Sinne des Gemeinwohls. Sie sind doch ein honoriger Mann, der überall spendet, unterstützt, kulturelle Einrichtungen unterstützt. Ich verstehe das nicht, warum man sich da jetzt gar nicht zu einlässt, also nicht mal abstrakt.«

Olearius: (schweigt)

Salewski: »Sie wollen also dazu gar nichts mehr sagen?«

Olearius: (schweigt)

Salewski: »Na gut, dann wünsche ich Ihnen noch einen schönen Tag.«

Frau Olearius macht von der Interviewszene Fotos mit ihrem Handy. Dann setzt das Ehepaar Olearius seinen Weg fort. Christian nähert sich noch einmal, diesmal ohne Kameramann, nur um dem Bankier seine Visitenkarte zu geben, falls dieser doch noch mehr sagen möchte. Olearius nimmt die Karte nicht an.

Hamburg, 31. Oktober 2016

Wir schicken für unseren Beitrag in *Panorama* und für einen parallel geplanten Text in der *Zeit* eine gemeinsame Anfrage an die Warburg-Bank. Zu insgesamt zehn Punkten fragen wir nach den Cum-Ex-Geschäften, aber auch nach privaten Investments von Olearius in Cum-Ex-Deals. Unseren Fragen lässt sich entnehmen, dass wir Details der Durchsuchung sowie interne Dokumente kennen. Wir bitten um Antwort bis zum nächsten Tag um zwölf Uhr. Das ist der Tag, an dem die neue Ausgabe der *Zeit* fertigproduziert wird.

Hamburg, 1. November 2016

Mit leichter Verspätung antwortet Warburg mittags kurz vor 13 Uhr. Die Bank versucht dabei, in die Offensive zu kommen. »Ausgangspunkt Ihrer Fragen ist, dass M.M. Warburg & CO an Cum-Ex-Geschäften mitgewirkt habe, die zu einer Mehrfachanrechung oder -erstattung von Kapitalertragssteuer geführt hätten. Diese Grundannahme ist falsch. Ihre nachfolgenden Fragen entbehren damit jeglicher Grundlage«, schreiben der Hausjustiziar und der Pressesprecher der Bank. Kopien ihrer E-Mail gehen an den NDR-Intendanten Lutz Marmor und den *Zeit*-Chefredakteur Giovanni di Lorenzo, außerdem an die *Zeit* und an die Rechtsabteilungen des NDR.

»Die Bank unterstützt die Ermittlungen weiterhin vollumfänglich und ist davon überzeugt, dass die Vorwürfe nicht aufrechterhalten werden können«, heißt es weiter in der E-Mail. Spekulationen könnten Schadensersatzansprüche begründen, erklärt uns Warburg, und wird dann ganz konkret: »Sollten Sie in Ihrer Berichterstattung an den aus Ihren Fragen ersichtlichen falschen Unterstellungen festhalten, werden wir rechtliche Schritte einleiten.«

Die Antwort der Bank ist bemerkenswert. Sie besteht zwar vor allem aus lauter Behauptungen, doch der Inhalt ist geeignet, unseren Beitrag zu verhindern. Ein Satz bringt uns besonders in Grübeln: »Das staatsanwaltschaftliche Ermittlungsverfahren und Untersuchungen der Bundesanstalt für Finanzdienstleistungsaufsicht (BaFin) haben keine Belege für die erhobenen Vorwürfe ergeben.« Und die Bank erweckt auch noch den Eindruck, dass die Ermittlungen demnächst wohl eingestellt werden, indem sie hinzufügt: »Aus Gründen der Transparenz und zur Wahrung der Interessen erhalten auch die Staatsanwaltschaft Köln und die BaFin Kopien Ihrer Anfragen und von diesem Schreiben.« Das wirkt nun tatsächlich so, als spiele Warburg mit offenen Karten und verberge nichts. Als ich bei der Staatsanwaltschaft in Köln anrufe, um die Behauptung zu verifizieren, dass die Ermittlungen keine Belege gegen Warburg ergeben hätten, nimmt niemand ab. Ich merke, dass die Warburg-Bank den Kalender auf ihrer Seite hat: Es ist Allerheiligen und im Rheinland, anders als in Hamburg, Feiertag.

Die *Zeit* hat in wenigen Stunden Redaktionsschluss. Es hilft nichts, die Redaktion muss die Geschichte wieder aus dem Blatt nehmen. Die Bank könnte ja Recht haben, und dann sähe unsere Recherche schräg und alt aus. Für *Panorama* geben wir die Hoffnung aber noch nicht auf. Dort ist der Redaktionsschluss erst zwei Tage später. *Panorama*-Chef Volker Steinhoff geht auf Nummer sicher und plant die Sendung mit einem Ersatzbeitrag für unser Stück. Wir wissen beide: Ohne eine Bestätigung, dass die Ermittlungen weiterlaufen, kann der Beitrag nicht gesendet werden.

Noch am selben Tag, an dem uns die Antwort von Warburg erreicht hat, schicke ich eine E-Mail an die Bank mit der Frage, ob die uns übermittelte Antwort einzig für Warburg oder auch für die Töchter des Unternehmens sowie für die »Christian Olearius Beteiligungsgesellschaft mbH« gelte. Ich bitte um Antwort bis zum nächsten Mittag, zwölf Uhr.

Hamburg, 2. November 2016

Christian seziert die Antworten der Warburg-Bank und gleicht ihre Behauptungen mit unserem Recherchestand und den uns vorliegenden Dokumenten von dem USB-Stick ab. Daraus entsteht ein zwölfseitiges Papier, mit dem wir uns die Sachlage klarmachen wollen. Was wir wissen (und Christian mit Teilen der Ermittlungsakte belegen kann):

- Es gibt E-Mails zwischen Herrn Olearius und dem Cum-Ex-Macher Berger sowie vertragliche Verbindungen zu dem Cum-Ex-Großhändler Paul Mora.
- Die Staatsanwaltschaft schreibt, Olearius sei persönlich und direkt in Planung und Umsetzung von Cum-Ex-Transaktionen eingebunden gewesen.
- Ein schlagendes Indiz für die Staatsanwaltschaft sind Scheinrechnungen und Zahlungen der Warburg-Bank jenseits der 20 Millionen Euro an Berger mit dem Vermerk »Vermittlung Wertpapiergeschäfte«.
- Die Warburg-Bank hat mit Paul Mora eigens eine Firma, die »Warburg Ballance Capital Partnership« auf den Cayman Islands gegründet, laut Ermittlungsakte, um die Gewinne aus Cum-Ex zu verteilen.

Kann die Staatsanwaltschaft vor diesem Hintergrund wirklich zu dem Schluss gekommen sein, dass es keine Belege für Cum-Ex-Aktivitäten der Warburg-Bank gebe? Eigentlich nicht.

Kann aber die Warburg-Bank genau das behaupten und ihre Behauptung auch noch als Kopie an die Staatsanwaltschaft schicken? Eigentlich auch nicht. Wir sind verunsichert. Natürlich schließen wir nicht aus, dass die Bank uns dreist anlügt. Aber dies unter den Augen der Staatsanwaltschaft zu tun, ist fast unvorstellbar. Letztlich kann nur die Staatsanwaltschaft selbst die Sache klären. Die Presseabteilung der Behörde ist gewöhnlich keine Hilfe bei solchen Anfragen. Bei Steuerstrafsachen darf sie keine Auskunft geben, sie darf nicht einmal die Existenz eines Ermittlungsverfahrens bestätigen. Ich müsste allerdings die Durchwahl eines Kölner Staatsanwalts haben, fällt mir nun ein. Es ist jener Staatsanwalt, der mich vor fünf Monaten schriftlich unterrichtet hat, dass Telefonate zwischen mir und Hanno Berger abgehört wurden. Schnell krame ich die Mitteilung aus der Schreibtischschublade. Tatsächlich ist in der Absenderzeile seine direkte Büronummer angegeben. Nach drei Mal klingeln hebt er ab.

Was mich gleich zu Beginn des Telefonats überrascht: Er wirkt, als habe er mit meinem Anruf gerechnet. Man sitze gerade in einem Meeting mit den Abteilungsleitern, lässt mich der Staatsanwalt wissen, und diskutiere über mich und die E-Mail von Warburg, die das Geldinstitut in Kopie auch an die Staatsanwaltschaft und BaFin geschickt hat. Bevor ich meine Frage loswerde, teilt er in heiterer Stimmung mit, dass er mich einfach mal laut stelle.

Auch das ist keine gewöhnliche Situation. Ich bin schon froh, dass er überhaupt mit mir spricht. Und jetzt soll mich gleich ein ganzes Grüppchen von Staatsanwälten hören?

»Hallo in die Runde«, sage ich, ohne zu wissen, wer genau in der Runde sitzt.

Normalerweise spreche man nicht mit der Presse über Steuerstrafverfahren, sagt eine Männerstimme. Es gebe ja ein Steuergeheimnis. Aber wenn eine Bank so dreist in der Öffentlichkeit die Unwahrheit sage, dann könne man das nicht unwidersprochen stehen lassen. Und das öffentlich-rechtliche Fernsehen sei ja sozusagen die Öffentlichkeit.

Das geht in die richtige Richtung, denke ich noch, als der Staatsanwalt schon zum Punkt kommt. Natürlich werde man weiter ermitteln, sagt er. Die Ermittlungen stünden mitnichten vor der Einstellung. Dies ist die Bestätigung: Der Warburg-Sprecher hat uns tatsächlich dreist angelogen. Allerdings ist da noch eine Kleinigkeit, wenn man fürs Fernsehen arbeitet:

»Würden Sie mir das auch vor der Kamera sagen«, frage ich den Staatsanwalt.

Er schweigt kurz, gefühlt lang.

»Ja, unser Pressesprecher bestätigt Ihnen das. Aber er wird nicht viel mehr als diesen einen Satz sagen.«

Köln/Hamburg, 3. November 2016

An diesem Donnerstag, dem Sendetag von *Panorama,* bleibt keine Zeit, auf CO_2-Werte zu achten. Per Flugzeug geht es nach Köln. Um 9:30 Uhr bin ich mit dem Sprecher der Kölner Staatsanwaltschaft verabredet. Ich versuche, vor der Kamera noch ein wenig mehr zum Warburg-Fall aus ihm herauszubekommen – vergeblich. Es bleibt bei der knappen Aussage. Aber die reicht uns: »Aufgrund des Steuergeheimnisses können wir keine detaillierten Angaben zu dem Verfahren machen. So viel kann ich aber sagen: Die Ermittlungen dauern an.«

Um 11:30 Uhr sitze ich am Gate des Flughafens Köln/Bonn und warte, als mein Handy klingelt. Der Hamburger Medienanwalt Michael Nesselhauf ist dran. Nesselhauf, ein Grandseigneur des Medienrechts, war einst Geschäftsführer beim *Spiegel.* Später hat er als erster Medienanwalt die Veröffentlichung einer Gegendarstellung auf dem Cover des Nachrichtenmagazins durchgesetzt. Ich kenne Nesselhauf seit vielen Jahren, eigentlich haben wir ein gutes Verhältnis. Nun klingt er anders. Die Vorankündigung unserer Sendung ist soeben veröffentlicht worden. Nesselhauf hat Gesprächsbedarf.

»Tut mir leid, Herr Nesselhauf. Aber diesmal ist ihr Mandant zumindest ein Lügner.«

Ich fliege nach Hamburg. Dort meldet sich inzwischen die Fernsehdirektion des NDR bei der *Panorama*-Redaktion. Sie bittet um eine Stellungnahme zu dem Schreiben, das die Warburg-Bank vor zwei Tagen auch an die Intendanz geschickt hat.

Im Schnittraum macht *Panorama*-Autorin Anne Ruprecht den Beitrag über die Cum-Ex-Geschäfte der Warburg-Bank fertig. Im Gegensatz zu Christian und mir, zwei gelernten Printjournalisten, hat Anne Ahnung vom Fernsehen. Abends um 18:29 Uhr meldet sich allerdings erneut Nesselhauf. Er gibt alles. Nun geht es ihm offiziell um eine Nachfrage von Felix Rohrbeck, der als *Zeit*-Redakteur bei dieser Recherche von Anfang an dabei ist. Nesselhauf setzt bei seiner Antwort sowohl mich als auch den NDR-Intendanten und den Chefredakteur der *Zeit* in Cc. Er schreibt: »Ihre Frage (›Können Sie ausschließen ...‹) zeigt, mit Verlaub, dass Sie (und Oliver Schröm/*Panorama*) die Problematik (noch) nicht durchdrungen haben.«

Der Medienanwalt will offenbar Zweifel säen und vermutlich unseren Bericht wenige Stunden vor der Sendung verhindern.

»Ein kollusives Zusammenwirken von Verantwortlichen in Unternehmen der Warburg-Gruppe mit Dritten zwecks mehrfacher Anrechnung oder Erstattung von Kapitalertragssteuer hat es nach bestem Wissen und Gewissen nicht gegeben.« Nesselhaufs Botschaft an die (noch) nicht durchblickenden Journalisten: Falls die Bank doch in Cum-Ex-Geschäfte involviert gewesen sein sollte, hat sie es nicht gewusst. Diese Ausrede verwenden die Banker bis heute.

Nesselhauf ist kein Erfolg beschieden. Wir senden. »Es gibt Dinge, die machen einen immer wieder fassungslos«, beginnt Anja Reschke um 21:45 Uhr im Ersten ihre Moderation. Unser Beitrag heißt: »Der ehrbare Banker und seine zweifelhaften Deals: Steuerbetrug?« Alles, was wir zu diesem Zeitpunkt über den Warburg-Fall wissen und belegen können, geht über den Sender und ist in der ARD-Mediathek verfügbar. In vier Tagen müsse Christian Olearius »übrigens als Zeuge vor dem Untersuchungsausschuss des Bundestages aussagen«, moderiert Anja unseren Beitrag ab. »Sein Anwalt hat bereits beantragt, die Öffentlichkeit auszuschließen.«

Berlin/Düsseldorf, 7. November 2016

Vor dem Untersuchungsausschuss des Bundestages verweigert Olearius die Aussage. Er verweist auf das Verfahren der Kölner Staatsanwaltschaft gegen ihn.

Hamburg, 8. November 2016

Um 17 Uhr ist ein Treffen in der Redaktion der *Zeit* angesetzt. Zwei Vertreter der Warburg-Bank haben sich angesagt. Der Wirtschaftsressortleiter der *Zeit,* Uwe-Jean Heuser, hat wiederum mich hinzugebeten. Der Zweck des Besuchs ist nicht klar. Nachdem *Panorama* den Beitrag gesendet hat, will Warburg nun zumindest das Erscheinen des Artikels in der Wochenzeitung verhindern, vermuten wir.

Die Banker kommen zu viert: der Chefsyndikus Christoph Greiner, der Pressesprecher Martin Wehrle sowie zwei externe Rechtsanwälte. Klaus Landry vertritt Christian Olearius in dessen Ermittlungsverfahren, Christian Jehke zählt zur Steuerkanzlei Flick Gocke Schaumburg. Für die *Zeit* nehmen Heuser, Felix Rohrbeck und der Medienanwalt Jörg Nabert an dem Gespräch teil. Michael Nesselhauf verspäte sich, lassen die Warburg-Vertreter uns wissen.

Martin Wehrle erzählt dann, dass er heute einen Anruf einer Werbeagentur erhalten habe. Die habe ihn gefragt, ob Warburg mal wieder eine Anzeige in der *Zeit* schalten möchte. Er habe geantwortet, dass er dies von einem Gespräch in der Redaktion abhängig machen wolle.

Nach vielen Jahren im Job ekelt es mich immer noch, wenn ich Sätze wie diese höre. Ein Unternehmen, das glaubt, die Aussicht auf eine Anzeige könne eine Redaktion davon abhalten, investigativen Journalismus zu betreiben, der ihr selbst nicht gefällt. Glaubt man wirklich, dass Journalisten so käuflich sind?

Es ist an der Zeit, mich den Bank-Vertretern vorzustellen. Wehrle wusste offensichtlich nicht, dass ich nicht von der *Zeit,* sondern von *Panorama* bin. Als ich ihm meine Visitenkarte mit dem NDR-Logo rüberreiche, wirkt Wehrle jedenfalls einen Moment lang etwas verwirrt.

Die Herrschaften erklären wortreich, dass Warburg nicht in Cum-Ex-Geschäfte verwickelt sei. Man habe kein schlechtes Gewissen und auch keine Sorgen, dass seitens der Staatsanwaltschaft noch etwas komme. Es werden auch Vorwürfe gegen die Ermittler erhoben. Den Druck der Staatsanwaltschaft Köln erachte man als nicht rechtsstaatlich. Die Staatsanwaltschaft Köln habe sich zu viel aufgehalst und könne die Fälle nicht mehr ausermitteln. Deshalb würden Beschuldigte jetzt an den Pranger gestellt – um sie zu zwingen, sich freizukaufen. Einer der externen Warburg-Anwälte kündigt vollmundig an: Sie wollen es ausermittelt haben, sehen den Ermittlungen jedoch gelassen entgegen.

Dann kommt Michael Nesselhauf herein. Er braucht keine Visitenkarte, um mich zuzuordnen. Er fragt, was ich hier zu suchen hätte. Und dies in einer Lautstärke, die eher nicht in ein gesittetes Gespräch gehört.

Hamburg, 17. November 2016

Die *Zeit* veröffentlicht nun auch. »Jetzt auch noch Warburg?«, heißt die Überschrift. Darunter steht: »Die altehrwürdige Hamburger Privatbank und ihr Mitinhaber Christian Olearius stehen im Verdacht, den Staat mit zwielichtigen Steuergeschäften geplündert zu haben.« Es ist der Zwischenstand unserer Recherchen.

14

Berlin, 15. Dezember 2016

Im Sitzungssaal E 400 des Paul-Löbe-Hauses geben sich Spitzenbeamte die Türklinke in die Hand. Zunächst sagt Rolf Möhlenbrock vor dem Untersuchungsausschuss »Cum-Ex« aus. Er leitet im Bundesfinanzministerium die Unterabteilung IVC, ist unter anderem zuständig für Unternehmenssteuerpolitik. Vor sieben Jahren hat ihn am Rande einer Vortragsveranstaltung ein Berater aus der Finanzbranche angesprochen und von Cum-Ex-Geschäften berichtet. Sein Gesprächspartner legte ihm dar, wie mit diesen Aktiendeals dem Fiskus ein Schaden von mindestens zwölf Milliarden Euro entstanden sein könnte. Möhlenbrock bat seinen Gesprächspartner, ihm das schriftlich aufzudröseln und zu schicken. Der Beamte war damals Referatsleiter und gar nicht für die Kapitalertragssteuer zuständig. Als Möhlenbrock per E-Mail tatsächlich Details zu Cum-Ex-Geschäften erhielt, löschte er den Namen des Absenders und speiste die Ausführungen in den Ministeriumsapparat ein. Das war der Anfang vom Ende der klassischen Cum-Ex-Geschäfte.

Im Ausschuss fragen Abgeordnete Möhlenbrock immer wieder nach dem Hinweisgeber. Die Antworten des Westfalen fallen kurz aus: »Die Person möchte ich nicht nennen.« Rolf Möhlenbrock hat entscheidend dazu beigetragen, dass Cum-Ex in der bis dahin bekannten Form der Garaus gemacht wurde. Als Held sieht er sich deshalb nicht. Er habe halt eine wichtige Information weitergegeben. Punkt. »Ich hatte hier die Besonderheit, dass ich mit Fragen der Kapitalertragssteuer kraft meines Amtes nun gar nichts zu tun hatte.«

Nach Möhlenbrock muss sein Vorgesetzter in den Zeugenstand, Michael Sell. Er leitet die Abteilung IV im Bundesfinanzministerium und ist damit der höchste Steuerbeamte der Republik. Sell kann auf eine beachtliche Beamtenkarriere zurückblicken. Bevor er im Mai 2012 zu Wolfgang Schäuble ins Finanzministerium wechselte, arbeitete er im Kanzleramt und bei der BaFin. Vier Monate zuvor hatte Finanzminister Schäuble infolge des Hinweises von Möhlenbrock mit einem neuen Gesetz dafür gesorgt, dass Cum-Ex-Geschäfte in der bislang bekannten Form nicht mehr möglich sind. Zu Sells Job gehörte es, das Gesetz mit Leben zu füllen und dafür zu sorgen, dass die Cum-Ex-Räuber mit ihren vor dem Stichtag ergaunerten Steuerbescheiden nicht weiter die Staatskasse schröpfen.

Sell ist Mitglied der CDU und kommt aus dem Ruhrpott. Er ist das Gegenstück zum parteilosen und eher wortkargen Möhlenbrock. Pointiert führt er den Abgeordneten vor Augen, dass Cum-Ex eine sehr arbeitsteilige Angelegenheit war, bei der Banker, Berater, Broker gemeinsam agierten. Wie Möhlenbrock hat auch Sell eine klare Haltung zu Cum-Ex – und formuliert sie auch sehr deutlich: »Ich habe mal in einer anderen Runde gesagt: Wenn man grundsätzlich der Überzeugung ist, dass Cum-Ex strafbar ist (…) – es gibt ja welche, die anderer Ansicht sind, aber gut, ich muss das nicht abschließend entscheiden, weil ich nicht für Strafbarkeitsfragen zuständig bin – aber das ist organisiert wie OK. Das ist Organisierte Kriminalität.«

Es ist das erste Mal, dass ein Spitzenbeamter beim Thema Cum-Ex öffentlich so deutlich wird. Sell ist sich der Wirkung bewusst. Um seine Aussage zu unterstreichen, wendet er sich an den Ausschussvorsitzenden Hans-Ulrich Krüger (SPD): »Also, ich weiß nicht, Sie lächeln, Sie waren ja mal Staatsanwalt. Ich nehme an, da liege ich vielleicht nicht falsch damit.«

»Nein, nein, ich sage besser jetzt nichts«, erwidert Krüger. »Ich danke Ihnen, Herr Sell.«

Der Untersuchungsausschuss tagt nun seit fast zehn Monaten. Die Aufklärungsarbeit geht zäh voran. Manchmal aber wird deutlich, warum Berger und Co. so lange ihr Unwesen treiben konnten. Ein Mitglied der »Organisierten Kriminalität« saß zeitweise im Bundesfinanzministerium. Und er muss ebenfalls im Untersuchungsausschuss aussagen. Sein Name: Arnold Ramackers.

Ramackers war Finanzrichter in Düsseldorf und ließ sich im Jahr

2004 ins Finanzministerium nach Berlin versetzen. Vier Jahre arbeitete er dort für die Steuerabteilung. Es war Ramackers, der den Landesfinanzministerien 2005 das Problem der doppelten Steuerbescheinigung und den Lösungsvorschlag der Bankenlobby vorstellte. Im Sommer 2008 ließ er sich für ein Jahr beurlauben. Er legte dann aber keineswegs die Füße hoch – er wechselte die Seiten. In den nächsten zwölf Monaten arbeitete er für den Bankenverband, für den Sparkassenverband, für den Bundesverband der Deutschen Volksbanken und Raiffeisenbanken und für den Bundesverband Investment und Asset Management. Bei der Finanzlobby verdiente er rund 80 000 Euro und damit in etwa dasselbe wie im Bundesfinanzministerium.

Der Seitenwechsel war ungewöhnlich und an sich schon unangenehm für das Ministerium – hier verließ auf Zeit ein Beamter mitsamt seinem Insiderwissen das Haus, um jenen zu dienen, die von diesem Insiderwissen enorm profitieren können. Doch in der Steuerabteilung des Bundesfinanzministeriums war noch viel mehr möglich. Der Beamte Arnold Ramackers gesteht 2016 im Gespräch mit dem Untersuchungsausschussvorsitzenden Hans-Ulrich Krüger außerdem noch ein, dass er just in dem Jahr, als die Bankenlobby ihn bezahlte, ebenfalls für das Finanzministerium tätig war. »Ich habe praktisch für Herrn Gierlich weitergearbeitet«, sagt Ramackers, beide Hände ruhig auf dem Bauch gefaltet. »Für Herrn Gierlich?«, fragt Krüger nach. Der SPD-Abgeordnete hat in dem Moment nicht präsent, dass es um den Referatsleiter Michael Gierlich geht. »Ja, im Ministerium«, hilft ihm Ramackers auf die Sprünge.

Ramackers agierte als eine Art Doppelagent. Auch nach seiner Pensionierung begab er sich nochmal per Teilzeitarbeitsvertrag in die Dienste des Bundesfinanzministeriums. Das war im Jahr 2010, nun arbeitete er eifrig an einem Referenten- und später am Regierungsentwurf eines Steuergesetzes mit.

Im Untersuchungsausschuss schildert Arnold Ramackers all das so gelassen, als gebe es nichts daran auszusetzen. Die Abgeordneten, die ihn als Zeugen befragen, bemühen sich um Höflichkeit. Doch manchmal bricht ihr Unverständnis durch, etwa beim Grünen-Abgeordneten Gerhard Schick. »Mit Verlaub«, setzt Schick bei seiner Befragung Ramackers an, »ich halte das für unhaltbar, dass die Grenze zwischen der Tätigkeit in einem Branchenverband und dem Bundesministerium nicht klar gezogen ist. Ich halte das für höchst problematisch, und es erstaunt mich sehr, dass ein früherer Richter so etwas macht. (...) Und es erstaunt mich sehr, dass im Bundesministerium der Finanzen so etwas stattgefunden hat, wenn ich das mal zu Protokoll geben darf. (...) Politisch und rechtlich geht das alles gar nicht.«

Und doch ging viel mit Arnold Ramackers. Als Pensionär wendete er sich im August 2011, da ging es gerade um die Änderung eines Steuergesetzes, per E-Mail an seine alten Kollegen im Ministerium. »Hier mein Produkt, noch im Änderungsmodus«, schrieb Ramackers, und: »Über die Bescheinigung beim Steuerabzug auf Kompensationsleistungen bei aufgefallenem cum/ex-Geschäft müssen wir noch mit den Banken, namentlich den Abwicklern, (...) reden.« Seinen Vorschlag schickte er tags drauf eiskalt auch an den Bankenverband.

»Ist es so üblich, dass Sie Vorschläge, die Sie fürs Ministerium machen, dann gleichzeitig dem Bankenverband mitteilen?«, fragt der Linken-Abgeordnete Richard Pitterle den Zeugen. Der antwortet auch hier ruhig: »Damals in dem Fall, wo ich ja quasi nur der fachlich versierte Staatsbürger war, dann ja.« Die Änderungen des Steuergesetzes, die Ramackers dem Ministerium vorschlug, wurden dort übernommen.

Hamburg, 16. Dezember 2016

Christian und ich haben die Warburg-Recherche zum Anlass genommen, immer wieder nach Berlin zu fahren und uns Zeugenvernehmungen im Untersuchungsausschuss anzuhören. Längst ist klar, dass wir an dem Thema dranbleiben. Christian macht nichts anderes mehr, als sich durch die Daten zu wühlen. Er hat zwei DIN-A4-Blätter hinter sich an die Wand gepinnt. Auf dem einen steht ein Zitat des Grünen-Bundestagsabgeordneten Gerhard Schick: »Mit der Zeit wurden die Betrügereien immer dreister. Eigens dafür wurden sogar US-Pensionsfonds mit nur EINEM Pensionsberechtigten gegründet.« So hat Schick eine Erkenntnis aus seiner Arbeit im Untersuchungsausschuss, den er initiiert hat, zusammengefasst.

Der Trick mit den Pensionsfonds war der letzte Versuch von Hanno Berger, mit Cum-Ex noch einmal so richtig Kasse zu machen. Diesen Versuch führte er von seinem Schweizer Domizil in Graubünden weiter fort. Weil durch die Gesetzesänderung 2012 die Auszahlung der mit Cum-Ex ergaunerten Steuerbescheinigungen gestoppt wurde, klagten US-Pensionsfonds dagegen, unterstützt von Hanno Bergers Anwalt Kai Schaffelhuber. Dreist behaupteten sie, Anspruch auf das Geld deutscher Steuerzahler zu haben.

Auf dem zweiten Blatt, das Christian im Büro aufgehängt hat, ist das Foto einer Villa zu sehen. Handschriftlich hat er die Adresse darübergeschrieben: 6 Noble Lane. Dort, im US-Bundesstaat New Jersey, residiert durchaus nobel Gregory Summers, der »Pensionsberechtigte« einer der US-Fonds. Er hatte 2011 die Erstattung von 54 Millionen Euro beantragt. Mit blauem Filzstift hat Christian die Eckdaten unter das Villenfoto gekrakelt: »54 Mio. Euro, Erstattung 2011 (Versuch), 1,225 Mio. USD«. 1,225 Millionen Dollar betrug Christians Recherche zufolge der Kaufpreis des großzügigen Landhauses in Green Brook Township, New Jersey. Christian hat sich nun in den Kopf gesetzt, den Kerl mit Kamera zu besuchen.

Die Daten und Dokumente wachsen uns über den Kopf. In den vergangenen Monaten sind weitere hinzugekommen. Christian ertrinkt in geheimen Ermittlungsakten, Tabellen mit Käufen und Verkäufen, E-Mails, Kontoauszügen, Zeichnungsscheinen, Durchsuchungsprotokollen und Aufzeichnungen abgehörter Telefonate. Dazu kommen noch die vertraulichen Unterlagen des Untersuchungsausschusses, die ich besorgen konnte. Wir brauchen dringend Hilfe!

Bei der Warburg-Recherche haben wir mit der *Zeit* kooperiert, mit Felix Rohrbeck. Felix ist Redakteur im Wirtschaftsteil der Wochenzeitung und ein langjähriger Freund von Christian. Zusammen haben sie einst das journalistische Startup *Follow the Money* gegründet – ein Name, der auch ganz gut für unsere neue Recherche taugt.

In einem Konferenzraum des Wirtschaftsressorts gibt Christian Kollegen von *Zeit* und *Zeit Online* einen Crashkurs über Inhalt und Aufbau der Akten. Er hat seinen Laptop an einen riesigen Bildschirm angeschlossen und zeigt, welche Datenschätze es zu heben gilt. Er präsentiert

Dokumente wie einen Vorstandsbeschluss der HypoVereinsbank zu der Kreditlinie für Bergers Edelkunden Rafael Roth, dem ersten Privatinvestor in der deutschen Cum-Ex-Historie. Oder die komplette Firmenwagenliste der Bank, inklusive ihrer Halter, bis hin zur stellvertretenden Filialleiterin in Hintertupfingen. Es ist der Startschuss zu einer Zusammenarbeit, die ein halbes Jahr andauern wird. Die Fragen liegen auf der Hand: Wie kann es sein, dass sich eine globale Finanzelite über Jahre auf Kosten des deutschen Steuerzahlers bereichert, ohne dass es irgendjemand verhindert? Wie groß ist der Schaden, der dadurch entstanden ist? Und gab es keine Versuche, die Verbrecher aufzuhalten?

Ein achtköpfiges Team von *Panorama, Zeit* und *Zeit Online* will darauf Antworten finden. Wir wollen den Steuerraub in seinem ganzen Ausmaß rekonstruieren. Wir wollen dorthin fahren, wo die Täter agierten und versuchen, mit Insidern zu sprechen. Gerade die Erlebnisse und Hinweise von Menschen, die sich in den zurückliegenden Jahren mit Cum-Ex-Geschäften befasst haben, sind für die Recherche von besonderer Bedeutung.

Hamburg, 18. April 2017

Kurz nach 17 Uhr geht die *Süddeutsche Zeitung* mit einer Exklusiv-Story online: »Cum-Ex-Geschäfte: Jetzt packen Insider aus«. Gleich mehrere Beschuldigte sollen gegenüber der Kölner Staatsanwaltschaft detailliert das System der Aktiendeals erläutern. Zudem sollen sie Namen von Banken und Börsenhändlern nennen, die an der Betrugsmasche beteiligt waren. Die Insider versprechen sich von ihren Aussagen »einen Strafnachlass oder gar Straffreiheit«, spekuliert die *SZ* und schreibt: »Der erste Insider, der ausgepackt hat, nannte bei einer einzigen Vernehmung mehr als 50 Namen von Banken.« Neben der Westdeutschen Landesbank sollen die Schweizer Bank UBS, die BNP Paribas aus Frankreich sowie das australische Geldinstitut Macquarie darunter sein.

Ein zweiter Artikel ist überschrieben mit: »Wer jetzt nicht auspackt, ist geliefert«. Darin zitiert die *Süddeutsche Zeitung* Juristen, »die den Fall bestens kennen«, mit dem Satz: »Jetzt könnten die Behörden aufräumen.

Richtig aufräumen.« Mehr Details oder Hintergründe erfährt der Leser nicht. Die beiden Artikel sind blutarm, aber für uns dennoch hochinteressant. Wir wollen wissen, wer die »Insider« sind, die auspacken.

Einige Telefonate später bin ich schlauer und auch ein wenig elektrisiert: Es gibt im Moment vor allem einen Insider, der seit Monaten plaudert – und den kenne ich persönlich. Vor etwa drei Jahren habe ich ihn nach unserer ersten *stern*-Geschichte in einer Lounge im Flughafen Zürich getroffen. Mit diesem Kronzeugen hat die Staatsanwaltschaft einen dicken Fisch an Land gezogen. Es handelt sich um den früheren Geschäftspartner von Hanno Berger, seine einstige rechte Hand. Damals, in der Flughafen-Lounge, wollte er uns davon abbringen, in einem weiteren Artikel seinen Namen zu erwähnen. Der Berger-Kompagnon trat in der Uniform der Banking-Szene auf, maßgeschneiderter Anzug, rote Krawatte. Sein Tonfall war selbstbewusst bis herablassend. Das Treffen lief wenig harmonisch und endete schnell.

Ich muss nicht lange im Internet suchen, um ihn ausfindig zu machen. Er hat mittlerweile eine eigene Kanzlei in Zürich, in bester Lage nah am Zürichsee. Die Sozietät stehe »für Seriosität, Diskretion und Sicherheit und pflegt zu ihren Mandanten eine langfristige Vertrauensbeziehung«, teilt der Cum-Ex-Gauner auf der Webseite mit. »Unsere anwaltliche Beratung zeichnet sich dabei neben absoluten Fach- und Branchenkenntnissen ebenfalls durch das Verständnis für wirtschaftliche Zusammenhänge und großes persönliches Engagement aus.«

Was hat diesen Kerl nun bewogen, zur Staatsanwaltschaft überzulaufen? Ich rufe in seinem Büro an, nenne meinen Namen und bitte durchgestellt zu werden. Eine freundliche Stimme lässt mich nach Rücksprache wissen, dass der Kanzleichef außer Hause sei. Ich hinterlasse meine Erreichbarkeit und bitte auszurichten, dass ich nicht mehr für den *stern* arbeite, sondern für das ARD-Magazin *Panorama* – und spätestens in 30 Minuten seinen Rückruf erwarte. Ich bin mir relativ sicher, dass er sich melden wird. Schließlich haben wir damals beim *stern* seinen Namen veröffentlicht, obwohl er genau das mit einem etwas unmoralischen Angebot zu verhindern versucht hatte.

Die 30 Minuten sind noch nicht vorbei, als mein Handy klingelt. Es meldet sich der Medienanwalt Ralf Höcker. Wortreich erklärt er, die

Identität seines Mandanten müsse geschützt werden. Als Zeuge der Staatsanwaltschaft sei der Mandant gefährdet. Wenn ich ihn outete und ihm geschehe etwas, meint Höcker, müsse ich das mit meinem Gewissen vereinbaren.

Weniger wortreich erkläre ich Höcker, dass ich nicht mit ihm, sondern mit seinem Mandanten sprechen möchte. Er könne ihn sowieso nicht mit seinen juristischen Taschenspielertricks schützen. Ich erinnere Höcker auch an den Ausgang unserer letzten Auseinandersetzung, als er den früheren Sarasin-Kundenberater Kai Henke vertreten hat. Höcker keilt zurück und versucht seine Niederlage in einen Erfolg umzudeuten: schließlich hätten wir Henke in unserer Berichterstattung zunächst nicht beim Namen nennen dürfen. Ein Wort gibt das andere, es wird lauter. Schließlich brüllen wir uns an. »Vorschlag«, sagt Höcker plötzlich. »Sie bekommen ein Interview mit ihm.«

»Ein exklusives Fernsehinterview?«

Höcker bejaht. Nach Abschluss der Aussagen bei der Staatsanwaltschaft und unter der Garantie, dass sein Mandant nicht identifizierbar sei. Das sei die Bedingung. Für ein Exklusivinterview mit dem Kronzeugen der Staatsanwaltschaft ist diese Bedingung akzeptabel. Wir vereinbaren, alles vertraglich zu fixieren. Die Details dazu werden nicht nur die Anwälte bei NDR und *Zeit* beschäftigen.

London, 20. bis 22. April 2017

Manchmal muss man sich hohe Ziele stecken. Mein Kollege Christian hat sich in den Kopf gesetzt, einen der größten Cum-Ex-Paten vor die Kamera zu bekommen: Paul Mora. Mit Moras Hilfe gelangte Hanno Berger schließlich in die erlauchten Cum-Ex-Kreise. Der Neuseeländer agierte oft an entscheidender Stelle. Die HypoVereinsbank, bei der Mora angestellt war, hat inzwischen eine Mitschuld an Cum-Ex-Geschäften eingeräumt und einer Millionenstrafe zugestimmt. Mora, ihr damaliger Mann in London, machte sich später selbstständig mit einer Firma namens Ballance Capital.

Christian fährt zu der Adresse, die im britischen Handelsregister angegeben ist, und landet in einem Londoner Vorort. Die Spurensuche geht über sanfte Hügel, vorbei an Pferdekoppeln und Villen. Dann stehen Christan und sein Team vor einem umzäunten Anwesen. Ein Privatweg führt zu einer Gegensprechanlage. Aus der ertönt nach Klingeln eine tiefe Männerstimme. Aber es ist nicht Mora. Mora ist ausgezogen. Ein älteres Pärchen, das direkt nebenan wohnt, bittet in die Küche und hat noch eine Handynummer. Christian ruft dort an, es meldet sich aber nur seine Mailbox. Zurückrufen wird Mora nicht.

Auch die Verkäuferin im Kiosk unter dem früheren Büro von Paul Mora hilft nicht weiter. Sie erinnert sich an den »dicken Typ«, der immer Schokoriegel kaufte, weiß aber nicht, wo er abgeblieben ist. Näher dran ist Christian, als ihm Moras Schwager in Jogginghose und sichtlich verkatert die Tür öffnet. Wo Paul jetzt sei, wisse er nicht, vor ein paar Tagen aber sei er noch hier gewesen.

Paul Mora wird keine O-Töne zu unseren Berichten beitragen, das wird dem Team klar. Aber ein deutscher Kollege, der ihn erlebt hat, spricht immerhin über ihn. Frank Tibo war Steuerchef der HypoVereinsbank, verließ das Unternehmen aber im Streit. Er sollte Mitarbeiter wie den Händler Mora beaufsichtigen. Doch die hatten eher keine Lust, unter der Kontrolle von Leuten wie Tibo zu stehen, denn sie verdienten viel Geld mit Cum-Ex, und das sollte bitte auch so bleiben.

Mora sei »recht distanziert« gewesen, erinnert sich Tibo. »Er hat die Leute sehr nüchtern, kühl beobachtet und hat überlegt, wo ist da jemand, der mir irgendwie Grenzen aufzeigt oder Probleme macht.« Viel mehr will Tibo über Mora nicht sagen. Dafür beschreibt er das Milieu, in dem die Cum-Ex-Deals abgeschlossen wurden. »Die Leute sind alle jung, weiß und männlich, und das fördert natürlich eine gewisse Machokultur. Schon die jüngeren Leute haben dort oft 500 000 oder auch 800 000 Euro im Jahr verdient. Wenn man sich das anschaut, wie die Kultur dort ist, muss man sehen, dass die sich alle untereinander kennen. Es gibt permanent Einladungen, tolle Abendessen mit Saufgelagen. Es gibt Skiwochenenden gemeinsam. Das ist eine kleine Gruppe an Leuten, die auch blind miteinander kommunizieren kann, ohne große Worte. Und die können Sie eben nicht stoppen, indem Sie sagen, wir haben sehr wohl Verhaltensregeln, wir haben Gesetze. Das interessiert die nicht.«

Allerdings haben die Vorgesetzten von Tibo kein Interesse daran, dass Mora, Berger und Co. zu tief in die Staatskasse greifen und damit die ganze Branche in Misskredit bringen. Doch die Deals ihrer Kollegen zu verhindern, das ginge zu weit. Auf der anderen Seite, bei Staat und Regierung, haben das einige zumindest versucht.

Rückblick: Bonn, 22. Juni 2011

Das Bundeszentralamt für Steuern liegt im Erdgeschoss eines grauen, fünfstöckigen Zweckbaus, rechtsrheinisch und einige Kilometer entfernt vom ehemaligen Regierungsviertel der einstigen Bundeshauptstadt Bonn. Am 22. Juni 2011 geht hier ein Sammelantrag ein. Er bekommt die Nummern 1100000001 bis 1100000025 zugeteilt und landet dann auf dem Schreibtisch einer Sachbearbeiterin. Hier, zwischen Regalen voller Ordnern, auf deren Rücken der Bundesadler prangt, arbeitet Jana Stobinsky. Sie ist 30 Jahre alt, groß und schlank, hat braune Augen und einen kinnlangen Bob-Haarschnitt. Gerade einmal seit einem halben Jahr macht sie ihren Job. Von komplizierten Börsengeschäften hat sie wenig Ahnung. Aber wenn Stobinsky etwas seltsam vorkommt, so wie dieser Sammelantrag, dann möchte sie der Sache auf den Grund gehen.

Der Antragsteller ist ein Pensionsfonds aus den USA, und er fällt mit ungewöhnlich hohen Summen auf. In nur zwei Monaten hat er deutsche Aktien im Wert von 6,4 Milliarden Euro gekauft. Kurz danach hat er die Aktien wieder verkauft. Nun verlangt der Pensionsfonds vom deutschen Staat fast 54 Millionen Euro an Kapitalertragssteuern zurück.

Das ist nicht der einzige Punkt, der Jana Stobinsky stutzig macht. Der Pensionsfonds hat nur einen einzigen Begünstigten. Wie kann es sein, fragt sich die Beamtin, dass ein Ein-Mann-Pensionsfonds mit mehreren Milliarden spekuliert? Sie schickt dem Fonds nicht die beantragten knapp 54 Millionen Euro, sie schickt ihm eine Reihe von Fragen. Die Reaktion auf diese Fragen ist bei Bankern, Brokern, Beratern und Investoren in New York, London und Zürich dieselbe wie in München und Frankfurt: Panik. Ihre Fragen beantwortet man ausweichend. Das macht die Beamtin noch misstrauischer. Jana Stobinsky ist keine Staatsanwältin, keine Richterin und auch keine Finanzministerin. Sie ist Sachbearbeiterin. Und sie kommt dem größten Steuerraub aller Zeiten auf die Spur. Was sie aufdeckt, wird Politik und Justiz in Atem halten.

New York, 8. bis 12. Mai 2017

Der amerikanische Pensionsfonds, der die Bonner Beamtin Jana Stobinsky so stutzig gemacht hatte, gab als Kontakt eine Adresse im Finanzviertel von Manhattan an, im 20. Stock eines 164 Meter hohen Wolkenkratzers. Wer sich am Empfang aber nach dem Fonds erkundigt, erhält die Auskunft: »Noch nie gehört.« Das liegt vermutlich daran, dass im 20. Stock des Gebäudes virtuelle Büros angeboten werden. Man kann sie anmieten, mit Briefkasten und Telefonservice, für 20,04 Dollar im Monat. Für Journalisten gibt es hier wenig zu erfahren.

Doch es gibt noch eine zweite Adresse, und da ist der Fonds auch offiziell gemeldet. Der Weg dorthin führt in eine vornehme Villengegend im Bundesstaat New Jersey, rund eine Autostunde von Manhattan entfernt. Auf einem Hügel am Ende einer ruhigen Straße liegt ein herrschaftliches Anwesen. Ein Privatweg schwingt sich die letzten Meter zum Säulen gesäumten Eingang empor. Die Adresse lautet, durchaus passend, 6 Noble Lane. Christian ist am Ziel. Seit Monaten arbeitete er auf diesen Moment hin. Und er hat Glück.

Ein schwarzer Mercedes rollt die Auffahrt hinab, die Scheibe des Beifahrers fährt herunter. Man sieht einen beleibten, grauhaarigen Mann. Es ist Gregory Summers, der einzige Begünstigte des Pensionsfonds. Gerne würde Christian ihn fragen, woher er die Milliarden hatte, mit denen sein Fonds die Aktien kaufte. Ob die Steuern, die er vom deutschen Staat zurückforderte, jemals bezahlt wurden. Doch mit Journalisten möchte er nichts zu tun haben. Seine Frau auf dem Fahrersitz drückt aufs Gas. »Ich kann nicht mit Ihnen sprechen«, sagt Summers noch, bevor er samt seiner Limousine verschwindet.

Gregory Summers ist auch Begünstigter eines zweiten Pensionsfonds, der genauso an der 6 Noble Lane gemeldet ist und für welchen dem Bundesamt für Steuern ebenfalls eine Forderung von knapp 54 Millionen Euro vorliegt. Insgesamt stößt die Beamtin Jana Stobinsky auf ein halbes Dutzend amerikanische Pensionsfonds mit ähnlichen Forderungen. Zusammen verlangen sie vom deutschen Staat knapp 315 Millionen Euro. Und bei allen ist unklar, wer wirklich dahintersteckt.

Bonn/Berlin, 2011 bis 2016

»Ich wusste am Anfang gar nicht, wonach ich suchen soll«, wird Jana Stobinsky im Untersuchungsausschuss sagen. Im Jahr 2011 war sie erst einmal auf sich gestellt, agierte als eine Art Ein-Frau-Einheit. Später erst wurde sie von Kollegen unterstützt.

Stobinsky hakt zunächst bei den Pensionsfonds in Amerika nach. Es ist ein Puzzlespiel, bei dem ihr noch viele Teile fehlen. Was sich aber bereits andeutet, ist das Bild einer genialen Geldvermehrungsmaschine. Wirft man oben eine Million Euro rein, kommt unten deutlich mehr Geld raus. Als Vervielfacher dient der deutsche Staat, ohne es zu merken. »Dann nahm das bald enorme Ausmaße an, es kamen immer mehr Fälle auf meinen Tisch«, berichtet Stobinsky dem Ausschuss. »Man merkte, dass da wirklich viel zu ermitteln ist, gerade auch, weil die Gegenseite sich teilweise recht stur stellte, überhaupt Informationen zu liefern.«

Ihre Briefe an die Pensionsfonds in der Noble Lane erwidert eine deutsche Anwaltskanzlei aus Dietzenbach bei Frankfurt. Die rechtliche Relevanz ihrer Fragen, schreibt die Kanzlei, sei »schlicht nicht erkennbar«. Dann kommt die Drohung. Stobinsky könne »straf-, disziplinar- und haftungsrechtlich zur Verantwortung gezogen« werden, wenn sie das Geld nicht endlich auszahle. Das Schreiben ist gespickt mit Verweisen auf Gutachten von Professoren. Und diese Professoren behaupten, dass alles legal gelaufen sei. Die Kanzlei droht der Beamtin sogar mit einer Amtshaftungsklage und richtet das Schreiben an Jana Stobinsky »PERSÖNLICH«. Später reicht die Kanzlei die Klage tatsächlich ein. Das soll offenbar einschüchtern. Und das schüchtert ein. Jana Stobinsky hat einige schlaflose Nächte. Aber sie will auch nicht einsehen, dass es rechtens sein soll, den deutschen Staat auszuplündern.

Die Cum-Ex-Betreiber fühlen sich bei ihrem Beutezug zunehmend gestört. Das Geld, das sie dem deutschen Staat wegnehmen wollen, sollte eigentlich längst wieder investiert werden. Nun hakt es. »Durch die rechtswidrig unterbliebene Erstattung der Kapitalertragsteuern und Steuerzuschlägen in Höhe von 53 882 080,94 EUR war es dem Kläger nicht möglich, diese Summe anderweitig zu investieren (Anlageschaden)«, schreibt der Anwalt aus Dietzenbach und fährt fort: Hätte der Kläger das ihm zustehende Geld spätestens nach einer maximalen Bearbeitungszeit von circa fünf Monaten erhalten, hätte er es spätestens seit dem 1. Dezember 2011 am Kapitalmarkt anlegen können.

2011 sind es zehn bis 15 Cum-Ex-Fälle, in denen das Bundeszentralamt für Steuern die Auszahlung gestoppt hat. Danach werden es mehr. Es gehen auch weitere Klagen gegen die Behörde ein. Die Anwälte zählen auf, was die Beamten alles falsch gemacht hätten. Jana Stobinsky attackieren sie erneut namentlich. Sie schreiben, was die Beamtin in welchen Telefonaten alles geäußert habe und dass ihre Rechtsauffassung rechtswidrig und nicht vertretbar sei. Die Anwälte fordern nicht nur Geld für ihre Mandanten, sondern wollen auch ihren eigenen Einsatz vom Bundeszentralamt bezahlt haben. In einer Klage macht ein Anwalt »erhebliche Rechtsverfolgungskosten im bisherigen Verfahren« geltend. »Diese Kosten (...) belaufen sich bis heute auf brutto 272 224,40 EUR.«

Doch diesmal zeigt der Staat Stärke. Jana Stobinsky hat die Rückendeckung ihrer Vorgesetzten und ist im engen Austausch mit Beamten im Bundesfinanzministerium. Seit der Gesetzesänderung 2012 weht dort endlich ein anderer Wind. Mögen die Anwälte der Cum-Ex-Dealer Schriftsätze abfeuern – die Mitarbeiter des Bundeszentralamts schreiben hartnäckig zurück. »Sofern Sie bei Ihrer im Schreiben vom 14. September 2012 geäußerten Haltung bleiben, dass Sie zukünftig keine weiteren Fragen mehr entgegennehmen und beantworten, weise ich Sie darauf hin, dass dies als nicht hinreichende Mitwirkung an der Sachverhaltsaufklärung zu bewerten ist«, lässt Jana Stobinsky den Rechtsanwalt aus Dietzenbach wissen. Sie werde in diesem Fall davon ausgehen, dass keine Kapitalertragsteuer abgeführt wurde.

Bis Ende 2013, sagt die Sachbearbeiterin rückblickend, habe die Gegenseite »wirklich sehr stark gemauert. Es gab etliche Fristverlängerungen. Ich musste Stellung nehmen, warum ich das denn überhaupt alles frage, so nach dem Motto: Die Erstattungsvoraussetzungen sind doch erfüllt, ich soll jetzt mal endlich auszahlen, und was ich da überhaupt ermitteln will.«

All die Briefe und Bedrohungen und Klagen nützen den Cum-Ex-Akteuren letztlich nichts. Jana Stobinsky und ihre Kollegen hüten sich, die mehr als 53 Millionen Euro plus Anwaltskosten an den Strohmann Gregory Summers in den USA auszuzahlen. 2014 weist das Landgericht Bonn die Amtshaftungsklage des Anwalts aus Dietzenbach als unbegründet ab.

Die Beamten in Bonn prüfen derweil unbeirrt weiter. Ende 2016 hat das Bundeszentralamt für Steuern bereits in 120 Fällen die Auszahlung der Kapitalertragssteuer verweigert. Die Behörde hat damit verhindert, dass eine Summe von einer Milliarde Euro an Betreiber von Cum-Ex-Geschäften ausgezahlt wurde.

Düsseldorf, 19. Mai 2017

Der Mann, den ich auf dem Düsseldorfer Flughafen treffe, hat wenig mit dem arroganten Anwalt von damals zu tun, den ich in Zürich getroffen hatte. Die Krawatte ist weg. Statt Lederschuhen trägt er Camper. Schmaler wirkt er, asketisch. Er treibe jetzt viel Sport, erzählt er, und habe seine Ernährung umgestellt. Alkohol trinke er gar nicht mehr. Morgens dusche er 20 Minuten lang eiskalt, gehe bei Wind und Wetter in Shorts in den Garten. Er mache Atemübungen, meditiere. »Bei mir hat sich auch etwas im Kopf getan. Das müssen Sie mir glauben«, sagt er. Ein anderer Mensch sei er geworden.

Tatsache ist: Er hat die Seiten gewechselt. Ob nun aus Kalkül oder Überzeugung – der frühere Partner Hanno Bergers beantwortet seit sechs Monaten die Fragen der Staatsanwaltschaft in Köln. »Ich habe die Hosen heruntergelassen, bis auf die Knöchel«, beteuert er.

Wie vor unserem ersten Treffen vor drei Jahren habe ich auch diesmal vorsichtshalber einen Kollegen gebeten mitzukommen. Christian hat Polterabend, heiratet am nächsten Tag. So begleitet mich Manuel

Daubenberger. Seit Februar sitzt Manuel mit Christian in unserem »War Room« im Haus 11 auf dem NDR-Gelände in Hamburg-Lokstedt. Etwas entfernt von der *Panorama*-Redaktion können wir im fünften Stock einen Raum nutzen. Dort wühlen sich vor allem Christian und Manuel durch die Akten, versuchen Geldflüsse in die verschiedenen Fonds nachzuvollziehen und die großen Spieler in dem Cum-Ex-Geschäft zu identifizieren. Weil Manuel darin ein besonderes Geschick hat, taufen wir ihn in Anlehnung an seinen Nachnamen »Aktenberger«. Anfang 30, NDR-Eigengewächs, ist er unser Mann für die Details. In Düsseldorf bleibt das auch dem früheren Berger-Kompagnon nicht verborgen. »Wow!«, sagt er. »Sie kennen sich ja richtig gut aus.«

Unser Exklusivinterview ist noch in weiter Ferne. Der frühere Berger-Partner steckt nach wie vor in den Vernehmungen. Wie lange die Kölner Staatsanwältin Anne Brorhilker ihn noch ausquetscht, ist kaum abzusehen. Nach langen Verhandlungen ist er immerhin zu einem ersten Hintergrundgespräch bereit. Vertraglich haben wir ihm die Wahrung seiner Anonymität zugesichert und einigen uns, ihn später, bei der Veröffentlichung, Benjamin Frey zu nennen.

In dem angemieteten Konferenzraum auf dem Düsseldorfer Flughafen erzählt Frey vom 22. Oktober 2014. Dieser Tag, sagt er, habe die Wende eingeleitet. Um sechs Uhr in der Frühe stand er in seiner Züricher Villa mit Seeblick unter der Dusche, als es klingelte. Draußen warteten acht Polizisten. Sie hielten seiner Frau, die mit dem Baby auf dem Arm die Tür öffnete, ihre Dienstausweise vors Gesicht. »Es war der Tag der größten Angst in meinem Leben«, sagt Frey. Die Polizisten durchsuchten seine ganze Villa, er musste mit auf die Wache, durfte nur noch rasch eine Zahnbürste einpacken. Fortan lebte er mit der Angst.

Straffreiheit gegen Aussagen, darauf hofft Frey. Deshalb spricht er mit der Staatsanwaltschaft. Rückhaltlos, wie er sagt. Andernfalls drohen ihm mindestens sieben Jahre Gefängnis wegen Mittäterschaft beziehungsweise Beihilfe zur Steuerhinterziehung und zum gewerbsmäßigen Betrug. Frey verspricht, sich auch uns gegenüber zu öffnen. Uns die »Teufelsmaschine« zu zeigen, wie er das Cum-Ex-Konstrukt nun nennt. Die einzige Bedingung, nochmal: sein Name dürfe nicht erwähnt werden. Anonymität gegen exklusives Interview. Das ist ja längst geklärt.

Rückblick: Berlin, 2002 bis 2010

Im Dezember 2002 schreibt der Bankenverband an das Finanzministerium. Die Lobbyisten haben Brisantes mitzuteilen: Es könne geschehen, dass eine Aktie zwei Eigentümer habe, einen wirtschaftlichen und einen juristischen. Die Kapitalertragsteuer werde dann vom Staat doppelt zurückerstattet. Der Verband benennt ein Problem, aber er bietet kurz darauf – scheinbar – auch Hilfe an. Nun erreicht das Finanzministerium ein »steuergesetzlicher Formulierungsvorschlag« des Bankenverbands. Es sind vier Seiten voller Paragrafen.

Dann allerdings passiert lange – nichts. Erst ein ganzes Jahr später, im Dezember 2003, trifft sich der zuständige Referatsleiter im Bundesfinanzministerium Michael Gierlich mit Vertretern des Bankenverbands. »Es war nicht ganz so eilig«, wird er später im Untersuchungsausschuss des Bundestages erklären. »Ich war beschäftigt mit der Erstellung eines Gesetzentwurfs zur kleinen Abgeltungsteuer.« Zudem habe das Referat damals, nachdem sein Vorgänger in Pension gegangen sei, komplett neu aufgebaut werden müssen. »Alles Wissen war weg.«

Wie sich herausstellt, verschickt das Bundesfinanzministerium dann 2005 nicht etwa eigene Ideen zur Problemlösung an die Finanzministerien der einzelnen Bundesländer, sondern den Vorschlag des Bankenverbands. Natürlich haben die Banken kein Interesse daran, ihr höchst lukratives Geschäftsfeld zu zerstören. Und so ist ihr Vorschlag dann auch nicht geeignet, Cum-Ex zu stoppen. Doch das ist dem Bundesfinanzministerium entweder nicht klar oder egal.

Das Finanzministerium Nordrhein-Westfalen allerdings durchschaut das Treiben. Es antwortet auf den Vorschlag des Bankenverbandes sinngemäß, dass es diesen für totalen Irrsinn halte, weil eine Aktie grundsätzlich keine zwei Eigentümer haben könne. »Mit den komplizierten Regelungen soll offenbar lediglich die bisherige Bankenpraxis, die m.E. ohne zivilrechtliche Rechtsgrundlage ist, legalisiert werden«, schreibt eine Beamtin aus Düsseldorf. Der Bankenverband, so glaubt sie, wolle die Geschäfte auf Kosten des Staats nicht unterbinden, sondern im Gesetz verankern.

Klarer kann man sich nicht ausdrücken. Es ist der Moment, da es den Beamten im Bundesfinanzministerium hätte wie Schuppen von den Augen fallen müssen: Eine Lobbyorganisation kann eigentlich kein Interesse daran haben, ein höchst einträgliches Geschäftsmodell für die eigene Branche zu beenden. Insofern sollte sich ein Ministerium auch die Texte für neue Gesetze nicht von Lobbyisten schreiben lassen. Es ist der Moment, in dem irgendjemand im Ministerium hätte sagen müssen, dass das alles der falsche Weg zu einer Regelung ist und man stattdessen jetzt im Eiltempo selbst einen wirksamen Gesetzesentwurf gegen Cum-Ex verfassen sollte. Doch all das geschieht nicht. Der Vorschlag des Bankenverbands wird mit dem Jahressteuergesetz 2007 umgesetzt. Damit verbucht die Finanzlobby einen spektakulären Erfolg. Die Cum-Ex-Party kann jetzt nämlich erst richtig losgehen. Weitere deutsche Banken, darunter die staatliche HSH Nordbank, steigen in die Deals ein.

Allerdings wird die Exekutive in Berlin weiter gewarnt. Im Mai 2007 schreibt Georg Fahrenschon, damals Bundestagsabgeordneter für die CSU, einen Brief an das Bundesfinanzministerium. Cum-Ex, warnt er darin, sei durch die neue Regelung keineswegs unterbunden. »Dem Staatshaushalt könnten durch die Einschaltung ausländischer depotführender Stellen erhebliche Steuerausfälle entstehen.« Im April 2008 werden auf einem Seminar der Deutschen Versicherungsakademie die Mitarbeiter des hessischen Finanzministeriums von Teilnehmern darauf hingewiesen, dass die jüngsten Regelungen ins Leere liefen, da die Cum-Ex-Geschäfte jetzt einfach über ausländische Institute abwickelt werden.

Im Mai 2009 – inzwischen hat der Beamte Rolf Möhlenbrock die Mail des Insiders weitergeleitet – veröffentlicht das Bundesfinanzministerium schließlich einen Erlass, der das Auslandsproblem lösen soll. Doch wieder gibt es eine Lücke. Und wieder formuliert die Bankenlobby mit. Wie verflochten die Lobbyisten mit dem Bundesministerium der Finanzen sind, wird Jahre später der Auftritt des Arnold Ramackers im Untersuchungsausschuss zeigen. Der Reibach mit Cum-Ex geht jedenfalls erst einmal weiter.

Zuoz, 26. Mai 2017

Hanno Berger hat Christian immer wieder ein Interview in Aussicht gestellt. Dann aber kippt die Stimmung. Berger hat unsere Berichterstattung zur Warburg-Bank wahrgenommen und festgestellt, dass Christian und ich zusammenarbeiten. Nun lehnt er ein Interview plötzlich ab, unterstellte uns ein »Informationsdefizit« und nennt Verschwiegenheit gegenüber Mandanten als Grund dafür, dass er nicht mit uns reden könne. Alle Fragen, die wir ihm stellen, lässt er unbeantwortet.

Wir wollen es trotzdem noch einmal versuchen und fahren in die Schweiz, Christian Salewski, Lutz Ackermann, unser Filmautor und Vizeleiter von *Panorama – die Reporter,* der Kameramann Andrzej Kól und ich. In Bergers Bergdorf Zuoz steuern wir die Adresse an, die wir den Ermittlungsakten entnommen haben – und finden dort lediglich einen Rohbau vor. Wir fragen herum, wo wir Berger treffen können. Allzu gut sind die Einheimischen nicht auf den Deutschen zu sprechen. Gegen 18 Uhr rufe ich Berger an und habe zunächst seine Frau am Telefon. Ich teile ihr mit, dass wir im Ort sind und gerne mit ihrem Mann sprechen möchten, um seine Sicht der Dinge zu erfahren. Frau Berger will den Hörer zunächst nicht an ihren Mann weitergeben. Schließlich schnappt sich Berger den Hörer doch.

»Hallo, Herr Berger, ich würde mich einfach gerne mit Ihnen treffen. Sie haben die einmalige Chance, in der ARD zur besten Sendezeit Ihren Standpunkt rüberzubringen«, sage ich. Viel weiter komme ich nicht. Wegen der Verschwiegenheitspflichten einigen Mandanten gegenüber könne er nicht mit uns sprechen, sagt Berger.

Während des Telefonats stehe ich am Dorfbrunnen von Zuoz und merke nicht, wie Andrzej mich filmt. Wie bei unserem ersten Telefonat vor mehr als drei Jahren hält mir der Pfarrerssohn Berger eine Predigt. Er fragt mich wie einen Schuljungen ab, etwa ob ich eigentlich die Gutachten zweier Professoren kenne. Schließlich platzt mir der Kragen: »Herr Berger, verschonen's mich mit Ihren Gutachten, die Sie bezahlt haben«, entfährt es mir in leicht schwäbischer Mundart.

»Hat er aufgelegt?«, fragt Christian. Ich nicke.

In der Nachbarschaft kennt jeder den Anwalt aus Deutschland. Einer berichtet, die Bergers hätten sich gerade eine Wohnung am Ortsrand gekauft. Dort würden sie die Bauzeit überbrücken. Wir fahren hin. Das Haus mit mehreren Einliegerwohnungen befindet sich gegenüber dem Skilift. An der Tür steht: »Dr. Berger«. Wir klingeln. Offenbar niemand zu Hause.

Wir wollen schon zurück nach Deutschland und halten nochmal kurz, um einen letzten Blick auf das Berger-Haus zu werfen. Plötzlich entsteht Bewegung auf Bergers Balkon. Doch jemand da! Andrzey filmt. Im Fokus sieht er Berger, der seinerseits uns mit dem Fernglas ins Visier nimmt.

Hamburg, 8. Juni 2017

Vor wenigen Wochen hat der Untersuchungsausschuss »Cum-Ex« des Bundestages seinen Abschlussbericht veröffentlicht. Es ist ein Konvolut von mehr als 800 Seiten geworden. Die Grünen und die Linken haben Sondervoten veröffentlicht. Eine breite Berichterstattung war die Folge. Mit unseren Veröffentlichungen kommen wir nun sehr spät. Und dann soll die neue *Panorama*-Ausgabe auch noch monothematisch laufen: Statt wie gewohnt mehrere Beiträge und Themen zu behandeln, ist diesmal nur Cum-Ex geplant. In der Redaktion sind einige Kollegen zurecht skeptisch. Anja Reschke hingegen, die *Panorama* moderiert und zudem den Bereich Innenpolitik beim NDR leitet, macht sich für unseren halbstündigen Film stark. Er wird dann tatsächlich gezeigt, zur gewohnten *Panorama*-Zeit, um 21:45 Uhr. »Wir wagen heute ein Experiment, sind Sie dabei?«, fragt Anja gleich zu Beginn ihrer Moderation.

Der Finanzwissenschaftler Christoph Spengel von der Universität Mannheim hat für uns gerechnet. Er schätzt den Schaden, der dem deutschen Staat durch Cum-Ex entstanden ist, allein für die Geschäfte von 2005 bis 2012 auf 7,2 Milliarden Euro. Beim großen Bruder, den Cum-Cum-Geschäften (siehe Anhang), setzt seine Schätzung im Jahr 2001 an und reicht bis 2016. Dem Staat sind dadurch mindestens 24,6 Milliarden Euro entgangen. Insgesamt ergibt sich ein Gesamtschaden von 31,8 Milliarden Euro. »Es ist der größte Steuerskandal in der Geschichte der Bundesrepublik«, sagt der erfahrene Finanzwissenschaftler.

Mithilfe von Spengels Berechnungen können wir ein Preisschild an den Cum-Ex-Skandal machen. Und das nutzt Anja für ihre weitere Anmoderation unseres Beitrags. Dieser Skandal, sagt sie, sei »so kompliziert, dass kein Normalbürger Lust hat, sich damit zu befassen. Dabei geht es um Ihr Geld, mein Geld, unser Geld. 32 Milliarden Euro aus der Steuerkasse, geraubt in vielen Jahren. Was wird sich empört, wenn es darum geht, dass Arbeitslose Fernseher bezahlt kriegen oder Flüchtlinge eine Taxifahrt, weil man das halt schnell begreift«, stellt Anja weiter fest. »Der Raubzug aber, von dem hier die Rede ist, empört keinen. Weil er so kompliziert ist!«

Die Quote der Sendung ist ziemlich gut: 11,6 Prozent der Fernsehzuschauer haben an diesem Abend zur Sendezeit das Erste eingeschaltet. Die Zugriffszahl auf den Artikel ist geradezu gigantisch und überrascht uns komplett. Die *Zeit* hat als Frucht unserer Recherchekooperation einen ellenlangen, in der Print-Ausgabe drei große Zeitungsseiten füllenden Text komplett online gestellt. Binnen drei Stunden rufen ihn mehr als eine halbe Million Menschen auf.

Hamburg, 19. September 2017

Einer der *Zeit*-Leser ist der Däne Niels Fastrup, investigativer Reporter bei *DR Byen,* dem öffentlich-rechtlichen Sender Dänemarks. Seit Jahren beschäftigt Fastrup sich mit Cum-Ex. In unserem Artikel kam auch Sanjay Shah vor, der den dänischen Staat mit solchen Deals ausgeraubt hat. Niels meldet sich bei uns mit der Idee, sich auszutauschen und vielleicht gemeinsam weiter zu recherchieren. In den Akten haben sich auch tatsächlich Hinweise gefunden, dass Berger und Mora überlegten, Cum-Ex noch in weiteren Ländern aufzuziehen. Eine internationale Kooperation – Christian und ich sind sofort Feuer und Flamme.

Kurz vor der Veröffentlichung unserer *Zeit-/Zeit Online-* und *Panorama*-Beiträge zum Steuerraub habe ich einen weiteren USB-Stick bekommen. Er enthält interne Unterlagen und Kommunikation von Banken, Hedgefonds und großen internationalen Wirtschaftskanzleien. Vor der Ausstrahlung der Sendung konnten wir das neue Material nicht mehr auswerten. In den Tagen danach finden Christian und Manuel eine E-Mail auf dem Stick, datiert auf den 7. Januar 2007: »Lieber Paul«, beginnt sie und teilt das Ergebnis einer verabredeten Recherche mit: Steuerexperten seiner Kanzlei hätten herausgefunden, dass man solche Strukturen in der Schweiz und Österreich aufbauen könne. Des Weiteren sei es sehr wahrscheinlich möglich, solche Strukturen in Finnland, Spanien und Frankreich aufzusetzen.

Der Absender ist Hanno Berger, »Mr. Cum-Ex«. Der Empfänger: Paul Mora, unser gesuchter Aktienhändler und Cum-Ex-Mastermind der ersten Stunde. Er orchestrierte die Aktiendeals. Er plante, welcher Partner wann welche Aktien kaufen sollten.

Nur finden wir keinerlei Medienberichte über solche Aktiengeschäfte in den erwähnten Ländern. Haben Berger und Mora ihre Pläne dort nie umgesetzt? Oder aber haben sie die Länder geplündert – und die wissen bis heute nichts davon? Passiert es womöglich noch in diesem Augenblick? Denkbar ist es. Das Steuergeheimnis erschwert es der Justiz der europäischen Länder sich auszutauschen. Deutsche Staatsanwälte können ihre ausländischen Kollegen nicht einfach warnen, wenn sie Hinweise haben, dass deren Länder ausgeraubt werden. Als würde man mit dem Fernrohr einen Mord hinter der Grenze beobachten und nicht bei der Polizei anrufen.

Wir treffen uns in der *Zeit* mit den Kollegen dort und erzählen von der Idee, uns zumindest mit dem dänischen Kollegen zu treffen, eventuell sogar noch weitere Kollegen aus europäischen Staaten an Bord zu holen. Die Reaktion ist dieselbe wie wenig später in der *Panorama*-Redaktion: Lasst mal gut sein. Es war ein Erfolg, aber jetzt ist auch genug, so der Tenor. Cum-Ex kann keiner mehr hören. Ist alles erzählt.

Christian und ich suchen trotzdem eine Zugverbindung nach Kopenhagen heraus. Um die Kosten gering zu halten, bucht Christian zu meinem Leidwesen ein Billighotel im Rotlichtbezirk der dänischen Hauptstadt.

Kopenhagen, 3./4. Oktober 2017

Auch in Dänemark recherchieren Journalisten zu Cum-Ex. Um 1,7 Milliarden Euro wurden die Steuerzahler dort betrogen. Im Büro des dänischen öffentlich-rechtlichen Rundfunks projizieren wir E-Mails von Hanno Berger an die Wand. Eine sorgt bei den dänischen Kollegen für Aufregung. Paul Mora, der Empfänger von Bergers E-Mail, war Geschäftspartner von Sanjay Shah, erzählen sie. Sie hätten sich über Monate an die Fersen von Shah geheftet.

Mit seinem Hedgefonds Solo Capital LLP habe er Dänemark ausgeraubt, als in Deutschland schon wegen Cum-Ex ermittelt wurde. Nach ihrer Sicht, sagen uns die Kollegen, sei Shah mittlerweile Dreh- und Angelpunkt des Milliardenbetrugs. Nun fügen sich weitere Teile zusammen. Shah, Sohn indischer Einwanderer und Investmentbanker in London, wendete die gleiche Mechanik an wie Mora und Berger. Und genau wie die beiden hat sich auch Shah abgesetzt – nach Dubai.

Als wir gemeinsam weiter in den Akten stöbern, stoßen wir auf eine Tabelle. Eine Spalte listet die Länder auf, in denen Berger und Mora Cum-Ex-Deals erproben wollen: Spanien, Italien, die Niederlande, Österreich. In der nächsten Spalte haben sie jeweils das Ergebnis ihrer Tests festgehalten: »Funktioniert«, steht da. Die europäische Dimension des Raubzugs nimmt Gestalt an, nur: Ein Plan allein ist noch kein Beleg dafür, dass er auch umgesetzt wurde.

Journalisten können das tun, was das Steuergeheimnis den Staatsanwälten verbietet: Sie können über Grenzen hinweg miteinander reden. Allerdings behalten investigative Reporter ihre Informationen gern für sich. Jeder ist hinter dem Scoop her, der exklusiven Geschichte. Doch wenn große Datenmengen und grenzüberschreitende Verstöße im Spiel sind, schließen sie sich immer öfter zusammen, teilen Ressourcen, Fachwissen und ihre Kontakte.

In Kopenhagen wird uns klar, dass zwei Reporterteams nicht ausreichen, selbst wenn sich bereits erste Belege für einen europäischen Raubzug auf den USB-Sticks befinden sollten. Die Datenmenge ist zu groß. Zudem fehlt es Deutschen und Dänen an steuerrechtlichem Fachwissen in Ländern wie Italien oder Frankreich. Kontakte zu Experten in diesen

Ländern haben wir ebenfalls nicht. Die Sache ist klar: Um herauszufinden, ob Hanno Berger, Paul Mora und ihre Helfer halb Europa ausgeraubt haben, müssen wir uns breiter aufstellen.

Hamburg, 13. November 2017

Wir treffen uns beim NDR erneut mit dem Dänen Niels Fastrup und einem seiner Kollegen, außerdem mit dem Journalisten Stefan Melichar aus Österreich und mit Olaya Argüeso Pérez aus Madrid. Stefan ist ein alter Bekannter von mir. Olaya wurde uns empfohlen. Auch zwei Kollegen der *Zeit* kommen dazu.

Christian hat ein achtseitiges Papier dabei, »CumEx Dossier – European dimension«, ausgearbeitet von Manuel Daubenberger. Neben wichtigen Fakten aus den Akten präsentiert es einen Fahrplan für eine internationale Recherchekooperation. Wir brauchen aber noch weitere Partner, so viel ist sicher. Niels Fastrup plädiert dafür, die internationale Journalistenorganisation ICIJ einzubeziehen, die schon die Auswertung der »Panama Papers« organisiert hat. Die *Zeit*-Kollegen sind dagegen. Das ICIJ arbeitet in Deutschland mit der *Süddeutschen Zeitung* zusammen, einem Mitbewerber der *Zeit*.

Ich bin ebenfalls nicht dafür. Da ist zum einen die Verbundenheit zu den *Zeit*-Kollegen. Die hinter uns liegende Recherche hat uns zusammengeschweißt. Zum anderen habe ich schweren Herzens bei *Panorama* gekündigt. Ich wechsele als Chefredakteur zu *Correctiv*. Das Recherchezentrum, das sich durch Spenden und Mitglieder finanziert, habe ich einst 2014 mitgegründet. Meine Vorstellung ist, dass *Correctiv* die Rolle des Organisators übernimmt und auch die Technik zur Verfügung stellt, sichere Leitungen und Kommunikationstools etwa und eine Datenbank, außerdem all meine Akten.

Die *Zeit*-Kollegen sind mit der Lösung zufrieden, Niels aus Dänemark nicht so sehr. Er hat auf eine Zusammenarbeit mit dem ICIJ gehofft, weil die Organisation weltweit die meiste Erfahrung mit Kooperationen und heiklen Projekten hat. Von *Correctiv* hat er noch nie gehört.

15

Berlin, 2. Februar 2018

Die Redaktion von *Correctiv* ist über eine verwinkelte Betontreppe zu erreichen. Das Großraumbüro der gemeinnützigen Recherche-Redaktion befindet sich in einer Fabriketage in Berlin-Mitte, unweit des Alexanderplatzes. Es ist mein zweiter Arbeitstag als Chefredakteur hier, und er beginnt mit einem Auflauf von 15 Journalisten aus halb Europa. Sie arbeiten für *Follow the Money* in Holland, für *El Confidencial* in Spanien, für *Addendum* und *News* in Österreich, für die *Republik* in der Schweiz. Kollegen der Nachrichtenagentur *Reuters* und von der *Panorama*-Redaktion aus Hamburg sind auch dabei. Mit unserem Treffen startet das Projekt »The CumEx-Files«.

Meine neuen Kollegen bei *Correctiv* haben am Vorabend ihre Schreibtische freigeräumt und in dem Teil des Großraumbüros, der für Veranstaltungen vorgesehen ist, zu einem großen Quadrat zusammengestellt. Die Stühle haben wir in allen möglichen Ecken der Redaktion zusammengesucht. Das Tech-Team von *Correctiv* ist mindestens so international und divers wie die Recherchekooperation, die wir auf die Beine stellen wollen. Die Hälfte dort sind Frauen. Sie kommen aus den USA, Frankreich und Bulgarien. Zusammen mit ihren deutschen Kollegen geben sie ein buntes Bild ab: blaue Haare, lange Haare, lange Bärte, Tattoos, Piercings, Dreadlocks.

Die Tech-Mitarbeiter führen die angereisten Kollegen in die Datenbank ein, die sie gebaut haben. Sie installieren jedem Teilnehmer an dem Projekt eine Software auf den Laptop, mit der wir abhörsicher kommunizieren können. Danach schnappt sich jeder aus dem Team zwei oder drei der ausländischen Kollegen und führt sie in die Programme ein.

Der Datenjournalist Simon Wörpel zeigt danach, wie man mit der Datenbank arbeitet. Sie ist das Herzstück der Kooperation. In ihr schlummern alle Dokumente und Unterlagen, die ich in den vergangenen fünf Jahren zusammengetragen habe und den Partnern nun zur Verfügung stelle. Bisher sind es rund 180 000 Seiten, die aus vielen verschiedenen Quellen stammen: interne Unterlagen von Banken, Steueranwälten und Wirtschaftsprüfern, Kundenkarteien, E-Mails und Kontoauszüge, Tabellen mit gehandelten Aktien sowie von Ermittlungsbehörden Durchsuchungsprotokolle und Aufzeichnungen abgehörter Telefonate.

»In Spanien hat noch nie jemand das Wort Cum-Ex gehört«, erzählt Olaya Argüeso Pérez von *El Confidencial* in der Pizzapause. »Mich haben Kollegen gefragt, ob ich jetzt auf lateinisch arbeite«, sagt der Italiener Giulio Rubino. In Deutschland sind wir da schon weitergekommen. Die Kooperationspartner werden sogar mit dem Kronzeugen der Kölner Staatsanwaltschaft sprechen können, dem Ex-Partner von Hanno Berger. Voraussetzung ist, dass alle seine Identität schützen und ihn nur bei seinem Alias-Namen Benjamin Frey nennen. Ich mache sie darauf aufmerksam, dass sie vor einem Gespräch mit ihm eine entsprechende Vereinbarung unterzeichnen müssten. Für einige Partner ist das eine hohe Hürde. Im Regelwerk ihrer Redaktionen sind solche Deals nicht vorgesehen. Sie müssen Rücksprachen halten mit ihren Chefs.

Köln, 19. Februar 2018

Es ist ein Gefühl, als beträten wir die Höhle des Löwen. In der Kanzlei des Medienanwaltes Ralf Höcker, der mir das Arbeitsleben schon oft schwer gemacht hat, sind wir mit Benjamin Frey zum Hintergrundgespräch verabredet. Eine Gruppe von Journalisten aus halb Europa sitzt nun am Konferenztisch der Kanzlei, wo Höcker sonst mit seinen Anwälten juristische Attacken gegen Redaktionen ausbrütet.

Ich erkläre Frey die Situation, dass nicht alle Kollegen unserer internationalen Kooperation eine Verschwiegenheitsvereinbarung unterschreiben konnten, aber sich uns gegenüber verpflichtet haben, seine Identität zu schützen. Daher erwarten wir jetzt, dass er seinen Part erfüllt und neben dem Hintergrundgespräch auch für das zugesagte Exklusivinterview vor unsere Kameras tritt. Nachdem wir ihm erklärt haben, dass wir im Herbst alle zusammen die Cum-Ex-Files veröffentlichen werden, egal ob mit oder ohne Interview, stimmt er zu.

Zunächst stellt er sich unseren Fragen. Detailliert schildert er, wie einst Händler durch einen technischen Fehler auf die Möglichkeit aufmerksam wurden, mit Tricksereien mit Aktien die Staatskasse zu plündern. Anschließend kamen Anwälte ins Spiel, die mit Gutachten legitimierten, diese Möglichkeit auch zu nutzen. Geduldig führt Frey aus, in welchen Ländern die Cum-Ex-Masche wie umgesetzt wurde. Für Stefan Melichar aus Österreich und Olaya Argüeso Pérez aus Spanien ist allein die Tatsache, dass auch ihre Länder im Fokus der Cum-Ex-Steuerräuber standen, eine Überraschung und die Chance zu einer Exklusivnachricht, ein Scoop.

Damit nicht genug. Es geht auch in der Gegenwart weiter. Frey greift ins Innere seines Jacketts und zieht ein Papier heraus. Es handelt sich um ein schriftliches Angebot für ein steuergetriebenes Geschäft, offensichtlich eine Folgevariante von Cum-Ex. »Dieses Angebot ist von letzter Woche«, erklärt er. Es sei ihm von einem früheren Cum-Ex-Banker zugespielt worden, der diese Offerte wiederum von einem ehemaligen Mitarbeiter erhalten hat. Dieser Mitarbeiter sei auch der Verfasser des Papiers und arbeite nun auf eigene Rechnung und suche gerade Anleger. Sie sollen zwischen 150 und 200 Millionen investieren. Der frühere Cum-Ex-Banker wolle damit aber nichts mehr zu tun haben, derartige Geschäfte seien ihm inzwischen zu gefährlich. »Die Anlage soll 100 bis 150 Tage laufen. Es werden Aktien gehandelt. Hier wird das ›overall risk‹ beschrieben, das übergeordnete Risiko. Das können Sie gleich mal nachlesen, es steht überall: ›low, low, low‹.« Trotz des geringen Risikos soll die Anlage aber hoch profitabel sein, erklärt Frey. »Wenn Sie mit 200 Millionen reingehen, können Sie mit einer Rendite von zwölf Prozent rechnen, ungefähr so hoch wie bei Cum-Ex in Deutschland, als es dort noch möglich war.«

Einige von unseren Partnern steigen jetzt innerlich aus. Sie haben erst seit zwei Wochen Zugang zu den Cum-Ex-Files und stecken noch nicht tief genug in der Materie drin. Anders Christian: »Es sieht ja fast so aus, als wären die Geschäfte noch lukrativer als früher«, wirft er ein. Frey lacht. »Das ist die Ironie der Geschichte. Die Erträge sind deswegen so gut, weil der Markt enger geworden ist. Kein Wunder, die Staatsanwälte versuchen ja mittlerweile, ihn abzugraben. Für diejenigen, die weiter aktiv sind, werden die Preise also besser.«

Christian: »Können wir das Papier haben?«

Frey schaut kurz zu Anwalt Höcker, der schüttelt den Kopf. Daraufhin steckt er das Dokument wieder in seine Jackentasche: »Es wäre leicht rückverfolgbar, woher Sie es haben. So etwas wird nur an einen handverlesenen Kreis von Interessenten verschickt.«

In einer Kaffeepause bietet sich Christian und mir die Gelegenheit, kurz mit Frey unter sechs Augen zu sprechen.

»Kennen Sie den Händler?«, frage ich ihn.

»Nicht persönlich.«

»Aber Sie kennen den Namen?«

»Ja. Er heißt Amal Ram (Name geändert).«

Ich schaue fragend Christian an. Uns beiden ist der Name kein Begriff.

München, 7. März 2018

Parallel zum Aufbau des großen internationalen Recherche-Netzwerks beschäftigt mich ein spezieller Aspekt des Themas, den ich mit einem kleineren Verbund bearbeiten will. *Correctiv* arbeitet dabei mit der *Zeit*, den Kollegen vom ZDF-Magazin *Frontal 21* und der Schweizer Redaktion *Republik* zusammen. Wir treffen uns zu einem gemeinsamen Interview im Münchner Flughafenhotel mit dem früheren Sarasin-Banker Josef Talheimer. Der Deutsche hat zugestimmt zu erzählen, was er während der Razzia und in seiner langen Untersuchungshaft in Zürich erlebt hat. Es wird um die Haftbedingungen gehen, um seine Medikamente, um die Verhöre des Staatsanwalts Peter Giger.

Ich stehe nach einer längeren Pause seit etwa einem Jahr wieder mit Talheimer in Kontakt. Er ist inzwischen, genau wie der Müller-Anwalt Eckart Seith, wegen Wirtschaftsspionage und Verrat von Geschäftsgeheimnissen sowie Verletzung gegen das Schweizer Bankgeheimnis angeklagt. Das ist der Aufhänger für unser Gespräch mit ihm. Talheimer hat sich in den stundenlangen Vernehmungen in der Schweiz um Kopf und Kragen geredet, außerdem mich und vor allem den Rechtsanwalt Seith und seinen früheren Kollegen Bernd Vogel schwer belastet, auch mit teilweise falschen Angaben. Ständig widersprach er sich in seinen Aussagen und präsentierte letztlich dem Staatsanwalt die Version, die dieser wohl hören wollte. So stellt es sich mir nach der Lektüre seiner Vernehmungsprotokolle dar. Talheimer erklärt das damit, dass er unter Medikamenteneinfluss stand. Er zeigt mir sogar sein Arztblatt. Tatsächlich hat man ihn in der U-Haft mit Opiaten vollgepumpt. Das erklärt einiges.

Neben meinem beruflichen Interesse geht mich die Sache auch privat etwas an. Der Staatsanwalt unterstellt Talheimer in der Anklage, dass er meine Quelle gewesen sei und neben Wirtschaftsspionage auch Verrat von Geschäftsgeheimnissen begangen habe. Talheimer droht eine Gefängnisstrafe. Ich frage mich nun, ob mir doch weiter Ungemach aus der Schweiz droht. Als Talheimer vor vier Jahren festgenommen wurde, war ich ebenfalls im Fadenkreuz der Züricher Staatsanwaltschaft. Vor Jahren hatte sich ein Schweizer Anwalt, den der *stern* damals eingeschaltet hatte, mit der Sache beschäftigt und erklärt, ich hätte nichts zu befürchten.

Wir beschließen, dass meine Schweizer Kollegen vom Magazin *Republik* möglichst en passant bei der Züricher Staatsanwaltschaft anfragen. Das tun sie dann und nennen es »Nachfrage«: »Die Staatsanwaltschaft ZRH III erwog, auch gegen einen deutschen Journalisten wegen wirtschaftlichem Nachrichtendienst (Art. 273 StGB) zu ermitteln. Bis heute kam es zu keiner Anklage. Wurde die Ermittlung eingestellt? Falls ja, wann und warum? Falls nein, was ist der aktuelle Stand der Ermittlung?« So geht die E-Mail der Kollegen raus an die Staatsanwaltschaft Zürich.

Die Antwort ist einsilbig und lässt viel Platz für Interpretation: Derartige Fragen beantworte die Staatsanwaltschaft generell nicht, man bitte um Verständnis. Diese Antwort kommt mir bekannt vor. Fast mit denselben Worten hatte die Staatsanwaltschaft Zürich einst auf die Anfrage meines Verteidiger geantwortet.

Am 21. März 2018 veröffentlichen wir bei *Correctiv* und in der *Zeit* die Geschichte von Josef Talheimer. In der Schweiz berichtet *Republik*.

Abends läuft zudem ein Beitrag bei *Frontal 21* im ZDF. Die Beiträge finden viel Aufmerksamkeit, vor allem in der Schweiz, allerdings in einer Art, wie ich sie mir nicht gewünscht habe.

Pulheim, 24. April 2018

Derweil treiben wir das große Kooperationsprojekt voran. Nach dem erfolgreichen Hintergrundgespräch steht nun das Interview mit Benjamin Frey vor laufender Kamera an. Wir haben ihm zugesagt, dass er aus Sicherheitsgründen nicht zu erkennen sein wird. Schließlich geht es bei Cum-Ex um Hunderte Millionen, und für einen Kronzeugen der Anklage kann das schnell gefährlich werden. Wir überlegen. Ein Interview mit Sonnenbrille und falschem Bart, hinter einer spanischen Wand oder mit einem Bild, das nachträglich unscharf gemacht wird – das Fernsehen hält für solche Situationen manche Kniffe bereit. Doch uns überzeugt keiner davon. Wir wollen, dass Frey die Zuschauer anschaut und halbwegs lebendig wirkt, aber trotzdem anonym bleibt.

Lutz Ackermann von *Panorama – die Reporter* hat schließlich die beste Idee: Frey soll eine Maske tragen. Die muss allerdings eigens hergestellt und seinem Gesicht angepasst werden. Ein Schnäppchen ist das nicht. Eine Maskenbildnerin arbeitet schließlich tagelang an Benjamin Freys neuem Gesicht. Schläuche verbinden seine Nase, um ihm das Atmen zu ermöglichen, während sie feuchtes Silikon auf sein Gesicht aufträgt, Schicht um Schicht. Auf den Abdruck, der so entsteht, modelliert sie ein zweites Gesicht – neue Nase, neues Kinn, neue Lippen und Wangenpartien. Am Ende schmiegt sich die zweite Haut aus festem Silikon passgenau an Freys Gesicht. Er blinzelt, macht ein Selfie mit dem Handy und schickt es seiner Frau: »Kennst du den Typ?« Sie kennt ihn nicht. Test bestanden.

Frey kann nun über zwei Tage in jeweils vier Stunden seine Geschichte erzählen, auf die er uns lange Zeit hat warten lassen. »Ich habe einer Menge Menschen mit sehr viel Macht, sehr viel Einfluss, sehr viel Geld, das Spiel verdorben«, beginnt er. »Deswegen habe ich diese Maske auf. Und deswegen habe ich Angst.« Dann nimmt er Christian und mich mit in seine Welt, von unten nach ganz oben. Ins Raumschiff, wie er es nennt.

Benjamin Frey wächst in bescheidenen Verhältnissen auf, in der Provinz, wo man »entweder Arbeiter, Landwirt oder Arbeitsloser« wird. Er ist ehrgeizig, will raus aus dieser Welt und schließt 2001 sein Jurastudium so gut ab, dass er sich nicht selbst um einen Job bewerben muss. Eine Großkanzlei lässt ihn für ihr jährliches Anwaltstreffen in London einfliegen. Über 2000 Anwälte aus aller Welt kommen. Frey kann sich gerade einen Anzug von der Stange leisten. Für das Abendessen hat die Kanzlei das gesamte Victoria and Albert Museum gemietet. Unter der großen Kuppel der Haupthalle sind zwischen Ritterrüstungen und Gemälden runde Zehnertische mit feinem Tischtuch aufgestellt. Auf einem von ihnen steht eine Tischkarte mit dem Namen Benjamin Frey. Rechts und links von ihm sitzt je ein Partner der Kanzlei.

Beim Dinner stellen sie dem Musterabsolventen Fragen zu seinem Leben, seinen Zielen, seinen Einstellungen, auch zu Geld. Er hat keins und will viel. »Bei diesem Raumschiff wurde nicht eine Tür geöffnet und eine Treppe runtergelassen. Die haben mich reingezogen. Und dann hob dieses Raumschiff ab«, ersetzte moralische Überlegungen mit einem eigenen alternativen Glaubenssystem. Dort steht der Staat nicht für den Volkswillen. Der Staat ist der Feind, weil er den Menschen, den Klienten, etwas wegnehmen will. Ob die Klienten mehr als genug haben oder nicht, spielt dabei keine Rolle. Frey zitiert im Interview öfters Berger, den er bei der Großkanzlei kennenlernte. Berger war damals Partner bei der Kanzlei und nahm Frey alsbald unter seine Fittiche. Für diesen war der bekannte »Steuerguru« Vorbild und Vaterfigur. »Steuern sind für diese Menschen Kosten. Und Kosten gehören reduziert, am besten auf null.«

Der einzige Leitfaden mit normativer Autorität ist paradoxerweise das Gesetz, das der Feind irgendwann gemacht hat. Aber daran kann man ja mitschreiben, was Berger bekanntlich tat, in dem er renommierte Rechtsprofessoren dafür bezahlte, Gutachten zu erstellen, die das Recht in seinem Sinne beeinflussen oder auslegen. Aktienhändler und Investmentbanker wiederum stützen sich auf derartige juristische Gutachten, wie uns Frey eindrucksvoll vor Augen führt. So habe ein Aktienhändler Frey erzählt, dass gleich an seinem ersten Arbeitstag bei einer großen amerikanischen Investmentbank in London ein sehr dickes Buch auf seinem Arbeitsplatz lag, das die Bibel genannt wurde. Dahinter verbarg sich eine Zusammenstellung von Steuergutachten aus ganz Europa. Sie beschrieben, wo und wie man die besten Deals in den jeweiligen Ländern macht. Das erste Gebot der Investmentbanker lautet, sagt Frey: Du sollst Geld vermehren. Das erste Gebot der Steuerberater lautet: Du sollst alle rechtlichen Möglichkeiten ausnutzen. Du sollst nicht stehlen, steht nirgendwo.

Frey führt uns vor Augen, wie Berger, der Pfarrerssohn, mit der an Fanatismus grenzenden Konsequenz argumentierte, zu der vielleicht nur Konvertiten in der Lage sind. Mit Cum-Ex sei es gewesen, als habe man Fort Knox geknackt, nur noch besser. Warum? »Weil der Staat die Quelle des Geldes war, und die konnte nicht versiegen. Wenn es das perfekte Verbrechen gibt, dann ist es das.« Der Raubzug, das ist Frey wichtig, wurde nicht wie bei dem Film *Oceans Eleven* von einer kleinen Zahl genialer Ganoven ausgeführt. Am Werk war eine ganze Industrie aus Bankern, Anlegern, Steuerberatern, Hunderte von Menschen, über viele Länder verteilt. Alle verdienten mit. Frey überschlägt seinen eigenen Gewinn: 50 Millionen Euro. Er nennt es »organisierte Kriminalität in Nadelstreifen«. Sie kommt ohne Geldkoffer aus, die über Grenzen geschafft werden müssen, ohne mafiöse Tischrunden in Hinterzimmern. Alle Rädchen in dem Getriebe wissen, was sie zu tun haben. Die eigentlichen Deals werden über nicht identifizierbare Prepaid-Telefone vollzogen.

Das Prinzip von Gier lautet, dass es nie genug ist. Bei Frey äußerte sie sich so: »Sie haben einen Status und denken: Jetzt habe ich es geschafft. Dann treffen Sie auf jemanden, der hat nicht nur einen Porsche, sondern der hat zwei. Und dann kommt auch diese Energie dazu, Sie sind ja ständig unterwegs. Ich dachte, ich wäre ein besserer Mensch, weil ich im Flugzeug vorne sitzen darf. Und auf Langstrecke dürfen Sie auch noch erste Klasse fliegen, denken: Jetzt habe ich es geschafft! Dann steigen Sie aus, und der Trader, den Sie in der Besprechung treffen, kam mit dem Privatjet.«

Freys Traum war es, eine Villa auf Mallorca zu haben, so wie ein Geschäftspartner, den er dort besucht hat. Er nennt den Namen des Mannes nicht. Aber wir wissen, dass es sich um Paul Mora handelt. Wir haben

Fotos, aufgenommen von Mora persönlich. Teurer Plüsch, rosa Kinderzimmer und ein großes, mit zu viel Möbeln überladenes Wohnzimmer, teuer, aber geschmacklos. Auf einem der Fotos ist Mora schattenhaft zu sehen, gespiegelt in der gläsernen Duschtür beim Fotografieren seines opulenten Badezimmers.

Der Geschäftspartner, wie Frey Mora nennt, hat auf Mallorca jedoch gleich zwei Villen, eine im Norden, eine im Süden, beide mit mehr als 1000 Quadratmetern Grundfläche. Wieso zwei Villen auf einer Insel?, fragt Frey. Und gibt die Antwort selbst: Im Norden sei es im Schnitt zwei Grad kühler. Wenn es in der Südvilla im Sommer zu heiß wird, ziehe der Geschäftspartner in den Norden.

Am Anfang steht die Gier. Aber irgendwann, sagt Frey, werde Geld zur abstrakten Größe. Es gehe nicht mehr um die nächsten Millionen. Es gehe um Herausforderungen, um Thrill. Man könnte auch sagen: Zur Gier gesellen sich Arroganz und Allmachtsfantasien:»Stellen Sie sich ein 38 Stockwerke hohes Haus in Frankfurt vor. Wenn Sie dann runtergeguckt haben auf die Straße, auf die Taunusanlange, dann haben Sie nur noch ganz kleine Menschen gesehen. Wir haben von da oben aus dem Fenster geguckt und haben gedacht: Wir sind die Schlausten. Wir sind die Genies. Und ihr seid alle doof.«

Skrupel, betont Frey, habe er auch unter den Anlegern nicht erlebt: »Ich kenne kaum einen, der unser Angebot ausschlug.« Wer das doch tat, handelte aus Angst vor Reputationsverlust – falls die Deals durch die Medien öffentlich würden. Wahrscheinlich hätten nicht alle jede Einzelheit der Deals verstanden, sagt Frey. Aber das Grundprinzip sei jedem klar gewesen: »Die Rendite kommt vom Staat.«

Und wenn einem doch mal so ein Gefühl dazwischenkommt, dass vielleicht nicht alles okay ist?, fragen wir.

»Lässt du diesen Gedanken zu, fliegst du aus dem Team. Dann wirst du aus diesem Raumschiff rausgeschmissen«, antwortet Frey.

Als Frey den Gedanken im Frühjahr 2016 nicht nur zulässt, sondern auch äußert, trifft er sich mit Berger, seinem Geschäftspartner, Mentor und Vorbild sowie weiteren Kollegen aus der früheren Kanzlei auf dem Züricher Flughafen. Für Frey fühlt es sich an wie ein Tribunal. An einem großen Konferenztisch sitzt er mit seinem Rechtsanwalt auf der einen

Seite. Alle anderen postieren sich ihm gegenüber. Frey will aussteigen, überlegt mit der Staatsanwaltschaft in Köln zu kooperieren, was er sich jedoch nicht laut zu sagen traut. Aber die Weggefährten von einst ahnen es wohl. Eineinhalb Stunden lang wirken sie auf ihn ein. Präsentieren Gesetzestexte, die ihn überzeugen sollen, dass sie im Recht sind und dass der Staat nach wie vor der Feind ist. Dass man nicht mit ihm kooperieren muss, wie Frey es da laut überlegt, sondern ihn bekämpfen kann, »mit dem scharfen Schwert des Gesetzes«. Hanno Berger, Freys Mentor, hat da bereits Staatsanwälte mit ersten Strafanzeigen überzogen, wegen Verfolgung Unschuldiger.

Irgendwann sagt Freys Anwalt Alfred Dierlamm zu der Runde: »Wissen Sie, wir haben das alles gehört. Aber wir machen alles genau anders.« Genau anders heißt: Wir kooperieren mit der Justiz. Stille. Frey rutscht auf seinem Stuhl herunter und wartet auf die Explosion. Doch die Welt explodiert nicht. Es bilden sich Schweißperlen auf den Stirnen der Männer auf der anderen Tischseite. Panik greift um sich. So erzählt es Frey.

Noch eine Frage haben wir an Frey: »Jetzt, da Cum-Ex in Deutschland nicht mehr funktioniert – gibt es in Europa noch Märkte, wo diese Geschäfte möglich sind?«

»Woher wissen Sie, dass es in Deutschland nicht mehr funktioniert?«

Die Meister, meint er, versteckten sich zwar derzeit. Aber ihr Wissen sei noch da, auch in den Köpfen ihrer Schüler. »Es wird wieder passieren. Ich bin sicher, die neue Generation arbeitet schon an einem neuen Sturm.«

Nach etlichen Stunden Interview sind alle ziemlich ermattet. Die Maskenbildnerin nimmt Frey behutsam die Maske und Perücke ab. Christian und ich nehmen ihn uns noch einmal vor. Es geht um das Papier, das »Market Offer«, das ihm der frühere Cum-Ex-Banker weitergereicht hat. Er hat es dabei. Das wissen wir, weil er überlegt hatte, es im Interview aus der Tasche zu ziehen. Doch Frey will es immer noch nicht herausrücken. Für uns ist das Papier aber wichtig, denn mit ihm könnten wir zeigen, dass der Steuerraub weitergeht, entgegen den Versprechungen der Politik.

»Sie helfen der Staatsanwaltschaft, Steuerverbrechen aufzuklären«, sage ich. »Aber sie können auch helfen, Steuerverbrechen zu verhindern.«

Frey schaut in den Spiegel. Er sieht sein wahres Gesicht, frei von jeglicher Maskerade. Schließlich schaut er mich direkt an. »Okay.« Er holt das Papier aus der Innentasche seines Jacketts.

Pulheim, 25. April 2018

Es braucht nur wenige Mausklicks, um den Händler zu identifizieren, der das »Market Offer« geschickt hat: Amal Ram, Jahrgang 1984, studierte an der Queen Mary University in London und arbeitete für Sanjay Shahs Firma Solo Capital und für die Hamburger Privatbank Varengold. Gegen Varengold wird wegen des Anfangsverdachts der Steuerhinterziehung ermittelt. Mit rund 530 Millionen Euro Bilanzsumme ist die Bank relativ klein, das Eigenkapital mit knapp 25 Millionen Euro überschaubar. Aber das Geldhaus am Fischmarkt war mit riesigen Summen im Cum-Ex-Geschäft aktiv. Rams berufliche Stationen wirken wie eine Cum-Ex-Bilderbuchkarriere, die nur einen Schluss zulässt: Er ist ein Zögling von Sanjay Shah. Von dem Mann, der Dänemark ausgeraubt hat.

In der Cum-Ex-Szene machten die meisten einen großen Bogen um Shah. Nicht einmal Hanno Berger habe mit ihm Geschäfte gemacht, meint Frey am zweiten Tag unseres Interviewmarathons, Shah sei Berger zu dubios gewesen. Frey nennt Shah einen Cowboy, einen verrückten Hund. Und auch: einen Autisten. Dank Cum-Ex sei Sanjay Shah in sehr kurzer Zeit Milliardär geworden, womöglich mehrfacher. Jedes Jahr, zum Formel-Eins-Wochenende, lade er auf seine riesige Yacht vor Abu Dhabi ein. Die Yacht trage den Namen »Cum-Ex«.

Ob man ein kleines Land wie Dänemark ausraubt oder nicht – für die Cum-Ex-Branche war das eine Frage der Risikobereitschaft. Dänemark hat wenige große Aktiengesellschaften, hohe Rückzahlungsforderungen fallen deshalb auf. Man fordert den Gegner, den Staat, förmlich heraus, wenn man es als Cum-Ex-Dealer auf Dänemark absieht, zumal wenn nebenan, in Deutschland, bereits die Ermittlungen auf vollen Touren laufen. Frey erinnert sich, wie einer der Trader einmal prophezeite: »Shah bringt uns noch alle ins Grab. Er übertreibt es.«

Fast alle Aktienhändler hätten gewusst, dass es Grenzen gebe, sagt

Frey, Shah nicht. Er hielt sich für noch gewiefter als die anderen. Er fand einen Weg, nicht nur die Staaten zu bestehlen, sondern dabei auch noch die Investmentbanken zu umgehen. Die Banken stellen für die Maschinerie das Schmiermittel zur Verfügung, in Form von Millionen-, sogar Milliardenkrediten. Und sie stellen die Bescheinigungen aus, mit denen sich die Kapitalertragssteuer erstatten lässt. Dafür wollen sie einen Anteil. Was macht Shah, der diesen Anteil ungern abgeben will? Er kauft sich einfach Varengold. »Wenn Sie alles selber steuern können, wenn Sie keinen Partner mehr brauchen, müssen Sie auch die Beute nicht teilen«, erklärt Frey.

In Cum-Ex-Kreisen raunt man sich zu, Shah habe nur einen Drucker für die Steuerbescheinigungen. Mehr brauche er nicht. In Shahs Händen wird das komplexe, vielschichtige System zu einem in sich geschlossenen Kreislauf. Darin lässt er dieselben Aktien bis zu 20 Mal rotieren – jedes einzelne Mal wird die Steuer kassiert. Looping nennt man diese hochgezüchtete Form der Cum-Ex-Trades.

Das Angebot seines wahrscheinlichen Zöglings Amal Ram haben wir nun in der Hand. Wir fragen uns, ob Ram ein Vertreter der neuen Generation ist. Ob er sich gar noch mehr traut. Ob er vielleicht wahnsinnig ist oder nur wahnsinnig schlau. Uns interessiert: Folgt das Investment, das Ram anbietet, tatsächlich der Logik von Cum-Ex oder eher Cum-Cum?

Zürich, 21. Juni 2018

Um das herauszufinden, sorgen Christian und ich dafür, dass Ram am 21. Juni 2018 eine E-Mail erhält. Der Absender: Jan Hauser, Repräsentant eines renommierten und in der Szene bekannten Schweizer Family Office.

> *Lieber Amal, Herr Smith (Name geändert) in Dubai berichtete mir von Finanzierungsmöglichkeiten, die Sie im Angebot haben. Ich glaube, die Familie, die ich über ein Single Family Office vertrete, ist grundsätzlich an solchen Geschäften interessiert. Wir haben in den letzten Jahren viele gute Erfahrungen gesammelt (z. B. bei einer Bank in Hamburg).*

Hauser betont in der E-Mail noch, dass die Familie sehr empfindlich in Bezug auf Reputationsrisiken sei. Diskretion vorausgesetzt, stellt er ein baldiges Gespräch in Aussicht. Amal Ram möge doch vorab weitere Unterlagen schicken.

Der Name Jan Hauser ist falsch, ebenso die E-Mail-Adresse, die hinter dem @-Zeichen den Namen der Briefkastenfirma beinhaltet. Die Briefkastenfirma selbst allerdings ist echt. Seit mehr als zehn Jahren ist sie im Handelsregister eingetragen. Benjamin Frey hat sich darum gekümmert, dass sie uns für die Kontaktaufnahme mit Ram zur Verfügung gestellt wird. Einen eigenen Briefkasten zu kaufen, wäre zu verdächtig gewesen: Warum sollte eine alteingesessene Milliardärsfamilie über eine nur wenige Tage alte Firma kommunizieren?

Amal Ram antwortet noch am selben Tag:

> *Lieber Jan, bezüglich der Verschwiegenheit und des Reputationsrisikos können Sie sich auf mich verlassen. Bitte seien Sie versichert, dass die Märkte nicht dazugehören, die gerade im »Spotlight« sind. Ich werde Ihnen zwei Powerpoint-Präsentationen schicken. Freue mich auf Ihren Anruf und auf ein persönliches Treffen. Mit freundlichen Grüßen, Amal.*

Bereits am nächsten Tag folgen die zwei Präsentationen. Sie heißen »Finance Proposal – Participant« und »Finance Proposal – Term Loan«. Den Investoren verheißen sie schnell verdientes Geld mit geringem Risiko auf Ansehensverlust. Bei Variante eins würden die Investoren nur als Kreditgeber fungieren. So können sie jederzeit behaupten, nicht gewusst zu haben, dass mit ihrem Geld letztlich steuergetriebene Geschäfte gemacht wurden. Mit Variante zwei könnten sie noch mehr Rendite rausholen. Dort würden sich die Investoren allerdings direkt am Aktienhandel beteiligen und die Steuer selbst abgreifen. Es scheint, als hätte Ram eine neue Verpackung für derartige Aktiengeschäfte gefunden. Vermutlich läuft es wie bei Cum-Ex oder Cum-Cum: Das Geld kommt vom Staat.

Wochenlang gehen E-Mails hin und her. Jan Hauser lässt Amal Ram gegenüber durchblicken, dass seine Interessenten bereit sind, einen dreistelligen Millionenbetrag zu investieren. Ram schickt weitere Unterlagen. Aber er legt nicht alles offen, sondern drängt auf ein persönliches Treffen.

Zürich, Anfang Juli 2018

Christian und ich sitzen in Benjamin Freys Büro nahe dem Zürichsee. Es war Frey, der als Jan Hauser, Repräsentant von milliardenschweren Privatinvestoren, auf unseren Wunsch hin wochenlang mit Amal Ram korrespondiert hat. Die Legende ist hieb- und stichfest. Selbst wenn sich Ram telefonisch meldete, würde er im virtuellen Vorzimmer des angegebenen Family Office, einer privaten Vermögensverwaltung, landen und zu Jan Hauser durchgestellt werden.

Gemeinsam überlegen wir, wie wir weiter verfahren mit dem Anbieter. Die Informationen, die wir per E-Mail bekommen haben, deuten darauf hin, dass der Raubzug mit rein steuergetriebenen Aktiengeschäften weitergeht. Ohne ein persönliches Treffen und die Offenlegung der genauen Anlagestrategie wäre die Recherche jetzt allerdings beendet und fehlten uns die Belege für unsere Vermutungen. Schließlich hat Christian eine Idee, die nur er haben kann: Wir beide, er und ich, schlüpfen in die Rolle von Milliardären, treffen uns mit Ram und dokumentieren den Termin mit versteckter Kamera.

Ich überlege kurz. Anfang der 90er Jahre habe ich gelegentlich undercover gearbeitet. Einmal schleuste ich mich mit einem *stern*-Fotografen in das rechtsradikale Studienzentrum Weikersheim ein. Doch nach kürzester Zeit flogen wir auf und konnten die geschlossene Veranstaltung nur unter Polizeischutz verlassen – Burschenschaftler wollten uns vermöbeln. Ein Auftritt als Milliardär scheint mir da vergleichsweise harmlos. Was soll groß passieren, wenn wir auffliegen? Schlimmstenfalls verlässt Ram wutentbrannt das Treffen mit uns. Die Hand wird er nicht erheben, und falls doch, dann sind wir immerhin zu zweit.

Aber können Christian und ich solch einen Einsatz als Milliardäre glaubhaft hinbekommen? Uns fehlen die Fachbegriffe und das Insiderwissen.

»Helfen Sie uns?«, frage ich Benjamin Frey.

Hamburg, 24. Juli 2018

»Wissen Sie eigentlich, was es bedeutet, so richtig reich zu sein?«, fragt Frey. Wir sitzen in einem Konferenzraum in einer Villa auf dem NDR-Gelände an der Rothenbaumchaussee. Frey kennt aus seiner Zeit an der Seite von Hanno Berger viele Milliardäre persönlich, den Drogerieunternehmer Erwin Müller etwa und etliche andere Superreiche, die in Steuersparmodelle oder in Cum-Ex investiert haben. Er weiß, wie Milliardäre ticken, schließlich hat er sie und ihre Investments lange genug betreut. An diesem Tag coacht er Christian und mich, denn wir wollen wie Milliardäre wirken. Lektion eins: standesgemäßes Selbstbild entwickeln.

»Ja, klar. Geld spielt keine Rolle. Ich kann mir alles leisten«, antworte ich.

»Nein. Unermesslich reich zu sein, das bedeutet: ›no limits‹. Sie haben die schwarze Kreditkarte.«

Ich verstehe nicht, worauf Frey hinaus will.

»Sie wissen nicht, was die schwarze Kreditkarte ist?«

Die Black Card von American Express, erklärt Frey, lässt sich nicht beantragen. Man wird zu ihr eingeladen. Sie kostet 5000 Euro im Monat. Sie hat kein Limit. Und sie enthält einen Concierge-Service: Wenn man an einem Feiertag im Kaufhaus Harrods in London shoppen gehen will, tätigt man einen einzigen Anruf. Dann wird Harrods aufgemacht. »No limits.« Alles ist möglich.

»Verstanden«, sage ich.

»Und, das ist ebenfalls wichtig: Sie haben Angst.«

»Angst?«

»Sie haben Angst, dass Ihr Vermögen von drei Milliarden auf 2,7 Milliarden schrumpfen könnte. Sie haben Angst, dass alle hinter Ihrem Geld her sind und sich damit davonmachen. Und Sie haben Angst, dass Ihre Kinder entführt werden. Eine ganze Anwaltskanzlei sorgt dafür, dass es keine Bilder von Ihren Kindern im Internet gibt.«

Frey entwirft für uns das Brüderpaar Otto und Felix, eine Legende: Nachkommen einer sehr bekannten Familie aus Deutschland. Der Großvater hat das Geld mit Stahl verdient. Vor einigen Jahren haben sie das Unternehmen verkauft und sind in die Schweiz gezogen, wo sie steueransässig sind. Ihre Anlagevehikel befinden sich in Luxemburg, Liechtenstein, Malta, Dubai und auf den Britischen Jungferninseln. Sie besitzen einen Jet und eine Südseeinsel.

Die beiden Halbbrüder operieren durchaus mit dreistelligen Millionenbeträgen, ein Bruchteil ihres geerbten Vermögens, an der Börse, investieren in spekulative Aktiengeschäfte, die hohes Risiko in sich bergen, aber auch hohe Renditen versprechen. Den Großteil des Erbes, die Substanz, wollen sie möglichst nicht anrühren. Sie haben bereits in Cum-Ex-Geschäfte investiert und würden gern wieder einsteigen, sorgen sich aber um ihre Reputation. Otto, der Ältere, ist vorsichtig. Felix, der deutlich Jüngere, draufgängerisch. Er will dem älteren Halbbruder beweisen, dass er auch selbst Geld verdienen kann.

Die Story überzeugt uns sofort. Jetzt gilt es, den richtigen Ort für das Treffen zu finden. Ein Hotel, soviel ist klar.

»Was ist Ihr Budget?«, fragt Frey.

Wir lachen, haben unsere erste Lektion gelernt: »No limit!«

Wenn man die Spesenverordnung des öffentlich-rechtlichen Rundfunks ignoriert, wird man im Internet schnell fündig. Eine Suite im »Shangri La«, das sich in London in den oberen Stockwerken des ikonischen Shard-Gebäudes befindet, kostet 2500 Euro die Nacht. Es ist am unteren Limit dessen, was für die Glaubwürdigkeit unser Rollen notwendig ist, findet Frey.

Er mustert uns von oben bis unten und legt uns nahe, vor unserem angeblichen Shopping-Trip nach London bitte noch zu shoppen. Manschettenknöpfe, Einstecktuch, blaues Jackett und eine rote Hose von einem edlen hanseatischen Herrenausstatter für Otto, teure Markenkleidung für Felix. Und ein schwarzes Kleid, eng, aber nicht zu eng geschnitten, für unsere Assistentin. »Eine Assistentin ist gut«, findet Frey. »Aber kann sie die Rolle durchziehen?« Munirah, die Frau unseres Kollegen Manuel, spricht sehr gut Englisch und ist damit die ideale Besetzung. Frey ist zufrieden, warnt allerdings: »Sie dürfen bloß nicht allzu freundlich zu ihr sein.«

Als Jan Hauser schreibt Frey an Ram, seine Klienten kämen demnächst für zwei Tage zum Shoppen nach London. Am 7. August habe er die seltene Gelegenheit, sie für eine halbe Stunde zu treffen. Unsere

Nachnamen muss Ram nicht erfahren. Dass sie sich nicht vollständig identifizieren, ist in ihren Kreisen normal. Man tauscht da keine Visitenkarten aus. Um glaubwürdig zu sein, genügt es, dass die richtige Person das Treffen einfädelt. Jan Hauser mit seiner etablierten Briefkastenfirma ist diese richtige Person.

London, 7. August 2018

Draußen, in der City, ist es brütend heiß, die Suite auf 18 Grad heruntergekühlt. Jede Schweißperle auf der Stirn wäre verräterisch. Wir dürfen nicht nervös wirken. Der Gast, den wir erwarten, hat nervös zu sein.

Der Blick vom 37. Stock des Shard macht schwindlig. Vor der bodentiefen Fensterfront läuft Christian auf und ab. Aufgekratzt redet er in einem fort, ich bin still, äußerlich entspannt. Die ganze Londoner City breitet sich unter uns aus: die Themse, Canary Wharf, Tower Bridge, St. Paul's Cathedral. Die Glastürme des Finanzdistrikts reflektieren die Sonnenstrahlen. Die Menschen unten auf der Promenade sind klein wie Ameisen.

Der Duft der Orchideen in der Porzellanvase liegt schwer in der Luft. Im Eiskübel auf dem Glastisch ist eine Flasche. Alles steht bereit. Fünf Kameras sind installiert. Eine in einer scheinbar achtlos auf dem Tisch abgelegten Windsor-Tüte. Eine zwischen den Buchdeckeln eines Thrillers im Regal. Sie alle richten sich auf einen noch leeren Sessel der Sitzgruppe. Unter dem Couchtisch klebt ein Aufnahmegerät mit Richtmikrofon. Anders als in Deutschland sind versteckte Tonaufnahmen in England erlaubt.

Das Telefon klingelt. 13:51 Uhr, neun Minuten zu früh. Munirah im schwarzen Etuikleid hebt den Hörer ab und raunt uns zu: »Er ist da.«

»Sag der Rezeption, dass wir ihn in fünf Minuten abholen.«

Wir schauen uns an. Es geht los. Unser Kollege Manuel und Kameramann Willem Konrad verschwinden aus der Suite.

Christian ist jetzt mein Halbbruder Felix, ich bin Otto, der Ältere eines ungleichen Paars. Munirah ist die Rolle unserer weltläufigen Assistentin wie auf den Leib geschrieben. Sie kommt aus Singapur, hat PR studiert und spricht bestes Business-Englisch. Zu ihrer Rolle gehört es, den Gast, der zu früh dran ist, noch nicht abzuholen. Ihn warten zu lassen. Mindestens noch 15 Minuten. Soll er doch in der Lobby schwitzen.

Amal Ram, unser Besucher, wird 45 Minuten Zeit bekommen, uns sein Finanzprodukt schmackhaft zu machen. Wir wiederum haben 45 Minuten Zeit, unseren Verdacht zu erhärten, dass nicht nur deutschen Steuerzahlern Unsummen geraubt wurden, sondern denen in halb Europa. Und dass der größte Steuerraub aller Zeiten mitnichten vorbei ist.

Als unsere Assistentin mit dem Fahrstuhl nach unten in die Lobby fährt, gehe ich ins Schlafzimmer. Ich werde erst später hinzukommen. Der Senior hat noch Wichtiges zu erledigen. Wenig später hallt es auf dem Flur. Klack, klack, klack. Munirahs High Heels kündigen Ram an. Die Schlafzimmertür ist leicht angelehnt. Ich höre, wie im Wohnzimmer die Tür aufgeht. Ich hoffe, dass die Kameras alles aufzeichnen.

»Etwas zu trinken?« höre ich Munirah fragen.

»Mineralwasser, danke«, sagt eine helle, sympathisch klingende Stimme.

Felix begrüßt Ram mit beiläufiger Handbewegung und telefoniert weiter am Handy. Munirah bittet den Besucher, sich zu setzen. Die beiden Herren hätten eine halbe Stunde Zeit, vielleicht 45 Minuten. »Fantastisch«, sagt Ram. Sie klopft an die Schlafzimmertür. »Ihr Gast ist jetzt da«, informiert sie Otto.

Ram sortiert seine Unterlagen, während Felix einen imaginären Mitarbeiter zusammenstaucht. »Wie oft muss ich noch erklären, dass das nicht geht?!« Als er fertig ist, steht Ram sofort auf. Fester Händedruck. Seine Ausstrahlung: weder unterwürfig noch allzu selbstbewusst oder gar überheblich. Felix spricht über die Hitze, draußen, in London, daheim in der Schweiz.

Jetzt muss ich raus aus meinem Schlafzimmer. Ich sehe Felix, der sich mittelmäßig erzogen auf der Couch fläzt. Ram sitzt auf der Sesselkante, sortiert seine Unterlagen. Er hat ein sympathisches, offenes Gesicht. Das Jackett hat er abgelegt. Er trägt ein blütenweißes Hemd, Krawatte mit Nadel und Manschettenknöpfe. Auf seiner Stirn glänzt trotz 18 Grad ein wenig Schweiß.

Er springt auf, im Vorbeigehen gebe ich ihm wortlos die Hand, setze mich zu Felix auf die Couch und schlage die Beine übereinander. Ram reicht jedem von uns eine Präsentation herüber. Es ist das Papier, hinter dem wir seit Monaten her sind. »Financing Presentation – Private and Confidential« steht auf der ersten von 34 gebundenen Seiten. Felix vertieft sich darin. Ich blättere kurz durch, scheinbar gelangweilt, und lege sie wieder auf den Glastisch.

Felix: »Schildern Sie uns doch mal Ihren beruflichen Hintergrund.«

Ram: »Natürlich. Es ist mir ein Vergnügen, Sie beide zu treffen. Also, ich begann direkt nach dem Studium bei einer kleinen Bank namens Maple.«

Wir kennen Maple. Die deutsche Tochter des kanadischen Bankhauses war einer der Haupt-Cum-Ex-Player.

Ram erzählt, wie er in Maples Londoner Niederlassung mitten in die Cum-Ex-Hochphase reingeworfen wurde. Spricht von einer »Feuertaufe«. Nach fünf Jahren jedoch »gab es einen Bruch«.

Der Bruch kam Ende September 2015, wie wir wissen, er kam in Gestalt von 285 Staatsanwälten, Steuerfahndern und Beamten des Bundeskriminalamtes. Sie durchsuchten die deutsche Niederlassung des Bankhauses in Frankfurt. Maple soll den deutschen Fiskus mit Cum-Ex-Geschäften um 450 Millionen Euro betrogen haben.

Nach dem Bruch habe sich Maple »etwas aus dem Markt zurückgezogen«, sagt Ram.

Zurückgezogen heißt, dass die deutschen Behörden das Geld zurückhaben wollten. Die Maple-Bank konnte die 450 Millionen aber nicht aufbringen. Die Bundesanstalt für Finanzdienstleistungsaufsicht (BaFin) ordnete deshalb die Schließung der Bank an.

Ram zog weiter zu einem Hedgefonds, in die Welt der alternativen Investments mit hohem Risiko: Solo Capital von Sanjay Shah. »Da lernst du die Ecken und Kanten des Geschäfts kennen und baust Beziehungen auf, die ich weiter pflege«, erzählt Ram. Vier Jahre blieb er bei Solo Capital, dann leitete er das Londoner Büro von Varengold. Die kleine Privatbank ist entweder ein Fleck auf Rams beruflicher Vita – oder ein Qualitätsnachweis, abhängig von der Perspektive.

Es ist Zeit, dass auch Felix und Otto wieder etwas zum Gespräch beitragen.

»Wir haben ja bei ihrem früheren Arbeitgeber in Hamburg in den

Caerus Fund investiert«, wirft Felix ein. Der Fund wurde 2010 von der Varengold Bank aufgelegt.

Ram: »Ah, okay. Ich kenne den Caerus Fund.«

Caerus war ein Cum-Ex-Fonds. Nun weiß unser Gast, dass Otto und Felix bereits Erfahrung mit den Steuerdeals haben. Er kann jetzt offen reden.

Ram spricht über seinen früheren Chef Sanjay Shah, ohne ihn beim Namen zu nennen: »Ich kann Ihnen dazu den Hintergrund schildern. Es lief einige Jahre richtig gut. Aber es waren zu viele Egos im Spiel. Und das war das Problem. Sie haben es immer bunter und bunter getrieben, bis alles platzte.«

Felix: »Man darf nicht zu gierig sein.«

Ram: »Genau!«

Ram betont, er habe Solo Capital rechtzeitig verlassen, sechs Monate bevor der Hedgefonds wegen seiner Cum-Ex-Geschäfte ins Visier der Ermittler gekommen und auseinandergebrochen sei: »Ich sah rechtzeitig die Zeichen der Zeit. Schauen Sie, ich habe Familie. Ich will mich nicht für den Rest meines Lebens immer umdrehen müssen und schauen, ob mir jemand folgt.«

Ram beschreibt, wie er nun in London neue Fonds startete. Wie er Banker und Händler zusammenbrachte und die Infrastruktur für einen neuen Aktienhandel aufbaute.

Ram: »In meinem Team sind Kollegen, mit denen ich schon früher zusammenarbeitete. Leute an den richtigen Stellen.«

Felix: »Leute aus London?«

Ram: »Ja.«

Otto meldet sich nun erstmals zu Wort. Besorgt um den Ruf seiner Familie will er wissen, ob sich darunter auch Aktienhändler befinden, gegen die in Deutschland ermittelt wird: »Sind das Leute mit einer gewissen Vergangenheit?«

Ram: »Oh nein. Das sind Leute mit Erfahrung. Aber keiner von den Jungs, die jetzt im Rampenlicht stehen.«

Felix: »Wir wollen vielleicht wieder in den Markt einsteigen, nachdem es sich etwas beruhigt hat. Mit den Problemen, die wir in Deutschland hatten, und solchen Sachen.«

Ram: »Sicher, yeah, okay.«

Felix: »Was können Sie uns anbieten?«

Ram: »Vielleicht schauen wir mal in die Präsentation, wenn das für Sie Sinn ergibt?«

Auch Otto, der Ram die meiste Zeit nur schweigend fixiert hat, greift sich jetzt das Dokument.

Ram: »Wir haben wahrscheinlich ungefähr sieben Märkte. Die beiden Spitzenreiter sind immer noch Frankreich und Italien.«

Er zählt die Länder auf, in denen er steuergetriebene Aktiengeschäfte anbietet. Neben Frankreich und Italien sei Spanien der dritte Hauptmarkt. Norwegen, Finnland, Polen und die Tschechische Republik seien deutlich kleiner, eher Beifang.

Was mit Deutschland sei, will Felix wissen.

Ram: »Es gibt Leute, die in Deutschland handeln. Verstehen Sie mich nicht falsch, das ist ihr gutes Recht. Aber ich persönlich würde noch ein Jahr damit warten.«

Wir haben einen Moment Mühe, nicht aus unserer Rolle zu fallen. Seit 2012 ist die Gesetzeslücke, die Cum-Ex ermöglichte, in Deutschland offiziell geschlossen. Für Cum-Cum gilt das Gleiche seit 2016. Aber Ram erklärt, es gebe Schlupflöcher, und versichert: »Ja, es ist Cum-Cum. Das ist weniger aggressiv. Aber die deutschen Behörden nehmen immer noch Banken dafür hoch.«

Ram führt weiter durch seine Präsentation. Frankreich, Italien und Spanien sind dort mit extrem niedrigen Trading Levels aufgeführt. Ein Wert in den niedrigen Neunzigern gilt als extrem profitabel. In Rams Präsentation liegt Frankreich bei 92,95 Prozent, Spanien bei 90,53 und Italien gar bei 89,50. Es geht also um Gewinnmargen zwischen sieben und elf Prozent.

Wir wollen wissen, unter welchem Namen das Ganze jetzt angeboten wird.

Felix: »Es ist immer noch marktneutral, oder?«

Ram: »Alles marktneutral.«

Marktneutral heißt, es gibt keinerlei ökonomische Grundlage für das Geschäft. Der Gewinn entsteht nicht aus der Entwicklung der Aktien, sondern kommt aus den Steuern. Es ist also das alte Spiel.

Felix: »Also, ich finde das interessant. Mir gefällt das.«

Otto äußert wieder Sorge um den Namen der Familie.

Ram versichert, alles zu tun, um den guten Namen zu schützen. Reputation sei auch für ihn der Schlüssel – für ein nachhaltiges Geschäft: »Es braucht nur einen dunklen Fleck auf der Weste, und du bist fertig. Deshalb seien Sie versichert: Mein Berufsethos beruht auf Integrität und Ehrlichkeit.«

Otto kommt noch einmal auf die auffällig niedrigen Trading Level zu sprechen: »Das sind nach unseren Erfahrungen Cum-Ex-Level, oder?«

Ram: »Nicht ganz. Wir wollen aggressiv sein, aber auch genug unter dem Radar bleiben. Schließlich wollen wir den Markt nicht in die Luft jagen.«

Otto: »Wie nennen Sie es jetzt, wenn nicht Cum-Ex?«

Ram: »Ich mag es nicht Cum-Ex oder Cum-Cum nennen. Ich würde es ›event driven‹ nennen, ereignisgesteuert. Oder Corporate Action Trading.«

Das Ereignis, um das es geht, ist der Dividendenstichtag. Alles wie gehabt. Der Unterschied, laut Ram: Früher sei dieselbe Aktie zwölf bis 20 Mal gehandelt worden. Die neuen Produkte seien weniger aggressiv, aber noch immer sehr profitabel.

Otto: »Komm schon, wir müssen nicht um den heißen Brei herumreden, das Geld kommt von der Steuer.«

Ram, grinst: »Ja, klar.«

Berlin, 24. September 2018

Dieser Anruf überrascht. Josef Talheimer meldet sich, mit seinerseits überraschenden Nachrichten. Der frühere Sarasin-Banker hat eine Vorladung der Kriminalpolizei Rosenheim erhalten. Im Auftrag der Staatsanwaltschaft Hamburg soll er als Zeuge vernommen werden. Es gehe, sagt er, um mich. Gegen mich werde ermittelt.

Ich kann es kaum glauben. Talheimer liest aus der schriftlichen Ladung vor: »In der Ermittlungssache gegen Oliver Schröm wegen ›V.a. Verrat von Betriebs- und Geschäftsgeheimnissen‹ vom 01.07.2013 bis 17.01.2014« sei seine Vernehmung als Zeuge erforderlich.

Zunächst kann ich mir keinen richtigen Reim darauf machen. Die Datumsangaben fallen in etwa in die Zeit meiner ersten Cum-Ex-Recherchen in der Schweiz, weswegen die Züricher Staatsanwaltschaft ja einmal gegen mich ermittelt hat. Aber das ist jetzt mehr als vier Jahre her. Angeblich haben die Schweizer Behörden die Ermittlungen längst eingestellt. Nachdem ich anfangs einen Bogen um die Schweiz gemacht hatte, war ich seit der Mitteilung mehrfach wieder dort gewesen – ohne irgendwelche Zwischenfälle. Einmal war ich in eine Polizeikontrolle auf dem Flughafen gelaufen und konnte mich nicht ausweisen, weil ich meinen Pass vergessen hatte. Als ich meinen Presseausweis zeigte, ließen mich die Beamten aber einreisen.

Josef Talheimer ist sich sehr sicher, dass hinter dem Verfahren niemand anderes als die Schweizer Behörden steckt und die Hamburger Staatsanwaltschaft im Zuge einer »Verfahrensübernahme« nun gegen mich ermittele.

Ich kann mir das nicht vorstellen. Die Ermittlungen der Züricher Staatsanwaltschaft waren schon reichlich abstrus gewesen. Aber warum sollte eine deutsche Staatsanwaltschaft nun gegen mich vorgehen? Schließlich haben Kollegen und ich damals enthüllt, wie eine Schweizer Privatbank mithalf, mit Cum-Ex-Deals die deutsche Staatskasse auszurauben.

Talheimer nennt mir mein Aktenzeichen: 7101 Js 439/18.

Zwei Tage später habe ich Gewissheit. Talheimer meldet sich nach seinem Termin bei der Kriminalpolizei. Der Vernehmungsbeamte hat ihm im Auftrag der Hamburger Staatsanwaltschaft ein paar Fragen gestellt. Es ist in der Tat so, dass auf Antrag der Schweizer Justiz nun die Hamburger Staatsanwaltschaft gegen mich ermittelt, und zwar »wegen des Verdachts der Anstiftung zum Verrat von Geschäfts- und Betriebsgeheimnissen und unbefugter Verwertung«.

Talheimer sagt, er habe dem Vernehmungsbeamten empfohlen, sich über die Hintergründe bei der Staatsanwaltschaft Köln zu erkundigen. So wollte er sie auf das Thema Cum-Ex stoßen und auf die Rolle der Bank Sarasin. Im Übrigen habe er mit Verweis auf sein Strafverfahren in der Schweiz und den dort anstehenden Prozess die Aussage verweigert.

Es ist offensichtlich. Die Schweizer wollen Talheimer den Prozess machen, haben meinen Fall abgetrennt und die Deutschen gebeten, ihn zu übernehmen. Und zu meiner Verwunderung tat dies die Staatsanwaltschaft Hamburg offensichtlich auch und ermittelt nun gegen mich.

Berlin, 28. September 2018

Das siebte und letzte Treffen der europäischen Journalisten vor der Cum-Ex-Veröffentlichung steht an. Es ist eng geworden am Konferenztisch der *Correctiv*-Redaktion. 37 Reporter von 19 Medien sind inzwischen an Bord, auch Kollegen aus Finnland und Frankreich. Reporter aus Schweden kamen erst vor einer Woche hinzu, nachdem Akten zu einer großen schwedischen Bank aufgetaucht sind.

Die verschlüsselte Kommunikationsplattform, über die wir uns alle austauschen, ist in den vergangenen Monaten und Wochen übergeflossen mit Nachrichten und angehängten Dokumenten. Weil die Zugriffe drei Wochen vor Veröffentlichung drastisch anstiegen, ließ sich die Datenbank mit den hoch sensiblen Cum-Ex-Files manchmal für Stunden nicht durchsuchen.

Bislang scheint unser Rechercheprojekt weitgehend unbemerkt geblieben zu sein. Ich hoffe, dass es so bleibt, auch wegen des Verfahrens gegen mich. Die Redaktion von *Correctiv* habe ich bereits über die Ermittlungen informiert. Die Datenbank liegt auf einem externen Server, der irgendwo in Europa steht. Ohne Zugangsberechtigung bekommt niemand Zugriff auf die Daten. Aber nun gilt es, weitere Sicherheitsvorkehrungen zu treffen. Wenn eine deutsche Staatsanwaltschaft schon wegen vier Jahre alter Cum-Ex-Recherchen in der Schweiz gegen mich ermittelt – was mag sie erst unternehmen, wenn sie von diesem Projekt Wind bekommt und erfährt, mit welch vertraulichen Daten wir hantieren?

Als ich die internationalen Partner über die Vorgänge informiere, ist es für einen Moment still im Raum. Eric Smit, Chef der niederländischen Investigativplattform *Follow the Money,* lässt diese letzte Sitzung für eine spätere Dokumentation über unser Projekt von einem TV-Team aufnehmen. Ich bitte den Kameramann, die Dreharbeiten zu unterbrechen, damit wir die heikle Situation »off the records« besprechen können.

Fragen prasseln auf mich nieder, die ich nur zum Teil beantworten kann. Es gibt auch Vorschläge, die Ermittlungen öffentlich zu machen. Ich bin strikt dagegen. Unter Umständen würde dies unser Projekt verraten. Ich plädiere dafür, die Füße still zu halten bis zum 18. Oktober, unserem Veröffentlichungstermin. Vorher unternehme auch mein Anwalt nichts. Unser Projekt, an dem wir seit mehr als einem halben Jahr so intensiv arbeiten, soll durch nichts gefährdet oder überschattet werden. Ich appelliere an alle, noch vorsichtiger im Umgang mit den Daten zu sein.

Im Übrigen haben wir bis zur Veröffentlichung noch viel zu tun. Es gibt unterschiedliche Vorstellungen, wann und wie wir die Banken und Cum-Ex-Akteure konfrontieren sollen. Logischerweise gelten da in fast jedem Land andere Bedingungen, ob, wann und auf welche Art Stellungnahmen der Gegenseite ermöglicht werden müssen. Nach langen Debatten finden wir einen Konsens.

Um eine Übersicht herzustellen, welche Banken an Cum-Ex- oder Cum-Cum-Deals oder vergleichbaren steuergetriebenen Geschäften beteiligt waren, hat Tanja Nyrup Madsen vom dänischen Fernsehen ein Excel-Sheet voll roter und gelber Kästen vorbereitet. Es ähnelt jener Tabelle von Hanno Berger und Paul Mora, auf der die beiden Cum-Ex-Meister Länder auflisteten und gegebenenfalls mit »funktioniert« markierten. Unsere Tabelle soll nun Banken und Fonds auflisten. Über Stunden fragt Tanja die Tischrunde ab und trägt Kreuze in die Tabelle ein, die auf dem großen Konferenzbildschirm von *Correctiv* zu sehen ist. Ein x für jede Bank, die erwiesenermaßen bei Cum-Ex- oder Cum-Cum-Deals dabei war. Ein x in Klammern bekommen Banken, die entsprechende Pläne hatten, bei denen uns aber der Beleg fehlt, dass die Deals auch durchgeführt wurden.

Am Ende gibt es kaum eine Bank ohne x oder (x).

Die Excel-Tabelle dokumentiert den organisierten Griff in die Steuerkassen zahlreicher Staaten. Neben Deutschland sind nachweislich mindestens zehn weitere europäische Länder betroffen. Den genauen Schaden haben sie noch nicht ansatzweise erfasst. Nur für fünf Staaten haben wir Marktdaten oder Schadenssummen erhalten, neben Deutschland sind es Dänemark, Italien, Belgien und Frankreich. Für die anderen betroffenen Länder liegen uns keine offiziellen Zahlen oder belastbare

Marktdaten vor. Der Mannheimer Steuerprofessor Christoph Spengel errechnet für uns den Schaden in den fünf Ländern. Konservativ betrachtet beläuft er sich auf 55,2 Milliarden Euro – mindestens. Es ist ohne Zweifel der größte Steuerraub in der Geschichte Europas.

Berlin, 18. Oktober 2018

6:00 Uhr: In zwölf europäischen Staaten vermelden 19 Medien: »Mindestens 55 Milliarden Euro Schaden in Europa durch unberechtigte Steuererstattungen.« In Deutschland lautet die zweite Schlagzeile unserer Pressemitteilung: »Bundesregierung warnte Partner erst 2015 vor Cum-Ex.« Fast alle der beteiligten Journalisten haben Tweets vorbereitet, die sie Punkt sechs Uhr unter dem Hashtag #CumExFiles veröffentlichen. Ich hatte mir auch einen Tweet überlegt. Aber ich verschlafe. Als ich gegen 6:30 Uhr aufwache, sehe ich, dass die Nachricht überall läuft. Ich lege mich noch einmal hin. Die vergangenen Wochen haben zu viel Kraft gekostet.

Um 8:30 Uhr ruft mich aus der *Correctiv*-Redaktion Justus von Daniels an. Justus hält zu den Partnern Kontakt, um alle Meldungen und Reaktionen in Europa auf unserer eigens eingerichteten Webseite www.cumex-files.com zu bündeln. Damit hat er den Überblick. Justus gratuliert und zeigt sich stolz und dankbar, Teil dieses Projekt zu sein. Er gibt mir die Anfragen der Fernseh- und Radiosender durch, die Interviews wollen.

In Hamburg schickt um 10:35 Uhr mein Rechtsanwalt Jes Meyer-Lohkamp ein Fax an die Staatsanwaltschaft Hamburg und bittet um Akteneinsicht. Ich hatte ihn ja gebeten, mit der Anfrage so lange zu warten, bis die Cum-Ex-Files öffentlich sind.

Den ganzen Tag über laufen die Nachrichten zu unseren Enthüllungen. In sämtlichen Sendungen der *tagesschau* sind sie der Aufmacher. Als auch die 20-Uhr-Ausgabe damit und unter Verweis auf *Correctiv* aufmacht, wird in der Redaktion gejubelt und geklatscht. Allein diese Sendung wird von rund zehn Millionen Menschen gesehen. *Correctiv* ist in aller Munde.

Die Reaktionen in den Ländern unserer Partner sind allerdings ungleich heftiger. In Deutschland ist das Problem Cum-Ex ja bekannt. In Staaten wie Frankreich erfahren die Menschen erst jetzt, dass sie mit diesen Deals jahrelang ausgeraubt wurden. In Dänemark tritt der Staatschef vor die Kameras. Er ist sichtbar sauer auf Deutschland, weil man die dänischen Behörden nicht gewarnt habe, als die Cum-Ex-Räuber 2015 von Deutschland nach Dänemark weiterzogen.

In Deutschland zeigt die Spitzenpolitik an diesem Tag keine Reaktion auf die Enthüllungen. Bundesfinanzminister Olaf Scholz schweigt zum Thema Cum-Ex, auch in den nächsten Wochen und Monaten. Auf Twitter wird unsere Nachricht von einer anderen getoppt: Auf einem Foto ist die Berliner SPD-Staatssekretärin Sawsan Chebli mit einer Rolex-Uhr am Arm zu sehen.

Abends um 21:45 Uhr rattern die Buchstaben wie immer einzeln auf den Bildschirm. Schließlich ist der Name des ältesten politischen Fernsehmagazins Deutschlands vollständig zu lesen: *Panorama.* Es folgt eine Nahaufnahme von Benjamin Frey. »Meine Gier war so groß, da habe ich mich mit Moral nicht aufgehalten!«, sagt Frey mit verfremdeter Stimme unter seiner Maske.

Mit ihrer Anmoderation trifft Anja Reschke Frey bis ins Mark, wie dieser mir hinterher erzählt. Er hat zu diesem Zeitpunkt mehr als zwei Dutzend Vernehmungen bei der Staatsanwaltschaft hinter sich und hat dort, wie er zu sagen pflegt, »die Hosen bis zu den Knöcheln heruntergelassen«. Aber gegenüber den Ermittlern ging es um Fakten, Zahlen und Zusammenhänge. Reue und Verantwortung waren im Verhörzimmer eher kein Thema. Anja hält Frey gerade hier den Spiegel vor: »Klingt wie Michael Douglas im Kinofilm *Wall Street,* oder?«, beginnt sie. »Aber der Mann, der da von seiner Gier erzählt, ist kein Schauspieler, sondern einer der größten Räuber unserer Zeit. Er allein hat schon 50 Millionen Euro erbeutet. Dafür hat er keinen Safe geknackt, keine Juwelen gestohlen, keinen Superreichen beklaut, sondern Sie und mich. Jeden, der brav Steuer bezahlt.«

Berlin, 7. November 2018

Mit einer gewissen Verzögerung reagiert die Politik doch noch auf unsere Veröffentlichungen. Im Bundestag findet eine Aktuelle Stunde zum Thema statt. Die Leitung übernimmt Wolfgang Kubicki. Der FDP-Spitzenpolitiker ist Vizepräsident des Deutschen Bundestages und damit eine natürliche Besetzung. Nur: Er agiert auch seit Jahren als Strafverteidiger von Hanno Berger.

Der Grünen-Abgeordnete Gerhard Schick problematisiert in seiner Rede Kubickis Doppelrolle. Es könne zwar »für Anwälte nicht ehrenrührig sein, Kriminelle zu vertreten«, doch als Politiker müsse Kubicki auch die »Interessen der Bürger« vertreten. »Man kann nicht beiden Seiten dienen«, sagt Schick. Finanzminister Olaf Scholz lässt sich erst gar nicht blicken. Beim Thema Cum-Ex bleibt er auf Tauchstation.

Brüssel, 26. November 2018

Drei Wochen später reisen Christian und ich auf Einladung des Europaparlaments nach Brüssel. Vor dem Ausschuss für Wirtschaft und Währung berichten wir über die Ergebnisse unserer internationalen Recherchekooperation. Wir zeigen auch die Probleme auf, die sich den Behörden in Europa im Kampf gegen den organisierten Steuerraub stellen. So einfach wie wir Journalisten können sich europäische Behörden nicht vernetzen. In Deutschland etwa erschwert das Steuergeheimnis eine internationale Zusammenarbeit. »Europa braucht ein Finanz-FBI«, lautet unser Ratschlag. »Wir Journalisten haben unseren Job gemacht«, erlaube ich mir zum Schluss meines Vortrages zu sagen. »Jetzt sind Sie dran, verehrte Damen und Herren.«

Am nächsten Tag verabschiedet das Europäische Parlament tatsächlich unter Berufung auf unsere Recherchen eine Resolution. Auf Vorschlag des Grünen-Abgeordneten Sven Giegold sollen die EU-Bankaufsichtsbehörde (EBA) wie auch die Wertpapier- und Marktaufsichtsbehörde (ESMA) den von uns aufgedeckten 55-Milliarden-Skandal unter die Lupe nehmen.

Einiges kommt in Bewegung. Mich beschäftigt in diesen Tagen auch noch der Teil der Recherchen, der mich persönlich betrifft. Die Hamburger Staatsanwaltschaft hat meinem Anwalt zunächst Akteneinsicht verweigert, doch ein guter Strafverteidiger weiß sich gegen solche Sperenzchen zu wehren. Jetzt liegt uns die Ermittlungsakte Az 701 Js 439/18 vor. Sie besteht aus drei Bänden und umfasst rund 300 Seiten. Als ich sie lese, empfinde ich eine Mischung aus Ärger, Sorge und Verwunderung.

Das Ermittlungsverfahren der Hamburger Staatsanwaltschaft gegen mich geht in der Tat auf ein Gesuch der Schweizer Justiz zurück. Im Kern geht es um die Recherchen zu meiner allerersten Cum-Ex-Geschichte, erschienen vor mehr als vier Jahren im *stern*. Wie ich nun den Akten entnehmen kann, hat die Züricher Staatsanwaltschaft damals meine Enthüllungen über die Schweizer Privatbank Sarasin als Wirtschaftsspionage eingeordnet und entsprechende Ermittlungen eingeleitet. Für die Schweiz war oder bin ich also kein Journalist, sondern ein Spion, der sich Zugang zu bankinternen Unterlagen verschafft haben soll.

Das allein ist schon ein kurioser Umstand. Doch den Akten kann ich noch mehr seltsame Dinge entnehmen, etwa den Zeitpunkt des »Strafübernahmeersuchens«, das die Schweizer Staatsanwaltschaft an die Kollegen in Hamburg schickte. Es datiert auf den 19. März 2018, also genau auf den Tag, an dem wir bei *Correctiv* in Kooperation mit deutschen und Schweizer Medien die fragwürdigen Verhörmethoden des Züricher Staatsanwaltes Giger im Fall Josef Talheimer enthüllt haben. 24 Stunden vor der Veröffentlichung hatten wir die Staatsanwaltschaft und Justiz konfrontiert, sie hatte damit ein Bild von unserer Recherche bekommen. Das Übernahmeersuchen ging gleich am nächsten Tag nach Deutschland, offenbar so hektisch erstellt, dass etliche Akten fehlten. Die Hamburger Staatsanwaltschaft musste jedenfalls mehrmals nachfassen. Mir kommt das Vorgehen der Schweizer Staatsanwaltschaft wie eine Retourkutsche für unsere Enthüllung vor.

Bemerkenswert ist auch, wie die Schweizer das Übernahmegesuch begründeten. Sie konnten von ihren Kollegen in Hamburg natürlich schlecht verlangen, ebenfalls wegen Wirtschaftsspionage gegen mich zu ermitteln. Und so verpassten sie dem Vorwurf ein anderes Label – erfolgreich. Die Hamburger Staatsanwaltschaft begann Ende März 2018 mit den Ermittlungen gegen mich »wegen des Verdachts der Anstiftung zum Verrat von Geschäfts- und Betriebsgeheimnissen«.

Nur wenige Tage später wäre das Ganze verjährt, und so ging die Hamburger Staatsanwaltschaft der Sache flink und mit Vehemenz nach. Bei der Kölner Staatsanwaltschaft besorgte sie sich die Akte zu einem längst abgeschlossenen Ermittlungsverfahren gegen mich und weitere *stern*-Kollegen, das auf eine Anzeige von Hanno Berger zurückging. Mit Hilfe der Züricher Staatsanwaltschaft wiederum machte sie den Aufenthaltsort von Josef Talheimer ausfindig und versuchte, ihn zu einer Zeugenaussage gegen mich zu bewegen.

Halbwegs fassungslos lege ich die Akte nach der Lektüre beiseite. Zwei Dinge schießen mir durch den Kopf. Zum einen liefen die Ermittlungen der Hamburger nahezu parallel zu unseren Recherchen zu den Cum-Ex-Files. Ich muss froh sein, dass wir bei *Correctiv* im Umgang mit den Dokumenten und bei der Kommunikation mit den Medienpartnern hohe Sicherheitsstandards angelegt haben. Bei der Schwere des Vorwurfs, so konstruiert er auch sein mag, hätte die Staatsanwaltschaft durchaus eine Durchsuchung oder Abhöraktion einleiten können. Das hat sie aber nach den mir vorliegenden Akten nicht getan hat. Immerhin.

Der zweite Gedanke, der mich beschäftigt, ist brandaktuell – und geht weit über meinen Fall hinaus. Ermittelt wird »wegen des Verdachts der Anstiftung zum Verrat von Geschäfts- und Betriebsgeheimnissen und unbefugter Verwertung« nach §17 UWG (Gesetz gegen den unlauteren Wettbewerb). Es ist wohl das allererste Mal, dass dieser Paragraf aus dem Wettbewerbsrecht gegen einen Journalisten angewendet wird. Als stünde ich im Wettbewerb mit einer Schweizer Privatbank.

Genau dieser Paragraf allerdings soll aufgrund einer EU-Vorgabe reformiert werden. Weil jemand einen Referentenentwurf aus dem Justizministerium nach außen getragen hat, weiß man auch, wie die Bundesregierung sich das vorstellt. Wenn der Bundestag auf der Basis dieses Referentenentwurfs ein Gesetz verabschiedet, machen sich künftig nicht nur Whistleblower strafbar. Journalisten wird es dann verboten sein, betriebsinterne Dokumente entgegenzunehmen, selbst wenn sie ein Verbrechen oder einen Betrug belegen.

Es gibt durchaus Kritik an dem Referentenentwurf, doch die wird vom Justizministerium abgetan. Ich selbst habe zusammen mit Medienrechtlern, Vertretern von Journalistenverbänden und Gewerkschaften im Sommer 2018 dazu auf Einladung der SPD ein informelles Hintergrundgespräch mit Christian Lange, dem Parlamentarischen Staatssekretär im Bundesjustizministerium. Unsere Sorge, dass das neuformulierte Gesetz auch gegen Journalisten angewendet werden könnte, taten Lange und seine Referenten als »hypothetisch« ab. Damals ermittelte die Staatsanwaltschaft Hamburg, wie ich jetzt weiß, bereits auf Grundlage des alten Gesetzes gegen mich. Die Novellierung à la Justizministerium würde es noch einfacher machen, das Wettbewerbsgesetz zur Kriminalisierung von Journalisten zu missbrauchen.

Mein eigener Fall belegt, das wird mir klar, dass die Sorge der Journalistenverbände mehr als berechtigt ist. Ich spreche mit Simon Kretschmer und David Schraven darüber, den Geschäftsführern von *Correctiv*. Wir sind uns einig, uns im Rahmen unserer Möglichkeiten dafür einzusetzen, dass dieses Gesetz in der vorliegenden Version nicht verabschiedet wird. Es würde die Pressefreiheit empfindlich einschränken. Am 12. Dezember wird es im Rechtsausschuss des Bundestages im Rahmen einer Anhörung diskutiert.

Berlin, 11. Dezember 2018

Unter dem Hashtag #JournalismusIstKeinVerbrechen macht *Correctiv* die Ermittlungen gegen mich bekannt und beleuchtet die Hintergründe. Die Redaktion veröffentlicht auch einen Offenen Brief an die Bundesjustizministerin Katharina Barley (SPD) und an den Finanzminister Olaf Scholz. Darin heißt es: »Der Versuch, einen Journalisten und eine ganze Redaktion mundtot zu machen, ist ein Missbrauch des Strafrechts. Es ist erschreckend, dass deutsche Behörden sich von den Tätern dazu instrumentalisieren lassen.« Auf der Homepage kann man sich hinter den Offenen Brief stellen. Viele, viele Kollegen, aber längst nicht nur Journalisten tun das. Bald haben sich mehr als 26 000 Menschen zu den Forderungen der Redaktion bekannt.

Correctiv macht in dem Aufruf deutlich, dass es um weit mehr als um meinen Fall geht, nämlich um den Schutz von Whistleblowern und Journalisten und letztlich um die Pressefreiheit. Die Ermittlungen gegen mich würfen auch ein Schlaglicht auf ein aktuelles Gesetzgebungsverfahren.

Der Entwurf zu dem Gesetz zum Schutz von Geschäftsgeheimnissen (GeschGehG) ist die fragwürdige Umsetzung der EU-Richtline. Er wird tags drauf um 15 Uhr im Rahmen einer Anhörung im Rechtsausschuss des Bundestages diskutiert. Nicht nur bei Vertretern von Journalistenverbänden ist er hoch umstritten. Auch mein eigener Rechtsanwalt Jes Meyer-Lohkamp positioniert sich auf unserer Homepage eindeutig. »Informantenschutz leitet sich unmittelbar aus der Verfassung ab«, sagt Meyer-Lohkamp, der mich in dem Ermittlungsverfahren der Staatsanwaltschaft Hamburg vertritt. An dem Gesetzentwurf kritisiert er, dass betroffene Unternehmen verlangen können zu erfahren, woher derjenige sein Wissen hat, der ihr Geschäftsgeheimnis verrät beziehungsweise veröffentlicht. »Dieser Anspruch ist nicht einmal von der EU-Richtlinie 2016/943 vorgegeben«, so Meyer-Lohkamp. Sollte dieser Anspruch auch gegen Journalisten gelten, läge darin ein »schwerwiegender Angriff gegen die Pressefreiheit«.

Berlin, 12. Dezember 2018

Im Rechtsausschuss des Bundestages nehmen sich acht Experten all die Punkte in dem neuen Gesetz zum Schutz von Geschäftsgeheimnissen vor, die aus ihrer Sicht keinen Sinn ergeben oder gar kontraproduktiv sind. Auch Staatssekretär Christian Lange, der den Entwurf aus seinem Ministerium bereits im Bundestag verteidigt hatte, ist erschienen. Für ihn wird es kein schöner Termin. Falls er es noch nicht wusste, erfährt er an diesem Tag, dass die Experten seines Hauses eine Verschlimmbesserung erarbeitet haben.

Die Sachverständige Susanne Pfab, Generalsekretärin der ARD, fordert eine Ausnahme für Journalisten und Whistleblower. »Bei der Presse muss es die Regel sein, dass Recherchen möglich sind, und nicht die Ausnahme«, sagt sie. Es gebe zu viele Unsicherheiten im Gesetz.

Ein anderer Sachverständiger, der Rechtsexperte Christoph Partsch, nennt den Entwurf des Ministeriums »nicht ausgereift und zum Teil gefährlich«. Es sei nicht abzusehen, wie Staatsanwaltschaften ermitteln würden: »In Zukunft muss ein Journalist mit hohem Aufwand einen Rechtsanwalt suchen und die Rechtfertigung durchgehen. Es ist zu kompliziert.« Eine klare Ausnahme sei »notwendig, um die Pressefreiheit zu schützen«, sagt Partsch.

Dann fragt Martin Rabanus, der medienpolitische Sprecher der SPD im Bundestag, die Experten, ob »ein Fall Schröm« nach dem neuen Gesetz denkbar ist. Bei diesem Punkt besteht unter den Experten sehr viel Einigkeit, und so wird der Tag zu einem Wendepunkt in einem Gesetzesvorhaben, bei dem der Bundestag den Referentenentwurf ohne die Einmischung von *Correctiv* wahrscheinlich ohne große Änderungen verabschiedet hätte.

Berlin, 21. März 2019

Firmen sollten selbst bestimmen können, welches Dokument tatsächlich ein Geschäftsgeheimnis enthält. Whistleblower sollten darlegen müssen, dass sie nicht aus Eigeninteresse handeln. Das Justizministerium ist lange stur geblieben bei seinen wirtschaftsfreundlichen Formulierungen. Staatssekretär Christian Lange hat während der abschließenden Aussprache im Rechtsausschuss des Bundestages noch einmal die Abgeordneten kritisiert, auch jene aus seiner SPD-Fraktion.

Doch am Ende beschließt zum Glück kein Ministerium ein Gesetz, sondern die Abgeordneten im Deutschen Bundestag. Und die verabschieden einen Gesetzestext, der nicht gleich jeden Whistleblower kriminalisiert und es zudem Journalisten nicht verbietet, mit internen Dokumenten aus Unternehmen zu arbeiten. »Wir haben ein Stück Demokratie erlebt, eine Sternstunde des Parlaments«, sagte die SPD-Abgeordnete Nina Scheer. Da hat sie Recht. Die Volksvertreter haben die Verschlimmbesserung des Gesetzes zum Schutz von Geschäftsgeheimnissen verhindert.

Zürich, 29. März und 12. April 2019

Acht Tage nach den Vorgängen in Berlin schaue ich interessiert nach Zürich. Dort findet der Prozess gegen Eckart Seith statt, den Rechtsanwalt des Drogeriemoguls Erwin Müller, und gegen die beiden Ex-Sarasin-Banker Josef Talheimer und Bernd Vogel. Den drei Deutschen drohen Gefängnisstrafen. In der Anklage hat der Staatsanwalt auch mich erwähnt. Er versucht, Talheimers Schuld auch durch seine Kontakte mit mir nachzuweisen.

Ruth Fend von *Correctiv* ist vor Ort, um über den Prozess zu berichten. Verhandelt werde auch der Stellenwert des Schweizer Bankgeheimnisses, schreibt sie, und letztlich die Frage, wer in der Schweiz eigentlich mehr Schutz verdient: die Interessen privater Unternehmen, etwas geheim zu halten – und mag es ein Milliardenbetrug sein –, oder die Interessen der Allgemeinheit. Seith bekennt sich in einem Eingangsstatement ausdrücklich zu all dem, was ihm vorgeworfen wird. »Sehr geehrter Herr Präsident, ich sage jetzt etwas, was Sie nicht häufig von Angeklagten zu hören bekommen. Ich bin ganz einig mit den Handlungen, die – soweit sie zutreffen – mir die Staatsanwaltschaft Zürich III vorwirft. Wäre ich heute erneut vor die Situation des Jahres 2013 gestellt, ich würde mich exakt gleich verhalten.«

Josef Talheimer hat ebenfalls ein Eingangsstatement vorbereitet, zwölf Seiten lang. »Ursprung allen Übels ist das Cum-Ex-Modell«, beginnt er, um dann den großen Bogen zu schlagen zu Berger, der Bank Sarasin, zu seiner »Motivation« und der »Zulässigkeit« seines Handelns. Mitarbeiter wie ihn, »die den Cum-Ex-Produkten kritisch gegenüberstanden«, habe man »unter Druck gesetzt« und sie »hatten Angst vor Repressalien«. Es sei bei all seinen beruflichen Stationen immer seine Pflicht gewesen, »die Einhaltung gesetzlicher und aufsichtsrechtlicher Bestimmungen sicherzustellen. Vor diesem Hintergrund war es für mich ein unerträglicher Zustand zu sehen, dass man zunächst ein offensichtlich illegales Produkt mit unlauteren Methoden vertreibt.«

Auch mit den Verhörmethoden des Staatsanwaltes geht er hart ins Gericht und dass er insgesamt 72 Stunden vernommen wurde, obwohl er vom Gefängnisarzt zuvor starke und bewusstseinseinschränkende Medikamente verabreicht bekommen hatte. Deshalb könnten seine Aussagen, in denen er seinen früheren Sarasin-Kollegen Vogel belastete, nicht verwertet werden, sagt Talheimer. Auch zu seinen Kontakten zum *stern* präsentiert er im Vergleich zu seinen Aussagen beim Staatsanwalt eine weitere Version: »Bezüglich des Journalisten Schröm (Ziffer C der Anklage): Ich habe zu keinem Zeitpunkt als Gegenleistung für das Freshfields-Gutachten Geld gefordert. Den in der Anklage genannten Betrag von EUR 3000 vereinbarte ich ausschliesslich als Aufwandsentschädigung (Zeitaufwand und Reisespesen).«

Das Urteil Mitte April nennt Ruth dann »überraschend«. Obwohl das Bezirksgericht die drei Beschuldigten von einem Großteil der Anklagepunkte freispricht, wird einer von ihnen wegen Wirtschaftsspionage verurteilt. Es ist Josef Talheimer, bei dem es das Gericht als erwiesen ansieht, dass er dem *stern* interne Bankdokumente zugespielt hat. »Hier war der Destinatär nicht eine Privatperson, sondern ein ausländisches Medienunternehmen«, sagt Richter Sebastian Aeppli und erachtet dies somit als einen Spionageakt. Talheimer kassiert eine Freiheitsstrafe von 13 Monaten auf Bewährung. Die Botschaft ist deutlich: Die Verurteilung von Talheimer soll Abschreckung sein für Whistleblower und Journalisten. Bernd Vogel und Eckard Seith erhalten Geldstrafen, unter anderem, weil sie gegen das Bankgeheimnis verstoßen hätten. Alle drei legen Berufung ein.

Nach dem Verhandlungstag bekommt Ruth Staatsanwalt Maric Dermont zu fassen, der auch gegen mich ermittelt und das Verfahren dann nach Hamburg abgab. Vor ein paar Wochen hat er mir schriftlich mitgeteilt, das Verfahren gegen mich sei »sistiert«, ausgesetzt. Allerdings würden die Vorwürfe »Wirtschaftlicher Nachrichtendienst«, also Wirtschaftsspionage, erst 2024 verjähren. Solange wolle man im Halbjahresrhythmus prüfen, ob es neue Erkenntnisse gebe, die eine Wiederaufnahme rechtfertigten.

Ruth erhält nun von Dermont ein bemerkenswertes Statement, das er ihr ins Aufnahmegerät spricht: »Wir haben den Fall sistiert, warten den Ausgang des deutschen Verfahrens ab. Aber eigentlich egal, wie die Deutschen den Fall erledigen, ist es für uns bindend.« Das heißt, dass die Schweiz der Hamburger Staatsanwaltschaft beziehungsweise dem deutschen Gericht in jedem Fall folgen wird. Stellt Hamburg die Ermittlungen gegen mich ein, ist der Fall auch für die Staatsanwaltschaft in Zürich erledigt.

Nach der Solidaritätswelle hat sich Hamburgs Staatsanwaltschaft bisher nicht bewegt. Mein Anwalt hatte ihr ein ausführliches Schreiben geschickt und darin auch darauf hingewiesen, dass die Akten aus der Schweiz durch Auslassungen »glänzen«. Dermont hat beispielsweise aus dem Zusammenhang gerissene Teile der Aussage von Talheimer nach Hamburg geschickt. Teilweise waren die Aussagen so kopiert beziehungsweise geschwärzt, dass ganze Passagen unleserlich waren und somit die mich entlastende Aussage ins Gegenteil verkehrt wurde. Mein Anwalt hat allerdings die kompletten Unterlagen aus der Schweiz – und lässt sie der Staatsanwaltschaft Hamburg nun auch zukommen.

Hamburg, 22. Mai 2019

Die Staatsanwaltschaft Hamburg stellt das Ermittlungsverfahren gegen mich ein. Das abschließende Urteil lautet, es bestehe kein hinreichender Tatverdacht, der eine weitere Ermittlung oder gar Anklage rechtfertigt. Das »Ermittlungsverfahren wurde gemäß § 170 Abs. 2 der Strafprozessordnung eingestellt«, teilt mir die Behörde in kaum mehr als einem Einzeiler mit.

Die Ermittlungsakte 7101 Js 439/18 ist etwas umfangreicher. Sie umfasst nun zwei Haupt- und vier Sonderbände mit insgesamt 463 Seiten. Unter der Bezeichnung »Reaktionen« hat die Staatsanwaltschaft im Sonderband Nr. 3 der Ermittlungsakte die E-Mails gesammelt, die sie erhalten hat, seit wir bei *Correctiv* die Ermittlungen öffentlich gemacht haben. Viele Unterstützer wandten sich direkt an die Staatsanwaltschaft Hamburg: »Ich habe heute in der Presse lesen können, dass in ihrem Hause gegen den Chefredakteur von *Correctiv,* Oliver Schröm, Ermittlungen eingeleitet wurden. Ich bin darüber sehr verwundert und muss mich außerdem fragen, wem die Staatsanwaltschaft Hamburg gegenüber verpflichtet ist?«, schrieb beispielsweise Ginger C. »Statt gegen die beteiligten Finanzdienstleiter wegen schwerem Betrug zu ermitteln wird gegen die ermittelt, die diesen Betrug aufgedeckt und publik gemacht haben.« Andreas J. wollte von den Hamburger Ermittlern wissen: »Warum lässt sich die Staatsanwalt Hamburg vor den Karren der Kriminellen spannen?« Und kurz vor Weihnachten fragte Rainer P.: »Habt Ihr eigentlich noch alle im Christbaum, gegen jemanden zu ermitteln, der hilft, die Cum-Ex-Geschäfte aufzudecken?«

In der Einstellungsverfügung stellt die Hamburger Staatsanwaltschaft ein paar Dinge klar, die ihren Kollegen in der Schweiz nicht gefallen dürften. Die Staatsanwaltschaft Zürich habe Akten offensichtlich nur unvollständig nach Hamburg übersandt. Und den Aussagen des Belastungszeugen der Schweizer Justiz– gemeint ist Josef Talheimer – schenke man keinen Glauben. Dieser ehemalige Banker sei 13 Mal von Schweizer Staatsanwälten zu seinem Kontakt mit Oliver Schröm vernommen worden, habe sich dabei jedoch wiederholt widersprochen. »Ich weiß, dass ich wiederholt unglücklich ausgesagt und nicht nur Ihnen, sondern auch anderen Zeit gestohlen habe. Und dies vor dem Hintergrund Ihrer Begründung, dass sie mich unter Umständen aus der Haft entlassen würden, wenn sie mich nicht mehr brauchen«, zitiert die Hamburger Staatsanwaltschaft in ihrer Einstellungsverfügung aus den Schweizer Vernehmungen des Ex-Bankers. Sie erklärt auch ihre Einschätzung dazu: »Insgesamt bestehen Zweifel an der Glaubwürdigkeit des Zeugen.«

Auf den entscheidenden Grund für die Unglaubwürdigkeit der Aussagen hatte zuvor mein Anwalt Jes Meyer-Lohkamp in seiner Stellungnahme hingewiesen: Talheimer habe »den Sachverhalt keinesfalls unbeeinflusst eingeräumt«, da »die Vernehmungen überwiegend unter Haftbedingungen stattfanden, bei denen Herr Talheimer unter dem Eindruck von bewusstseinstrübenden Medikamenten (Opioiden) vernommen worden ist«.

Hamburg, 30. August 2019

Immerhin, der Züricher Staatsanwalt Maric Dermont hält Wort: Drei Monate nach der Entscheidung der Hamburger Staatsanwaltschaft stellt auch er das Ermittlungsverfahren gegen mich ein. Nach mehr als fünf Jahren ist damit klar, dass ich für die Strafverfolger in der Schweiz kein Wirtschaftsspion bin. Und absichernd heißt es am Ende der dreiseitigen Einstellungsverfügung dann noch: »Der beschuldigten Person ist mangels wesentlicher Umtriebe und besonders schwerer Verletzung in ihren persönlichen Verhältnissen weder eine Entschädigung noch eine Genugtuung zuzusprechen.«

Mit Entschädigung der Schweizer habe ich ohnehin nicht gerechnet. Genugtuung spüre ich auch nicht wirklich. Allerdings halte ich es für empörend, dass meine Redaktion *Correctiv* für die Anwaltskosten aufkommen muss. Auf der Homepage danke ich deshalb den Unterstützerinnen und Unterstützern des Recherchenetzwerks noch einmal ausdrücklich.

Außerdem verabschiede ich mich von der *Correctiv*-Community, von all den Mitgliedern und Lesern und von meinen Kollegen in der Redaktion. Nach fast zwei Jahren gehe ich zurück nach Hamburg zum ARD-Magazin *Panorama.* Die Entscheidung ist mir nicht leichtgefallen, ich hatte *Correctiv* einst zusammen mit David Schraven gegründet. Doch die intensiven Recherchen zu den Cum-Ex-Files haben mir deutlich gezeigt, dass ich mich entscheiden muss. Chefredakteur zu sein und gleichzeitig als investigativer Reporter zu arbeiten, das funktioniert für mich auf Dauer nicht. Und ich habe den Beruf vor mehr als 35 Jahre nicht ergriffen, um einmal als Chefredakteur eine Redaktion zu lenken. Ich wollte immer mit meinen Recherchen direkt dazu beitragen, dass Verborgenes ans Tageslicht kommt.

16

Hamburg, 20. März 2018

Ein kleiner Waldweg führt zu dem eisernen Tor mitten in einem Park nahe der Elbe in Hamburg. Hier wohnt Christian Olearius, Mitinhaber der Privatbank M.M. Warburg & CO. An diesem Dienstag klingeln um 7:35 Uhr drei Ermittlerinnen und ein Ermittler aus Düsseldorf an dem Tor. Sie zeigen dem damals 75-jährigen Olearius einen Durchsuchungsbeschluss. Die Staatsanwaltschaft wirft ihm schwere Steuerhinterziehung vor. Er und seine Bank sollen mithilfe von Cum-Ex-Geschäften mehrere Hundert Millionen Euro aus der Staatskasse geplündert haben. Nach Jahren intensiver Ermittlungen ist die Staatsanwaltschaft Köln überzeugt: Auch Christian Olearius persönlich gehörte zu den großen Profiteuren. Er selbst bestreitet die Vorwürfe.

In seiner Villa werden die Beamten allerdings fündig. Im Arbeitszimmer des Bankiers liegt ein Tagebuch. Darin notiert Olearius Gedanken zu seinen Geschäften, zu seinem beruflichen Netzwerk und immer wieder auch zum Thema Cum-Ex. Als sich die Ermittler für sein Tagebuch interessieren, führt er sie auch ins Nebengebäude, wo in seiner Bibliothek die älteren Bände stehen, in schwarzes Leder gebunden und mit dem Monogramm CO darauf, Christian Olearius. Die Beamten packen alle Tagebücher aus dem Zeitraum Mai 2006 bis März 2018 ein, insgesamt 22 Bände.

Bald nach der Sicherstellung legt Olearius Widerspruch ein. Es handele sich um private Aufzeichnungen, argumentiert sein Anwalt – vergeblich. Das Interesse der Allgemeinheit, entscheidet das Kölner Amtsgericht, wiegt schwerer.

Rückblick: Hamburg, 2005 bis 2011

Im Spätherbst 2005 erhält Christian Olearius einen internen Vermerk über spezielle Aktiengeschäfte, die ein Steueranwalt aus Frankfurt einfädeln könne. Der Bankier überlegt – und lässt Interesse bekunden. Kurz vor Weihnachten 2005 schreibt eine Mitarbeiterin einer Tochterfirma der Warburg-Bank an die Kanzlei von Hanno Berger, um ein persönliches Treffen Bergers mit Olearius abzustimmen. Ein Termin Ende Januar 2006 wird ausgemacht. Wenige Monate später gehen bei Warburg probeweise in kleinem Umfang Cum-Ex-Geschäfte über die Bühne.

Schon damals wissen die Verantwortlichen, dass manche Kollegen im eigenen Haus den Geschäften skeptisch gegenüberstehen. Ein Warburg-Manager hat dem Warburg-Generalbevollmächtigten Christian Schmid per Mail mitgeteilt, dass er mit einem möglichen Geschäftspartner gesprochen habe. Der sei der Überzeugung, diese Art von Geschäften könne »erhöhte Aufmerksamkeit« auf sich ziehen, und befürchte »unerwünschte Effekte im eigenen Haus«. Letztlich kann der Zweifler aber nichts ausrichten. Warburg lässt sich auf Berger ein.

Ende 2006 versucht der Gesetzgeber erstmals, den Cum-Ex-Geschäften Einhalt zu gebieten. Als Berger und sein Mitarbeiter die Aktiendeals für 2007 vorschlagen, haben sie das allerdings schon berücksichtigt. Sie stellen Olearius und seinem Bevollmächtigten Schmid nun ein Modell vor, das nach den neuen Regeln funktioniere.

In den Folgejahren gelingt es der Bank, den eigenen Profit aus den Cum-Ex-Transaktionen weiter zu erhöhen. Der Erfolg befeuert die Gier. Bankchef Olearius investiert über einen Fonds auch privates Geld. Im Mai 2008 schickt ein Geschäftspartner dem Bevollmächtigten Christian Schmid eine detaillierte Berechnung, wie viel Olearius und die anderen Investoren vermutlich verdienen werden. Demnach bringt eine Investition von 15 Millionen Euro nach nur einem Monat einen Gewinn von mehr als drei Millionen Euro, was eine Marge von 20 Prozent bedeutet.

Man kann nicht sagen, dass die Warburg-Banker sorglos in die Deals hineinschlittern. Sie kümmern sich, sind durchaus auf der Hut und bringen sich auch stets auf den Stand über die Versuche des Gesetzgebers, Cum-Ex-Deals zu verhindern. Immer wieder diskutieren sie, ob und wie man die Geschäftsstruktur anpassen müsse. Wiederholt warnen Mitarbeiter vor den Geschäften, sie sehen Reputationsrisiken für die Bank. Auch Max Warburg, neben Christian Olearius größter Teilhaber der Bank, äußert, mit diesen Deals »Bauchschmerzen« zu haben. Er will, so steht es in einem Gesprächsvermerk, dass Christian Schmid auch von seinen Bedenken erfährt.

Mitinhaber Olearius stoppt die Deals aber erst 2011. Zuvor allerdings hadert er mehrere Wochen mit der Entscheidung. Ein Ende der Transaktionen wird erhebliche Auswirkungen auf den Ertrag haben. Intern diskutieren die Mitarbeiter, wie mit Cum-Ex weiter Geld verdient werden kann. Im April 2011 folgt dann aber die Entscheidung, die Geschäfte zu beenden, da die Bank nicht in irgendwelche Fettnäpfchen treten wolle.

In diesem Monat macht Warburg allerdings noch einmal richtig Kasse: Das Finanzamt für Großunternehmen erlässt den Steuerbescheid für 2009 und erstattet der Bank 47 Millionen Euro. Die Staatsanwaltschaft wird der Bank später vorhalten, dass es sich dabei um unrechtmäßig erlangte Steuerrückzahlungen für Cum-Ex-Geschäfte handelt. Es seien Steuern gewesen, so sehen es die Strafverfolger, die in Wirklichkeit vorher niemals gezahlt worden sind.

Der Nachfolger des Bevollmächtigten Christian Schmid wird einige Jahre später gegenüber der Staatsanwaltschaft behaupten, er habe das Ende der Geschäfte angeregt. Damals sei schon negativ über Hanno Berger berichtet worden. Er selbst sei besorgt gewesen, das Finanzamt könne die ausgezahlten Steuern zurückfordern. Christian Schmid wiederum bleibt auch nach dem Ende der Cum-Ex-Deals ein wichtiger Berater von Teilinhaber Christian Olearius. Noch 2016, als die Ermittlungen der Staatsanwaltschaft beginnen, konsultiert dieser ihn regelmäßig.

Hamburg, Januar 2016

Ende 2015 hat der Schweizer Banker Eric Sarasin die Kölner Staatsanwältin Anne Brorhilker auf die Spur zur Warburg-Bank gebracht. Sarasin berichtete ihr bei einer Befragung, die Hamburger Bank habe Beratern über Scheinrechnungen zweistellige Millionenbeträge für die Unterstützung bei den fragwürdigen Aktiengeschäften gezahlt. Im Januar 2016 lässt die Staatsanwaltschaft die Warburg-Bank durchsuchen. Einige Tage danach nehmen die Kölner Ermittler Kontakt zu den Hamburger Behörden auf. Am 26. Januar bittet Staatsanwältin Brorhilker das Hamburger Finanzamt, die Hamburger Steuerfahnder und Betriebsprüfer möchten die steuerrechtliche Aufarbeitung der Ermittlungen übernehmen. Aus Kölner Sicht ist das sinnvoll, denn die Hamburger kennen sich mit der Bank am besten aus.

Acht Tage später kommt die Antwort der Hamburger Steuerfahndung. Sie lehnt die Unterstützung ab. Man habe sich mit der übergeordneten Finanzbehörde abgesprochen: Allein die Hamburger Staatsanwaltschaft sei für sie maßgebend. Solange das Verfahren in Köln geführt werde, ermittle man nicht.

Aus dem Schneider ist die Warburg-Bank damit allerdings nicht. Die Wirtschaftsprüfer der Warburg-Bank selbst sind nach der Durchsuchung alarmiert. Sie wollen Geschäfte und Steuerzahlungen zwischen 2006 und 2011 gründlich prüfen und fordern, im Jahresabschluss Geld für mögliche Steuernachforderungen zurückzustellen.

Bei Warburg diskutiert man erstmals darüber, Kontakt zur Finanzbehörde aufzunehmen. Ohne Not werde die Bank in Misskredit gebracht. Jenseits der Emotion hält die Bank in einem internen Vermerk fest, in welchem Umfang die umstrittenen Geschäfte getätigt wurden – und wie viel Geld man sich dabei vom Staat geholt hat: 169 Millionen Euro an Steuern habe man sich im Rahmen der Cum-Ex-Geschäfte im Eigenhandel zwischen 2007 und 2011 auszahlen lassen. Als Nettoergebnis wurden bei der Bank 112 Millionen Euro verbucht. Davon, so wird Warburg später selbst angeben, verblieben nach Auszahlung einiger Partner 68 Millionen Euro als Gewinn bei der Bank.

Frankfurt am Main, 10. Februar 2016

Fast alles scheint in diesen ersten Jahreswochen 2016 gegen Christian Olearius und seine Bank zu laufen. Im Bundestag konstituiert sich der Untersuchungsausschuss zu Cum-Ex. Und in Frankfurt urteilt das Finanzgericht Hessen über Cum-Ex-Geschäfte, die denen von Warburg sehr ähnlich sind. Die Richter stärken dabei die Position der Finanzämter: Im Zweifel müssen die Steuerpflichtigen bei Cum-Ex-Geschäften beweisen, dass die Steuern, die sie zurückerstattet bekommen wollen, vorher überhaupt gezahlt worden sind.

Frankfurt am Main, 18. Februar 2016

Neben der Kölner Staatsanwältin, deren Hartnäckigkeit Christian Olearius womöglich noch nicht bekannt ist, interessiert sich nun auch die Bankenaufsichtsbehörde BaFin für die Aktivitäten von Warburg. Die BaFin ordnet sogar eine ihrer schärfsten Maßnahmen an, eine sogenannte Schwerpunktprüfung. Dass die BaFin Mitte Februar 2016 die Wirtschaftsprüfer von KPMG damit beauftragt, kann der Bankier nicht verhindern.

Bevor die KPMG-Prüfer ihren Abschlussbericht schreiben, versuchen sie noch, Warburg einen Ausweg zu weisen. Sie empfehlen der Bank, Kontakt zur Finanzbehörde aufzunehmen und Zugeständnisse zu machen. Einige an Cum-Ex beteiligte Banken hätten sich frühzeitig mit den Behörden geeinigt und Geld zurückgezahlt. Olearius und seine Berater diskutieren darüber, ob sie solch einen Deal anpeilen wollen. Sie entscheiden sich dagegen.

Der Bericht von KPMG, der einige Wochen später fertig ist, fällt schmerzhaft für Warburg aus. Den Prüfern erscheint die Art der Geschäfte verdächtig. Die Bank müsse sich darauf einstellen, mehr als 90 Millionen Euro zurückzuzahlen. Den Verantwortlichen der BaFin erklären die Prüfer, alles hänge nun von der Entscheidung der Finanzverwaltung ab. Im Protokoll des Gesprächs zwischen den Prüfern und den Bankenaufsehern in Frankfurt liest sich das so: Sollte das Finanzamt das Geld zurückfordern, sei dieser »gewaltige« Betrag innerhalb kurzer Frist zu zahlen und zu buchen. »In einem solchen Fall könnten die Eigenmittelgrundsätze von der Warburg Gruppe nicht mehr eingehalten werden«, heißt es weiter in dem Protokoll. Die Warburg-Bank hätte also nach Einschätzung der Prüfer nicht genug Geld gehabt, um die Forderung zu bedienen. Sie hätte in solch einer Situation die Unterstützung ihrer Eigentümer gebraucht. Im Protokoll steht weiter: »Die bisherigen Antworten der Warburg Bank zu dieser Situation seien eher nicht so gut gewesen (›Prinzip Hoffnung‹).«

Die Bankenaufsicht beauftragt daraufhin einen weiteren Wirtschaftsprüfer. Das Großunternehmen Deloitte soll in einer Sonderprüfung die Risiken für Warburg genau klären.

Köln, 15. April 2016

Die Staatsanwaltschaft Köln hat ihre Arbeit fortgeführt. Nun schickt sie per Fax eine Warnung an die zuständige Abteilung im Hamburger Finanzamt für Großunternehmen. Es bestehe der Verdacht, dass die Warburg-Bank sich zwischen 2006 und 2011 zu Unrecht Steuern in Höhe von knapp 170 Millionen Euro zurückerstatten ließ. Das Ganze sei vorsätzlich geschehen, mit Billigung der Geschäftsleitung. Es ist eine Nachricht, die in der Behörde erst einmal ernst genommen wird.

Hamburg, im Mai 2016

Die Hamburger Finanzbeamten, die von der Kölner Staatsanwaltschaft auf die verdächtigen Steuertransaktionen hingewiesen worden sind, wussten schon seit September 2014 von den zweifelhaften Geschäften der Bank. Am 5. Juni 2015 hielt der für Warburg zuständige Betriebsprüfer allerdings in einem Vermerk noch fest, dass Warburg die Steuern zu Recht ausgezahlt worden seien. Doch die Ermittlungen der Staatsanwaltschaft und das Urteil des Finanzgerichts Hessen ändern für die Hamburger Finanzbeamten nun die Sachlage.

Am 11. Mai 2016 bewerten die Betriebsprüfer des Finanzamts die Warburg-Geschäfte in einem vierseitigen Papier. Der Vermerk wird Frau P. vorgelegt, der zuständigen Sachgebietsleiterin im Finanzamt für Großunternehmen. Es sei von einer arglistigen Täuschung auszugehen, heißt es, die Steuern seien zu Unrecht erstattet worden.

Tags drauf sucht Frau P. das Gespräch mit der Bank. Sie hat auch die düstere Warnung von KPMG gelesen und will nun die Steuererstattungen zurückfordern. Das geht aus Protokollen der Bank hervor. Es gebe »keinen Nachweis« dafür, dass die Kapitalertragssteuer auch wirklich erhoben wurde, sagt P. laut Protokoll. Die Forderung komme »wohl für die Bank nicht überraschend«.

Es ist eine ebenso klare wie konsequente Position, mit der die Finanzbeamtin der Warburg-Bank gegenüber auftritt. Sie verweist ausdrücklich auf die Ermittlungen der Kölner Staatsanwaltschaft und auf das Urteil aus Hessen. Auch eine weitere Frist wolle das Finanzamt der Bank nicht einräumen, weil die Verjährung der Ansprüche des Finanzamtes unmittelbar bevorstehe. Die Banker appellieren an Frau P., die Rückforderung nicht umzusetzen, dies würde die Existenz der Bank gefährden. Unerwähnt lassen die Banker offensichtlich, dass Max Warburg und Christian Olearius ihre Bank mit Geld aus ihrem Privatvermögen retten könnten – beide werden auf rund 600 Millionen Euro taxiert. Bei Frau P. scheint das Argument mit der Existenzbedrohung zu verfangen. Sie händigt den Bescheid nicht aus. Man vereinbart einen neuen Termin.

Hamburg, 27. Mai 2016

Die Inhaber der Warburg-Bank wehren sich. Christian Olearius und Max Warburg schreiben einen zweiseitigen Brief und richten ihn an Frau P. »Für uns ist es nur schwer begreiflich, wie man aus einer ex-post-Betrachtung heute zu dem Ergebnis kommen soll, dass die durch M.M. Warburg & CO durchgeführten Aktientransaktionen nicht zulässig gewesen sein sollen.« An den Brief hängen sie die Beurteilung einer internationalen Anwaltskanzlei, die zu dem Schluss kommt, dass es keine begründeten Zweifel an der Steuererstattung für Warburg gebe.

Als der Brief bei Frau P. angekommen ist, schreibt diese einen Vermerk, der keineswegs so klingt, als wolle das Finanzamt in diesem millionenschweren Fall einlenken. P. notiert zu einem Gespräch mit der Bank, sie habe dort gesagt, dass Olearius und Warburg 40 Jahre im Bankgeschäft seien und umfassende Kenntnisse haben müssten. Bei der Finanzbeamtin Frau P. scheinen Olearius und Warburg auf Granit zu beißen. Kolleginnen und Kollegen in anderen Finanzämtern des Landes gehen zu diesem Zeitpunkt ähnlich vor. Überall sind die Beamten mittlerweile aufmerksam, wenn es um Cum-Ex-Geschäfte und deren mögliche Verjährung geht. Sie wollen die zu Unrecht ausgezahlten Millionen zurückholen.

Hamburg, Juni bis September 2016

Anfang Juni lässt Frau P., die so unmissverständlich auftrat, ihren Ansprechpartner bei Warburg wissen, sie wolle nun doch der Bank recht geben. Damit ändert sie ihre Bewertung des Sachverhalts komplett. Die Finanzbeamtin argumentiert fortan konsequent pro Warburg. Frau P. ist gekippt. Dazu wird sie schweigen, als vier Jahre später *Panorama,* die *Zeit* und *Zeit Online* den Warburg-Fall recherchieren und ihr Fragen schicken. Die Hamburger Finanzbehörde wird sich ebenfalls nicht äußern und auf das Steuergeheimnis verweisen. Und vor Gericht in Bonn und einem Untersuchungsausschuss in Hamburg liefert sie ausweichende Antworten oder kann sich nicht erinnern.

Dokumente und Aussagen von Zeugen ergeben das Bild einer Finanzbeamtin, die den potenziellen Steuersünder, den sie anfangs so scharf anging, plötzlich so eng betreut, wie es sich kaum ein Steuerzahler zu träumen wagt. Frau P. unterrichtet immer wieder persönlich Warburg-Verantwortliche über den Stand des Verfahrens.

Im August sprechen die Betriebsprüfer vom Finanzamt mal wieder mit den Verantwortlichen von Warburg. Mit dabei ist auch ihre Chefin, Frau P. Sie erklärt den Bankern, sie werde bis Mitte September einen Bericht an die Amtsleitung schreiben. Wenn sie den Bericht absende, werde sie die Bank davon benachrichtigen. Die Banker betonen erneut, die Rückzahlung würde die Existenz der Bank gefährden. Offenbar wird die Warburg-Bank gehört. Frau P. lässt ihren Ansprechpartner bei Warburg wissen, die Stadt werde keine Steuer zurückfordern.

Es dauert einen guten Monat, bis das Finanzamt den Fall abschließend bewertet hat. Wichtiger für die Banker ist: Frau P. will nichts zurückfordern. Im Untersuchungsausschuss der Hamburger Bürgerschaft wird man Frau P. später vorhalten: Sie soll einem Verantwortlichen von Warburg empfohlen haben, die Bank solle sich politischen Beistand einholen, der Bericht müsse nun den Hierarchieweg überstehen. Sie streitet ab, solche Ratschläge erteilt zu haben.

Frau P. ist für die Prüfung von Warburg zuständig. Hier betätigt sie sich als eine Art Beraterin der Privatbank. Man gewinnt den Eindruck, sie spiele inzwischen im Team Warburg und nicht mehr für die Stadt Hamburg, die zusehen muss, dass ihr keine Steuern verloren gehen.

Hamburg, Oktober 2016

Was Christian Olearius wohl kaum voraussehen konnte: Frau P. steht intern unter Druck. Die Betriebsprüfer, die für die Warburg-Bank zuständig sind und seit Jahren das Geldinstitut alljährlich prüfen, sind sicher, man müsse das Geld zurückfordern. Die tiefe Überzeugung der Betriebsprüfer kann Frau P. nicht ignorieren, zumal ihre Mitarbeiter entsprechende Vermerke schreiben, in denen ihre Position in den Behördenakten festgehalten wird. Am 5. Oktober schickt Frau P. einen 28-seitigen Bericht an die dem Finanzamt übergeordnete Hamburger Finanzbehörde. Im Stadtstaat Hamburg entspricht die Behörde dem Finanzministerium in anderen Bundesländern. P. legt auch einen Ordner bei und eine CD mit Gutachten, unter anderem jenes der Wirtschaftsprüfungsgesellschaft KPMG.

In dem Bericht vollzieht Frau P. wieder einmal eine 180-Grad-Wendung. Sie folgt den Argumenten ihrer Betriebsprüfer und legt detailliert die rechtliche Situation dar. Sie argumentiert besonnen und abgewogen und dennoch eindeutig dafür, dass Hamburg sich das zu Unrecht ausgezahlte Geld von der Bank zurückholen sollte. Es gebe einen erheblichen Verdacht mit diversen Indizien, schreibt die Beamtin. Zwar argumentiere die Warburg-Bank, sie habe immer gedacht, alles sei mit rechten Dingen zugegangen. Es sei aber davon auszugehen, dass es sich dabei um eine Schutzbehauptung handele.

Am Ende ihres langen Berichts erwähnt die Beamtin die angebliche

Gefährdung der Bank. Diese könne die geforderte Rückzahlung finanziell nicht stemmen, unter anderem, weil ihr noch weitere Steuerforderungen drohten. Trotz der Gefahr eines möglichen Prozesses gegen das Finanzamt »bittet« sie die Finanzbehörde am Ende, der Rückforderung zuzustimmen.

Am Tag danach kann sich Frau P. in ihrer Einschätzung bestärkt fühlen. Sie erhält eine E-Mail, die Wirtschaftsprüfer von Deloitte einige Wochen zuvor an die Staatsanwaltschaft geschickt haben. Darin erläutern die Experten ihre zwischenzeitlichen Erkenntnisse zu den Warburg-Geschäften – und äußern ebenfalls massive Zweifel daran, dass die Bank sich die Steuern zu Recht erstatten ließ.

Es sieht jetzt doch nicht mehr so rosig aus für die Warburg-Bank und deren Aussicht, dass die Stadt Hamburg ihr ein üppiges Steuergeschenk bereitet und darauf verzichtet, zu Unrecht überwiesene 47 Millionen zurückzufordern.

In der Finanzbehörde prüft ein Mitarbeiter der für Steuerrecht und Finanzgerichte zuständigen Abteilung das 28-Seiten-Papier von Frau P. Sein Urteil: Das grundsätzliche Vorgehen, wie P. es vorschlage, erscheine vertretbar und sei auch juristisch möglich.

Christian Olearius erfährt schnell von diesem erneuten Richtungswechsel. Die Finanzbeamtin P. soll seinen Mitarbeitern mitgeteilt haben, dass sie nach einem Gespräch mit ihren Vorgesetzten und der Staatsanwaltschaft Köln ihre Meinung geändert habe: Sie wolle die Steuererstattung nun doch zurückfordern. Aufgeben will Olearius allerdings nicht. Am 17. Oktober ruft auf sein Drängen ein Warburg-Mitarbeiter bei Frau P. an. Der Mitarbeiter verfasst danach ein Protokoll: Die Ausführungen von Frau P. lägen nun zur Prüfung in der übergeordneten Finanzbehörde. Das wusste Olearius schon. Doch das ist auch nicht alles, was sein Mitarbeiter von dem Gespräch berichten kann. Ausführlich erklärte Frau P. demnach dem Warburg-Mitarbeiter ihre Argumente. Man habe auch gemeinsam erörtert, was man dagegen vorbringen könne. P., so ist es dem Gesprächsprotokoll zu entnehmen, hielt es angesichts der wirtschaftlichen Konsequenzen für wahrscheinlich, dass die Finanzbehörde die Steuern doch nicht zurückfordert. Sie rate, noch keinen Kontakt zur Behörde aufzunehmen. Sie melde sich, sobald sie das als angemessen erachte.

Es mutet rätselhaft an, wie die Finanzbeamtin P. im Fall Warburg hin- und herschwenkt. Zuerst hat sie den beiden Bank-Inhabern nicht im Geringsten abgenommen, sie hätten keinen blassen Schimmer davon, dass die höchst lukrativen Cum-Ex-Geschäfte auf Kosten der Steuerzahler gingen. Dann, Anfang Juni, wollte sie Warburg plötzlich recht geben. Anfang Oktober wiederum kommt sie in ihrem ausführlichen Bericht zu der Ansicht, dass Warburg nachzahlen müsse. Mitte Oktober hingegen schlüpft sie in die Rolle der Bank-Beraterin, gibt Warburg Insiderwissen aus der Finanzbehörde weiter und Tipps, was nun zu tun beziehungsweise zu unterlassen sei.

Es stellt sich die Frage, woran Frau P. ihr Handeln eigentlich ausrichtet. Für die Warburg-Bank ist dies allerdings zweitrangig. Solange die Beamtin sie mit Infos, Hinweisen und Sachstandsmeldungen versorgt, hilft sie Olearius und seinen Leuten.

Düsseldorf, 7. November 2016

Im November verweigert Christian Olearius vor dem Cum-Ex-Ausschuss in Berlin die Aussage. Am selben Tag sagt in Düsseldorf vor der Kölner Staatsanwältin Anne Brorhilker und den Ermittlern des Landeskriminalamts erstmals ein Insider aus: Benjamin Frey, der frühere Partner in der Steuerkanzlei Hanno Bergers. Die Beweise gegen ihn sind erdrückend. Frey droht eine erhebliche Gefängnisstrafe wegen schwerer Steuerhinterziehung. Damit hat er guten Grund auszupacken und an diesem und dem nächsten Tag auch den Teil der Wahrheit zu erzählen, der die Warburg-Bank betrifft.

Und Frey erzählt ausführlich: dass Hanno Berger einen »sehr etablierten Kontakt« in die Chefetage der Privatbank, »insbesondere Dr. Christian Olearius« gehabt habe. Dass Berger seinen Cum-Ex-Kumpan Paul Mora bei der Warburg-Bank eingeführt habe. Dass der Kontakt Mora/Warburg sich dann »ein Stück weit verselbständigt« habe.

Hamburg, 17. November 2016

In juristischen Zweifelsfällen ist es üblich, dass die Hamburger Finanzämter die übergeordnete Behörde des Finanzsenators Peter Tschentscher hinzuziehen. Die Warburg-Bank ist so ein Fall. Verantwortliche Mitarbeiter des Finanzamts treffen sich mit Vertretern der Steuerverwaltung der Hamburger Finanzbehörde. Die Beamten einigen sich auf eine Lösung: Trotz der Ermittlungen der Staatsanwälte, trotz der mittlerweile öffentlichen Debatte über Cum-Ex und trotz eines Untersuchungsausschusses im Bundestag beschließen sie, von Warburg keine Steuern zurückzuverlangen. Sie lassen die Forderungen aus dem Steuerjahr 2009 verjähren, verzichten auf die Rückforderung von 47 Millionen Euro.

Als wesentlich für diese fragwürdige Entscheidung führen die Hamburger Beamten zwei Punkte an: In der Runde fürchtet man einen Prozess vor dem Finanzgericht und dass die Warburg-Bank womöglich pleitegeht. Frau P. schreibt zu der Sitzung einen Vermerk. Ihr 28-seitiges Papier dampft sie auf drei Seiten ein. Dabei weicht sie in wesentlichen Punkten von ihrer vorherigen Argumentation ab. Es reichen nun plötzlich nicht mehr Indizien, um die Bank zu einem Beweis dafür zu zwingen, dass die Steuern auch wirklich gezahlt wurden. Frau P. schreibt, es gebe keinen ausermittelten Sachverhalt. Die Erfolgsaussichten in einem Klageverfahren seien gering. Und die Ergebnisse von Deloitte, die im Auftrag der BaFin seit Monaten mit einem Expertenteam die Bankgeschäfte forensisch unter die Lupe nehmen, seien nur Vermutungen. Frau P. vollzieht nach der Besprechung in der Finanzbehörde erneut eine Kehrtwende um 180 Grad.

Was Frau P. »Vermutungen« nennt, sind bei Deloitte umfangreiche Fakten, die in einem Sonderbericht für die BaFin auf mehr als 1000 Seiten dokumentiert werden. Darin zeichnen die Prüfer von Deloitte ein erschütterndes Bild von den Geschäften der Warburg-Bank. Das Geldinstitut hatte sich unter anderem mit Schiffsgeschäften verzockt. Vor allem aber halten die Sonderprüfer fest, dass die Privatbank bei den Aktiengeschäften »unseres Erachtens nicht zur Anrechnung von Kapitalertragsteuer auf die Körperschaftsteuer/den Solidaritätszuschlag berechtigt« gewesen sei. Und: »Die einzige für uns ersichtliche Motivation für die Durchführung der Transaktionen bestand in der Generierung eines Steuervorteils.« Vermutungen klingen eigentlich anders.

Christian Olearius erfährt schnell von der Entscheidung der Finanzbehörde. Noch am Tag der Sitzung der Finanzkollegen telefoniert einer seiner Mitarbeiter mit Frau P. Die Steuererstattung werde nicht widerrufen, man sehe keine neuen Tatsachen, sagt die Beamtin ihm. Es gilt Ruhe zu bewahren. Ende 2016 sind alle Steuerfragen für das Jahr 2009 verjährt.

Der Finanzsenator Peter Tschentscher, der heute Hamburger Bürgermeister ist, liest die Entscheidung der Fachbeamten. Er hat zwei Nachfragen zu Details, aber offenbar keine Einwände oder Bedenken, die Millionen nicht zurückzufordern. Am 12. Dezember gehen die Steuerbescheide ohne Rückforderung an die Bank. Warburg ist damit durch. Mit dem Jahreswechsel verjähren tatsächlich 47 Millionen Euro.

Hamburg, erste Jahreshälfte 2017

Im neuen Jahr meldet sich die Kölner Staatsanwaltschaft bei der Hamburger Finanzbeamtin Frau P. Sie will wissen, wie es zu der Entscheidung kommen konnte. P. erklärt, die Sachlage sei nicht so eindeutig gewesen, als dass man das Geld habe zurückfordern können. Offensichtlich vertritt die Beamtin eine andere Rechtsauffassung als die Staatsanwaltschaft.

Frau P. wirkt jetzt wie eine Diplomatin der Bank. Als das Finanzgericht Hessen in einem anderen Fall gegen einen Cum-Ex-Sünder entscheidet, spricht sie mit den Wirtschaftsprüfern von PricewaterhouseCoopers (PwC), die sich gerade für die Jahresabschlussprüfung mit Warburg beschäftigen. Frau P. erachtet das neue Urteil des Finanzgerichtes Hessen als nicht einschlägig.

Einige Wochen später spricht die Finanzbeamtin abermals mit PwC. Die Wirtschaftsprüfer sind inzwischen drauf und dran, das Testat, also die Bestätigung für den Jahresabschluss, zu verweigern. Der Grund: Sie haben das fertige Gutachten der Sonderprüfer von Deloitte erhalten. Es kommt zu einem Streit zwischen den Wirtschaftsprüfern und den Bank-Vertretern. Trotz intensiver und emotional geführter Gespräche habe es zwischen beiden Seiten keine Einigung gegeben, heißt es im Protokoll der Aufsichtsratssitzung von Warburg vom Mai 2017.

Als eine Art Retterin in der Not tritt nun offenbar ausgerechnet eine Person auf, die aus ihrer Funktion heraus mit Problemen zwischen Wirtschaftsprüfern und Bankern herzlich wenig zu tun hat. Am 9. Mai habe eine Telefonkonferenz mit Frau P. und PwC stattgefunden, wird im Aufsichtsratsprotokoll vermerkt. »Als Ergebnis dieser zehnminütigen Telefonkonferenz hat der Abschlussprüfer festgehalten, dass die Aussagen dergestalt waren, dass es nun keinen Grund mehr gäbe, einen uneingeschränkten Testatsvermerk zu verweigern oder Haftungsübernahmen der Gesellschafter zu fordern.« Die Finanzbeamtin hat sich eingemischt, aus Sicht des Bankiers auf höchst erfreuliche Weise.

Und auch mit Blick auf den Deloitte-Bericht für die BaFin zeigt die Finanzbeamtin, wo sie steht: Im fertigen Bericht von Deloitte sehe sie keine Anhaltspunkte für eine Rückforderung der Steuern, teilt P. der Kölner Staatsanwaltschaft mit. »Dieses Gutachten gäbe ihr nach vorläufiger Einschätzung derzeit keinen Anlass, die Steuerbescheide zu ändern«, hält ein Staatsanwalt in einem Vermerk P.s Einschätzung fest.

Hamburg, zweite Jahreshälfte 2017

Und doch bleiben Fakten eben Fakten, auch im Fall der Cum-Ex-Deals der Warburg-Bank. Die Hamburger Privatbanker konnten zwar jubilieren ob der Verjährung der potenziellen Rückzahlung von rund 47 Cum-Ex-Millionen. Doch nun, ein Jahr später, dasselbe Problem: Der Steuerbescheid für das Jahr 2010 steht an. In dem geht es um die Rückzahlung von weiteren 43 Millionen Euro, die Warburg sich mithilfe von Cum-Ex-Deals aus der Staatskasse geholt hat.

In der Zwischenzeit häufen sich weitere Belege dafür, dass es bei Warburg alles andere als sauber gelaufen ist. Ende Juli 2017 schickt das Finanzamt München den Hamburger Kollegen gleich fünf Schreiben: Bei Betriebsprüfungen habe man Cum-Ex-Geschäfte festgestellt, die über Warburg abgewickelt worden seien und bei denen die Gefahr einer ungerechtfertigten Steuererstattung bestehe. Sie erbitten Aufklärung.

Doch soll sich Christian Olearius deswegen Sorgen machen? Er weiß sein Unternehmen ja auf Finanzamtsseite wunderbar betreut. Dort agiert Frau P., und zwar inzwischen voll und ganz im Sinne des Bankiers. Sie lässt das Geldinstitut wissen, sie werde die Betriebsprüfung bald abschließen.

Doch der Herbst verläuft für die Bank ähnlich turbulent wie ein Jahr zuvor. Am 4. Oktober 2017 bekommt die Hamburger Finanzverwaltung Post aus Berlin vom Bundesfinanzministerium (BMF). Unterabteilungsleiter Ralf Möhlenbrock fordert von den Hamburger Kollegen eine Erklärung zum Verfahrensstand bei der Aufklärung der Cum-Ex-Geschäfte von Warburg – und setzt eine Frist bis zum 30. Oktober.

Seit ihn ein Insider aus der Finanzbranche vor mehr als acht Jahren auf den Milliardenschaden durch Cum-Ex aufmerksam gemacht hat, beschäftigt sich Möhlenbrock intensiv mit dem Thema. Letztlich ist es auch auf seine Initiative zurückzuführen, dass Cum-Ex-Geschäfte seit 2012 nicht mehr möglich sind. Was ihm die Hamburger Finanzverwaltung schließlich zu Warburg mitteilt, gefällt dem BMF-Beamten gar nicht: Die Hamburger wollen Ansprüche an Warburg aus dem Steuerjahr 2010 verjähren lassen. Und es geht immerhin um 43 Millionen Euro.

Am 8. November 2017 meldet sich Möhlenbrock bei der Hamburger Finanzbehörde. Der Steuerexperte des Bundes will seine Hamburger Kollegen dazu bringen, die 43 Millionen für den Staat zu retten. Das Geld hatte das Hamburger Finanzamt 2012 an Warburg ausgezahlt. Der entsprechende Steuerbescheid verjährt nach fünf Jahren, also Ende 2017. Bis dahin sind es nur noch wenige Wochen. Will man das Geld zurückbekommen, muss der Bescheid vorher aufgehoben werden.

Er habe »erhebliche Bedenken«, schreibt Möhlenbrock und verweist ausdrücklich auf das Urteil des Hessischen Finanzgerichts. Dann folgt von einem der obersten Steuerbeamten der Republik eine deutliche Forderung: »Ich bitte auf dieser Grundlage, verjährungsunterbrechende Maßnahmen einzuleiten.« Ein Argument nimmt er gegenüber den Hamburgern gleich mal vorweg: »Falls durch die Rückforderung von Kapitalertragssteuer für die Warburg Bank eine existenzbedrohende Situation eintreten würde, ist die Aussetzung der Vollziehung zu prüfen. Allerdings ist zu berücksichtigen, dass die Warburg Bank gemäß Ihrer Aufstellung über Kapitalertragssteuererstattung 180 Mio. Euro an Steuergelder erhalten hat, die dem Vermögen der Bank zugeflossen sind.« Er weist die Hamburger an, bis Ende des Monats die erforderlichen Maßnahmen einzuleiten, um eine erneute Verjährung unbedingt zu verhindern.

Als die Hamburger keine Anstalten machen, die Weisung umzusetzen, bespricht sich Möhlenbrock mit seinem direkten Vorgesetzten, Abteilungsleiter Michael Sell. Sell empfiehlt seinem Mitarbeiter, die Hamburger nach Berlin einzubestellen und ihnen ins Gewissen zu reden.

Neben Kollegen aus den Fachreferaten des BMF holt sich Möhlenbrock auch noch externe Unterstützung. Zu dem Treffen mit Vertretern der Hamburger Finanzbehörde bittet er einen mit dem Fall Warburg vertrauten Steuerfahnder aus Düsseldorf hinzu sowie die Kölner Staatsanwältin Anne Brorhilker, die die Ermittlungen gegen die Privatbank angestoßen hat. Möhlenbrock möchte nicht nur mit steuerrechtlichen Argumenten aufwarten, sondern auch anhand strafrechtlicher Konsequenzen deutlich machen, dass Warburg zweifelsfrei mit Cum-Ex-Geschäften die 43 Millionen Euro zu Unrecht aus der Staatskasse geholt hat.

Die Vertreter der Hamburger Finanzbehörde haben sich ebenfalls Unterstützung geholt und bringen zu dem Treffen am 16. November 2016 die Finanzbeamtin P. mit ins Bundesfinanzministerium. Zur Überraschung vieler Sitzungsteilnehmer führen nicht die beiden Vertreter der Finanzbehörde das Wort, sondern Frau P. vom nachgeordneten Finanzamt.

Staatsanwältin Brorhilker und der Fahnder aus Nordrhein-Westfalen halten den Hamburgern entgegen, die Beweislast gegen Warburg sei erdrückend. So berichten es später mehrere Teilnehmer der Sitzung. Seit fast zwei Jahren wird inzwischen gegen die Bank ermittelt, die Akte umfasst mehrere Tausend Seiten. Für den aus Nordrhein-Westfalen angereisten Teil der Runde scheint klar zu sein: Natürlich hat Warburg sich Steuern erstatten lassen, die vorher niemals gezahlt worden sind. Die Finanzbeamten des Bundes sehen das genauso, deshalb haben sie das Treffen ja auch anberaumt. Das BMF will verhindern, dass die Hamburger Finanzverwaltung wie im Jahr zuvor schon einmal eine Millionen-Rückforderung verjähren lässt – immerhin geht es um Steuererstattungen, die Warburg durch Cum-Ex-Geschäfte erlangt hatte, wie die beiden Vertreter aus NRW aus strafrechtlicher Sicht deutlich machen. Deshalb ermitteln sie gegen die Mitinhaber des Geldinstitutes sowie gegen weitere Mitarbeiter der Bank wegen schwerer Steuerhinterziehung.

Doch die Hamburger wehren sich. Besonders vehement tritt Frau P. auf. Bei Teilnehmern des Gesprächs erweckt sie den Eindruck, dass sie die Steuermillionen auf keinen Fall zurückfordern will. Die Hamburger bewerten den Fall juristisch anders und sorgen sich vor allem, dass die Bank wegen der Steuerrückzahlung in Notlage geraten könnte.

Die Stimmung ist gereizt. Schließlich kommt es zur Eskalation. Möhlenbrock, ansonsten ein ruhiger Sauerländer, wird deutlich. Er stellt noch einmal unmissverständlich klar: Der Steuerbescheid muss aufgehoben, das ausgezahlte Geld zurückgefordert werden. Frau P. fragt dann, so berichten es Teilnehmer der Runde, was das denn heiße. Daraufhin antwortet Möhlenbrock: »Das ist eine Weisung!« Das Bundesfinanzministerium greift damit direkt in ein konkretes Steuerverfahren ein. Das ist ein höchst außergewöhnlicher Vorgang.

Zwei Wochen später hat in Hamburg noch niemand gehandelt. Das Bundesfinanzministerium in Berlin richtet seine Weisung deshalb am 4. Dezember 2017 noch einmal schriftlich an das offenbar unwillige Finanzamt. Das immerhin hilft. Der zuständige Abteilungsleiter in der Finanzbehörde informiert seine Chefin – sowie Frau P.: »Liebe Kolleginnen, der Bund hat seine Weisung bestätigt«, schreibt er. »Wir haben nun keine andere Wahl und müssen umsetzen.«

Die Warburg-Bank ist über die Weisung des BMF umgehend informiert, wie so oft von Frau P. Gleich nach Erhalt der E-Mail aus der Finanzbehörde meldet sie sich beim Prokuristen von Warburg, inoffziell. Frau P. lässt ihren Ansprechpartner bei der Bank wissen, die Weisung habe das BMF gegen den Willen Hamburgs erlassen. Das Ergebnis: Warburg müsse 43 Millionen zurückzahlen.

Am 13. Dezember übergibt Frau P. – nun offiziell – den neuen Steuerbescheid persönlich einem Warburg-Verantwortlichen. Seine Bank muss nun tatsächlich 43 Millionen Euro an den Staat zurücküberweisen. Die Zinsen eingerechnet sind es 56 Millionen.

Einen Tag später soll Frau P. noch einmal mit einem Verantwortlichen von Warburg gesprochen haben. Die Argumentation für den geänderten Bescheid sei nicht haltbar. Die Finanzverwaltung Hamburgs sei der Meinung, die Bank habe sich nichts vorzuwerfen. Die Klagechancen für die Bank seien gut. Später wird man Frau P. als Zeugin vor dem Landgericht in Bonn und im Untersuchungsausschuss der Hamburger Bürgerschaft diese Äußerungen vorhalten. Ebenso soll sie gegenüber Warburg die Weisung des BMF kommentiert haben mit: sie würde sich dafür »schämen«, dies sei »kein Rechtsstaat«. Sie habe noch nie so eine aggressive Stimmung gegenüber einem Unternehmen gespürt wie in Berlin beim BMF. Die Finanzbeamtin dementiert vor Gericht und im Ausschuss, sich jemals so geäußert zu haben. Ihr Ansprechpartner bei Warburg, gegen den ebenfalls im Cum-Ex-Komplex ermittelt wird, verweigert dazu bislang die Aussage.

Frau P. hält weiter engen Kontakt mit den Vertretern der Warburg-Bank, die allesamt in Köln von Staatsanwältin Brorhilker als Beschuldigte geführt werden. Die Banker halten ihrerseits auch Frau P. über ihre weiteren Schritte auf dem Laufenden.

Olearius schreibt am 6. Februar 2018 einen persönlichen Brief an Michael Sell, den Leiter der Steuerabteilung im Bundesfinanzministerium. Es sei »nach mehr als zweijährigen Ermittlungen nicht erkennbar«, so Olearius, »dass die Staatsanwaltschaft auch nur ansatzweise Belege beigebracht hat, die strafbare Handlungen oder gar eine Steuerhinterziehung in Zusammenhang mit Cum-Ex-Geschäften durch Vertreter unseres Hauses begründen«. Er bezeichnet die erfolgte »Weisung für schlichtweg rechtswidrig« und fordert Sell ultimativ auf, »bis spätestens zum 28.02.2018« mitzuteilen«, ob »diese Weisung aufrecht erhalten bleibt«. Andernfalls, droht Olearius dem obersten Steuerbeamten der Republik, werde er sich »in dieser Angelegenheit auch unmittelbar an den Bundesminister für Finanzen zu wenden«.

Das Amt des Bundesfinanzministers ist zu diesem Zeitpunkt verwaist. Wolfgang Schäuble (CDU) agiert bereits als Bundestagspräsident. Der Hamburger SPD-Bürgermeister Olaf Scholz wird jedoch als designierter Finanzminister gehandelt – und am 14. März 2018 für dieses Amt vereidigt. Im Sommer versetzt Scholz den Leiter der Steuerabteilung im BMF Sell in den »vorläufigen Ruhestand«.

17

London, 11. November 2019

Es wird Zeit. In 20 Minuten müssen Christian Salewski und ich auf einer Konferenz vor ein paar Hundert Anwälten, Detektiven und Journalisten aus aller Welt über unsere Cum-Ex-Recherchen sprechen. Wir sind dafür nach London geflogen. Unser Vortrag ist angekündigt mit dem Titel »Europe's Incredible € 55B ›CumEx‹ Tax Fraud Scheme«, Europas unglaubliches 55-Milliarden-Cum-Ex-Steuerbetrugssystem. Ich will gerade mein Zimmer im Hotel »Leonardo Royal« verlassen, als das Telefon klingelt.

Veranstalter der Konferenz ist *Offshore Alert,* das führende Online-Portal über die Schattenseiten der Finanzbranche. Gegründet hat das Portal der investigative Journalist David Marchant. Seitdem sieht er sich immer wieder Millionenklagen und Morddrohungen ausgesetzt. Die Fachkonferenz ist ein Stelldichein spezieller Branchen. Internationale Steuerkanzleien schicken Fachanwälte, um ihre großen Fälle zu präsentieren. Frühere hochrangige Geheimdienstmitarbeiter und Kriminalbeamte, die sich zu »Beraterfirmen« zusammengetan haben, zeigen die neusten Tools und Tricks, mit denen sie verschwundene Gelder von Opfern von Finanzbetrügern ausfindig machen. Zwischen all den Profis auf der Rednerliste kommt man sich als investigativer Journalist etwas verloren vor.

Ich will das Klingeln eigentlich ignorieren. Aber der Name, der auf dem Display meines Handys aufleuchtet, zwingt mich ranzugehen. Es ist Benjamin Frey, Cum-Ex-Insider und Kronzeuge der Kölner Staatsanwaltschaft.

»Haben Sie kurz Zeit?« Bevor ich antworten kann, spricht Frey weiter: »Ich habe gestern von zwei voneinander völlig unabhängigen Quellen etwas erfahren, dass ich Ihnen zurufen will: Bei Olaf Scholz gibt es einen Berührungspunkt zu einem Cum-Ex-Skandal.«

Ich bin dem SPD-Spitzenpolitiker bislang nie persönlich begegnet. Trotzdem glaubte ich, ihn halbwegs zu kennen. Schließlich steht er schon lange weit vorn auf der politischen Bühne, mal als Generalsekretär oder Bundesminister in Berlin, mal als Senator oder Erster Bürgermeister in Hamburg. »Scholzomat« nannte man ihn in seiner Zeit als SPD-Generalsekretär, man hatte da einen kühlen Apparatschik vor Augen. Auf mich wirkte Scholz immer etwas undurchsichtig, wie einer, der sich nicht so leicht in die Karten schauen lässt. Auf alle Fälle ist er eines der letzten politischen Schwergewichte der Sozialdemokratie. Intelligent, pragmatisch, politisch nicht allzu links, ein Machtpolitiker. Da es für mich ausgeschlossen scheint, dass Scholz selbst in Cum-Ex-Geschäfte verwickelt ist, frage ich mich, was für ein »Berührungspunkt« das sein soll.

»Ich bin gerade auf dem Weg zu einem Vortrag. Kann ich Sie in zwei Stunden zurückrufen?«

Als ich in den Konferenzsaal komme, wartet Christian bereits vor der Bühne. Es füllt sich. Kaum habe ich Christian von dem Anruf erzählt, geht es los.

Nach unserem Vortrag fehlt uns beiden die Muße für Austausch und Networking. Innerlich unruhig stellen wir uns den Fragen aus dem Publikum. Zwei Kanadier melden sich, sie klagen in der Schweiz gegen die dortige Niederlassung der Warburg-Bank. Zusammen mit anderen Anlegern seien sie bei einem Investment über den Tisch gezogen worden, behaupten sie. Warburg? Normalerweise würden wir uns alle Zeit der Welt nehmen, um mehr darüber zu erfahren. Jetzt tauschen wir nur Visitenkarten aus und wimmeln die Kanadier dann freundlich ab.

Zurück auf dem Zimmer, rufe ich Frey an. Er nimmt nicht ab, antwortet nur per SMS: »Bin in einem Meeting. Melde mich!« Wir sitzen da, warten und stellen uns Fragen. Was hat Scholz mit Cum-Ex zu tun? Und wenn es so wäre – wie ließe sich das belegen?

Nach einer Stunde meldet sich Frey – und kommt sofort zur Sache. Aus dem Gespräch mit ihm geht zumindest im Ansatz hervor, aus welchen Hamburger Kreisen er erfahren hat, dass Scholz in einen Cum-Ex-Skandal verwickelt ist. Die Ex-Frau eines einst sehr bekannten Hamburger Politikers habe bei einem Abendessen gegenüber einem Freund von ihm, der wiederum Partner bei einer großen Wirtschaftsprüfungsgesellschaft sei, Andeutungen gemacht – nach dem Motto: »Scholz hängt doch auch mit drin.«

Man bekommt als Journalist nicht immer gleich den finalen Beweis präsentiert, natürlich nicht. Aber das ist nun doch ziemlich vage. Mein Eindruck bleibt bestehen, dass einer wie Scholz für alles Mögliche gut sein mag, aber nicht für eine Investition in Cum-Ex-Deals zulasten deutscher Steuerzahler.

»Alleine deswegen hätte ich jetzt nicht angerufen«, sagt dann allerdings Frey, als könne er meine Gedanken lesen. Er sei hellhörig geworden, als ihm auch jemand aus dem Umfeld der Warburg-Bank davon erzählt habe. Und er habe natürlich nachgebohrt. In irgendwelchen Ermittlungsakten müsse es Hinweise zu Scholz geben.

Ich schaue zu Christian, der mithört. Er schüttelt den Kopf. Und niemand kennt die Unterlagen besser als er. Trotzdem fährt Christian seinen Rechner hoch. Per Suchfunktion lässt er »Olaf Scholz« durch die Files rattern. Fehlanzeige. »Scholz« ohne den Vornamen liefert einen Treffer: eine Frau aus der Schweiz, die in einen Cum-Ex-Fonds investierte. Weder verwandt noch verschwägert mit dem Bundesfinanzminister, wie eine Recherche später ergeben wird.

Ich bedanke mich bei Frey und weiß, dass jetzt beginnt, was Christian immer »Hirnen« nennt. In der Rooftop-Bar des »Leonardo Royal« verbringen wir noch Stunden und zermartern uns den Kopf, was mit dem Hinweis anzufangen ist, wie wir weiterkommen könnten, welche Rechercheschritte sinnvoll wären. Es könnte einen Zusammenhang mit einem Thema geben, zu dem Christian eine gute Woche zuvor dem *Panorama*-Redaktionsleiter Volker Steinhoff einen Beitrag vorgeschlagen und auf einer Seite beschrieben hat. Arbeitstitel: »Das Geschenk der Genossen«.

Christian war schon ein Jahr zuvor aufgefallen, dass die Hamburger Finanzbeamtin P. erst Geld von Warburg zurückfordern wollte, die Bank dann aber doch nicht zahlen musste. Ich hatte damals den Bericht der Wirtschaftsprüfer von Deloitte besorgt, Christian arbeitete ihn durch und führte die Erkenntnisse in einer Timeline zusammen. Intern sprachen wir dann immer vom »47-Millionen-Geschenk« des Hamburger Finanzamts an die Bank. Es war Scholz' Zeit als Hamburger Bürgermeister. Christian hatte auch Kontakt zu einer Quelle im Finanzamt aufgenommen und den Fall mit ihr durchgesprochen. Die Quelle meinte allerdings, dass die rechtliche Situation damals eben schwierig gewesen sei und Warburg deshalb die durch Cum-Ex-Geschäfte erstatteten Steuern nicht habe zurückzahlen müssen.

In der Hotelbar überlegen wir gemeinsam, wo man Hinweise auf eine Verbindung von Scholz zur Warburg-Bank finden könnte. Irgendwann kommen wir auf den Punkt: die Tagebücher! Der Bankier Olearius könnte doch etwas zu Scholz notiert haben. In seinen Tagebüchern. »Das ist dann dein Job!«, sagt Christian. Wenn wir zusammengearbeitet haben, habe ich mich meistens um die Quellen gekümmert und Unterlagen besorgt. Christian hat sie ausgewertet, geduldig, akribisch, wochenlang. Er hat die Fakten extrahiert, Hinweise verknüpft und ist so oft auf Geschichten gestoßen, die für Polizisten und Staatsanwälte mitunter gar nicht relevant waren, für uns Journalisten aber durchaus.

In Ermittlungsakten ist Christian auf einen Hinweis gestoßen, dass der Warburg-Mitinhaber Christian Olearius Tagebücher führte und die Ermittler diese im März 2018 bei der Razzia in seiner Privatvilla beschlagnahmten. Seitdem schlummern die Kladden oder Kopien davon wahrscheinlich in irgendeiner Asservatenkammer der Ermittlungsbehörden in Nordrhein-Westfalen. Soweit wir wissen, findet sich in den entsprechenden Cum-Ex-Akten kein Hinweis auf den Inhalt der Tagebücher. Es wird nicht einmal klar, ob die Ermittler die Aufzeichnungen überhaupt ausgewertet haben.

Die Tagebücher sind immer wieder ein Thema bei uns. Was für einen Strauß an Geschichten könnten allein schon die Bücher ergeben! Man muss sich das ja mal vorstellen: Der bekannte Warburg-Bankier Christian Olearius, Gönner, Geschäftemacher und dabei weit verzweigt in der höheren Hamburger Gesellschaft, schreibt regelmäßig nieder, was er so treibt und mit wem er es zu tun hat. Vielleicht hält er gar fest, was er von seinen Zeitgenossen hält. Es hat sicher schon schlechtere Filmstoffe gegeben.

Seit ich von den Tagebüchern weiß, habe ich deren Existenz bei offiziellen Hintergrundgesprächen mit Behördenvertretern und auch bei inoffiziellen Treffen mit Quellen immer mal wieder thematisiert. Manche Gesprächspartner waren dann verwundert, dass es Tagebücher gibt – und dass ich davon wusste. Andere lächelten wissend. Aber Details berichtete mir niemand. Mit der Zeit bekam ich jedoch ein Gefühl, wer in welcher Behörde Zugriff auf die Tagebücher hat. Und das waren nicht wenige. Eine ganze Reihe von Ermittlern der Staatsanwaltschaft wie auch des Landeskriminalamts NRW haben sich die Kladden angeschaut, allein schon aus Neugier.

Jetzt, nach dem Anruf von Benjamin Frey, hoffe und glaube ich, in den Tagebüchern auch Hintergründe zum »47-Millionen-Geschenk« zu finden. Irgendwie müssen wir an die Kladden kommen, zumindest an die Jahrgänge 2016 und 2017. Damals ging es um die gewaltige Summe, die Hamburg sich zurückholen wollte und dann doch nicht einforderte.

Bonn, 4. Dezember 2019

Aus dem Rheinland dringen Nachrichten nach Hamburg, die der Warburg-Bank nicht gefallen können. Am Landgericht Bonn ist der Kompagnon von Paul Mora angeklagt, das Mathe-Genie Martin Shields. Außerdem ist ein früherer Kollege von ihm betroffen. Beide sollen als Aktienhändler mit Cum-Ex-Geschäften einen Schaden von 447 Millionen Euro verursacht haben. Neben Shields und seinem Kollegen sind fünf Finanzinstitute in das Verfahren eingebunden, die im damaligen Zeitraum an den Cum-Ex-Geschäften kräftig mitverdienten, allen voran die Bank M.M. Warburg & CO. Dass diese nun kräftig zur Kasse gebeten werden dürften, lässt der Bonner Richter Roland Zickler während der Verhandlung durchblicken – und warnt die Anwälte der Banken davor, darauf zu pokern, dass ihre Schulden verjähren könnten.

Richter Zickler drückt sich in einem Zwischenfazit glasklar aus. »Cum-Ex-Geschäfte in der hier angeklagten Konstellation sind strafbar«, sagt er Anfang Dezember 2019. Obwohl das Verfahren noch läuft, sieht der Richter die Voraussetzungen erfüllt, die Geschäfte als besonders schwere Steuerhinterziehung einzustufen, gerade so, wie es die Staatsanwältin Anne Brorhilker in ihrer Anklage formuliert hatte. »Wir haben gelernt, dass ein wirtschaftlicher Sinn für solche Geschäfte nicht erkennbar ist«, sagt Zickler. Die Deals hätten »lediglich dem Zweck der mehrfachen Erstattung von Steuern« gedient.

Im Bonner Landgericht wird in doppelter Hinsicht Geschichte geschrieben. Zum einen läuft hier der erste Cum-Ex-Strafprozess in Deutschland. Zum anderen wird erstmals in einem großen Wirtschaftsstrafverfahren der sogenannte Abschöpfungsparagraf angewendet, der erst im April 2017 ins Strafgesetzbuch aufgenommen wurde und seit 1. Juli in Kraft war. Das ist nicht weniger als ein Meilenstein in der strafrechtlichen Verfolgung von Wirtschafts- und Steuerverbrechen. Im Gegensatz zu den USA besteht in Deutschland noch immer kein Unternehmensstrafrecht. Banken wie Warburg können deshalb nicht wegen ihrer Cum-Ex-Geschäfte verurteilt und zur Rückzahlung ihrer Beute verurteilt werden. In Deutschland muss die individuelle Schuld von Bankern nachgewiesen werden. Der Abschöpfungsparagraf ist wohl ein Schritt in die richtige Richtung, aber ein dringend erforderliches Unternehmensstrafrecht ersetzt er nicht. Jedoch ist es mit dem Abschöpfungsparagrafen jetzt zumindest möglich, an Gelder heranzukommen, die etwa Banken aus einem Verbrechen kassiert haben, ohne dass sie vielleicht an der Tat direkt beteiligt waren. Bislang wurde dieser Paragraf nur bei Clan-Kriminalität angewendet. Der Bonner Richter scheint wild entschlossen zu sein, dieses Gesetz bei den angeklagten Cum-Ex-Geschäften einzusetzen.

Für Warburg geht es dabei um 176 Millionen Euro. In dem Betrag sind auch die 47 Millionen enthalten, die uns bei *Panorama* beschäftigen. Steuerrechtlich war das Geld Ende 2016 verjährt, der große Batzen Steuergeld also verloren. Durch den 2017 geschaffenen Paragrafen ist es nun möglich, strafrechtlich doch noch an das Geld zu kommen. Richter Zickler würde in diesem Fall die bizarre Entscheidung der Hamburger Finanzverwaltung rückgängig machen.

Berlin, 9. Dezember 2019

Das Signal aus dem Landgericht Bonn vernimmt man offenbar auch in der Hauptstadt. Im Bundesministerium der Finanzen hat sich der Hausherr nach unserer Kenntnis bislang noch nie öffentlich zu Cum-Ex geäußert. Jetzt aber. Auf einer Veranstaltung nennt Scholz die Deals »eine Riesenschweinerei«. »Aufwändige Modelle zu konstruieren, um sich Steuern ›rück‹-erstatten zu lassen, die man nie gezahlt hat: Mir ist völlig schleierhaft, wie man das für legal oder gar legitim halten kann. Das war nicht nur frech und dreist, das war verachtenswert.«

Christian ist zu der Veranstaltung gefahren und versucht nun, Scholz für ein kurzes Interview vor die Kamera zu bekommen. Er will ihn auf den Warburg-Fall ansprechen. Ein Sprecher des Ministers drängt Christian ab.

Hamburg, Mitte Januar 2020

Christian ruft an. Er sitzt im Sender, zusammen mit Oliver Hollenstein von der *Zeit*. Oliver kennt sich im Gegensatz zu Christian und mir in der Hamburger Politik bestens aus. Er schreibt für den Hamburg-Teil der Wochenzeitung. Wir haben ihn über unsere Recherchen zu Olaf Scholz eingeweiht. Er ist ein Kollege, dem man vertrauen kann. Zusammen haben Oliver und ich uns mehr als ein Jahr lang mit Korruption in der Onkologieszene beschäftigt. Oliver hat sich dabei als virtuoser Rechercheur in Handelsregistern und Wirtschaftsdatenbanken erwiesen.

»Sitzt du vor deinem Computer?«, fragt Christian. »Mit Zugriff auf die neuen Akten?«

Die Akte 113 Js 522/16 zum Fall »Olearius, Dr. Christian Gottfried, 04.05.1942, Steuerhinterziehung« ist auf einer externen Festplatte gespeichert, und ihr Bestand ist gerade gewachsen. Was ich vor ein paar Tagen an neuem Material anschleppen konnte, wollten sich Christian und Oliver Hollenstein zusammen ansehen.

»Teile der Tagebücher sind in den neuen Ermittlungsakten!«, sagt Christian.

Das ist allerdings eine Nachricht. Ich schließe die externe Festplatte an, tippe die Passwörter-Kaskade ein, um sie zu entschlüsseln. Derweil redet Christian in einem fort. »Geh auf den Ordner ›Sonderband‹«, höre ich und dann die entsprechende Nummer.

Ich öffne die Datei und – tatsächlich. Die krakelige Schrift von Olearius lässt sich nur schwer entziffern. Uns steht keine Software zur Schrifterkennung zur Verfügung. Deshalb kann ich den Sonderband nicht mit Suchfunktion bearbeiten. Es bleibt mir nichts anderes übrig, als das Dokument Seite für Seite durchzuklicken. Offensichtlich sind nur Bruchteile der Tagebücher in der Ermittlungsakte der Staatsanwaltschaft gelandet. Es ist auch nicht ersichtlich, ob oder nach welchem Themenschwerpunkt die Tagebucheinträge ausgewertet und Teile davon in die Akte gelegt wurde. Der Auswerter der Tagebücher hat offensichtlich hauptsächlich auf Nennungen wie »Cum-Ex« oder »Hanno Berger« geachtet und die Seiten, wo der Begriff oder der Name vorkommt, in den Sonderband aufgenommen. Es sind wohl noch weitere, vereinzelte Tagebucheinträge in die Ermittlungsakte gewandert. Aber die Auswahl scheint mir ohne System und sehr willkürlich erfolgt zu sein. Aber es ist oft so, dass Ermittler mit ganz anderen Augen auf Asservate schauen als wir Journalisten.

Allerdings finden sich immer wieder Einträge mit dem Namen »Kahrs«. Aus dem Zusammenhang ergibt sich recht schnell: Es handelt sich um den SPD-Politiker Johannes Kahrs, Mitglied des Bundestages und Vorsitzender des SPD-Bezirks Hamburg-Mitte. Kahrs ist ein einflussreicher Strippenzieher, dessen politisches Beziehungsgeflecht die *Zeit* in dem Artikel »House of Kahrs« zumindest ansatzweise entwirren konnte. Den Tagebucheinträgen nach zu urteilen hat sich Kahrs öfters mit Olearius getroffen und sich für ihn und die Bank in Berlin verwendet.

Unter dem Datum »27. November 2017« findet sich ein Tagebucheintrag, wie wir ihn gehofft haben zu finden:

»Ich bin mit Bürgermeister Scholz verabredet. Pünktlich treffen wir um 17:00 Uhr in seinem Bürgermeister-Amtszimmer zusammen. Jetzt mit hellem Blauteppich ausgelegt. Kein Schreibtisch. Erst Plaudern. Ich erzähle von Neue Heimat, Hamb. Stadtwerke, Gellert. Dann berichte ich vom Sachstand bei Finanzbehörde, Staatsanwaltschaft. Ich meine, sein zurückhaltendes Verhalten so auslegen zu können, dass wir uns keine

Sorgen zu machen brauchen. Die Deutsche Bank werde wohl geschont. Meine Interpretation – cui bono – auf uns abzulenken, sei wahrscheinlich. Das *Spiegel*-Gespräch sollte ich führen, mich aber maßvoll äußern.«

Wir sind elektrisiert. Scholz traf sich mit Olearius, als längst öffentlich bekannt war, dass die Staatsanwaltschaft das Geldinstitut an der Hamburger Außenalster durchsucht hat und gegen Olearius und weitere Bank-Manager wegen schwerer Steuerhinterziehung ermittelt. Den Beschuldigten drohen bis zu zehn Jahre Gefängnis. Und der damalige Bürgermeister unterhielt sich laut Tagebucheintrag mit Olearius nicht etwa über die Elbphilharmonie, für deren Bau sich der Bankier mächtig ins Zeug gelegt hatte. Sondern Olearius berichtete Scholz über den »Sachstand bei Finanzbehörde, Staatsanwaltschaft«, also das Steuerverfahren gegen die Bank und über die Strafermittlung gegen sich und seine Mitarbeiter. Und mutmaßlich muss Scholz beruhigende Worte dazu gefunden haben, wenn der Bankmitinhaber seinem Tagebuch anvertraut, er interpretiere Scholz' »zurückhaltendes Verhalten« so, »dass wir uns keine Sorgen zu machen brauchen«. Wie passt das zusammen mit Scholz' Äußerung neulich in Berlin, Cum-Ex sei »eine Riesenschweinerei«?

Einen Tagebucheintrag über Treffen von Scholz und Olearius im Jahr 2016 entdecken wir in dem Sonderband der Ermittlungsakten jedoch nicht. Wir haben also keinen Hinweis darauf, dass Scholz bei dem »47-Millionen-Geschenk« seine Finger im Spiel hatte. Allerdings finden wir schnell heraus, dass das Treffen von Scholz und Olearius Ende 2017 in einem brisanten zeitlichen Zusammenhang stattfand. Auch in diesem Jahr wollte die Finanzverwaltung Ansprüche an die Warburg-Bank verjähren lassen. Es ging um 43 Millionen Euro. Aber diesmal bekam das Bundesfinanzministerium noch rechtzeitig Wind davon und zwang die Hamburger Kollegen per Weisung, den Steuerbescheidung zu ändern und somit die Verjährung der Ansprüche zu stoppen. Ein äußerst ungewöhnlicher Vorgang. In den vergangenen zehn Jahren hat das Finanzministerium neben Hamburg nur noch ein einziges Mal eine Länderbehörde zu so etwas angewiesen.

Pikanterweise kommt noch hinzu, dass Scholz nun ausgerechnet Chef jenes Bundesministeriums ist, das Hamburg und somit letztlich auch ihn als damals politisch verantwortlicher Bürgermeister anweisen musste, der Warburg-Bank nicht erneut Ansprüche auf Steuergelder in Höhe von immerhin 43 Millionen Euro zu »schenken«.

Wir haben eine Story! Die nächste *Panorama*-Sendung läuft am 13. Februar 2020, wenige Tage vor der Wahl in Hamburg. Spitzenkandidat der SPD ist Peter Tschentscher. Seine Funktion, als die Stadt das Steuergeschenk machte: Finanzsenator. Wir müssen nun mit unseren Redaktionen entscheiden, ob wir berichten.

Die Diskussionen mit unseren Kollegen verlaufen kontrovers und mitunter heftig, vor allem des Termins wegen. Unsere Recherche kann wie der Versuch wirken, die Wahl zu beeinflussen, wenn die Ergebnisse zehn Tage vor der Abstimmung veröffentlicht werden. Doch das Argument lässt sich auch umdrehen: Es beeinflusst den Ausgang der Hamburg-Wahl ebenso, wenn wir eine Recherche, die wir fertig haben, bewusst zurückhalten. Ich selbst sehe das exakt so. Der Zeitpunkt mag nicht schön sein für die SPD. Aber er ist für uns der nächstmögliche und damit auch der richtige Termin.

Hamburg, 3. Februar 2020

Wir sind durchgestartet, haben weiter recherchiert und gedreht. Nun gehen die ersten drei Anfragen zu Stellungnahmen raus, »Konfrontationen« genannt. Es sind Fragen zum Sachverhalt an Olaf Scholz, Peter Tschentscher und Johannes Kahrs. Damit haben wir unser Visier geöffnet. Aus den Fragen, die wir den SPD-Politikern mailen, geht hervor, was wir recherchiert haben und worauf wir uns unter anderem stützen.

Scholz antwortet nicht. Christian versucht, ihn vor der Kamera zu stellen, wird aber vom Sprecher erneut abgedrängt. Kahrs leugnet, Lobbyarbeit für Olearius und die Warburg-Bank betrieben zu haben. Bei einer Veranstaltung in seinem Hamburger Wahlbezirk spreche ich ihn vor der Kamera darauf an, frage ihn, ob er bei seiner Darstellung bleibt. Er lässt mich stehen.

Hamburg, 13. Februar 2020

Abends läuft unser *Panorama*-Beitrag im Ersten, morgens früh schon berichten *Zeit Online* und *tagesschau.de*. Christian und ich haben mit dem Radiokollegen Benedikt Strunz, der mitrecherchiert hat, einen Vorabtext erstellt. Darin fassen wir unsere Erkenntnisse zusammen und kommen dann auf die politischen Kontakte zu sprechen:

> *Trotz der laufenden Ermittlungen gegen die Bank trafen sich nach Informationen von NDR und Die Zeit 2017 mehrere SPD-Spitzenpolitiker mit Christian Olearius, dem Inhaber und ehemaligen Chef der Warburg Bank. Bei den Treffen wurde offenbar über die steuerlichen und strafrechtlichen Probleme gesprochen, die der Bank aus ihren Cum-Ex-Geschäften erwachsen waren. (...) Bislang hat Scholz Treffen mit Vertretern der Warburg Bank im Zusammenhang mit Cum-Ex-Geschäften stets abstreiten lassen. Auf eine entsprechende Anfrage der Linken in der Hamburger Bürgerschaft antwortete die Hamburger Senatskanzlei Ende 2019: »Nein«, weder Scholz noch andere Senatsmitglieder hätten hierzu Gespräche mit Warburg-Bankern geführt.*
>
> *Scholz selbst wollte sich trotz mehrerer Anfragen und Interviewangebote uns gegenüber nicht zu dem Vorgang äußern. Olearius ließ über seine Bank erklären: »Zum normalen und wünschenswerten Dialog zwischen Politik und Wirtschaft gehört der persönliche Austausch, weshalb wir uns seit jeher zu verschiedensten Themen mit Politikern treffen. Dabei halten wir unsere Leitlinien und gesetzliche Regelungen ein.« (...)*

Hamburg, 15. Februar 2020

Nachdem die SPD-Fraktion in der Hamburger Bürgerschaft mit einer Pressemeldung reagiert hat, in der sie behauptet, dass ja alles schon seit 2018 bekannt sein, schickt die Warburg-Bank den bekannten Hamburger Strafverteidiger Otmar Kury in die Manege. Kury verbreitet im Namen der Warburg-Inhaber Christian Olearius und Max M. Warburg eine sechsseitige Erklärung, die mit einem Angriff auf uns beginnt.

»Diese gehaltlosen Unterstellungen verdienen keinerlei Respekt«, befindet Kury, da unsere Recherchen angeblich von »Unkenntnis über die Verfahren, die Gesetzes- und die Rechtslage« getragen seien. Sie nährten den »Verdacht, dass mit solchen ›Reportagen‹ die Bürgerschaftswahlen in der Hansestadt in manipulierender, unzulässiger Weise beeinflusst werden sollen«.

Dass Anwalt Kury polemisch wird und unsere Darstellung als »ungehörig und verkommen« bezeichnet, zeugt davon, wie sehr sich die Banker offenbar getroffen fühlen.

Hamburg, 18. Februar 2020

In fünf Tagen sind Wahlen zur Hamburger Bürgerschaft. Und die Gegenwehr läuft weiter. Die Warburg-Bank macht den Tagebucheintrag ihres Mitinhabers öffentlich, um zu zeigen, dass keine direkten Absprachen belegt sind, sondern nur Hoffnung weckende Gespräche. Von SPD-Seite bezichtigt uns Hamburgs Finanzsenator Andreas Dressel auf Twitter indirekt der Lüge. Mit Blick auf die *Zeit* schreibt er zum Thema: »Man soll nicht alles glauben, was in der Zeitung steht.« Dressel lädt auch ausgewählte Journalisten zum Hintergrundgespräch in seine Behörde ein. Die SPD kämpft. Sie will das Ruder unbedingt herumreißen. Das scheint ihr in den Medien punktuell auch zu gelingen. Die *Bild* berichtet ganz nach SPD-Geschmack, druckt den Tagebuchauszug komplett ab und fragt: »Das soll der Skandal sein?« Das *Hamburger Abendblatt* geht mit seiner Überschrift noch weiter. »Das steht wirklich im Tagebuch des Warburg-Chefs«, schreibt die Zeitung und klingt, als sei falsch gewesen, was bisher berichtet wurde.

In dem ganzen Eifer gibt auch noch Ernst Stoll, Leiter der Hamburger Steuerverwaltung in der Finanzbehörde, öffentlich eine Art Ehrerklärung für Scholz und Tschentscher ab. Überschrieben mit »Erklärung der Hamburger Steuerverwaltung« wird das Papier an Medien gegeben. Darin heißt es: »Es hat in Hamburg weder bezüglich Cum-Ex-Gestaltungen noch sonst Versuche gegeben, politisch auf Entscheidungen der Steuerverwaltung Einfluss zu nehmen.« Dass der Beamte Stoll in der fraglichen

Zeit noch gar nicht Leiter der Steuerverwaltung gewesen ist, fällt offenbar nicht weiter auf. Er stand der IT-Abteilung vor, hatte mit Warburg und der nicht erfolgten Rückzahlung rein gar nichts zu tun.

Hamburg, 23. Februar 2020

Die SPD gewinnt die Wahl deutlich und hat die Option, gemeinsam mit den Grünen zu regieren. Peter Tschentscher lässt es sich nicht nehmen, unsere Berichterstattung persönlich zu bewerten. »Der NDR hat kräftig mitgemischt im Wahlkampf in den vergangenen zwei Wochen«, lässt er sich tags drauf im *Hamburger Abendblatt* zitieren. Das kann uns eigentlich egal sein, nur: Unsere Recherche wird plötzlich Thema für den Rundfunkrat.

Hamburg, 25. Februar 2020

Der Rundfunkrat tagt im NDR im Hamburger Stadtteil Lokstedt. 60 Mitglieder gehören ihm an, Vertreter aus Kultur, Wirtschaft und Politik, von Kirchen, Migranten und manch anderer Organisation. In der Tagesordnung hat es unser Warburg-Beitrag auf den Punkt zwölf geschafft.

Im Flur vor dem Saal, wo die Damen und Herren tagen, hängt ein Portrait von Hugh Greene. Der Brite führte den damals noch NWDR, den Nordwestdeutschen Rundfunk, als Kontrolloffizier der britischen Besatzungsmacht von 1946 bis 1948. Er formte den Sender nach dem Vorbild der BBC zu einem unabhängigen, kritischen, staatsfernen Rundfunksender. In seiner Rede zum Amtsantritt sagte Greene: »Dieser Sender darf niemals ein Parteisender werden oder ein Regierungssender oder das Sprachrohr kommerzieller Interessen.«

Vielleicht sollte ich Hugh Greene zitieren, wenn ich gleich reingerufen werde, um mich zur Sache einzulassen, denke ich an diesem Februarnachmittag, während ich warte. Und warte. Und warte. Bis ich höre, dass das Thema bereits abgehakt ist. Von mir wollte niemand etwas wissen. Schade fast, aber gut. Was wir veröffentlichen wollten, haben wir ja ohnehin veröffentlicht. Der Punkt wurde wohl nur kurz behandelt, ein ehemals hochrangiger Sozialdemokrat aus Niedersachsen soll uns kritisiert haben, wie uns im Nachhinein berichtet wird.

Die Stimmung im Aufsichtsgremium unseres Senders führt aber immerhin dazu, dass unser Chefredakteur Andreas Cichowicz entscheidet, öffentlich zwei Defizite zu benennen: »Wir hätten aus einem Tagebucheintrag von Herrn Olearius länger zitieren sollen, zumindest in indirekter Rede«, schreibt er auf der Online-Seite von *Panorama.* »So wie wir es getan haben, war es sachlich und juristisch zwar nicht falsch, aber angreifbar. Dadurch konnte der Eindruck entstehen, wir hätten möglicherweise Entlastendes in der Berichterstattung weggelassen.« Außerdem schreibt er, wir hätten deutlich machen sollen, dass es derzeit keinen Beweis dafür gebe, dass Spitzenpolitiker der SPD direkt politischen Einfluss auf die Steuerbehörde ausgeübt haben. In der Sache allerdings, das fügt Andreas ausdrücklich an, habe der NDR »nichts zurückzunehmen«.

Der NDR wird in der Folgezeit von weiteren Beschwerdebriefen der Olearius-Anwälte bedrängt, doch ein paar Monate später kommen weitere Details in Sachen Warburg-SPD-Cum-Ex ans Licht. Die Stimmung ändert sich wieder.

Ende Februar 2020

Die Bedingung ist klar: absolute Vertraulichkeit. Ich erhalte die Tagebücher des Christian Olearius auf einem Datenträger. Von den Umständen der Übergabe und der Quelle dürfen nicht einmal meine Kollegen oder Vorgesetzten erfahren. Auf dem Datenträger sind Scans sämtlicher Jahrgänge der Aufzeichnungen von Olearius abgespeichert, die einst bei der Hausdurchsuchung seiner Villa in Blankenese beschlagnahmt wurden. Auf der Rückfahrt von dem Ort, wo ich den Datenträger in Empfang genommen habe, werfe ich einen ersten Blick hinein. Die beschlagnahmten Jahrgänge wurden fein säuberlich, Seite für Seite, eingescannt, sogar die Einbände mit seinen Initialen.

Durch das Studium der Tagebucheinträge in der Ermittlungsakte habe ich mit der Zeit ein Gespür für die Eigenarten von Olearius' Handschrift bekommen, so dass ich sie jetzt halbwegs flüssig lesen kann. Was auffällt: Mit welcher Disziplin und zuweilen auch Präzision der Bankier seine Gedanken, Überlegungen und Urteile über Privates wie Berufliches niederschreibt. Selten nur fasst er mehrere Tage zusammen. Mancher Eintrag zeigt Überheblichkeit und den Standesdünkel seines Autors. Zuweilen sind die Aufzeichnungen unfreiwillig komisch, manchmal peinlich und intim. Für mich ist das Allermeiste komplett irrelevant.

Ich merke schnell, dass es bei aller berufsbedingten Neugierde kein Vergnügen werden wird, Christian Olearius durch die Monate und Jahre seines Lebens zu folgen. Hätte er mich darum gebeten, seine Werke zu lesen, wäre das womöglich anders. Doch die Kladden hat ein Mensch gefüllt, der jemanden wie mich ganz sicher nicht zu seiner potenziellen Leserschaft zählt. Es geht mich schlicht nichts an, wie der Bankier Familienmitglieder, Angestellte oder namhafte Bankvorstände beurteilt.

Andererseits, und daran habe ich nicht den kleinsten Zweifel: Es geht mich beziehungsweise die Öffentlichkeit sehr viel an, wenn sich eine Bank hemmungslos an uns allen bereichert und dabei womöglich noch von einem führenden Vertreter einer regierenden Partei geschützt worden sein könnte. Und genau so sieht es aus. Deshalb muss ich mich auch nicht schlecht fühlen, wenn seine Texte mal weit ins Persönliche gehen. Über solche Einträge lese ich zügig hinweg.

Zuerst mache ich mich an die Kladden aus den Jahren 2016 bis 2018, wovon nur ganz wenige Auszüge in der Ermittlungsakte waren. Aufschlussreich sind auch die Eintragungen über Aufsichtsbehörden. Wie kann sich die Warburg-Bank gegen Kontrollen der BaFin wehren? Darüber denkt Olearius intensiv nach. Er notiert seine Gedanken zu Sitzungen im Bankenverband und fragt sich, wen man einbinden könne beim Kauf oder Verkauf von Unternehmensanteilen. Solche Passagen des Tagebuches erscheinen mir nun tatsächlich explosiv, für die Hamburger High Society, für eine Reihe von Wirtschaftsführern, auch für Politiker.

Dennoch: Mich interessiert in erster Linie, wie es zu dem »47-Millionen-Geschenk« gekommen ist. Der Irrtum eines Finanzbeamten? Ist die Gabe an die Bank politisch verfügt oder zumindest angeregt worden? Hat vielleicht gar Korruption stattgefunden?

Der erste Name in den Kladden, der in Richtung Politik deutet, ist einer, den ich schon aus den Tagebucheinträgen aus der Ermittlungsakte kenne: Pawelczyk, Vorname Alfons, Ex-Soldat, Ex-Bundestagsabgeordneter, Ex-Innensenator und Ex-Vizebürgermeister Hamburgs, Sozialdemokrat. 2016 wurde er 83 Jahre alt. Nun aber wird seine Rolle viel deutlicher, als die wenigen Erwähnungen in den Teilen in der Ermittlungsakte ahnen ließen. Als Christian Olearius bangt, dass das Finanzamt die 47 Millionen Euro zurückfordert, holt er den Rat von Pawelczyk ein. Und Pawelczyk gibt Rat. Er empfiehlt Olearius, so hält dieser es fest, sich erstmal zu wehren. Es ist bizarr: Hier empfiehlt ein SPD-Politiker, der seine Stadt mitregiert hat, einem Bankier, der die Stadtkasse geschröpft hat, dass er sich gegen Rückzahlungen zur Wehr setzen soll. Die Loyalität des früheren Zweiten Bürgermeisters Pawelczyk scheint mir damit geklärt. Der Stadt Hamburg gilt sie nicht.

Der berüchtigte SPD-Filz soll es richten, so kann man die Einträge verstehen. Und so muss man sie verstehen, denke ich, als ich weiterlese. Olearius telefonierte mit Alfons Pawelczyk. Und der wendete sich an Bürgermeister Scholz. Bingo!

Ich rufe Christian an. Am nächsten Tag treffen wir uns im Sender. Auch Oliver Hollenstein von der *Zeit* kommt dazu. Ich berichte von meiner Lektüre. Demnach habe Olearius die Politik eingeschaltet. Allein drei Mal traf sich der Warburg-Bankier Christian Olearius mit dem damaligen Ersten Bürgermeister Olaf Scholz, also dem Regierungschef des Stadtstaates. Ein weiteres Mal telefonierten die zwei miteinander. Und beim zweiten Treffen übergab er Scholz ein Papier, von dem er eine Kopie in sein Tagebuch gelegt hat. Das Papier ist eigentlich adressiert an die für Warburg zuständige Finanzbeamtin Frau P. Darin argumentiert die Bank auf sieben Seiten, dass man sich immer an die Gesetze gehalten habe. Neben einseitigen juristischen Ausführungen bringen Olearius und Max Warburg auch ein Argument vor, das keine Rolle spielen sollte, wenn es sich um die Rückforderung von Geldern aus einer Steuerstraftat handelt. Es wird eine Art Horrorszenario entworfen: Das Finanzamt solle bitte auch bedenken, dass eine Rückforderung die Existenz der Bank gefährden könne.

Drei Wochen, nachdem sie das Papier persönlich Scholz übergeben hatten, waren jedenfalls die Rückforderungen des Finanzamts an Warburg vom Tisch.

Berlin, 4. März 2020

Olaf Scholz muss sich im Finanzausschuss des Bundestages befragen lassen, was es mit seinem Treffen mit Christian Olearius auf sich hatte. Zuschauer, auch Journalisten, dürfen die Sitzung nicht verfolgen. Aber das Protokoll findet später seinen Weg.

Ich bin an diesem Tag etwas nervös, denn natürlich muss ich davon ausgehen, dass Scholz nach dem einen Treffen, von dem wir berichtet haben, nun die beiden weiteren Termine mit dem Bankier proaktiv einräumt. Er kann sich ja denken, dass wir noch mehr Details aus den Tagebüchern erfahren haben. Das macht er aber nicht. Der Linken-Abgeordnete Fabio De Masi fragt Scholz, ob es neben dem Treffen mit Olearius weitere Gespräche dieser Art gegeben habe. Scholz hat nun das Glück, dass im Ausschuss verschiedene Abgeordnete ihre Fragen stellen und Scholz dann im Block darauf eingehen kann. De Masis Frage nach den weiteren Gesprächen zum strittigen Thema bleibt letztlich unbeantwortet. Weil Scholz in dem Zusammenhang mit seinem ersten Treffen noch äußert, am Ende sei es doch mehr »heiße Luft« gewesen, aber niemals von Erinnerungslücken spricht, entsteht der Eindruck, dass Scholz den Bankier definitiv nicht mehrfach getroffen hat. Ein Ausschuss-Mitglied der SPD berichtet nach der Sitzung vor unserer Kamera: »Zwischen Olaf Scholz und dem Bankier Olearius gab es kein Treffen im Jahr 2016.«

Es ist beinahe beeindruckend, wie es Scholz gelingt, die Ausschusssitzung zu überstehen.

Hamburg, 16. März 2020

Inzwischen prägt die Pandemie das Land. Im Homeoffice erfahre ich aus Bonn, dass der Prozess gegen die beiden Cum-Ex-Banker bereits in dieser Woche enden könnte. Der Richter will möglichst zügig fertig werden, denn sollte Corona das Verfahren unterbrechen, besteht irgendwann das Risiko, dass dieses langwierige und schwierige Verfahren wegen einer zu langen Pause komplett von Neuem geführt werden muss.

Es wird also spannend in Bonn, und am frühen Montagnachmittag teilt das Landgericht mit, dass vier der fünf Banken fürs Erste aus dem Verfahren herausgelöst würden. Sie sollen entweder ein eigenes Verfahren bekommen oder, falls sich der Prozess doch noch etwas zieht, wieder eingeführt werden. Die vier betroffenen Geldinstitute dürften jetzt erst einmal erleichtert sein, die Warburg-Bank nicht. Sie ist die fünfte Bank und verbleibt im Verfahren. Dort, sagt mir der Pressesprecher des Landgerichts, werde die Staatsanwaltschaft wohl bereits am nächsten Tag ihr Plädoyer halten, am Mittwoch erhielten die Verteidiger der Angeklagten das Wort. Am Donnerstag sei dann verhandlungsfrei und am Freitag falle, wenn alles glatt laufe, das Urteil.

Wir schalten uns zusammen, die Kollegen von *Panorama* und *Zeit,* die mit Cum-Ex befasst sind. Die Unsicherheit ist groß während dieser ersten krassen Corona-Tage, in denen die Fallzahlen so schnell steigen wie zuvor allenfalls in Italien. Was mich betrifft, so muss ich aus privaten Gründen die Pandemie sehr ernst nehmen und fahre nicht von Hamburg nach Bonn. Manuel Daubenberger bietet sich an, den Prozess zu beobachten, zusammen mit Felix Rohrbeck, der für die *Zeit* berichten will und früher mit uns beim Cum-Ex-Thema zusammengearbeitet hat. Ich muss mich, so schwer es auch fällt, diesmal auf Sekundärberichte beschränken.

Bonn, 17. März 2020

Richter Roland Zickler will das erste Cum-Ex-Verfahren weltweit auf die Zielgerade bringen und es allen Unwägbarkeiten entreißen, die das Corona-Virus mit sich bringt. Eine Schöffin, 65 Jahre alt, ist erschienen. Sie hat sich überwinden müssen, weil sie Angst hatte, sich zu infizieren. Die Frau ist ein gesundheitliches Risiko eingegangen für die Sache. Zickler beginnt deshalb die 43. Sitzung mit einem emotionalen Statement, zwischendurch bricht ihm leicht die Stimme.

In einer Verhandlungspause bekommt Manuel Daubenberger ein Gespräch des Angeklagten Martin Shields und seiner Anwältin mit. Shields, der geniale Mathematiker von Paul Mora, hat mehr als kräftig mitkassiert bei den Deals. Er hat aber auch bereits einige Millionen Euro freiwillig zurückgezahlt. Offenbar ist die Geldstrafe, die ihm droht, jedoch weitaus höher. Shields ärgert sich deshalb, dass er nicht bereits vorher einige Millionen mehr zurückgegeben hat. Einen Großteil seines gestohlenen Vermögens hat er in Aktien angelegt – deren Kurs nun durch Corona gefallen ist.

Aus Angst vor Corona dehnt der Richter den Prozesstag weit aus und beendet ihn erst abends um 20:05 Uhr. Staatsanwältin Anne Brorhilker ist da noch gar nicht zu ihrem Plädoyer gekommen. Sie soll am nächsten Tag das Wort erhalten.

Bonn, 18. März 2020

In ihrem Plädoyer spricht Anne Brorhilker vom »größten Steuerraub der deutschen Geschichte«. Was die Staatsanwältin sagt, muss in den Ohren der mittlerweile mehr als 600 Beschuldigten wie eine Drohung klingen: »Anklage und Urteil sind nicht Abschluss, sondern Anfang und Auftakt der Aufklärung eines großen Problems.« Sie fordert, dass die beiden Angeklagten und ebenfalls die Warburg-Gruppe ihre Gewinne aus Cum-Ex-Geschäften zurückzahlen müssen.

Brorhilker holt weit aus. Sie beschreibt und bewertet die Taten von Weiße-Kragen-Kriminellen, bezieht sich dabei auch auf Aussagen des früheren Präsidenten des Bundeskriminalamts, Jörg Ziercke, und auf Forschungen des Wissenschaftlers Josef Wieland zur Wirtschaftsethik. »Korruption und andere wirtschaftskriminelle Verhaltensformen werden von der Spitze eines Unternehmens aus organisiert«, zitiert die Staatsanwältin Professor Wieland. »Und aufgrund der notwendig arbeitsteiligen Organisation eines Unternehmens sind es viele Mitarbeiter, die an kriminellen Machenschaften beteiligt sind, ohne dass der Einzelne den kriminellen Tatplan, an dem er mitwirkt, in seinen Einzelheiten erkennen muss.«

Was Brorhilker über Kriminelle mit weißem Kragen sagt, auch über die Fähigkeit der Täter, im Nachhinein entlastende Gründe für ihr Handeln zu finden – es wirkt auf mich wie ein Profiling auf den Cum-Ex-Bankier Christian Olearius. Der scheint ja im Rückblick, so lesen sich die Einträge in seinem Tagebuch, komplett mit sich im Reinen zu sein.

Später spricht die Staatsanwältin von der »Einflussnahme auf Politik, Medien, öffentliche Verwaltung, Justiz«. An der Stelle braucht sie die Warburg-Bank und ihr Hamburger Umfeld gar nicht mehr wörtlich zu nennen.

Für die beiden angeklagten Aktienhändler fordert Brorhilker neben haushohen Rückzahlungen Haftstrafen, die zur Bewährung ausgesetzt werden können. Für Martin Shields beantragt sie ein Jahr und zehn Monate, für seinen früheren Kollegen zehn Monate. Geständnisse lohnen sich, das ist ihre Botschaft. Die Mithilfe von Kronzeugen und Insidern sei wichtig für die Aufklärung der »organisierten Kriminalität« mit Hunderten von Beschuldigten, sagt Anne Brorhilker.

»Wow«, schreibt mir ein Insider noch während des Plädoyers der Staatsanwältin, »wenn das durchgeht, ist das ein gutes Signal an diejenigen, die kooperiert haben und ein schlechtes für alle anderen.« Das Kalkül von Brorhilker könnte tatsächlich aufgehen. Sie hatte sich zunächst zwei vermeintlich kleinere, aber geständige Beteiligte vorgeknöpft, um so ohne große Konflikte im Gerichtssaal ein erstes Urteil in Sachen Cum-Ex herbeizuführen. Dass sich manche Beobachter später dennoch über die Milde ihrer Forderungen ärgern, muss sie aushalten. Ich selbst werde Brorhilkers Plädoyer später nachlesen. Die beschuldigten Banken haben Stenografen beauftragt, von jeder Sitzung ein Wortprotokoll zu erstellen. Die Protokolle erhalte ich teilweise von einer Quelle aus dem Umfeld der Banken. In meinem Homeoffice in Hamburg versorgt mich Manuel Daubenberger mit den wichtigsten Ereignissen aus dem Gerichtssaal.

Der Angeklagte Martin Shields gesteht noch einmal ein, dass er sich nicht auf den richtigen Weg begeben habe. »Was ich dem Gericht heute versichern kann, ich habe meine Lektion gelernt«, sagt der Brite.

Gegen 17 Uhr schreibt Manuel, das Urteil sei nun für 19:30 Uhr angekündigt. Vorher ist noch der Verteidiger der Warburg-Bank dran. Der Anwalt plädiert fast zwei Stunden lang. Er attackiert Gericht und Staatsanwaltschaft, ergeht sich in langatmigen Ausführungen über das Steuerrecht und behauptet schließlich, die Rückforderungsansprüche für die Jahre 2007 bis 2009 seien verjährt. Vehement wehrt er sich gegen die drohende Einziehung der Millionen. Die beiden Angeklagten hätten zwar mit der Warburg-Bank Geschäfte gemacht, argumentiert er, sie seien aber dabei überhaupt nicht für das Geldhaus tätig gewesen.

Manuel und der *Zeit*-Kollege Felix Rohrbeck beschreiben später die Reaktion der Staatsanwältin und des Richters auf die Rede des Warburg-Anwalts so: »Während dieser Ausführungen konnte man Brorhilker dabei beobachten, wie sie immer wieder den Kopf schüttelte. Und nachdem die beiden Angeklagten in ihren Schlussworten noch betont hatten, wie sehr sie ihr Verhalten heute bereuten, klangen die Ausführungen des Warburg-Vertreters eher nach einer steuerrechtlichen Belehrung der Anwesenden.«

Das Gericht kann der Warburg-Anwalt nicht überzeugen. Die Bank habe die Geschäfte wissentlich und willentlich gefördert, stellt der Richter Roland Zickler fest. Warburg muss fast 177 Millionen Euro zurückzahlen. In seinem Urteil rechnet der Richter mit der Finanzindustrie und ihren Playern insgesamt ab. »Wir haben hier Sachen gehört, die sind eigentlich nicht zu fassen«, sagt er. Der Richter meint die Dreistigkeit, mit der Händler, Banken und Anwälte über Jahre den Staat mit Steuerdeals ausgeraubt haben – und die Dreistigkeit, mit der viele von ihnen anschließend versucht haben, sich herauszureden. »Wenn Sie sich in einen Kreis von Ganoven begeben, können Sie doch nicht sagen, um mich herum waren auch nur Ganoven, die haben das alle gemacht.«

Richter Zickler erwähnt auch das Finanzamt für Großunternehmen in Hamburg, das sich geweigert hat, mit der Staatsanwaltschaft zu kooperieren und aktiv am Verfahren mitzuwirken. »Wo ist denn das Finanzamt für Großunternehmen Hamburg? Bis heute nicht gekommen. Da tun sich Fragen auf, die müssen andere beantworten«, sagt Zickler. Andere Finanzverwaltungen haben zu den Sitzungen Vertreter geschickt, die neben den Staatsanwälten auf der Anklagebank saßen und auch von ihrem Fragerecht Gebrauch machten.

Während im Bonner Landgericht Geschichte geschrieben wird, transkribiere ich die Tagebuchbände 2016 bis März 2018, als die Razzia stattfand. Das dauert. Aber die Arbeit kann mir niemand abnehmen. Entgegen meiner sonstigen Philosophie, Akten und Recherchen mit den Kollegen vertrauensvoll zu teilen, mit denen ich an einem Thema sitze, gebe ich den Datenträger mit den Scans der Tagebücher nicht aus der

Hand. Das hatte ich der Quelle versprochen. Zudem haben die Kollegen selbst alle Hände voll zu tun. Sie werten die Ermittlungsakte zu Warburg aus, die mehrere Zehntausend Seiten umfasst, und gleichen die Informationen aus dem Tagebuch mit anderen Dokumenten aus den Unterlagen der Staatsanwaltschaft ab. Aber es bleibt dabei: Von den drei Treffen zwischen Scholz und Olearius ist nur jenes aus dem Jahr 2017 in der Akte vermerkt. Wichtiger für unsere Recherchen zu dem »47-Millionen-Geschenk« sind aber die Treffen 2016 – und die haben wir jetzt schwarz auf weiß in krakeliger Handschrift dokumentiert.

Hamburg, 18. Mai 2020

Wir denken an die nächste Veröffentlichung. Die Tagebücher habe ich inzwischen vollständig ausgewertet und größtenteils transkribiert. Es ist ein Word-Dokument mit mehreren Hundert Seiten, mit Links und Fußnoten zu jeder Person, die in den Kladden vorkommt. Während die Kollegen auf eine baldige Veröffentlichung in *Panorama* und *Zeit* drängen, trete ich auf die Bremse. Ein Informant hat mir gesagt, die Kölner Staatsanwältin Anne Brorhilker plane eine Durchsuchung der Hamburger Finanzverwaltung. Im Fokus stehe die Finanzbeamtin Frau P. Frau P. soll auch in unserem Beitrag eine Rolle spielen. Doch ich habe die Sorge, dass wir die Ermittlungen behindern, wenn wir nun veröffentlichen. Frau P. könnte Beweise beiseiteschaffen, sobald wir ihre Rolle in der Warburg-Affäre auf der Basis der Tagebücher deutlich gemacht haben.

Manche Kollegen von *Zeit* und *Panorama* sind etwas genervt, weil ich sie wochenlang hinhalte und nicht sagen kann, wann genau wir mit unserer Geschichte herauskommen können. *Panorama*-Leiter Volker Steinhoff muss daher ständig Sendungen umplanen. Das passt mir selbst auch nicht, aber es ist im Sinne der Gesamtaufklärung aus meiner Sicht notwendig.

Ende Juli soll nun die Razzia endlich stattfinden, höre ich. Und sie wollen nicht nur beim Finanzamt und Frau P. durchsuchen, sondern auch bei Alfons Pawelczyk und zumindest die E-Mail-Postfächer von Johannes Kahrs, der vor wenigen Wochen überraschend sein Bundestagsmandat nierdergelegt hat, unter die Lupe nehmen. Die Fahnder glauben, genügend Material zusammengetragen zu haben, das so eine Aktion rechtfertigt. Sie hoffen, E-Mails, Terminkalender und Handnotizen zu finden, die Aufschluss darüber geben, ob es Absprachen oder gar politische Einflussnahmen gegeben hat bei der Entscheidung, auf die Rückzahlungsforderung der 47 Millionen Euro zu verzichten.

Eines ist klar: Bis zur Razzia müssen wir die Füße still halten – und können kein Gegengewicht setzen zu den Stimmen aus der SPD, die unsere Berichterstattung im Februar als unseriös darstellen. Dabei wissen wir, dass Olaf Scholz in der Affäre einen wichtigen Teil verschweigt.

Hamburg, 27. Mai 2020

Als Jörg Schmitt mich anruft, ahne ich nichts Gutes. Schmitt, der lange für den *Spiegel* gearbeitet hat, ist seit Kurzem Leitender Redakteur bei der *Süddeutschen Zeitung*. Was er heranschafft, wird nun in der Regel über den Rechercheverbund WDR, NDR und *Süddeutsche Zeitung* veröffentlicht, dem *Panorama* als eigenständige Redaktion im NDR nicht angehört.

Die *SZ* habe die Olearius-Tagebücher, sagt Jörg.

Wir sind alte Weggefährten, kennen uns seit Mitte der 90er Jahre, als wir beide beim *stern* waren. Unser Verhältnis ist geprägt von gegenseitigem Vertrauen und Kollegialität, hin und wieder tauschen wir uns bei einem Glas Wein aus. Jörg ist auch jemand, der einen auf den Arm nehmen kann. Es wäre schön, wenn er das mit diesem Anruf auch versuchte. Leider ist Jörg aber auch einer der ganz wenigen Journalisten, denen ich in dem Moment zutraue, ebenfalls an einen Datenträger mit den Tagebüchern zu kommen.

Ich sage erstmal gar nichts.

Jörg hingegen wird konkret, erzählt eine Anekdote aus den Tagebüchern und erwähnt auch, dass darin die Rolle einer Finanzbeamtin eindrücklich beschrieben sei.

Mist. Er blufft nicht. Überrascht bin ich keineswegs. Seit Wochen ist zu befürchten, dass Kollegen anderer Redaktionen ebenfalls an die

Tagebücher kommen. Wir haben deren Existenz vor fast vier Monaten öffentlich gemacht. Natürlich hat das andere Rechercheure angespornt.

»Schön für dich«, sage ich. »Ich habe sie auch.«

Jörg hat, das wird dann klar, bislang nur die Bände aus den Jahren 2017 und 2018 gelesen und teilweise transkribiert. Er zitiert daraus, schneidet dann Themen an, die man aus den Tagebüchern destillieren kann, den Niedergang einer Privatbank etwa, den seltsamen Umgang mit der zugehörigen Stiftung.

»Und ja«, sagt Jörg, »Olearius hat sich ja mal mit Scholz getroffen. Aber das habt ihr ja schon berichtet.«

Blufft er jetzt? Oder weiß er wirklich nichts von den weiteren Treffen? Ich entscheide, mit offenen Karten zu spielen, schließlich war Jörg so fair, sich bei mir zu melden.

»Du musst als nächstes die 2016er-Bände lesen. Olearius hat sich öfter mit Scholz getroffen. Und die anderen Treffen sind weitaus brisanter.«

»Warum habt ihr das nicht berichtet?«, fragt Jörg. Ich erkläre ihm die Hintergründe. Dass wir nur Passagen zur Verfügung hatten, die sich in den Ermittlungsakten befinden. Und dass ich den Datenträger mit den Tagebüchern erst nach unserer Veröffentlichung erhalten habe.

Jörg ist dann ebenfalls offen. Er weiß ebenfalls, dass eine Razzia in Hamburg geplant ist. Und er hat dazu – alte Schule – dieselbe Einstellung wie ich: Wir sollten die Ermittlungen nicht gefährden.

Und nun?

Jörg spricht hier für den Rechercheverbund von *Süddeutscher Zeitung*, NDR und WDR. *Panorama* kooperiert in der Story von jeher mit der *Zeit*. Die Dinge liegen kompliziert, aber in einem sind wir uns einig: kein Rattenrennen. Schneller als die Kollegen sein zu wollen, wäre der Sache auf keinen Fall dienlich. Das heißt, dass wir alle Redaktionen unter einen Hut bekommen müssen.

Berlin, 1. Juli 2020

Olaf Scholz hat mal wieder im Finanzausschuss des Bundestages zu erscheinen. Er steht mächtig unter Druck. Im Umgang mit dem Wirecard-Skandal, dem wohl größten Bilanzbetrug der Nachkriegsgeschichte, ist er für alle offensichtlich einen Zickzack-Kurs gefahren. Im Ausschuss soll er jedoch zu seiner Rolle beim Warburg-Skandal befragt werden und zum bisher einzigen bekannten Treffen mit Christian Olearius 2017.

Die Sitzung im Saal 2400 des Paul-Löbe-Hauses ist als »VS-vertraulich« eingestuft. Damit schafft der Ausschuss die Voraussetzungen, dass offen gesprochen werden kann, ohne das Steuergeheimnis zu verletzen. Weil der Saal zwei Eingänge hat, sind wir auch mit zwei Teams vor Ort. Vor dem einen Eingang positioniert sich meine NDR-Kollegin Jennifer Lange, vor dem anderen Christian.

Scholz kommt auf Jennifers Seite herein, fast schon im Stechschritt zieht er an ihr vorbei. Sie versucht kurz, Schritt zu halten, mit dem Mikro in der Hand:

»Hallo Herr Scholz, es geht hier heute um Cum-Ex, wie bewerten Sie die Geschäfte?«

Scholz: »Cum-Ex ist ein Skandal.«

Jennifer: »Haben Sie das auch Herrn Olearius gesagt?«

Nun verschwindet Scholz ohne weitere Worte im Sitzungssaal.

Eineinhalb Stunden später verlässt er die Sitzung, wieder auf der Seite von Jennifer. Diesmal bleibt er stehen.

Jennifer: »Konnten Sie hier heute zur Aufklärung beitragen?«

Scholz: »Ich glaube, es ist wichtig, dass alles aufgeklärt wird, und deshalb muss man ja auch die Verfahren verwenden, die trotz des Steuergeheimnisses eingehalten werden müssen, um aber trotzdem die Öffentlichkeit und die Abgeordneten, die das Volk vertreten, zu informieren. Ich bin überzeugt, dass wir alle eine große Gemeinschaftsanstrengung nötig haben, um die schlimmen Cum-Ex-Fälle aufzuklären.«

Jennifer hat viele weitere Fragen. Aber dafür hat Scholz dann keine Zeit.

Das Protokoll zur Sitzung ist ebenfalls »VS-vertraulich« eingestuft, somit wird es den Teilnehmern nicht ausgehändigt. Sie können es nur unter Aufsicht einsehen, in der Geheimschutzstelle des Bundestages. Dabei dürfen sie nichts fotografieren und sich nicht einmal Notizen machen. Es ist dementsprechend schwierig, den Ablauf der Sitzung zu recherchieren und wenigstens Teile des Protokolls zu erhalten. Doch es gelingt.

Man kann es Coolness nennen, Frechheit oder einen Hang zum Risiko. Jedenfalls hat Olaf Scholz im Finanzausschuss trotz Nachfragen die beiden anderen Treffen mit dem Bankier Christian Olearius weiterhin unerwähnt gelassen. In dem Protokoll, das die Fragen und Antworten nur in indirekter Rede wiedergibt, heißt es an einer Stelle über Scholz:

> *Er betont, dass es keine Einflussnahme auf das infrage stehende Steuerverfahren gegeben habe. Auf Frage von Abg. Lisa Paus (B90/GR) erläutert BM Scholz (BMF), er sei Christian Olearius im Laufe seines Lebens mehrfach begegnet, zumeist bei größeren Veranstaltungen, beispielsweise in der Elbphilharmonie. Er habe auch bei einem Jubiläum der Warburg Bank als Redner fungiert. Auch habe er ab und zu mit Vertretern der Warburg Bank geredet, wie um Übrigen auch mit Vertretern der Berenberg Bank oder der Haspa. Dies sei ein normaler Vorgang.*

Interessant, dass Scholz sich gegenüber den Abgeordneten an ein Treffen mit Olearius in der Elbphilharmonie erinnert. Und dass er angibt, er habe bei einem Bank-Jubiläum eine Rede gehalten. Auf die beiden Treffen mit Christian Olearius und Max Warburg in seinem Amtszimmer, bei dem es um ein 176-Millionen-Euro-Steuerverfahren und Cum-Ex ging, geht er hingegen nicht ein. Er sagt nicht einmal, dass es diese Treffen gegeben hat. Warum nicht?

Köln, 21. August 2020

Die Razzia bei der Hamburger Finanzbeamtin Frau P. ist noch einmal verschoben worden. Aber nun soll sie Ende August stattfinden. Zusammen mit Karsten Polke-Majewski und Oliver Hollenstein von der *Zeit* bereiten wir uns auf die Veröffentlichung vor, gehen gemeinsam noch einmal den Text durch. Mitten im Meeting in der *Zeit*- Redaktion ploppt eine Nachricht auf meinem Smartphone auf: »Razzia in HH abgeblasen.«

Waaas?

Die Razzia, auf deren Durchführung wir Rücksicht genommen haben, wurde tatsächlich abgesagt. Die Kölner Staatsanwältin Anne Brorhilker, erfahre ich aus Justiz- und Ermittlerkreisen, hatte die Durchsuchungsbeschlüsse bereits beim Amtsgericht Bonn eingereicht, die zuständige Richterin bereits mündlich grünes Licht gegeben. Dann jedoch sei es zu einem vermutlich einmaligen Vorgang gekommen: Der Hauptabteilungsleiter von Brorhilker, ihr direkter Vorgesetzter, habe die Anträge persönlich zurückgenommen. Angeblich juristische Bedenken, habe es geheißen.

Ich informiere den *Panorama*-Redaktionsleiter Volker Steinhoff. Wir sind uns einig, dass man nicht mehr länger Rücksicht nehmen muss. Sechs Monate haben wir gewartet. Nun können wir davon ausgehen, dass keine Razzia stattfindet, solange Anne Brorhilker diesem Hauptabteilungsleiter unterstellt ist. Wir können also veröffentlichen. Bei der *Zeit* sieht man es genauso. Auch die *Süddeutsche Zeitung* geht mit, der WDR steigt aus. Wir einigen uns auf den 3. September. *Zeit* und *Süddeutsche* sollen am späten Nachmittag online veröffentlichen. Abends kommt dann *Panorama* im Ersten mit einer monothematischen Sendung.

Hamburg, 31. August 2020

Hinter uns liegen Tage der Produktion. Die Recherche hatten wir rund, die filmische Verarbeitung zu einem halbstündigen *Panorama*-Beitrag forderte uns heraus, um den Schnitt und die Dramaturgie kümmern sich vor allem Lutz Ackermann und Willem Konrad, die dies schon bei unseren vorherigen Cum-Ex-Filmen getan haben. Diesmal reden auch noch eine Reihe weiterer Personen mit. Nach der Kritik an unserem letzten Beitrag ist man im NDR etwas nervös. Für meinen Geschmack etwas zu nervös.

Jetzt arbeiten Karsten Polke-Majeweski von der *Zeit* und ich an den Konfrontationsschreiben. Wir stimmen die Fragen, die wir den Protagonisten unserer Beiträge schicken wollen, mit den Juristen unserer Redaktionen und auch mit den NDR-Chefs ab. Bis 16 Uhr sollen die E-Mails an die Hamburger Finanzbehörde, an die Finanzbeamtin Frau P., an den Ex-Bundestagsabgeordneten Johannes Kahrs, an die Warburg-Bank und ihren Miteigentümer Christian Olearius geschickt werden, ebenso an den früheren Finanzsenator und jetzigen Ersten Bürgermeister Peter Tschentscher. Und natürlich geht ein Schreiben auch an Olaf Scholz. Der ist inzwischen der Kanzlerkandidat der SPD für die Bundestagswahl im Herbst 2021.

Berlin, 1. September 2020

Im Regierungsviertel sind wir nacheinander mit den Bundestagsabgeordneten Lisa Paus (Grüne), Fabio De Masi (Linke) und Florian Toncar (FDP) verabredet. Alle drei sind Mitglieder des Finanzausschusses. Durch Sitzungsprotokolle und Recherchen wissen wir, dass Scholz auch gegenüber diesen drei Abgeordneten die weiteren Treffen mit Olearius unerwähnt ließ. Es sind jetzt noch zwei Tage bis zur Sendung, aber wir informieren die drei Finanzexperten schon einmal über unsere Recherchen. Politiker sind zwar meistens »sehr kommunikativ«, sprich Plappermäuler, aber wir hoffen, dass sie bis zur Sendung schweigen.

Weil die entscheidende Sitzung mit Scholz als »VS-vertraulich« eingestuft worden ist, dürfen Paus, De Masi und Toncar nichts zu dem dort Gesprochenen sagen. Wir hoffen dennoch, dass die Politiker vor der Kamera irgendeine Reaktion zeigen, wenn wir sie darüber aufklären, dass sich Scholz noch zwei Mal mit Olearius getroffen hat. Und so kommt es auch.

»Das ist für mich jetzt wirklich neu«, sagt die Grünen-Abgeordnete Lisa Paus. »Das deckt sich überhaupt nicht mit dem Kenntnisstand, den ich bisher hatte. Und ich muss sagen, gegenüber dem Eindruck, den ich vorher hatte, fühle ich mich klar getäuscht vom Bundesfinanzminister.«

»Also, wenn das so war, dann lässt das auf ein sehr, sehr bedenkliches Amtsverständnis des Ersten Bürgermeisters Olaf Scholz schließen«, sagt der FDP-Abgeordnete Florian Toncar.

»Ich wusste, dass es außer dem einen offiziellen Treffen zufällige Anlässe, also Elbphilharmonie oder öffentliche Empfänge, gegeben haben soll«, sagt der Linken-Abgeordnete Fabio De Masi. »Und wenn die Dinge jetzt so sind, wie Sie die darstellen, dann hat er die Unwahrheit gesagt, und zwar auch im Parlament.«

Ich will mich gerade auf den Weg zurück nach Hamburg machen, als ich einen Anruf aus der Redaktion erhalte: Ich solle gleich dableiben. Es gebe eine Einladung zum Hintergrundgespräch, abends im Bundesfinanzministerium. Mit Scholz.

An dem Termin in einem Sitzungssaal des Ministeriums nehmen auch Karsten Polke-Majewski von der *Zeit* und Jörg Schmitt von der *Süddeutschen Zeitung* teil. Vom NDR erscheinen neben mir noch der Vize-Chefredakteur Stephan Wels und unsere Abteilungsleiterin Britta von der Heide. Die Gastgeber sind mit Wolfgang Schmidt vertreten, der Olaf Scholz in unterschiedlichen Funktionen seit 20 Jahren begleitet, inzwischen offiziell als beamteter Staatsekretär im Ministerium. Man tritt Schmidt wohl nicht zu nahe, wenn man ihn als Scholz' unermüdlichen Spindoktor bezeichnet. Lange war er hinter den Kulissen und in Zeiten von Social Media nun auch davor der Kommunikationsmanager. Allein schon auf Twitter springt er beinahe permanent für seinen Chef in die Bresche, eine Aufgabe, die einem beamteten Staatssekretär eines Bundesministeriums wohl eher nicht zugedacht ist, die Schmidt aber mit Verve und hohem Einsatz ausführt. Gemeinsam mit Schmidt erscheint noch Steffen Hebestreit, der Pressesprecher des Ministeriums.

Hebestreit und Schmidt sind zeitig da. Scholz kommt etwas später. Der Minister wirkt müde, gibt sich aber betont freundlich, höflich, fast schon bescheiden. Durch unseren Fragenkatalog weiß er, welche Vorwürfe im Raum stehen – und wie er dabei ausschaut.

Hebestreit eröffnet die Runde und deklariert unser Meeting erst einmal als »unter drei«. Das bedeutet, dass wir Scholz nicht wörtlich zitieren dürfen. Da wir schon mal da sind, nutze ich die Gelegenheit und halte Scholz einige Dinge vor. Zum Beispiel möchte ich wissen, was er mit dem Schreiben an die Finanzbeamtin Frau P. gemacht hat, das ihm der Bankier Olearius beim Treffen Ende Oktober 2016 im Bürgermeisterzimmer übergeben hat.

»Wurde das Papier veraktet? Oder geschreddert?«, frage ich.

Scholz sagt nichts.

Ich versuche es mit einer Provokation: »Oder haben Sie den Brief aufgegessen?«

Scholz schweigt weiter. Ich schweige mit, halte seinem Blick stand. Leider beendet jemand die Situation mit einer anderen Frage. Nach einer knappen Stunde endet das Hintergrundgespräch, und die Bilanz fällt so aus, dass ein wichtiger Teilnehmer sehr, sehr wenig gesprochen hat und sich an fast nichts erinnern kann.

Hamburg, 2. September 2020

Die Antworten auf unsere schriftlichen Fragen standen noch aus. Nun trudeln sie ein. Auch der Ministeriumssprecher Steffen Hebestreit schickt eine E-Mail. Die entscheidende Frage lässt Scholz unbeantwortet. Wir haken nach, mehrmals:

> *Laut Protokoll der Sitzung des Finanzausschusses vom 4. März 2020 wurden Sie im Zusammenhang mit Ihrem Treffen mit Christian Olearius im November 2017 vom Abgeordneten Fabio De Masi gefragt, »ob es neben dem Treffen mit Herrn Olearius weitere Gespräche dieser Art gegeben habe«. Auf diese Frage sind Sie nicht eingegangen. Warum haben Sie damals nicht auch über Ihre Treffen und Gespräche mit Christian Olearius im Jahr 2016 berichtet?*

Schließlich antwortet Hebestreit in einer E-Mail an *Panorama:*

> *Dazu hatten wir gestern Ihren Kolleginnen und Kollegen im Hintergrund geschildert, wie der Ablauf in solchen Ausschuss-Befragungen ist. Die Fragen werden rundenweise gesammelt und dann en bloc abgearbeitet, und wenn ein Abgeordneter den Eindruck hat, seine Frage sei dabei nicht beantwortet oder nicht ausreichend beantwortet worden, fragt er nach. Dies war am 4. März 2020 offensichtlich nicht der Fall. Scholz hat in dieser und anderen Sitzungen wiederholt deutlich gemacht, dass er mit Herrn Olearius und anderen Bankvertretern wie auch mit anderen Unternehmern, Gewerkschaftern etc. immer wieder gesprochen habe – sei es bei offiziellen Terminen, sei es am Rande von gesellschaftlichen Ereignissen. LG StH.*

In der Diktion des Sprechers hat nicht Scholz die Schuld, wenn er Fragen nach weiteren Treffen nicht beantwortet, sondern sind die Abgeordneten schuld, die gefälligst hätten ein zweites Mal fragen können.

Hamburg, 3. September 2020

Um 17 Uhr veröffentlichen die *Zeit* und die *Süddeutsche Zeitung* die Recherche jeweils auf ihrer Online-Seite. *Panorama* wird abends um 21:45 Uhr senden. Wir alle können nun weitaus genauer aus dem Jahr 2016 berichten. Damals nahm ja das Hamburger Finanzamt einen merkwürdigen Richtungswechsel vor, als es darum ging, 47 Cum-Ex-Millionen von der Warburg-Bank zurückzufordern. Zu dieser Zeit kämpfte der Warburg-Mitinhaber Olearius darum, das Geld doch nicht zurückgeben zu müssen. Und damals wandte er sich auch an mehrere SPD-Politiker.

Sie tauchen jetzt alle in unseren Berichten wieder auf, der Ex-Vizebürgermeister Alfons Pawelczyk, der einflussreiche Hamburger Bundestagsabgeordnete und SPD-Bezirksvorsitzende Johannes Kahrs, der damalige Finanzsenator Peter Tschentscher. Und natürlich der damalige Erste Bürgermeister Olaf Scholz. Mithilfe der Tagebücher können wir das ganze Ausmaß der Verquickungen zeigen.

Im März 2016 traf sich Olearius mit den Strippenziehern Pawelczyk und Kahrs, ebenso im April 2016. Pawelczyk appellierte an Olearius, bloß nicht gegenüber dem Finanzamt einzuknicken. Im Sommer 2016 ist nach Ansicht von Pawelczyk die Lage für Warburg so ernst, dass es gewichtige Fürsprecher braucht. Offenbar lässt sich Olearius von Pawelczyk regelrecht coachen. Anfang August geht es richtig los. Pawelczyk will angeblich Scholz dazu bringen, sich persönlich der Sache anzunehmen. Mit Unterlagen ausgestattet soll der Sozialdemokrat seinen Parteifreund und Bürgermeister am 4. August aufgesucht haben. Nach seinem Treffen mit dem Bürgermeister teilt Pawelczyk Olearius mit, Scholz kümmere sich.

Von uns vier Jahre später mit dem Treffen konfrontiert, gibt sich Olaf Scholz als ein Mann, der sich an nichts erinnern kann. Der Termin am 4. August 2016 mit Pawelczyk sei in seinem Kalender vermerkt, schreibt er uns, aber er habe keine konkrete Erinnerung an das Gespräch. Damit bleibt unklar, wie genau die Begegnung zwischen Pawelczyk und Scholz in Sachen Cum-Ex verlief. Aber offenbar hat Olearius den Eindruck gewonnen, dass die Grenzen in der Angelegenheit so aufgeweicht sind, dass man den Bürgermeister sogar in dessen Urlaub besuchen kann. Nachdem Pawelczyk die Tür geöffnet hat, steht als nächster Schritt ein persönliches Treffen zwischen Olearius und Scholz an.

Am 7. September 2016 kommt es zum ersten Gipfeltreffen. Christian Olearius und Max Warburg besuchen um 18:45 Uhr für anderthalb Stunden Bürgermeister Scholz, so geht es aus Olearius' Aufzeichnungen hervor. »Er lässt mich spüren, dass er frühere Treffen mit mir in Erinnerung behalten hat, hört aufmerksam unserer Schilderung zu und stellt kluge Fragen«, hält der Bankier im Tagebuch fest. Neben den rechtlichen Aspekten rund um die Cum-Ex-Ermittlungen habe er den Bürgermeister auch auf die miserable wirtschaftliche Lage der Bank hingewiesen. Olearius fasst zusammen: »Wir bekommen nichts versprochen, erwarten, fordern das auch nicht. Jederzeit könnte ich mich melden, er erwarte das auch in dieser Angelegenheit.« Scholz hat demnach Olearius geradezu aufgefordert, dass er sich in Sachen Warburg weiter bei ihm melde. Einen Tag später berichtet Olearius dem Warburg-Aufsichtsrat von dem Treffen, wie dem Sitzungsprotokoll zu entnehmen ist.

In seinem Kalender für den 7. September 2016 sei das Treffen vermerkt, bestätigt uns Scholz vier Jahre später in seiner Antwort auf die übermittelten Fragen. Und dann, wir ahnen es schon: Eine präzise Erinnerung an diese Begegnung und den konkreten Gesprächsverlauf habe er aber nicht mehr. Was Scholz auch nicht erwähnt: Er empfängt die Warburg-Inhaber an diesem Abend im September nicht allein, sondern gemeinsam mit einem Mitarbeiter der Wirtschaftsbehörde. Die Wirtschaftsbehörde, Abteilung Strukturpolitik, hat Scholz zudem akribisch auf den Termin vorbereitet. Auf einem zweiseitigen Papier haben Beamte notiert, ein »Ansprechpunkt« im Gespräch mit den Bankern könnten sogenannte Cum-Ex-Geschäfte sein, Aktiendeals, bei denen Steuern erstattet wurden, die niemals gezahlt wurden.

Die Beamten ließen Scholz wissen, dass die Staatsanwaltschaft Köln gegen die Warburg-Bank ermittle. Es gehe Medienberichten zufolge um

Steuerhinterziehung von bis zu 150 Millionen Euro, die Zentrale der Bank sei durchsucht worden. Die Geschäfte seien wohl mit Fonds teilweise über Malta abgewickelt worden, es gebe Geldflüsse in die Karibik, die Bank solle Drahtziehern der Geschäfte mit Scheinrechnungen geholfen haben, Millionen beiseite zu schaffen. Zwei Warburg-Manager stünden im Verdacht, auch privat Geld in Cum-Ex investiert zu haben. Und: Ein Fall einer Frankfurter Bank zeige, dass die »Rückzahlung hinterzogener Steuern manches Institut sogar existenziell gefährden« könne.

Olaf Scholz bekommt die kriminellen Deals und ihre Folgen pointiert vorgelegt. So weiß er, wen er vor sich haben wird, wenn Olearius und Max Warburg zu ihm kommen. Scholz empfängt sie trotzdem. Folgt man Olearius' Schilderung des Treffens, dann hat er von Olaf Scholz bei diesem ersten Treffen zwar keinerlei Versprechen erhalten. Aber er hat die Chance bekommen, seine Sicht der Dinge ganz oben beim Bürgermeister zu platzieren. Mehr kann man nicht verlangen – eigentlich.

Olearius kommt auf das Angebot von Olaf Scholz zurück und bittet um einen weiteren Termin. Die Räder von Warburg-Bank und SPD-Granden, sie greifen nun ineinander. Am 14. Oktober 2016 trifft sich Olearius zur Vorbereitung des nächsten Spitzengesprächs mit Kahrs und Pawelczyk. Kahrs wolle mit Scholz sprechen, bevor das Treffen zwischen Olearius und Scholz ansteht. Dazu befragt, behauptet Scholz, sich an ein solches Gespräch mit Kahrs nicht zu erinnern.

Am 21. Oktober beauftragt Olearius einen Berater, über das Wochenende ein Papier mit Argumenten für Frau P. zusammenzustellen – auf dass die Bank die 47 Millionen Euro doch nicht zurückzahlen muss. Vier Tage später trifft sich Olearius wieder mit Pawelczyk und Kahrs. Am Tag drauf kommt es zum zweiten Spitzentreffen zwischen dem Ersten Bürgermeister Olaf Scholz und den Warburg-Mitinhabern Christian Olearius und Max Warburg. Und diesmal wird es ernst.

Die Bankiers drücken an diesem 26. Oktober 2016 Scholz das an die Finanzbeamtin P. adressierte Papier in die Hand, das sie am nächsten Tag auch an die eigentliche Empfängerin abschicken werden. Innerhalb von acht Wochen ist es das zweite Treffen der Bankmitinhaber mit dem Bürgermeister zu dem Steuerthema. Auch dieses Treffen finde sich in seinem Kalender, bestätigt Scholz vier Jahre später gegenüber *Zeit* und *Panorama*.

Er könne nicht ausschließen, ein solches Papier gesehen oder ausgehändigt bekommen zu haben. Aus eigener Erinnerung könne er es aber auch nicht bestätigen. An die Begegnung könne er sich nicht erinnern.

Interessant ist, dass Scholz diesmal niemanden aus der Behörde hinzugebeten hat. Das erste Treffen erhielt durch die Teilnahme des Beamten der Wirtschaftsbehörde einen offiziellen Charakter. Den hat Scholz nun für die zweite Zusammenkunft mit den Bankiers vermieden. Olearius hält das offenbar für so wichtig, dass er im Tagebuch darauf eingeht. »Er führt das Gespräch allein«, schreibt er über Scholz, und dann:

> *Ich berichte über den zwischenzeitlichen Verlauf und unsere Einstellung. Er fragt, hört zu, äußert keine Meinung, lässt nicht durchblicken, was er denkt und ob und wie er zu handeln gedenkt. Ich verstehe das, will ihn auch nicht drängen und ihn in irgendeiner Weise kompromittieren. Aber wissen soll er schon, wie aus unserer Sicht Sach- und Rechtslage sind. Wir diskutieren noch weitere politische Themen.*

Zwei Wochen später, am 9. November 2016, schreibt Olearius in sein Tagebuch, Olaf Scholz habe sich gemeldet. Dabei geht es erst einmal kurz um die aktuelle Weltlage, dann auch um das Warburg-Papier, das Scholz ja persönlich erhalten hat. Olearius notiert, Scholz sei pikiert über den Wahlsieg von Trump. Scholz habe ihn dann aufgefordert, das Schreiben an die Finanzbeamtin Frau P. ohne weitere Bemerkung auch an den Finanzsenator Peter Tschentscher zu schicken. Das passiert noch am selben Tag.

Damit hat der Bürgermeister Olaf Scholz dazu beigetragen, dass die Warburg-Argumente bei seinem Parteifreund und Finanzsenator landen, obwohl sie längst dem zuständigen Finanzamt vorliegen. Scholz schreibt uns vier Jahre später zu diesem Punkt, in seinem Kalender sei unter diesem Datum ein Anruf vermerkt. Er könne sich an das Telefonat oder seinen Inhalt jedoch nicht konkret erinnern. Die Darstellung des Bankiers in dessen Tagebuch hält Scholz vier Jahre später für völlig unbedenklich. Er habe sich dann ja ausdrücklich nicht die Auffassung von Olearius zu eigen gemacht oder das Papier selbst an die zuständige Behörde weitergeleitet, »da dies allein aufgrund der Tatsache der Weiterleitung durch den Ersten Bürgermeister Anlass zu Interpretationen hätte geben können«.

Politischen Einfluss auf die 47-Millionen-Entscheidung des Finanzamts kann unterdessen ebenso gut der Finanzsenator Tschentscher nehmen. Der hätte, der Logik von Scholz folgend, dann seinerseits Olearius sagen müssen, er möge das Papier an das Finanzamt schicken, also an die zuständigen Beamten, und nicht an die politische Spitze. Außerdem hätte sich Tschentscher aus dem weiteren Prozess komplett heraushalten müssen. Das tut er aber, wie wir später erfahren, keineswegs. Mit grüner Tinte notierte Tschentscher auf dem Anschreiben der Bankiers, das dann seinen Weg in die Behörde fand: »Mit der Bitte um Information zum Sachstand.« Damit hat der Finanzsenator sein Interesse am Steuerfall Warburg eindeutig bekundet. Er hat dafür gesorgt, dass man ihm fortan Bericht erstattet. Wenn Scholz sich selbst zugute hält, er habe das Papier ja nicht direkt weitergeleitet, so gilt für Tschentscher das Gegenteil: Der Finanzsenator leitete das Papier persönlich weiter und verfügte sogar noch, ihn in der Sache regelmäßig auf dem Laufenden zu halten.

Von Tschentschers Anweisung in grüner Tinte wissen wir im September 2020 noch nichts. Unseren Lesern und Zuschauern können wir aber einen Kanzlerkandidaten Scholz präsentieren, der sich in eine Wolke von Erinnerungslücken und Halbwahrheiten flüchtet, wenn es um Warburg und die 47 geschenkten Steuermillionen geht. Außerdem können wir berichten, wie bemerkenswert dankbar sich der Bankier Olearius später gegenüber dem SPD-Abgeordneten Johannes Kahrs zeigte. Als Dank für die Hilfestellung habe er die Herren Pawelczyk und Kahrs zum Lunch eingeladen.

Der Privatbankier vergisst nicht, wer ihn unterstützt hat, als es darum ging, die gewaltige Rückzahlung zu verhindern. Im September 2017 ist Kahrs bei ihm zu Besuch, offenbar in seiner Funktion als Vorsitzender des SPD-Bezirks Hamburg-Mitte. Jetzt hat Kahrs etwas auf dem Herzen. Es geht um Geld. Die eine Hand wäscht die andere, sagt der Volksmund. Olearius schreibt in sein Tagebuch, Kahrs sei ein Spender abgesprungen, er gewähre die Hälfte: 13 000 Euro. Nur vier Tage später, am 11. September, registriert die Hamburger SPD eine Spende über 13 000 Euro von einer Firma, an der Olearius beteiligt ist. Weitere Firmen, an denen Olearius Anteile hält, spenden 2017 insgesamt 45 500 Euro an die SPD. Den größten Teil davon erhält der Kreisverband Mitte, dessen Vorsitzender Johannes Kahrs ist.

Am frühen Abend dieses 3. Septembers 2020 rufen Leser bereits die Texte bei zeit.de und sueddeutsche.de auf. Im NDR sind wir derweil mit letzten Arbeiten an unserem halbstündigen Beitrag beschäftigt. Am Text wird noch gefeilt. Und die Sprachaufnahme muss gemacht werden. Für den Vortrag der Passagen aus dem Tagebuch haben wir die *Panorama*-Legende Christoph Lütgert reaktiviert, einen Kollegen, der längst im Ruhestand ist. Er soll mit seiner sonoren Stimme den Olearius geben.

Die Sendung wird live ausgestrahlt. Die Redaktion trifft sich wegen Corona nicht auf dem Flur, sondern in einem großen Vorführraum mit guten Abstandsmöglichkeiten. Dass wir die Sendung gemeinsam schauen, ist ein Ritual. Wir entkorken Weinflaschen, während Anja Reschke sich auf ihre Moderation vorbereitet. Die Stimmung ist etwas anders als sonst, nicht nur weil fast die komplette Redaktion versammelt ist. Alle wissen oder ahnen zumindest, was los war in den zurückliegenden Wochen und Monaten. *Panorama* und der NDR sind nach der Ausstrahlung des ersten Beitrages im Februar 2020 in die Schusslinie von Politik und konkurrierenden Medien geraten. Dass wir nun endlich unser weiteres Material über das Verhältnis von Bürgermeister Olaf Scholz zum Cum-Ex-Bankier Olearius veröffentlichen können, macht mich froh. Über vieles andere habe ich mich, haben sich meine mitrecherchierenden Kollegen geärgert.

21:45 Uhr: Anja geht auf Sendung. »Wissen Sie, es ist und bleibt eine merkwürdige Geschichte, die Geschichte über den größten Steuerraub und den Umgang damit«, setzt sie an.

22:14 Uhr: Mein Handy piept. Anja ist bereits bei der Abmoderation und spricht live mit Caren Miosga darüber, was gleich in den *tagesthemen* kommt. Als ich auf das Display meines Handys schaue, erscheint eine Kurznachricht: ein Daumen-Hoch-Emoji.

Ich bin erleichtert. Es ist von der Quelle, die mir die Tagebücher anvertraut hat. Ohne ihre Courage hätte es diesen Beitrag nicht gegeben. Es läuft der Abspann. Die Kollegen klatschen im Vorführraum.

Um 22:17 Uhr tippe ich: Ohne Sie hätte das nicht das Tageslicht erblickt.

22:22 Uhr: Gerne geschehen!

Berlin, 9. September 2020

Natürlich können sich die Abgeordneten und Mitglieder des Finanzausschusses nicht ernst genommen, nicht angemessen behandelt fühlen. Sie verkörpern die Volkssouveränität, den Deutschen Bundestag als Träger der Staatsgewalt. Zweimal haben dessen Abgeordnete Bundesfinanzminister Olaf Scholz bereits einbestellt. Einmal ist man sogar in einen abhörsicheren Raum gewechselt. Man hat ihm die Möglichkeit gegeben, sich zu seiner Rolle im Fall Warburg zu äußern. Zu den 47 Millionen. Nach unserer Berichterstattung im Februar hat der frühere Erste Hamburger Bürgermeister das Treffen mit den Warburg-Bankern, über das wir berichtet haben, eingestanden. Von den zwei anderen Treffen und dem Telefonat hat er den Mitgliedern des Finanzausschusses nichts gesagt. Jetzt, im September, da dies bekannt geworden ist, empfinden es etliche Abgeordnete als Unverschämtheit, dass Scholz die weiteren Treffen verschwiegen hat. Er sei höchst irritiert über die bisherigen Aussagen von Scholz, sagt CSU-Politiker Hans Michelbach schon am Morgen im Sender Phoenix. »Wir haben es nicht sehr gerne, wenn man uns die Wahrheit verschweigt.« Es sei die letzte Gelegenheit für Scholz, die Wahrheit zu sagen.

Scholz wird erneut in den Finanzausschuss zitiert, der wie immer nichtöffentlich tagt. Anschließend geht es auch öffentlich im Bundestag zur Sache. Der Minister nimmt dort kurz Stellung, bleibt stoisch bei seiner Version, keinen Einfluss genommen zu haben und sich ansonsten nicht mehr erinnern zu können. Er lässt sich nicht wirklich aus der Ruhe bringen und manches einfach abprallen. Überzeugend wirkt er dabei jedoch nicht.

Lisa Paus, die Finanzexpertin der Grünen, nennt Scholz einen »Mann der zwei Gesichter«. Einmal gebe er den Kämpfer gegen Steuerbetrug. Dann wiederum »kuschele er aber lieber mit der Wirtschaft«. Paus sagt, sie finde es »mehr als irritierend, dass der Finanzminister die Treffen im Finanzausschuss verschwiegen hat. Wer verschweigt, hat etwas zu verbergen«. Ihr Kollege Fabio De Masi von der Linken stellt fest, »Olaf Scholz hat im Bundestag Pinocchio gespielt und die Unwahrheit gesagt«. Er hält Scholz' Aussage für »nicht glaubhaft«, dass dieser keinen Einfluss auf das Steuerverfahren der Warburg-Bank genommen habe.

Am trefflichsten wird es drei Wochen später in der Hamburger Bürgerschaft der CDU-Abgeordnete Richard Seelmaecker einordnen: »Kein Mensch, kein Bürger dieser Stadt glaubt, dass ein Bürgermeister sich trifft mit einem Bankdirektor, es um 47 Millionen Euro oder mehr geht und man keine Erinnerungen daran hat.«

Hamburg, 28. Oktober 2020

Ähnlich wie sich etliche Abgeordnete des Finanzausschusses im Bundestag von Olaf Scholz brüskiert fühlen, ergeht es vielen Parlamentariern der Hamburger Bürgerschaft. Wieder steht ein Tagesordnungspunkt zur »Cum-Ex-Affäre« an, es geht um das Handeln des Hamburger Finanzamtes und der übergeordneten Hamburger Finanzbehörde, und zwar zu einem Zeitpunkt, als der Finanzsenator Peter Tschentscher hieß. Peter Tschentscher gibt zunächst eine Regierungserklärung zur Corona-Situation ab, weicht dann aber einer Debatte und damit den Fragen zu Cum-Ex aus. Beschlossen wird an diesem Tag, dass auch die Hamburger Bürgerschaft einen Parlamentarischen Untersuchungsausschuss einsetzt.

»Die Menschen aus ganz Deutschland schauen auf Hamburg derzeit, wegen des Cum-Ex-Skandals«, beginnt Richard Seelmaecker von der CDU die Debatte dazu. »Wir wollen die Glaubwürdigkeit der Stadt retten«, sagt die FDP-Abgeordnete Anna-Elisabeth von Treufels-Frowein. Norbert Hackbusch von der Linken bezeichnet die Warburg-Bank als »eine durchaus mächtige Institution in dieser Stadt«, die auch eine kräftige Unterstützung hat. Dementsprechend sei »eine kräftige, unabhängige Untersuchung dringend notwendig«. Erst mit Veröffentlichung von Zitaten aus den Tagebüchern habe Scholz sich ja an die Treffen mit dem Bankier erinnern können, »vorher hat er sie ja geleugnet«.

Es fallen noch einige Argumente dafür, das »47-Millionen-Geschenk« der Stadt an die Bank in einem Untersuchungsausschuss aufzuklären. Und auch von den Regierungsparteien SPD und Grüne mag sich in der Debatte niemand wirklich dagegen aussprechen. Der SPD-Abgeordnete Milan Pein behauptet allerdings schon im Vorgriff auf die Untersuchungen, dass es keinen Einfluss auf das Finanzamt gegeben habe.

Anschließend passiert etwas Historisches in der Hamburger Bürgerschaft: Nach der Linken stellt auch die CDU einen Antrag auf Einsetzung eines Parlamentarischen Untersuchungsausschusses. Dafür weicht die CDU sogar ihren Grundsatzbeschluss auf, nie mit den Linken zusammenzuarbeiten.

Hamburg, 30. April 2021

Nach einigem terminlichen Hin und Her muss nun auch Olaf Scholz im Untersuchungsausschuss der Hamburger Bürgerschaft aussagen. Der Mann, der sich gerade darum bewirbt, der Bundesregierung als Kanzler vorzustehen, präsentiert sich in Sachen Cum-Ex einmal mehr als schwerst vergesslich. Erinnerungslücke um Erinnerungslücke macht er geltend, als er Auskünfte zu seinen Gesprächen mit Christian Olearius geben soll – insgesamt fast 40 Mal.

Nichts Neues, könnte man also sagen mit Blick auf die Sitzung, in der Scholz erst einmal lange Zeit selbst vorträgt und aus all den Tagebucheinträgen folgert, dass er selbst sich stets korrekt verhalten habe. Doch bei der anschließenden Befragung wird es dann doch noch spannend. Das liegt an dem Grünen-Politiker Till Steffen, der bis zum Vorjahr unterschiedlichen Hamburger Regierungen als Justizsenator angehört hat. Er habe inzwischen gelernt, dass gewisse Parallelen zwischen dem Amt des Justiz- und des Finanzsenators beständen, sagt Steffen im Untersuchungsausschuss. Er erzählt von der strikten Zurückhaltung, die ihm als Justizsenator vorgeschrieben gewesen sei, wenn ihn mal jemand nach Hintergründen von Ermittlungsverfahren gefragt habe. Und so ähnlich sei es ja wohl auch im Zusammenwirken von Regierungsmitgliedern mit dem Finanzamt.

In seinen siebeneinhalb Jahren als Justizsenator, sagt Steffen dann, habe er es »nie erlebt, dass mich ein Schreiben erreicht hätte, wo ein Beschuldigter gesagt hätte: Ich war mit dieser Angelegenheit beim Bürgermeister, er hat mich gebeten, das Ihnen nochmal zu schicken«.

Scholz muss jetzt aufpassen, die Sache läuft für ihn in keine gute Richtung. Natürlich merkt er das auch.

Till Steffen spricht weiter. »Und da frage ich mich, wenn Sie jetzt aktiv, also, Sie lassen einen Telefontermin ausmachen, rufen selber an und sagen dann, also, das (...) haben Sie sich wohl überlegt, bevor Sie angerufen haben, was Sie sagen möchten: Schicken Sie das an den Finanzsenator! Was sollte der denn real tun? Also, ich würde meinen, sein Spielraum, konkret zu handeln, ohne dass das dann tatsächlich sehr wohl als Einflussnahme wahrgenommen würde, ist gleich null.«

Scholz sagt nichts. Er zuckt nur mit den Schultern. Als Profi weiß er, nonverbale Äußerungen werden im Protokoll nicht vermerkt

Es ist ein Moment im Untersuchungsausschuss, der die Sache auf den Punkt bringt. Warum empfahl Scholz dem tief in Cum-Ex-Kriminalität verwickelten Bankier, sich an seinen Parteifreund und Finanzsenator Peter Tschentscher zu wenden? Was sollte Tschentscher anfangen mit dem Warburg-Papier, mit welchem Olearius das Steuerverfahren beeinflussen wollte?

»Was soll er tun mit diesem Schreiben?«, fragt auch der Abgeordnete Till Steffen Olaf Scholz.

Dünnes Eis ist das jetzt für Scholz, sehr dünnes Eis. Er wiederholt nur stumpf, es habe keine Einflussnahme gegeben. Die Frage beantwortet er nicht.

Till Steffen fragt aber nach. »Was soll denn der Sinn gewesen sein, das dem Finanzsenator zukommen zu lassen?«

»Wir können doch jetzt nur spekulieren«, antwortet Scholz und wirkt dabei weitaus weniger souverän als in seinem langen Eingangsvortrag. Jedenfalls habe er nichts damit zu tun gehabt, sagt er nochmals.

Das ist natürlich unzutreffend, denn Scholz hielt es für richtig, dem Bankier den Hinweis zu geben, sich an den Finanzsenator zu wenden. Der frühere Justizsenator gibt immer noch nicht klein bei. Er wiederholt einfach seine Frage und macht Scholz auch noch einmal klar, worum es geht:

»Warum haben Sie in der Situation, wenn jemand verdächtigt wird, Steuern hinterzogen zu haben, warum haben Sie nicht gesagt: ›Ich glaube, dann müssen Sie sich jetzt rechtlich gut aufstellen und für sich das Beste daraus machen?‹ Sondern Sie sagen, okay, ich mach noch einen Telefontermin aus, und sagen dann, ich glaube, dieses Schreiben, (...) das muss jetzt nochmal an den Finanzsenator.«

Das Eis ist jetzt so dünn, dass Scholz einkrachen kann. Er muss etwas unternehmen. Eine Antwort auf die Frage will er nicht geben. Scholz war Erster Bürgermeister, der Fragesteller Till Steffen unter ihm Justizsenator. Scholz ist jetzt Vizekanzler, Steffen nur noch ein einfacher Abgeordneter in Hamburg. Scholz versucht es mit Autorität und macht sich kurzerhand zum Herrn des Verfahrens. Er spricht plötzlich, als sei er der Vorsitzende des Untersuchungsausschusses und nicht ein Zeuge.

»Herr Steffen, wir bewegen uns jetzt in der fünften spekulativen Ableitung über einen Sachverhalt, zu dem ich nur beitragen kann, was in einem Tagebucheintrag von Herrn Olearius steht, was ich eingangs geschildert habe. Ich glaube, wir sollten diese ganzen Ableitungsschritte nicht machen, weil sie keinen Sinn machen und es ausreicht, sich über Fakten zu unterhalten.«

Es ist ein Rollenwechsel, und er funktioniert. Der Zeuge Scholz gibt vor, was gefragt und worüber sich unterhalten werden soll. Vielleicht ist Steffen überrascht. Scholz jedenfalls schafft es, so aus der Bredouille zu kommen.

»Ich versuche nur, dem Sachverhalt, wie Sie ihn eingeführt haben, einen Sinn zu geben«, erklärt Steffen nach der etwas scharf klingenden Entgegnung von Scholz. Steffen glaubt offenbar, sich rechtfertigen zu müssen. Scholz ist jetzt wieder obenauf. Mit einer Prise Arroganz antwortet er Steffen: »Ja. Aber das ist vielleicht eine Sache, mit der Sie sich die nächsten Jahre noch beschäftigen.«

Scholz ist Profi. Anders als in den USA etwa werden solche Anhörungen in Parlamentarischen Untersuchungsausschüssen nicht live übertragen. In der Bundesrepublik gibt es nur ein Protokoll, und darin hält der Protokollant nur das gesprochene Wort fest, nicht das Achselzucken, nicht das Grinsen, nicht das beredte Schweigen von vorgeladenen Zeugen.

Von den Zeugen, die nach ihm im Ausschuss aussagen müssen, hat Scholz nichts zu befürchten – vorläufig. Mit der rot-grünen Mehrheit haben die Abgeordneten eine Reihenfolge festgelegt. Zeugen, die Scholz oder der Finanzbeamtin Frau P. gefährlich werden können, sind erst für Ausschusssitzungen nach der Bundestagswahl terminiert, etwa die Staatsanwältin Anne Brorhilker, die zumindest bei Frau P., Kahrs und Pawelczyk durchsuchen wollte.

Bonn, 1. Juni 2021

In den folgenden Monaten kann ich, jetzt vor allem mit meinem Kollegen Oliver Hollenstein, der von der *Zeit* zum *manager magazin* gewechselt ist, noch einige Enthüllungen veröffentlichen. Das Wirtschaftsmagazin publiziert eine vierteilige Serie zur Hamburg-Warburg-Saga. Warburg wehrt sich mit juristischen Schriftsätzen – fast jede Veröffentlichung bringt uns Klagen. Einmal attestiert uns der Medienanwalt Michael Nesselhauf »rattenhafte Verbissenheit«. Es klingt ähnlich überschäumend wie bei seinem Kollegen Otmar Kury. Offenbar spürt man auf der anderen Seite, dass sich der Wind deutlich gedreht hat.

Davon zeugt auch die Arbeit der Ankläger, die unbeirrt weitermachen. Bereits im Spätherbst 2020 hat vor dem Landgericht Bonn der Prozess gegen Christian Schmid, den ehemaligen Generalbevollmächtigten der Warburg-Bank, begonnen. Schmid, immer auch ein enger Vertrauter des Mitinhabers Olearius, ist inzwischen Mitte 70. Die Staatsanwältin Anne Brorhilker wirft ihm Steuerhinterziehung in 13 besonders schweren Fällen vor. Diese beziehen sich auf die Geschäfte der Warburg-Bank selbst, zudem geht es um Geschäfte zweier Fonds einer Warburg-Tochter. Rechnet man alles zusammen, soll Schmid mit weiteren Warburg-Managern mehr als 300 Millionen Euro für die Bank vom Fiskus erbeutet haben.

Der Vorwurf ist erneut der gleiche: Sie ließen sich Steuern erstatten, die niemals gezahlt wurden. Schmid droht eine Haftstrafe von bis zu zehn Jahren. Nach zwei Engländern ist er der erste deutsche Banker, der für Cum-Ex-Deals angeklagt wird. Er selbst hat stets behauptet, er habe gar keine Ahnung von den Geschäften gehabt. Einer mehr, der sich als Opfer Hanno Bergers oder anderer Cum-Ex-Organisatoren gibt.

Auf mehr als 200 Seiten Anklageschrift versucht die Staatsanwaltschaft, das Gegenteil zu beweisen. Christian Schmid und weitere Mitarbeiter der Bank hätten vorsätzlich gehandelt. Die Ermittler stützen sich auf Zeugenaussagen, aber auch auf zahlreiche Unterlagen. Fünf Jahre lang haben sie Tausende E-Mails und interne Papiere gesichtet. Darin lässt sich nachvollziehen, dass die Banker beispielsweise genau informiert waren über Versuche des Gesetzgebers, Cum-Ex zu verhindern.

Immer wieder diskutierten sie, ob und wie man die Geschäfte anpassen müsse. Insgesamt verursachten die Geschäfte, die Christian Schmid und weiteren Warburg-Managern zur Last gelegt werden, zwischen 2006 und 2013 einen Steuerschaden von mehr als 326 Millionen Euro.

Konkret wirft die Staatsanwaltschaft dem Angeklagten vor, auf allen Ebenen der Produktprüfung, Produktfreigabe und der Umsetzung mitgewirkt zu haben. Er sei bei zahlreichen entscheidenden Treffen dabei gewesen. Er soll die Details der Geschäfte geplant und dann der Führung der Bank vorgelegt haben. Die Staatsanwaltschaft plädiert für zehn Jahre Haft. Seine Verteidiger, darunter Thomas Fischer, ein früherer Vorsitzende Richter am Bundesgerichtshof, fordern einen Freispruch.

Verurteilt wird Christian Schmid schließlich zu einer Gefängnisstrafe von fünfeinhalb Jahren und außerdem zu einer Zahlung von 100 000 Euro. Er hat Revision gegen das Urteil eingelegt, es ist somit noch nicht rechtskräftig. Die beiden Engländer, die in Bonn vor Christian Schmid verurteilt wurden, hatten mit der Staatsanwaltschaft kooperiert und bekanntlich dadurch Strafen erhalten, die zur Bewährung ausgesetzt wurden. Sollte der einstige Warburg-Bevollmächtige auch in nächster Instanz verlieren, wird er unter all den beteiligten Bankern und Finanzmanagern der erste sein, der wegen Cum-Ex-Geschäften ins Gefängnis muss. Sein fortgeschrittenes Alter dürfte ihn vor der Inhaftierung nicht schützen.

So wäre es wohl auch bei Christian Olearius, gegen den weiterhin auch persönlich ermittelt wird. Insider gehen von einer Anklage aus. In der 524 Seiten starken Urteilsbegründung zum ersten Cum-Ex-Urteil in der Geschichte Deutschlands wird Olearius auf 80 Seiten erwähnt, meist zusammen mit Schmid. Es sei auszuschließen, dass die beiden Banker angesichts ihrer Erfahrung »auch nur entfernt davon ausgingen, am Aktien- oder am Derivatmarkt sei es möglich, risikolos und quasi unbegrenzt derartige Profite zu generieren«, urteilten die Richter. Ihnen habe vor Augen gestanden, »dass der für die Bank generierte Profit aus der Kasse des Fiskus stammte«. Die ewige Ausrede, man habe die Cum-Ex-Geschäfte nicht durchblickt und auch nicht gewusst, dass der Profit vom Staat gekommen sei, zählt vor Gericht nun nicht mehr.

Hamburg, 28. September 2021

Zwei Tage nach der Bundestagswahl bringt eine Nachricht Cum-Ex erneut in die Schlagzeilen. Es ist sieben Wochen her, dass die Finanzbeamtin P. im Untersuchungsausschuss versichert hat, es habe keine politische Beeinflussung gegeben. In der SPD gilt Frau P. als Entlastungszeugin. Nun wird von einer Razzia berichtet. Wegen des Verdachts auf »Begünstigung« durchsuchen Ermittler das Büro der Beamtin in der Finanzbehörde und zudem ihr Haus. Staatsanwältin Brorhilker, mittlerweile zur Hauptabteilungsleiterin aufgestiegen, geht auch gegen die SPD-Politiker Pawelczyk und Kahrs vor. Die Wohnung von Kahrs wird durchsucht. Kahrs und Pawelczyk haben 2016 für Christian Olearius beim Bürgermeister Scholz vorgesprochen. Später erhielt Kahrs' SPD-Kreisverband Parteispenden von Firmen, die zur Warburg-Bank gehören.

Die angebliche Entlastungszeugin P. ist zur Beschuldigten geworden. Gegen zwei involvierte Sozialdemokraten wird ermittelt. Die Razzien in Hamburg bringen weiteres Licht in das verborgene Zusammenspiel von Bankern, SPD-Politikern und Finanzbeamten.

18

Hamburg, 18. Januar 2021

Der Informationsdienst *Bloomberg TV* berichtet über neue Cum-Ex-Ermittlungen in Dänemark. Im Fokus der Ermittler stand bislang allein Sanjay Shah, der mit seinem Unternehmen Solo Capital LLP und weiteren Firmen 1,2 Milliarden Euro aus der Staatskasse des skandinavischen Landes gestohlen haben soll. Dänische Staatsanwälte haben Shah bereits wegen Steuerbetrugs angeklagt. Es drohen ihm zwölf Jahre Gefängnis.

Neben Shah haben die dänischen Behörden laut *Bloomberg* nun auch »eine Reihe anderer Verdächtiger« auf ihrer Liste. Wie Deutschland wirkt auch Dänemark nunmehr entschlossen im Kampf gegen Cum-Ex. Der Staat fordert die Rückerstattung gestohlener Gelder. Täter sollen ausgeliefert, andere neben Shah auch in Dänemark angeklagt werden. Zudem haben die dänischen Behörden bereits erreicht, dass Vermögenswerte von Shah im Wert von rund 500 Millionen Euro eingefroren wurden. Darunter ist auch sein 15 Millionen Euro teures Haus in London.

Ich bin interessiert an den Entwicklungen im Nachbarland, war allerdings die vergangenen Monate vornehmlich mit der Warburg-Bank und Olaf Scholz beschäftigt. Vor ein paar Tagen erst haben mein Kollege Oliver Hollenstein und ich einen Bericht im *manager magazin* veröffentlicht: »Frau P., die Banker, Olaf Scholz und der Hamburger Bürgermeister«, lautete die Überschrift. Während der Hamburger Untersuchungsausschuss noch nicht so richtig in Fahrt kommt, mussten im Bonner Prozess gegen den früheren Generalbevollmächtigten der Warburg-Bank eine ganze Reihe von Finanzbeamten aus Hamburg aussagen. Darunter war auch Frau P., »die sich offenbar fürsorglich um die Bank kümmerte«, wie es im Vorspann unseres Artikels heißt.

Es ist der Auftakt einer ganzen Reihe von Texten, die Oliver und ich im *manager magazin* veröffentlichen. Dafür können wir auf all die Aussagen der Finanzbeamten vor dem Landgericht in Bonn zurückgreifen, aber auch auf rund 20 000 Seiten E-Mails, Vermerke und Korrespondenz der Hamburger Finanzverwaltung, die mir zugespielt worden sind. Sie liefern einen detaillierten Überblick über die Vorgänge rund um das »47-Millionen-Geschenk« der Stadt an die Warburg-Bank. Weil die Abgeordneten selbst noch nicht über Akten verfügen, befeuern unsere Berichte inhaltlich den Untersuchungsausschuss.

Die Anwaltsriege von Max Warburg und Christian Olearius, die als »Betroffenen-Anwälte« an den Ausschutzsitzungen teilnehmen, feuert auch. Sie unterstellen uns eine »Zielfernrohreinstellung auf das Bankhaus Warburg« und sprechen öffentlich von einer »niemals abreißenden, immer aufreizenden und zahllose Wiederholungen nicht scheuenden Kette von Beiträgen außer bei *Panorama* auch bei der *Zeit* und beim *Managermagazin*«.

Außerdem müht sich Christian Olearius weiterhin mithilfe seines Medienanwalts Michael Nesselhauf aus Leibeskräften, unsere Recherchen juristisch zu attackieren. Olearius geht dabei nicht nur gegen das Medium juristisch vor, sondern auch gegen Oliver Hollenstein und mich persönlich. Die Abmahnungen, in denen er uns Äußerungen verbieten will, lässt sein Anwalt Nesselhauf vorzugsweise samstags zustellen. Natürlich lassen wir uns nicht darauf ein, worauf Nesselhauf regelmäßig vor Gericht geht. Einmal unterstellt er uns »Gehässigkeit, Niedertracht«. Und obwohl Nesselhauf Christian Olearius vertritt, will er uns auch Sätze mit Bezug auf die Finanzbeamtin P. untersagen. Dabei gleitet er zuweilen ins Absurde ab. Selbst der Satz: »Blankenese hat knapp 14 000 Einwohner, wer schon lange hier wohnt, kennt sich« soll uns verboten werden.

Am Mittag retweete ich den *Bloomberg*-Artikel »More Traders Likely Face Charges in Danish Tax Investigations« und markiere in dem Tweet eine Reihe von Politikern und Journalisten, vor allem Kollegen unserer Recherchekooperation CumEx-Files aus dem Jahr 2018. Sie bekommen den Retweet durch die Markierung noch einmal extra angezeigt. Dazu frage ich in dem Retweet: »Geht neben Deutschland eigentlich nur Dänemark juristisch gegen #CumEx-Steuerräuber vor?«

Eine halbe Stunde später antwortet Stefan Melichar, jetzt beim Nachrichtenmagazin *profil.* »Einige Ermittlungen hier in Österreich – Ich vermute, #CumExFiles hat ein bisschen geholfen …« Neben Stefan, der 2018 dabei war, melden sich weitere Kooperationspartner von damals. Niels Fastrup vom dänischen Rundfunk *DR* schreibt: »Ziemlich sicher gibt es auch Ermittlungen in Belgien, unter anderem auch gegen Sanjay Shah. Also Ermittlungen in Deutschland, Dänemark, Österreich und Belgien.« – »Nicht gerade viel«, meint Sylke Gruhnwald aus der Schweiz. Eric Smit von *Follow the Money* schreibt: »2005 unternahm in den Niederlanden der Finanzermittlungsdienst (FIOD) einen Versuch, aber das war es auch schon.«

Und dann meldet sich auf Twitter Tanja Nyrup Madsen. Sie arbeitete früher für den *DR* und hatte bei unseren Recherchen sehr dazu beigetragen, dass wir aufzeigen konnten, welche Banken und Fonds in Europa in Cum-Ex- oder Cum-Cum-Geschäfte verwickelt waren. Mittlerweile ist Tanja Chefredakteurin von *Mandag Morgen,* einem dänischen Wochenmagazin. Auf meine Frage auf Twitter, in welchen Ländern mittlerweile Cum-Ex-Ermittlungen laufen, antwortet sie: »Ich denke, es wäre relevant, eine Folgegeschichte über all die Länder zu machen …«

Tanja hat recht. Im November 2018 hatte das EU-Parlament zwar als Reaktion auf die Cum-Ex-Files eine Resolution verabschiedet und die Europäische Wertpapier- und Marktaufsichtsbehörde (ESMA) mit einer Untersuchung beauftragt. Doch diese hat sich zwei Jahre Zeit gelassen und vergleichsweise wenig zutage gefördert. Im 70-seitigen Abschlussbericht gibt es einige Hinweise, wie Banker, Berater und Aktienhändler auch mit anderen rein steuergetriebenen Modellen wie Cum-Fake oder ADRs (siehe Anhang) in die Staatskassen gegriffen haben könnten. Doch wie sich herausstellt, hat die ESMA überhaupt keine eigenen Ermittlungen angestellt. Ihr Bericht beruht lediglich auf der Auswertung eines Fragebogens, den nationale Aufsichtsbehörden ausgefüllt haben.

Das Ergebnis dieser EU-weiten Umfrage ist ernüchternd. Die meisten Länder haben demnach keine Erkenntnis, ob sie ausgeraubt wurden. Und Länder wie Schweden oder Spanien, die durch unsere Recherchen erfuhren, dass auch sie Opfer von Cum-Ex-Steuerräubern waren, haben bis heute keine eigenen Untersuchungen eingeleitet. Frankreich wiederum meint, doppelte Erstattungen seien dort nicht möglich – und lässt dabei einfach mal unter den Tisch fallen, dass unsere Kollegen von *Le Monde* damals mit uns enthüllt haben, wie durch Cum-Cum, den großen Bruder von Cum-Ex, Milliarden aus der französischen Steuerkasse gestohlen wurden. Im Vergleich zu anderen EU-Staaten ist die deutsche Aufsichtsbehörde BaFin fast schon eine Art Klassenprimus.

Ich greife den Tweet von Tanja auf und frage die neue Chefredaktion von *Correctiv,* ob man dort noch einmal koordinieren würde. »Wir könnten alle gemeinsam eine Nachfolgegeschichte veröffentlichen & den halbtoten Ermittlungen der ESMA Leben einhauchen«, schreibe ich. »Vielen Dank Tanja für diese tolle Idee! #CumExFiles lebt!«

Die Reaktion lässt nicht lange auf sich warten. »Let's talk!«, schreibt *Correctiv*-Chefredakteurin Olaya Argüeso Pérez. »Lass uns darüber reden!« Das Nachfolgeprojekt der CumEx-Files ist geboren, auf Twitter. Vor drei Jahren haben wir uns unter größter Geheimhaltung zusammengetan und sechs Monate still und leise recherchiert. Nun machen wir unser Vorhaben von Anfang an öffentlich.

Correctiv stellt die Logistik zur Verfügung, die für eine breite internationale Zusammenarbeit dringend notwendig ist. Alle neuen Dokumente, die bei mir seit der Veröffentlichung der CumEx-Files vor drei Jahren aufgelaufen sind, fließen nun digitalisiert in eine Datenbank, auf die sich über eine besondere Leitung zugreifen lässt. *Correctiv* sorgt für eine sichere Kommunikationsplattform.

Es ist schade, dass wir uns in Pandemie-Zeiten nicht physisch treffen können. Aber das hätte wohl auch sonst nicht geklappt. CumEx-Files II beschränkt sich nicht mehr auf Europa. Cum-Ex ist ja auch kein rein europäisches Problem, das hat uns der Sanjay-Shah-Zögling vor Augen geführt, den wir in dem Londoner Hotel als angebliche Milliardäre vor versteckten Kameras zum Reden gebracht hatten. Er präsentierte uns dabei Dokumente, aus denen hervorging, dass Cum-Ex und ähnliche Geschäfte auch über mindestens eine japanische Bank laufen.

Entsprechend wird unsere Kooperation in den nächsten Wochen wachsen. Wir bekommen diesmal Medienpartner von allen fünf Kontinenten an Bord, darunter große Fernsehredaktionen wie die NBC in den USA, der kanadische öffentlich-rechtliche Sender CBC und die ABC aus Australien. Auch Kollegen aus Südafrika und Japan recherchieren mit.

Hamburg, 15. März 2021

Auf unserer ersten Zoom-Sitzung definieren wir den Rechercherahmen. Die CumEx-Files II sollen zunächst eine Bestandsaufnahme bieten. Wir wollen uns einen Überblick darüber verschaffen, welche Gesetzesänderungen es in den verschiedenen Ländern seit unserer ersten Veröffentlichung gegeben hat und die entsprechenden Gerichtsverfahren erfassen und auswerten. Sodann wollen wir die Schadenssumme auf der Basis aktuellerer Zahlen neu berechnen. Und schließlich geht es uns darum, ob und wie die Gangster ihre Produkte den neuen Regelungen in den einzelnen Staaten anpassen. Mit welchen rein steuergetriebenen Geschäften rauben sie heute die Staatskassen aus? Und, falls das so ist: Was unternehmen die Behörden dagegen?

Wir werden dafür wieder Gespräche mit Experten und Insidern führen und einige Gigabyte Akten auswerten müssen. Außerdem werden wir versuchen, Interviews mit spannenden Gesprächspartnern zu bekommen, mit Ermittlern und Staatsanwälten, aber auch mit Cum-Ex-Betrügern. Der gemeinsame, weltweite Aufschlag soll im Herbst stattfinden.

Zürich, 9. Juli 2021

Mitten in unsere Arbeit platzt eine Nachricht aus der Schweiz. Das Nachbarland sei für Mister Cum-Ex offenbar kein sicherer Zufluchtsort mehr, vermeldet die *tagesschau:* Neun Jahre nach seiner Flucht aus Deutschland haben Beamte der Kantonspolizei Graubünden Hanno Berger festgenommen.

In Deutschland musste Berger all die Jahre mit seiner Verhaftung rechnen. Wegen schwerer Steuerhinterziehung hat die Generalstaatsanwaltschaft Frankfurt bereits 2017 Anklage gegen ihn erhoben. Im Januar ließ auch das Landgericht Bonn eine Anklage gegen den Steuerexperten zu und stellte einen internationalen Haftbefehl gegen ihn aus. Und nun liegt ein Auslieferungsantrag aus Deutschland gegen den Mann vor, der maßgeblich dabei half, so viele Cum-Ex-Deals zu ermöglichen. Der

Vorwurf lautet, ungerechtfertigte Steuerrückerstattungen in Höhe von insgesamt rund 392 Millionen Euro erwirkt zu haben.

Hanno Berger wird sich in den folgenden Wochen an das Bundesamt für Justiz wenden und beantragen, aus der Haft entlassen zu werden. Für seine Freilassung aus dem Gefängnis wird er eine Kaution von 100 000 Schweizer Franken anbieten. Der inzwischen 70-Jährige wird, wie die *Neue Zürcher Zeitung* berichtet, auch das Attest eines Arztes vorlegen. Dieser bescheinigt ihm, »für absehbare Zeit (vermutlich auch dauerhaft) weder haft-, reise- noch verhandlungsfähig« zu sein. Eine längere Inhaftierung werde »höchstwahrscheinlich zu dauerhaften und irreversiblen Gesundheitsschäden, möglicherweise zum Tod führen«, schreibt der Arzt.

Allerdings wird Berger mit seinem Antrag scheitern. Er wird in Haft bleiben und sich deshalb an die Beschwerdekammer des Bundesstrafgerichts in Bellinzona wenden. Die Richter dort werden seine Beschwerde gegen den Auslieferungshaftbefehl ablehnen. Die angebotene Kaution von 100 000 Franken werden sie als »völlig ungenügend« bezeichnen und zudem festhalten, dass sich Berger in den vergangenen Wochen in der Auslieferungshaft als »hafterstehungsfähig« erwiesen habe. Eine amtsärztliche Untersuchung habe Berger verweigert.

Berger in Auslieferungshaft – im Schatten dieser Nachricht geht in diesen Tagen beinahe unter, dass in Deutschland das Bundesfinanzministerium (BMF) ein Rundschreiben aus dem Sommer 2017 verschärft. Damals ging es um die sogenannten Cum-Cum-Geschäfte. »Cum-Cum wird jetzt per se als missbräuchlich betrachtet, auch rückwirkend«, schreibt mir *Panorama*-Kollege Christian Salewski und bringt das 13-seitige Schreiben, das die obersten Finanzbehörden aller 16 Bundesländer am 9. Juli erhalten haben, auf den Punkt: »Bisher hieß es, Cum-Cum könne Gestaltungsmissbrauch darstellen, das sei vom Einzelfall abhängig. Jetzt sagt das BMF, bei Cum-Cum-Kreisgeschäften sei das wirtschaftliche Eigentum nie an den Käufer übergegangen, und deshalb könne auch keine Steuer angerechnet werden.« Wir sind uns einig: Wenn das auf alle noch nicht verjährten Fälle angewendet wird, kann sich der Staat eine enorme Summe zurückholen.

Neben dem steuerrechtlichen Aspekt stellt sich uns die Frage, ob

Staatsanwälte in Deutschland bald auch strafrechtlich wegen Cum-Cum-Geschäften gegen Banker und Berater vorgehen. Bislang ermitteln sie allein wegen Cum-Ex – und warten hierbei sehnsüchtig auf einen Entscheid des Bundesgerichtshofes, dass diese Art von Aktienhandel schlicht illegal war und ist.

Karlsruhe, 28. Juli 2021

Es ist soweit. An diesem Tag entsteht juristische Klarheit – unmissverständlich, gut begründet und letztinstanzlich. Der Bundesgerichtshof (BGH) in Karlsruhe entscheidet, dass es sich bei Cum-Ex-Geschäften von Investoren und Banken um strafbare Steuerhinterziehung handelt. Die Richter verwerfen damit die Revision gegen das Urteil des Landgerichts Bonn gegen den britischen Börsenhändler Martin Shields und seinen Kollegen. Sie stellen auch klar, dass die Millionengewinne aus den Geschäften von der Bank M.M. Warburg & CO eingezogen werden können. Die bisherige Erzählung vom Steuerschlupfloch, das man nun mal gefunden und genutzt habe, wie sie von so vielen Cum-Ex-Bankern und ihren Kunden bemüht wurde, ist ab heute nichts mehr wert. »Eine Lücke gab es hier nicht«, sagt Rolf Raum, der Vorsitzende Richter am ersten Strafsenat des Bundesgerichtshofs. Die Taten, die zwischen 2007 und 2011 von den Angeklagten verübt wurden, seien auch nicht verjährt.

Mehrere Kommentatoren nennen das Urteil des Bundesgerichtshofs historisch. Das ist, finde ich, nicht übertrieben. Jetzt kann es gelingen, wenigstens einen Teil der Beute zurückzuholen. Allein die Hamburger Privatbank M.M. Warburg & CO muss einen dreistelligen Millionenbetrag zurückzuzahlen. An diesem Tag meldet sich auch eine Quelle aus den Justiz- und Ermittlerkreisen in NRW. Sie schreibt nur ein Wort: »Gewonnen!«

Hamburg, 29. Juli 2021

Am Morgen nach dem Urteil in Karlsruhe erhalte ich eine längere Nachricht von Hanno Bergers früherem Partner. Der Mann, den wir in unseren Veröffentlichungen Benjamin Frey nennen, hat mit seinen umfangreichen, über Monate und Jahre getätigten Aussagen dazu beigetragen, dass erste Täter verurteilt und Millionen zurückgewonnen werden können. Obwohl ihn die Staatsanwaltschaften als Beschuldigten führen, hat er mehrfach als Zeuge vor Gericht ausgesagt. Banken wie M.M. Warburg gehen inzwischen zivilrechtlich gegen ihn vor, allein die Hamburger Privatbank will ihn auf 375 Millionen Euro verklagen, ein anderes Geldinstitut auf 330 Millionen Euro. Die fast 177 Millionen aus Cum-Ex-Geschäften, auf die Warburg nach dem BGH-Urteil keinen Anspruch hat, will sie sich von Frey holen – und noch mehr.

Natürlich hat ihn die Entscheidung des Bundesgerichtshofs aufgewühlt. Ich antworte ihm, er könne auf den gestrigen Tag verdammt stolz sein. Ohne seine Hilfe hätten die Staatsanwälte womöglich irgendwelche Deals mit den Beschuldigten machen müssen.

Frey gilt vielen in der Cum-Ex-Szene als Verräter; als Kronzeuge, der andere ans Messer liefert und so doch nur seine Strafe kleinreden wolle. Ein Kronzeuge kann Straferleichterung erhalten, doch so weit ist es bei Frey noch nicht. Er wird erst später vor Gericht stehen. Ohne handfeste Zusage der Behörden hat er den Ermittlern die Deals der Vergangenheit bis in die kleinste Verästelung erklärt, hat all sein Fachwissen geteilt, hat Komplizen von einst überzeugt, ebenfalls bei der Staatsanwaltschaft auszupacken und somit die Strafverfolger auf Stand gebracht und in die Lage versetzt, aus Ermittlungen schlüssige Anklagen zu machen.

Vielleicht, auch das schreibe ich Frey, ist es an der Zeit, dass er mit seinem echten Namen auftritt. Schließlich kann er dann auch auf sich selbst stolz sein, und nicht nur auf Benjamin Frey.

Dubai, 19. August 2021

Vor mehr als drei Jahren haben wir Benjamin Frey interviewt und lange mit ihm über Sanjay Shah gesprochen, über dessen gnadenlose Gier nach Geld und sein ausschweifendes Berufs- und Privatleben mit den wilden Partys zum Formel-Eins-Wochenende in Abu Dhabi auf einer Yacht mit dem Namen »Cum-Ex«. Shah schien ein Typ zu sein wie Leonardo Di Caprio als Aktienhändler Jordan Belfort in dem Hollywood-Film *Wolf of Wallstreet:* böse und genial, maß- und skrupellos, raffgierig und hemmungslos.

Jetzt sitzt er vor uns, Sanjay Shah, 50, der »Cowboy«, »der verrückte Hund«, »der Autist«, wie ihn Frey und andere aus der Cum-Ex-Szene nennen. Seit mehr als fünf Jahren ist er in Belgien und Deutschland im Visier von Ermittlern und Staatsanwälten, in Dänemark gilt er als so etwas wie der Staatsfeind Nr. 1. Die Steuerbehörden dort haben mittlerweile auch Klagen gegen Shah und die Mitglieder seines Netzwerkes in London, New York, Dubai und Kuala Lumpur eingereicht. Sie versuchen auf zivilrechtlichem Weg an das gestohlene Geld zu kommen. Und vor drei Monaten, im Mai 2021, haben die Strafverfolgungsbehörden in Kopenhagen einen neuen Haftbefehl wegen schweren Betrugs erwirkt.

Die ersten Fragen an Sanjay Shah liegen auf der Hand: Haben Sie Angst, nach Dänemark ausgeliefert zu werden und dort für viele Jahre ins Gefängnis zu müssen?

»Wissen Sie, ins Gefängnis zu gehen, bedeutet nicht, dass dies das Ende meines Lebens ist. Es bedeutet, dass ich bestraft werde. Wenn ich ins Gefängnis gehe, ist es so, als würde ich in ein Kurbad gehen. Keine Zigaretten, kein Alkohol, nichts tun, außer den ganzen Tag herumlaufen. Es ist also nicht schlimm. Und wenn überhaupt, wird es mich gesünder machen. Und ich werde das Gefängnis wieder verlassen.«

Die Antwort macht stutzig, klingt großspurig. Aber Shah weiß, wovon er spricht. Es ist noch nicht so lange her, dass er in Dubai im Gefängnis saß. »Ich habe ein paar Wochen dort verbracht. Ich hatte vor, eine Villa zu kaufen und stellte einen Scheck aus.« Aber die Zentralbank hatte auch dieses Konto eingefroren, der Scheck platzte. Shah war drei Wochen im Gefängnis, kam schließlich auf Kaution frei.

»Es war viel schöner, als ich erwartet hatte. Es war sehr sauber. Alle waren sehr höflich zueinander und so weiter. Aber ja, ich denke, dass ich mir keine Sorgen mache, vor Gericht zu gehen, weil ich glaube, dass ich nichts falsch gemacht habe.«

Bis 2019 hatte Shah ein Büro im Finanzdistrikt von Dubai. Aber dann kamen die Sanktionen, wurde ein Großteil seines Vermögens eingefroren. »Mir ging das Geld aus und ich musste alle meine Mitarbeiter entlassen. Und seitdem arbeite ich weiterhin von zu Hause aus, was nicht allzu angenehm ist. Das wird manchmal langweilig.«

Bis dahin war sein Leben alles andere als langweilig. Shah ist in London geboren und dort auch aufgewachsen. Er besuchte eine Privatschule. Sein Vater war Chirurg, seine Mutter Damenschneiderin. Sein Vater erwartete, dass er in dessen Fußstapfen tritt. Also studierte Shah Medizin. Nach einem Jahr begriff er, dass ein medizinischer Beruf nichts für ihn ist. Er heuerte bei KPMG an, einer der großen Wirtschaftsprüfungsfirmen, und studierte nebenher ein bisschen Buchhaltungslehre. Die nächste Station war die große US-Investmentbank Merrill Lynch. Es folgte Morgan Stanley, DLJ, eine kleine Investment Bank mit Hauptsitz Boston, und schließlich landete er bei der Londoner Niederlassung von Credit Suisse. Dort traf er auf seinen Lehrmeister: Paul Mora.

»Ich wurde Paul Moras Assistent. Zunächst arbeiteten wir zu zweit, nur Paul und ich. Und ich sah zu ihm auf, sah tatsächlich zu ihm auf«, sagt Shah und deutet mit der Hand an, dass Mora ein bis zwei Köpfe größer ist.

»Und dann, nach einem Jahr, stellte Paul noch einige andere Leute ein. Das war sehr gut für mich. Ich habe sehr viel von Paul gelernt, aber mehr noch von den anderen. Sie kannten den Markt, und ich traf Leute, die ich normalerweise nie getroffen hätte. Und ich habe da etwas über die Arten von Trades gelernt, über die wir heute sprechen.«

Mit seinem Know-how über steuergetriebene Aktiengeschäfte wurde Shah für andere Banken interessant. Ein Headhunter lotste ihn zu ING, danach ging es weiter zur Rabo Bank, einem niederländischen Geldinstitut.

»Bei der Rabo Bank hatte ich das erste Mal mit lupenreinen Cum-Ex-Trades zu tun. Die Leute kamen auf mich zu und fragten: Können Sie

Leerverkäufe machen? Und ich wusste nicht wirklich, wie das geht. Also haben sie es auf ein Blatt Papier aufgemalt, auf eine Serviette, glaube ich, in einem Café. Und ich sagte, okay, ich werde einen Businessplan erstellen.«

Eine Fortbildung in Sachen Cum-Ex bekam Shah auf Seminaren von Freshfields. »Und dort redeten wir über Spanien oder Deutschland, Österreich und so weiter. Es war sehr einfach, wenn man wusste, wie es geht. Es war wie das Rezept für Coca-Cola oder für Kentucky Fried Chicken. Wenn sie das Geheimnis kennen, werden sie es nicht wirklich mit allen teilen. Aber viele kannten es, also haben alle ganz offen bei den Banken über diese Geschäfte gesprochen. Niemand sagte uns, dies sei illegal.«

2008 verlor er in der Finanzkrise seinen Job bei der Rabo Bank. Eine andere Anstellung fand er nicht, doch er kannte genug Leute am Finanzplatz in London – und er wusste, wie man mit Cum-Ex Geld verdienen kann, viel Geld.

»Also beschloss ich, eine Firma zu gründen, die Solo Capital hieß, für mich der Symbolname eines Einzelgängers. Und ich war der Boss, ich habe einfach kopiert, was in der Branche um 2006, 2007 herum passierte.«

2009 zog er mit seiner Frau und den drei Kindern nach Dubai. Für Shah der perfekte Ort: sicher, viel Sonne und alles so gut wie steuerfrei.

»Wir hatten Investoren aus den USA, und wir hatten ein erfolgreiches Trading auf unserem Konto bei Merrill Lynch, und wir verdienten Geld. Und für mich war das großartig, denn nachdem ich 2009 kein Geld verdient hatte, war ich Ende 2010 sehr froh, dass der Businessplan funktioniert hat. Zu diesem Zeitpunkt hatte ich also genug Geld verdient, um zu sagen, okay, ich habe ein Vielfaches von dem verdient, was ich erwartet hatte. Jetzt kann ich dieses Geld nehmen und die Ausbildung meiner Kinder bezahlen und ein schönes Zuhause haben.« Shah kaufte zunächst das Anwesen auf der »Palme« für 4,5 Millionen.

Maßlos war Shah auch bei seinen Cum-Ex-Geschäften. In Dänemark gaben er und seine Partner einmal vor, bei einer Aktiengesellschaft 2,6 Millionen Anteile zu besitzen, und verlangten dafür die Steuerbescheinigung, um sich beim dänischen Fiskus das Geld erstatten zu lassen.

Dabei hätten sie als ausländische Aktionäre maximal 1,7 Millionen Anteile halten können.

Allerdings hatte Shah Schwierigkeiten, eine Bank zu finden, bei der er ein Konto eröffnen konnte, um dreistellige Millionenbeträge zu transferieren – Gewinne aus Cum-Ex-Geschäften. »Irgendwann ging einem Mitarbeiter ein Licht auf: Wir brauchen eine eigene Bank, wir müssen eine gründen.« Weil es zu langwierig und zu umständlich war, eine Lizenz zu erwerben, kaufte sich Shah schließlich bei der Hamburger Privatbank Varengold ein, teils offiziell, teilweise sicherte er sich über Strohmänner weitere Anteile. Letztlich besaß Shah 80 Prozent der Bank – und kam damit seinem Lehrmeister Paul Mora in die Quere. Der hielt ebenfalls Anteile an dem kleinen Geldinstitut am Hamburger Fischmarkt und sah nun seine Geschäfte bedroht, da Shah mehrheitlich die Bank kontrollierte.

Wir spielen Shah den Mitschnitt eines Telefonates zwischen Paul Mora und einem damaligen Vorstand der Varengold Bank vor, das uns zugespielt worden ist. Darauf ist zu hören, wie Mora seinem Unmut über Shah freien Lauf lässt:

»Nun, ihm gehört die Bank, nicht wahr? Also, wissen Sie, wenn wir ein Problem mit der Bank haben, dann haben wir ein Problem mit Sanjay. Und nur um das klarzustellen, wir wissen, dass Sanjay die Bank kontrolliert.«

»Dann wissen Sie Dinge, die ich nicht weiß«, antwortet der Varengold-Vorstand.

»Wow. Okay. Ja. Wirklich?«, fragt Mora.

Mora will sich mit Shah treffen. »Ich will eine Lösung finden, das kann auf freundschaftliche Weise geschehen. (…) Aber wenn Sanjay wegläuft und sich versteckt oder versucht, mich in den Arsch zu ficken, dann …«

Über Shahs Gesicht huscht ein Lächeln: »Ja, ja, ich kenne den Hintergrund des Telefonats. Das war um 2013, 2014«, sagt Shah. Mora habe auch Anteile an der Bank gehabt, aber nur 9,9 Prozent. »Und Paul Mora war verärgert, weil er dachte, sie hätten ihm und mir die Bank verkauft. Ja, Paul dachte, dass ich versuche, ihn zu verarschen. Am Ende kaufte ich seine Aktien zu einem Preis von fünf Millionen Euro, was weit über dem Marktpreis lag. Ich hatte also nie schlechte Vibes oder schlechte Absichten mit Paul.«

Wir reden über seine Partys, seine Yacht, seine Villa auf der Palmeninsel. Früher besaß er drei Ferraris für Spritztouren am Wochenende. Für den täglichen Gebrauch benutzte er einen Mercedes C 63, sein Lieblingsauto. Heute fährt Shah einen geleasten VW Touareg. »Mit dem Geld ist es nicht mehr wie früher«, sagt Shah. Nachdem sein Vermögen eingefroren wurde, verkaufte er die Autos.

»Ich musste diese Autos loswerden, aber ich bin nicht allzu traurig, weil ich weiß, dass ich eines Tages zurückkommen werde, wenn ich mit meinem Rechtsfall fertig bin, und ich freue mich darauf, Autos zu kaufen«.

Die Garage für die Ferraris dient jetzt als Gym für die Kinder. Seit vor fünf Jahren die Ermittlungen gegen ihn begannen und er Dubai nicht mehr verlassen kann, hat er die Zeit genutzt, um seine Villa nach seinem Geschmack umzubauen.

»Ich habe ein sehr schönes Aquarium. Das ist ein Hobby von mir. Das ist mein Stolz und meine Freude. Das ist es, was mir heutzutage hilft. Ich habe Meeresfische, tropische Fische aus dem Meer. Das wird also als Riffaquarium bezeichnet. Es ist ziemlich groß. Es ist etwa sechs Meter lang. Ich bin sehr stolz darauf.«

Shah kennt die Gerüchte um seine Personen, über Haie im Aquarium und seine Yacht mit dem Namen »Cum-Ex«.

»Oh nein, nein, nein, nein. Es ist nicht ethisch, einen Hai in einem Aquarium zu halten.«

Eine Yacht hat er allerdings, 19 Meter lang, der Kaufpreis betrug zwei Millionen Euro. Sie heißt »Solo«, wie seine Firma. Versteht er, dass deutsche oder dänische Steuerzahler wütend sind, dass er ihr Geld ausgibt?

»Sie können ruhig wütend sein, aber ich würde ihnen sagen, warum fragen Sie nicht Ihre Regierung, warum sie das Schlupfloch nicht geschlossen hat. Zudem bin ich nicht der einzige, der sich an diesen Geschäften beteiligte. Zweitens, wenn es ein Problem gibt, sollten es die Regierungen beheben. Und es war vollkommen legal und legitim. Also ich würde sagen, das ist das Problem der Regierungen.«

Dann die entscheidende Frage: Funktionieren die Geschäfte heute noch?

»Ich bin mir ziemlich sicher, dass die Geschäfte weitergehen, weil viele Länder die Schlupflöcher nicht geschlossen haben.«

Aber es ist nicht mehr so einfach?

Shah lacht. »Du kannst die Regeln verschärfen wie du willst, aber leider wird es immer Leute geben, die sagen: Okay, ich weiß, ich muss mir einfach etwas anders einfallen lassen, um die Regeln zu umgehen. Ein Beispiel. Ich kann meiner Tochter sagen, sie muss vor Mitternacht zu Hause sein. Sie kommt auch eine Minute vor Mitternacht nach Hause. Allerdings geht sie eine Minute nach Mitternacht wieder raus. Wenn ich sie darauf anspreche, antwortet sie: Du hast nur gesagt, ich soll vor Mitternacht zu Hause sein. Du hast nichts davon gesagt, dass ich nach Mitternacht nicht wieder raus darf. Es wird immer kluge Leute geben, die einen Weg finden, Regeln zu umgehen. Und leider zieht Geld kluge Leute an. Und leider sind Leute, die in Regierungen arbeiten, die Beamten, keine Raketenwissenschaftler, die Investmentbanken einstellen würden. Und leider befinden wir uns in diesem Katz-und-Maus-Spiel, in dem es immer die Banken und Hedgefonds geben wird, die immer einen Schritt voraus sein werden.«

Und wo gehen die Geschäfte weiter?

»Ich denke, auch in Westeuropa. Aber es ist möglich, diese Art von Trades überall auf der Welt durchzuführen. (...) Es wird dafür immer eine Gelegenheit geben, weil es nie eine globale Vereinheitlichung der Steuergesetze geben wird.«

Wir zeigen Shah einen Ausschnitt von unseren versteckten Aufnahmen aus London. Mittlerweile wissen wir, dass wir nicht einen x-beliebigen Ex-Mitarbeiter von Shah vor der Linse hatten. Amal Ram war nicht irgendwer im Cum-Ex-Cosmos von Sanjay Shah. Er war einer seiner engsten Vertrauten, Shah wollte ihn sogar im Vorstand der Hamburger Varengold Bank platzieren.

»Yeah, ich kenne das Video. Ich kenne diesen Jungen. Er hat für mich gearbeitet. Er war ein sehr vertrauenswürdiger Kollege, heute ist er ein guter Freund. Nachdem Solo Capital zusammengebrochen war, konnte er tun und lassen, was er wollte. Und ich denke, er hat einfach einige Ideen von mir übernommen und sie vorangetrieben. Wie ich sehe, hat er es getan. Ich hätte das nicht getan. Ich hätte ihm nicht geraten, just diese Geschäft zu machen. Aber er ist unabhängig, er kann machen, was er will. Das Video hat der arme Junge erst gesehen, als ich ihn darauf aufmerksam machte.«

War er sauer über die Veröffentlichung des Videos?

»Nein, es war ihm nur peinlich, würde ich sagen. Peinlich! Peinlich! Er ist weiter im Finanzdienstleistungssektor tätig. Er macht weiter Karriere.«

Shah sitzt in Dubai fest, Hanno Berger ist in Auslieferungshaft und nach Paul Mora wird per Steckbrief gesucht. Gibt es neben Amal Ram noch andere neue Player am Markt?

»Es gibt eine ganz neue Generation. Ich spreche hin und wieder mit Leuten, die in London noch auf dem Markt unterwegs sind. Wir tauschen uns aus über die aktuellen Entwicklungen.«

Auch Shah will so bald als möglich wieder mitmischen. »Ja, ich bin einfallsreich. Ich glaube immer noch, dass diese Trades funktionieren und ich die Fähigkeit und die Verbindungen habe, wieder ins Geschäft einzusteigen. Und das ist auch mein Plan. Ich habe Gespräche mit Leuten geführt, die sich an mich gewendet und gesagt haben: Wir haben von Ihrer Geschichte gehört. Können Sie uns zeigen, wie das geht? Und ich habe gesagt, ja, gut, Sie brauchen eine Bank. Deren Antwort war: Wir haben eine Bank. Und ich sagte: Okay, wo ist sie? Sie sagten: Sie ist in der Karibik. Ich sagte, nein, das ist die falsche Bank. Sie brauchen zum Beispiel eine Bank, die Wertpapiere in der Eurozone clearen kann. Ich habe das Geschäftsmodell und kann sagen, was Sie tun müssen. Ich habe das Rezept.«

Frankfurt am Main, 7. September 2021

Mit meinen *Panorama*-Kollegen Manuel Daubenberger und Felix Meschede bin ich auf dem Weg zur Staatsanwaltschaft in Frankfurt. Wir sind dort zum Fernsehinterview verabredet mit Oberstaatsanwalt Christoph Weinbrenner. Auf staatlicher Seite beschäftigt sich niemand länger mit dem Thema Cum-Ex als er. Sein erstes Verfahren stammt aus dem Jahr 2011. Es ist das Ermittlungsverfahren gegen Hanno Berger, Paul Mora und eine Reihe früherer Mitarbeiter der HypoVereinsbank. Aufgrund dieses Ermittlungsverfahrens floh Berger damals in die Schweiz.

Seitdem ist bald eine Dekade vergangen. Aus einem damals kleinen Kieselstein wurde eine Gerölllawine. Allein in Köln führt Weinbrenners Kollegin Anne Brorhilker Ermittlungsverfahren gegen mehr als 1000 Beschuldigte. Weinbrenner selbst ermittelt in elf Verfahren gegen rund 50 Beschuldigte.

Die Mühlen der Justiz mahlen langsam. Aber, das zeigen die Cum-Ex-Ermittlungen: Sie mahlen auch unaufhörlich. Es mag sich nicht ziemen für einen Journalisten, doch ich empfinde durchaus Bewunderung für Richter wie Roland Zickler in Bonn oder für Staatsanwälte wie Christoph Weinbrenner und Anne Brorhilker und für viele der Ermittler, die ich im Laufe der Jahre kennengelernt habe und leider nicht beim Namen nennen darf. Ohne ihre Ausdauer und Akribie würden die Steuerräuber weiterhin ungehindert in die Kassen greifen.

Christoph Weinbrenner, der Cum-Ex-Ermittler der ersten Stunde, wird sein erstes Fernsehinterview zu Cum-Ex geben. Für mich soll es zu diesem Thema das letzte sein. Das habe ich meiner Frau versprochen, als ich am Morgen aufbrach. Sie lächelte allerdings nur müde.

Unser weltweites Rechercheprojekt neigt sich dem Ende zu. In Spanien geben sich die Behörden noch immer ahnungslos, in Schweden grassiert ebenfalls großes Desinteresse an dem Steuerraub. Und die Kollegen in Italien und Japan arbeiten fieberhaft an einer Story über den noch immer von Interpol gesuchten Paul Mora. Nach Unterlagen aus den CumEx-Files und weiteren Recherchen hat der Cum-Ex-Pate auch in ihren Ländern sein Unwesen getrieben. Bei den neuen Berechnungen, die am Lehrstuhl des Mannheimer Steuerrechtsprofessors Christoph Spengel angestellt werden, geht es allein um Cum-Cum. Seine Berechnungen weisen in dem Zeitraum von 2000 bis 2020 in 15 Staaten eine Beutesumme von mehr als 150 Milliarden Euro aus. Fast 29 Milliarden Euro entfallen auf Deutschland. Während bei Cum-Ex die ersten strafrechtlichen Urteile existieren, gibt es bei Cum-Cum kaum Bemühungen, die Gelder zurückzuholen. Weder werden die Finanzämter und Staatsanwaltschaften systematisch aktiv, noch legen die Banken ihre Rolle offen. Sowohl die Commerzbank und die Deka-Bank, eine Anstalt des öffentlichen Rechts, wie auch eine Reihe von Landesbanken waren tief in Cum-Cum verstrickt.

Staatsanwalt Weinbrenner betrat seinerzeit absolutes Neuland, als er 2011 die ersten Aktenseiten las. Aber er wusste schnell, mit welcher Art von Herren er es nun zu tun bekommen würde. In den Steuerunterlagen tauchten etwa die Namen Rafael Roth und Hanno Berger auf, die im Internet schnell zu recherchieren waren. Die genannten Banken waren ohnehin bekannt. Die mutmaßliche Schadens- beziehungsweise Betrugssumme war mit mehr als 130 Millionen Euro durchaus beträchtlich.

Ohne Weinbrenners langen Atem säße Berger nicht in Auslieferungshaft. Weinbrenner war es auch, der den internationalen Haftbefehl gegen den Cum-Ex-Giganten und früheren HypoVereinsbank-Mitarbeiter Paul Mora erwirkt hat. Mora hält sich in Neuseeland auf. Doch wenn dieser Pate der Cum-Ex-Industrie sein Heimatland verlässt, vielleicht um zu seinen Kindern nach England zu fliegen, muss er mit einer Auslieferung nach Deutschland rechnen.

Das Ausmaß der Cum-Ex-Geschäfte, wie sie Paul Mora über viele Jahre anschob, hat Staatsanwalt Weinbrenner überrascht. Schon in den ersten Fällen ging es um hohe Summen, doch »nicht in meinen kühnsten Träumen«, sagt Weinbrenner im Interview, habe er sich die Dimensionen so vorgestellt. Die internationale Komponente sei Cum-Ex »sozusagen in die Wiege gelegt, der Leerverkäufer sitzt ja im Ausland«. Eine Folge für einen Ermittler wie Weinbrenner: Sie mussten ihre Beweismittel nicht nur in Deutschland suchen.

Eine der größten Herausforderungen in Wirtschaftsstrafverfahren dieser Größenordnung sei, »die enormen Datenmengen zu bewältigen«. »Als Ermittler müssen Sie E-Mail-Postfächer auswerten. Sie müssen Dokumente auswerten, die in Fremdsprachen, häufig in Englisch abgefasst sind. Und Sie müssen die Dokumente, auch wenn Sie sie als Ermittler verstehen, für das Strafverfahren übersetzen.« Das alles führe dazu, dass die Ermittlungen »wahnsinnig zeitintensiv« seien – und teuer.

Ich spreche ihn auf den langen Atem an, den er gebraucht habe und weiterhin brauche. »Da muss man einfach eine gewisse Gelassenheit haben und die Dinge so nehmen, wie sie kommen«, sagt Weinbrenner.

Gelassenheit. Vielleicht macht so ein Charakterzug einen Menschen erst kompetent für eine Ermittlung, die es so vorher noch nie gegeben hat und deren Ende noch nicht abzusehen ist. Weinbrenner ist allerdings, wie er mir sagt, »guter Dinge, dass wir ganz beträchtliche Summen zurückfordern können«. Im Rahmen der rechtlichen Vorgaben lasse sich ja auch Vermögen abschöpfen. »Und die Steuerbehörden haben natürlich in der Vergangenheit schon Maßnahmen ergriffen.«

Zu den neuen Spielarten von rein steuergetriebenen Aktiengeschäften wie Cum-Fake und dazu, wie diese zu stoppen sind, will sich Weinbrenner nicht äußern. Er selbst sieht sich da nicht am Zug. »Als Strafverfolger können wir oftmals nur in die Vergangenheit schauen.« Diese Arbeit reicht ihm auch, und sie scheint ihn zu erfüllen. »So eine Chance, so einen Fall aufzuarbeiten, die bekommt man wahrscheinlich nur einmal im Leben«, sagt der Frankfurter Staatsanwalt.

Hat er es mal bereut, Cum-Ex angefasst zu haben, frage ich Christoph Weinbrenner. Die Antwort kommt schnell. »Nein. Nie.«

EPILOG

Hamburg, 12. September 2021

Vor ziemlich genau einem Jahr saß ich mit Christoph Links zusammen, damals Verleger des gleichnamigen Verlages. Wir sprachen darüber, wie man ein Buch aus dem sperrig klingenden Thema Cum-Ex machen könnte. Die Mechanik von Cum-Ex ist kompliziert, aber gut auf den Kern zu reduzieren: Es wird letztlich Geld aus der Staatskasse gestohlen. So weit, so klar. Dann stellte mir Christoph eine Frage, die ich nicht beantworten konnte, obwohl ich mich schon seit vielen Jahren mit dem Thema Cum-Ex auseinandersetze. Warum können die Finanzbehörden vor der Auszahlung der Kapitalertragssteuer in ihren Computern eigentlich nicht sehen, ob der Antragsteller zuvor die Steuer überhaupt entrichtet hat?

Am nächsten Tag war ich als Sachverständiger in eine öffentliche Anhörung im Finanzausschuss des Bundestages geladen. Das Thema lautete: »Steuerskandal Cum/Ex zukünftig verhindern«. Steuerfachleute, Finanzbeamte, Professoren, Richter und Steuerfahnder sollten jeweils ihre Expertise einbringen. Die Meinungen liefen weit auseinander. Manche warnten vor Cum-Ex, andere beruhigten. Ein Professor behauptete kühn, man habe doch nun alles im Griff. Als ich an der Reihe war, erzählte ich von unserer Undercover-Operation in London, bei der wir uns als Milliardäre ausgegeben hatten und ein Nachfolgeprodukt von Cum-Ex auf den Tisch gelegt bekamen. Die Botschaft, die mir wichtig war: Der Raubzug geht weiter; es gibt keinen Grund nachzulassen in dem Kampf gegen die Steuerräuber.

Abends traf ich einen Beamten aus dem Bundesfinanzministerium. Wenige Menschen in Deutschland kennen sich so gut mit Steuerthemen aus wie er. An ihn gab ich nun die Frage weiter: Warum können Finanzbeamte in Deutschland vor Auszahlung oder Anrechnung der Kapitalertragssteuer nicht prüfen, ob die Steuer tatsächlich auch entrichtet worden ist? Der Experte aus dem Ministerium überlegte. Dann setzte er zur Erklärung an:

Wenn sich ein Steuerpflichtiger in einem Finanzamt im Bundesland A mit einer vorgelegten Bescheinigung die Kapitalertragssteuer auszahlen lässt, kann der Finanzbeamte schlicht und einfach nicht prüfen, ob er die Steuer zuvor in einem anderen Bundesland abgeführt hat. Es gibt nämlich keine Datenbank, in der alle Informationen zusammenlaufen. In Deutschland gibt es fünf große Rechenzentren, in denen die Daten der Finanzbehörden der 16 verschiedenen Bundesländer gespeichert und verarbeitet werden. Doch diese Rechenzentren sind nicht miteinander verbunden. Und das kann man auch nicht so einfach nachholen.

Die Architektur der Zentren ist so veraltet, dass sich ihre Inhalte nicht ohne weiteres auf ein neues, modernes System überspielen lassen. Deshalb können die Daten der fünf Rechenzentren auch nicht miteinander verknüpft werden. Um das zu erreichen, müsste jedes der fünf Rechenzentren zunächst eine aufwendige Prozedur durchlaufen. Es bräuchte Computerspezialisten, die in der Lage sind, die Daten aus den veralteten Systemen in einen modernen Großrechner zu überführen. Der Aufwand, den dies erforderte, wäre immens und würde erhebliche Summen verschlingen. Es gibt auch nicht allzu viele solcher Spezialisten. Und jene, die dazu imstande wären, sind heiß umworben. Schließlich sagte der Beamte den wohl entscheidenden Satz: »Das muss man auch wollen.«

Die Kölner Staatsanwältin Anne Brorhilker hat uns in einem Interview auf einen weiteren Umstand hingewiesen, der dafür sorgt, dass im Hase-Igel-Spiel von Staat und Steuerräubern der Staat nie der Igel ist. Brorhilker lenkte unseren Blick auf die Rolle der Banken, die teilweise von den rein steuergetriebenen Geschäften leben und gleichzeitig die Kreditgeber des Staates sind. Den Finanzmarkt wirklich zu kontrollieren und die Prozesse und die ständig neuen Strategien zu verstehen, sagte die Staatsanwältin, »das ist jetzt nicht so einfach nächste Woche gelöst. Dazu brauchen wir wirkliches Expertenwissen. Und Expertenwissen haben wir ja offensichtlich nicht, denn sonst würde es ja nicht passieren.«

Brorhilker glaubt, dass es einer großen Kraftanstrengung bedarf, national und auch international, um Cum-Ex und verwandte Geschäfte dauerhaft zu verhindern. Eine Radikallösung wäre, die Deals rund um den Dividendenstichtag grundsätzlich zu untersagen. »Aber dann würde man den Investmentbanken ein ganz wesentliches Standbein wegnehmen«, sagte Brorhilker. Es sei die Frage, »ob das politisch gewollt ist«.

Anne Brorhilker nannte in dem Interview noch einen weiteren Punkt, der dazu führt, Geschäfte wie Cum-Ex dauerhaft zu ermöglichen. Auf den ersten Blick klingt er gar nicht allzu relevant, aber hier spielt der politische Wille eine Rolle: Die Staatsanwältin hält es für ein Problem, dass der Staat in der Wahrnehmung vieler im Grunde fehlerfrei agieren muss. »Behörden machen eigentlich keine Fehler, und auch Mitarbeiter von Behörden dürfen keine Fehler machen«, sagt sie und bezeichnet diese Einstellung als »absurd«. Denn »wenn wir getäuscht worden sind – und das ist ja Steuerhinterziehung, die Täuschung des Fiskus, die Täuschung des Staates –, dann ist es, glaube ich, der richtige Weg zu schauen, an welchen Stellen das stattgefunden hat und welche Mechanismen das vielleicht erleichtert haben. Und die müsste man dann ändern – ohne dass man dafür kritisiert wird, dass man etwas ändert«.

Brorhilker hat im Laufe der Jahre als Beamtin beobachtet, dass Behörden, die ihre Abläufe ändern wollen oder sollen, immer vor einem ganz bestimmten Vorwurf Angst haben: Sie fürchten, dass jemand fragt, warum sie das nicht schon früher gemacht haben. Brorhilker hält diesen Vorwurf für wenig hilfreich. »Es dauert eben eine Weile, bis man das alles analysiert hat. Und dann dauert es auch eine Weile, bis man sich in einer Behördenwelt eine wirklich umsetzbare Alternative ausdenkt.«

Dieser Tatsache, so kann man die Staatsanwältin verstehen, sollte sich in Politik und Verwaltung niemand schämen. Man sollte sich lieber dazu bekennen. Die Alternative wäre ja nur, Fehler zu verschweigen oder gar nicht einzugestehen, weiterzumachen wie bisher also und damit ein Problem wie Cum-Ex wohl niemals gelöst zu bekommen. Man könne von Behörden einfordern, »dass man zu einem gewissen Zeitpunkt auch etwas ändert«, sagt Anne Brorhilker. »Aber ob der Zeitpunkt nun eine

Woche früher, eine Woche später ist? Da Kritik zu üben, das wäre übertrieben und hielte im Ergebnis auch Stellen davon ab, überhaupt irgendetwas zu verändern, weil sie genau diese Kritik fürchten.«

Brorhilker geht es um die Fehlerkultur. Da müssten sich alle auch an die eigene Nase fassen, nicht immer nur mit den Fingern auf Andere zeigen. »Wichtiger wäre eigentlich, dass wir es jetzt richtig machen und auch Behörden ermutigt werden, ihre Prozesse umzustellen, ohne dass sie dann dafür kritisiert werden.«

Vernetzte Digitalisierung, ein Verbot der Deals rund um den Dividendenstichtag und schließlich eine gute Fehlerkultur – dies sind sicher noch nicht alle Maßnahmen, die dabei helfen können, dass dieses Land sich in Zukunft nicht mehr derartig ausnehmen lässt, wie es über die Jahre mithilfe der Cum-Ex-Geschäfte passiert ist. Im Kleinen wie im Großen braucht es dazu gemeinsamer Anstrengungen und vor allem den Willen zur Lösung.

Bis zur Bundestagswahl war es nur eine Woche, als ich Christoph Links und Christof Blome, die dieses Buch auch lektorierten, die allerletzten Kapitel geschickt habe. Wer Deutschland in welcher Konstellation regieren würde, ließ sich nicht absehen. Unumstritten war jedoch, dass angesichts knapper Kassen und großer finanzieller Herausforderungen durch die Corona-Pandemie keine Regierung länger dem Steuerbetrug durch Cum-Ex oder ähnlichen steuergetriebenen Geschäften so wenig entgegensetzen darf, wie es bislang der Fall war.

»Steuern sind ein zentraler Beitrag für die Gemeinschaft. Sie ermöglichen staatliche Institutionen und Leistungen, von denen alle profitieren. Wer Steuern hinterzieht, bereichert sich auf Kosten der Gesellschaft«, erinnerte in meiner schwäbischen Heimat im Spätsommer 2021 der Landesfinanzminister Danyal Bayaz. Der Grünen-Politiker musste sich gerade verteidigen, weil ihm vorgeworfen wurde, er habe im Internet eine Art Steuer-Pranger für Baden-Württemberg installieren lassen. Nun forderte Bayaz in seinem Text in der *Frankfurter Allgemeinen Zeitung*, den Kampf gegen Steuerbetrug zu einem Projekt zu machen, »hinter dem sich Liberale, Progressive, Konservative und Linke gleichermaßen versammeln können«.

Ich sehe in der Tat auch nicht, dass die demokratischen Parteien sich in ihrem Angang, das Problem zu lösen, groß voneinander unterscheiden müssten. Wenn es darum ging, in zähen Ausschusssitzungen die seltsam punktgenauen Gedächtnislücken des damaligen Finanzministers Olaf Scholz herauszuarbeiten, haben sich die Fachpolitiker der Linken und der FDP oder der CDU mit ihren Argumenten ja auch nicht unterschieden.

Lassen wir die Aufarbeitung der Treffen des SPD-Spitzenpolitikers mit einem Cum-Ex-Banker für den Moment außen vor. Beim Blick nach vorne hoffe ich einfach, dass die neue Bundesregierung versuchen wird, gegen Cum-Ex-ähnliche Deals anzugehen. Und das wird auch nötig sein, denke ich. Es gibt keinen Grund zu glauben, dass die Steuerräuber der zweiten und dritten Generation weniger skrupellos agieren werden. Und auch die Gier wird ähnlich groß sein wie in der Cum-Ex-Generation, die Leute wie Hanno Berger, Paul Mora und Christian Olearius geprägt haben.

ANHANG

WIE FUNKTIONIEREN STEUER-GETRIEBENE GESCHÄFTE?

Von Manuel Daubenberger

Steuergetriebene Geschäfte laufen in Deutschland und vielen anderen Staaten der Welt seit Jahrzehnten. Sie sind für Banken und andere Akteure des Finanzmarkts hochlukrativ und eine sogenannte »anerkannte Marktpraxis«, sprich: ganz normales Alltagsgeschäft. Wenn man Insider fragt, ob sie die Banken benennen können, die an diesen Geschäften beteiligt sind, antworten sie, lassen Sie mich lieber die Banken aufzählen, die nicht beteiligt sind, das geht schneller. Am bekanntesten sind die Varianten Cum-Ex und Cum-Cum. Es gibt aber nach unseren Recherchen unzählige weitere Spielarten. Gemeinsam haben sie alle eines: Es werden Aktien oder ähnliche Finanzprodukte um den Dividendenstichtag gehandelt mit einem einzigen Ziel: Steuergelder abzugreifen.

Neben ihrer Struktur unterscheiden sie sich vor allem in ihrer rechtlichen Bewertung. Es gibt die Cum-Ex-Geschäfte, die im Juli 2021 in einem Grundsatzurteil des Bundesgerichtshofs für illegal erklärt wurden. Es gibt die Cum-Fake-Geschäfte, deren strafrechtliche und steuerliche Aufarbeitung gerade erst begonnen hat. Und es gibt die Cum-Cum-Geschäfte, von denen viele Akteure immer noch behaupten, sie seien normale Bankgeschäfte. Sie werden bislang als so »normal« angesehen, dass sich einige der Cum-Ex-Akteure immer noch damit herauszureden versuchen, dass sie eigentlich »nur« Cum-Cum-Geschäfte hätten abwickeln wollen und ihnen gar nicht bewusst gewesen sei, dass es sich um Cum-Ex-Geschäfte gehandelt habe. Dies ist nicht nur eine absurde Verteidigungslinie, wie die Ermittlungen und Gerichtsverfahren deutlich machen, sondern zeigt auch, wie wenig sich die unterschiedlichen Spielarten der steuergetriebenen Geschäfte voneinander trennen lassen.

Mehrere Insider von Banken haben es in Hintergrundgesprächen und Interviews gleichermaßen beschrieben: Alle diese Geschäfte werden von den gleichen Menschen, in den gleichen spezialisierten Bereichen der Banken betrieben. Sie schauen sich mithilfe von Rechtsberatern an, wo welche Deals möglich sind.

Cum-Cum

Über Cum-Cum-Deals wird deutlich seltener gesprochen als über Cum-Ex-Geschäfte. Dabei gibt es Cum-Cum schon deutlich länger, sind wesentlich mehr Länder von ihnen betroffen und ist der Steuerschaden durch diese Geschäfte erheblich höher. Deshalb wird Cum-Cum auch als der große Bruder von Cum-Ex bezeichnet.

Um diese Geschäfte zu verstehen, muss man zunächst einige Grundlagen erklären: Aktienunternehmen schütten regelmäßig Gewinnbeteiligungen aus, die sogenannte Dividende. In Deutschland passiert dies einmal im Jahr am Hauptversammlungstag der Unternehmen. Auf diese Dividende fällt eine Kapitalertragssteuer an. Private Anleger müssen diese Steuer bezahlen. Institutionelle Anleger, also Banken oder Fondsverwaltungen, sind von ihr befreit, wenn sie inländische Unternehmen sind. Damit soll vermieden werden, dass diese institutionellen Anleger doppelt Steuern bezahlen.

Ausländische Investoren müssen die Kapitalertragssteuer bezahlen. Und da dies niemand gern tut, kommen Cum-Cum-Geschäfte ins Spiel. Ausländische Anleger übertragen ihre Aktien an inländische Institutionen, die dann keine Steuer auf die Dividende entrichten müssen. Im Regelfall überträgt eine ausländische Bank oder ein ausländischer Fonds seine Aktien für einen gewissen Zeitraum rund um den Dividendenstichtag an eine inländische Bank. Die Steuerersparnis wird dann zwischen den Akteuren aufgeteilt.

Steuergetriebene Aktiengeschäfte wie Cum-Cum sind in der Finanzwelt auch unter dem Begriff »Dividenden-Arbitrage« bekannt. Eine Arbitrage ist ein risikofreies Ausnutzen von Preisunterschieden, die ein Finanzprodukt zum gleichen Zeitpunkt an verschiedenen Orten dieser

Welt hat. So kaufen Händler zum Beispiel Aktien an einem Handelsplatz günstiger, um sie an einem anderen Handelsplatz teurer zu verkaufen. Im Großen und Ganzen sind klassische Arbitrage-Geschäfte legitim und gleichen nur das Marktgeschehen aus. Mit dem Begriff Dividenden-Arbitrage wird allerdings nur vertuscht, dass sich der Preisunterschied bei Dividenden an verschiedenen Orten der Welt nur daraus ergibt, dass jeweils unterschiedlich viele Steuern darauf anfallen. Gerade weil oft viele Aktien inländischer Unternehmen im Besitz ausländischer Investoren sind, in Deutschland etwa zwei Drittel, ist auch der Steuerschaden durch diese Geschäfte so enorm hoch – und das schon seit Jahrzehnten.

Um das Problem der Doppelbesteuerung zu lösen, wurde 1977 für inländische Banken die Möglichkeit geschaffen, sich die Kapitalertragssteuer (damals Körperschaftsteuer) erstatten zu lassen.[1] Schon 1978 beschrieb das Bundesfinanzministerium die Geschäfte dann in einem offiziellen Schreiben an die Spitzenverbände der Banken genau so, wie sie im Kern heute noch ablaufen:

> *Ein unbeschränkt Steuerpflichtiger (z.B. eine inländische Bank) kauft kurz vor dem Zeitpunkt der Dividendenausschüttung deutsche Aktien von einem beschränkt Steuerpflichtigen (z.B. eine ausländische Bank). Gleichzeitig gibt er dem beschränkt Steuerpflichtigen die Zusage, ihm diese Aktien kurze Zeit nach dem Zeitpunkt der Dividendenausschüttung zum Börsenkurs am Tage des Rückkaufs zurückzuübereignen.*

Das Ministerium wies gleichzeitig auch darauf hin, dass es dies für nicht rechtmäßig erachtet:

> *Die höchstrichterliche Rechtsprechung hat ständig entschieden, dass es zur steuerlichen Anerkennung eines rechtlichen Vorgangs nicht ausreicht, wenn der Steuerpflichtige bei der Gestaltung seiner Verhältnisse Formen wählt, die ihm lediglich gestatten, Steuern zu sparen; vielmehr muss der zu gestaltende Vorgang darüber hinaus eine wirtschaftlich anzuerkennende Bedeutung haben.[2] Das heißt übersetzt: Wenn Aktien- oder ähnliche Geschäfte nur getätigt werden, um damit Steuern zu sparen, sind sie nicht rechtmäßig.*

Mehr als 40 Jahre sind seither vergangen, und trotz mehrerer Versuche, die Geschäfte einzuschränken, laufen sie nach Ansicht von Expertinnen und Experten noch immer. Strittig ist die Frage, unter welchen Bedingungen die Geschäfte strafbar sind. Zuletzt hat das deutsche Bundesfinanzministerium 2016 den Versuch unternommen, die Geschäfte zu beenden beziehungsweise deutlich einzuschränken: Aktien müssen nun 45 Tage vor und nach dem Tag der Dividendenauszahlung im Besitz der deutschen Anleger sein, damit diese sich die von den Banken abgeführten Steuern wieder erstatten lassen können. Doch nach Ansicht von Steuerfachleuten und Menschen, die früher selbst solche Geschäfte getätigt haben, können diese Regeln sehr leicht umgangen werden. So würden die deutschen Anleger die Aktien nun einfach 45 Tage vor und nach der Dividendenausschüttung halten, sie in der Zwischenzeit aber verleihen, so dass keine zu großen Kosten für das Halten der Aktien anfallen.

Nun ist im Juli 2021 – von der Öffentlichkeit zunächst fast unbemerkt – Historisches geschehen: Das Bundesfinanzministerium stellte in einem offiziellen Schreiben die bisher eher am Rande der Legalität laufenden Cum-Cum-Geschäfte auf die gleiche Stufe mit den illegalen Cum-Ex-Geschäften. Das bedeutet, es könnten bald auch Rückforderungen und sogar strafrechtliche Ermittlungen wegen Cum-Cum-Geschäften anstehen.

In der Finanzbranche sorgte das Papier deshalb schon für mehr Aufregung als in der Öffentlichkeit. Die niederländische Großbank ABN Amro wies in ihrem zweiten Vierteljahresbericht 2021 direkt darauf hin, dass eventuell Rückzahlungen wegen ihrer Cum-Cum-Geschäfte in Deutschland drohen und dass die niederländischen Behörden bereits ermitteln würden.[3]

Zum Erscheinungstermin dieses Buches ist sehr viel Bewegung in der Beurteilung von Cum-Cum, und in einigen Jahren könnte die eher künstliche Unterscheidung von Cum-Cum- und Cum-Ex-Geschäften der Vergangenheit angehören.

Cum-Ex

Die Schwierigkeit bei der Beschreibung von Cum-Ex-Geschäften liegt darin, dass es das klassische Cum-Ex-Geschäft eigentlich gar nicht gibt. Die Modelle wurden über die Jahre immer wieder an die aktuelle Rechtslage angepasst, so dass sie funktionierten. Gemein haben sie alle, dass sie nicht nur dazu führen, dass eine Steuer zu Unrecht erstattet wird, auf die eigentlich kein Anspruch besteht, sondern dass durch sie sogar mehr Steuern erstattet werden, als einbehalten wurden.

Über die Anfänge von Cum-Ex gibt es unterschiedliche Geschichten. Bereits 1992 soll ein Mitarbeiter im hessischen Finanzministerium, der zuvor Börsenaufseher war, darauf hingewiesen haben, dass es eine »Produktion von doppelten Steuererstattungen« gebe. August Schäfer habe darüber seine Vorgesetzten informiert, wozu auch der damalige hessische Ministerpräsident und spätere Bundesfinanzminister Hans Eichel gehört haben soll. Der meint später jedoch, keine entsprechende Warnung erhalten zu haben.

Nach einer anderen Lesart sollen die Anfänge von Cum-Ex auf einen Zufallsfund Anfang der 2000er Jahre in London zurückgehen. Mehrere Beteiligte erzählen, ein Angestellter der amerikanischen Großbank Morgan Stanley habe eigentlich nur die Buchungen eines Aktiengeschäfts kontrollieren sollen. Es war ein Aktiengeschäft, das aus Versehen statt vor dem Tag der Dividendenausschüttung erst danach abgeschlossen wurde. Das erstaunliche Ergebnis war, dass am Ende ein großer Geldbetrag übrig war und kurioserweise keiner das Geld zurückhaben wollte. Die kleine Gruppe von Bankern erkannte sofort, dass sich dieser Zufall systematisch wiederholen und dabei der Profit noch erheblich steigern ließ. Cum-Ex hatte die Welt der internationalen Großbanken erreicht. Jahr für Jahr beteiligten sich fortan mehr Anleger an den Geschäften, der Steuerschaden wurde immer größer.

Alle Cum-Ex-Geschäfte haben gemeinsam, dass in Vorabsprachen ein Aktienleerverkauf vereinbart wird (also ein Verkauf einer Aktie, die erst später geliefert wird), der zunächst mit Dividendenanspruch (Cum, lateinisch »mit«) erfolgt, die Belieferung dann aber ohne Dividendenanspruch (Ex, Kurzform von excluding, ausgeschlossen). Dafür werden mindestens drei Akteure gebraucht: Investor A (häufig eine Großbank mit Zugriff auf große Mengen von Aktien), Investor B (Verkäufer, zumeist eine auf Cum-Ex spezialisierte Investmentgesellschaft) und Investor C (Käufer, ebenfalls Banken oder Fonds).

Kurz vor der Dividendenausschüttung verkauft Investor B ein Aktienpaket an Investor C, ohne dieses zu besitzen; das nennt man einen ungedeckten Leerverkauf. Er sagt dabei zu, dass er die Aktien später liefern wird. Zu diesem Zeitpunkt sind die Aktien noch im Besitz von Investor A, der bereits zugesagt hat, dass er die Aktie nach dem Tag der Dividendenausschüttung an Investor B liefern wird, damit der seine Verpflichtung gegenüber Investor C erfüllen kann. Investor A und Investor C schließen gleichzeitig ein sogenanntes Future- beziehungsweise Termin-Geschäft auf das Aktienpaket ab. Das Future-Geschäft regelt, dass Investor C nach dem Tag der Dividendenausschüttung das Aktienpaket wieder zu einem fixen Preis an Investor A zurückverkauft. Das dient zwei Zwecken: Zum einen, werden Risiken durch eine Preisschwankung der Aktien ausgeschlossen, und zum anderen wird durch die fest vereinbarten Kaufpreise vorab die Beute zwischen den Beteiligten aufgeteilt.

Dadurch wird auch klar, dass keine reale Marktsituation besteht, alle klassischen Marktrisiken werden durch die Beteiligten ausgeschlossen. Die Geschäfte werden beinahe ausschließlich »over the counter«, also außerbörslich, getätigt. Dies hat nicht nur den Vorteil, dass geringere Transaktionskosten entstehen, sondern dass durch das dabei übliche direkte Zusammenführen von Verkäufer und Käufer verbotene Absprachen leichter möglich und schwerer zu entdecken sind.

Am Tag der Dividendenausschüttung bekommt Investor A seine Dividende von der Aktiengesellschaft ausbezahlt. Die Kapitalertragssteuer in Höhe von 25 Prozent wird von der Aktiengesellschaft ans Finanzamt abgeführt. Dafür bekommt Investor A von seiner Depotbank (Bank, die Wertpapiere verwahrt) einen Steuerbescheid und kann sich die Kapitalertragssteuer später wieder erstatten lassen. Nach der Dividendenausschüttung verkauft Investor A die Aktie wie vorher vereinbart an Investor B, der sie an Investor C weitergibt und damit seine Verpflichtung aus dem vorherigen Leerverkauf erfüllen kann. Da Investor C nur eine Aktie erhalten hat, von der die Dividende schon abgezogen wurde, bekommt er von Investor B eine Ausgleichszahlung in Höhe der Dividende minus der Steuer. Durch den Leerverkauf entsteht der Anschein, dass Investor C zum Zeitpunkt der Dividendenausschüttung ebenfalls im Besitz der Aktie gewesen ist.

Die Beteiligten machen sich dabei eine Schwäche im Abwicklungsmechanismus zunutze, die Depotbank von Investor C nimmt lediglich einen Zahlungseingang in Höhe der Nettodividende wahr. Sie kann aber nicht erkennen, ob es sich dabei um die Originaldividende oder eine Kompensationszahlung handelt. Investor C bekommt deshalb ebenfalls einen Steuerbescheid von seiner Depotbank, obwohl er die Steuern nie abgeführt hat. Da die Finanzämter keinen Überblick darüber haben, wer tatsächlich Steuern abgeführt hat und wer nicht, da sie untereinander nicht vernetzt sind und es keine zentrale Datenbank gibt, fällt nicht auf, dass zwei (oder in extremen Fällen sogar noch mehr) Anleger eine Steuerbescheinigung ausgestellt bekommen haben. Investor C kann deshalb seinen Steuerbescheid nutzen, um sich ebenfalls die Kapitalertragssteuer erstatten zu lassen. Im Endeffekt erstattet das Finanzamt mehr Steuern, als einbehalten wurden. Abschließend liefert Investor C die Aktie an Investor A zurück. Das Kreisgeschäft ist abgeschlossen. Die Geschäfte werden erst durch die mehrfache Steuererstattung überhaupt rentabel, da durch die Kosten für Aktientransaktionen und Future-Geschäfte sonst sogar Verluste entstehen würden.

In Wirklichkeit liefen die Geschäfte natürlich deutlich komplizierter ab und benötigten noch mehr Akteure. Häufig waren auf Cum-Ex-Geschäfte spezialisierte Broker eingeschaltet, also Makler, die Angebot und Nachfrage zueinander brachten. Diese vereinfachten nicht nur die Geschäfte, sondern halfen, diese zusätzlich zu verschleiern. Die beteiligten Akteure konnten somit darauf verweisen, dass es keine Absprachen gegeben und man schließlich anonym über Broker gehandelt habe. Mittlerweile ist bekannt, dass es nicht nur konkrete Absprachen gab, sondern dass sich die Absprachen schon durch die Größe der Aktienpakete und die sehr speziellen Preise quasi von allein ergaben.

Da Cum-Ex-Geschäfte nur lukrativ sind, wenn sie mit großen Mengen Aktien und damit auch großen Mengen Kapital durchgeführt werden, kam den Großbanken eine wichtige Rolle zu. Sie stellten den kleineren

Banken und Investmentgesellschaften Kredite in Milliardenhöhe zur Verfügung, mit denen diese die großen Mengen Aktien erwerben und handeln konnten. Diese großen Aktienpakete wurden ebenfalls von Großbanken oder großen Fonds zur Verfügung gestellt.[4] Den sogenannten Depotbanken kam bei dem Ganzen eine wichtige Rolle zu. Nur sie haben die Berechtigung, Wertpapiere zu verwahren und diese von einem Depot ins andere zu buchen. Das heißt, die Cum-Geschäfte fanden in ihren Büchern statt. Sie haben eigentlich besondere Aufsichtspflichten, gegen die sie bei den Cum-Ex-Geschäften allerdings verstoßen haben.

Immer wieder haben die Behörden versucht, derartige Geschäfte zu unterbinden. Die beteiligten Anleger ließen sich dann jeweils neue Strukturen einfallen, um die Regeln zu umgehen. Erst 2011 gelang es dem Bundesfinanzministerium, die Regeln so zu ändern, dass Cum-Ex-Geschäfte ab 2012 in Deutschland technisch nicht mehr möglich waren. Seither führt nicht mehr die Aktiengesellschaft, die die Dividende ausschüttet, die Kapitalertragssteuer ab, sondern die Depotbank, wo die Aktien der Anleger lagern. Die Depotbanken tragen nun also nicht nur die Verantwortung dafür, die Steuerbescheinigungen auszustellen, sondern auch das Geld vorher überhaupt abzuführen. Das hat zur Folge, dass nur noch jene Institute Steuerbescheinigungen ausstellen dürfen, die auch tatsächlich Steuern abgeführt haben. Das sowohl die Depotbank von Investor A, dessen Steuern vorher tatsächlich einbehalten wurden, als auch die Depotbank des Investors C, der nie Steuern abgeführt hat, jeweils eine Steuerbescheinigung ausstellen, ist somit nicht mehr möglich.

Doch die Nachfolgemodelle waren schon längst im Gange und gehen ebenfalls bis heute weiter.

ADRs oder Cum-Fake

Seit die Cum-Ex-Geschäfte aufgearbeitet werden, wird eines klarer: Steuergetriebene Geschäfte sind grundsätzlich nicht nur mit Aktien möglich, sondern mit allen Finanzinstrumenten, auf die eine Dividende gezahlt wird.

Eines dieser Finanzinstrumente gerät nun langsam mehr in den

Fokus: Sogenannte American Depository Receipts, kurz ADRs. Es sind keine Aktien im eigentlichen Sinne, sondern sogenannte Hinterlegungsscheine, die eine bestimmte Anzahl von hinterlegten Aktien abbilden. Der eigentliche Zweck dieser Papiere ist es, US-Firmen zu ermöglichen, Investorengelder im Land einzusammeln, ohne den komplizierten Weg über die amerikanische Börse zu gehen und sich dort listen zu lassen. ADRs werden vor allem von Großbanken herausgegeben und über amerikanische Börsen inzwischen weltweit gehandelt. Sie bilden den Kursverlauf der zugrundeliegenden Aktien nach. Die herausgebende Bank ist verpflichtet, die entsprechenden Aktien bei einer Depotbank zu hinterlegen.

Die herausgebende Bank hat allerdings auch die Möglichkeit, sich erst einige Tage nach der Herausgabe der ADRs mit den erforderlichen Aktien einzudecken. Diese nennt man dann »pre-release ADRs«, also vorab ausgegebene ADRs. Und genau dieses Zeitfenster zwischen Ausgabe der ADRs und der tatsächlichen Eindeckung mit Aktien lässt sich nun genauso für steuergetriebene Geschäfte missbrauchen wie bei Cum-Ex. Da für die Steuerbehörden nicht nachvollziehbar ist, ob eine Steuererstattung für die reale Aktie oder für das ADR-Ersatzpapier beantragt wird, erstattet sie die Steuer ähnlich wie bei Cum-Ex-Geschäften auch an einen Anleger, der eigentlich nicht erstattungsberechtigt ist.[5]

Die US-amerikanische Börsenaufsicht SEC hat in diesem Zusammenhang in den vergangenen Jahren Strafen in Höhe von 432 Millionen US-Dollar gegen mehrere Banken und Broker verhängt. Der Vorwurf: Missbrauch der pre-release ADRs zum Zweck der unrechtmäßigen Erstattung von Steuern.[6] Insider gehen deshalb davon aus, dass auch mit ADRs europaweit ein Steuerschaden in Milliardenhöhe entstanden sein könnte.

Zuerst berichteten WDR und *Süddeutsche Zeitung* Ende 2018 über diese Form der steuergetriebenen Geschäfte, sie tauften sie Cum-Fake. Das Bundesfinanzministerium gestand damals ein, dass es das Problem noch nicht erkannt hatte. Es behauptete allerdings auch, es umgehend behoben zu haben. US-amerikanische Banken müssten nun bestätigen, dass ADRs zum Zeitpunkt der Ausgabe tatsächlich hinterlegt waren, sonst gibt es keine Erstattung.[7] In einem eigenen Bericht zu Cum-Fake kommt der Bundesrechnungshof allerdings zu dem Ergebnis, dass die Maßnahmen nicht ausreichen, um Cum-Fake oder ähnliche Geschäfte zu unterbinden.[8] ADRs sind damit nur ein Beispiel von vielen, wie Regierung und Behörden den steuergetriebenen Geschäften immer einen Schritt hinterher sind.

Anmerkungen

1 https://www.haufe.de/steuern/haufe-steuer-office-excellence/frotscherdrueen-kstg-vor-1-einfuehrung-in-das-koerpersc-32-anrechnungsverfahren_idesk_PI25844_HI883381.html
2 https://dserver.bundestag.de/btd/18/127/1812700.pdf, S. 114
3 https://assets.ctfassets.net/1u811bvgvthc/Rpkm6oIrs9J5M31vEGWY2/b2a9c9d5111bfc1a1ec5e6c6728468e5/ABN_AMRO_Bank_-_Interim_Report___Quarterly_Report_second_quarter_2021.pdf, S. 78
4 Mehrere Quelle für Erklärung von Cum-Ex: https://openjur.de/u/2237125.html; https://www.finanzwende.de/themen/cumex/wie-funktionierten-die-cumex-geschaefte/; https://www.zeit.de/video/2017-06/5461015755001/kurz-erklaert-wie-der-cum-ex-steuerskandal-abgelaufen-ist; StA Köln 190402 Anklage Shields_Diable
5 https://www.bundesrechnungshof.de/de/veroeffentlichungen/produkte/beratungsberichte/2020-beratungsberichte-1/2020-bericht-cum-fake-gestaltungen-risiken-bei-der-erstattung-von-kapitalertragsteuer-aufgrund-von-doppelbesteuerungsabkomm/@@download/langfassung_pdf,
6 https://www.sec.gov/adr-enforcement
7 https://www.sis-verlag.de/archiv/einkommensteuer/verwaltungsanweisungen/6315-bmf-besteuerung-von-american-depository-receipts-adrs-auf-inlaendische-aktien und https://www.tagesschau.de/investigativ/wdr/cum-fake-101.html
8 https://www.bundesrechnungshof.de/de/veroeffentlichungen/produkte/beratungsberichte/2020-beratungsberichte-1/2020-bericht-cum-fake-gestaltungen-risiken-bei-der-erstattung-von-kapitalertragsteuer-aufgrund-von-doppelbesteuerungsabkomm/@@download/langfassung_pdf, S. 17

DANK

Investigativer Journalismus ist Teamarbeit. Und vielleicht bin ich der glücklichste Investigativ-Journalist Deutschlands, weil ich zumindest bei meinen Recherchen zu Cum-Ex immer das große Glück hatte, mit tollen Teams arbeiten zu dürfen. Die Teams wechselten wohl, wuchsen und manchmal schrumpften sie, aber ich war nie allein. Vier Kollegen standen mir über die Jahre besonders zur Seite. Zunächst möchte ich Christian Salewski nennen. Mit keinem habe ich so lange und intensiv und freundschaftlich an diesem Thema gearbeitet wie mit ihm, gefolgt von Manuel »Aktenberger« Daubenberger und Oliver Hollenstein. Und mit Wigbert Löer schließt sich ein Kreis. Er gehörte zu dem Team, mit dem vor acht Jahren alles begann. Und ohne die Hilfe von Wigbert würde es dieses Buch nicht geben.

Beim Ch. Links Verlag möchte ich mich besonders bedanken bei Christoph Links und Christof Blome für Lektorat, Mut und vor allem Geduld bei diesem Buchprojekt.

Besonderer Dank geht auch an Jörg Nabert für das juristische Lektorat dieses Buches sowie an Kirsten von Hutten *(stern)*, Klaus Siekmann (NDR), Sascha Sajuntz *(manager magazin)*, Michael Fricke und Jes Meyer-Lohkamp. Diese Juristen haben mich vor noch mehr Ärger bewahrt, den solche Recherchen ohnehin mit sich bringen.

Viele weitere Kolleginnen und Kollegen haben mich über die Jahre bei meinen Recherchen zu diesem Thema unterstützt oder mit mir zusammengearbeitet. Bei folgenden möchte ich mich – in alphabetischer Reihenfolge – namentlich bedanken:

Lutz Ackermann, Brigitte Alfter, Olaya Argüeso Pérez,
Jeremie Baruch, Benedikt Becker, Suse Bordasch, Catharina Boss,
Anne-Lise Bouyer, Lars Bové, Lea Busch,
Harvey Cashore, Johan Christensen, Mario Christodoulou,
Sven Oliver Clausen
Justus von Daniels, Zach Dubinsky
Siem Eikelenboom, Mads Ellesoe,
Philip Faigle, Niels Faustrup, Ruth Fend,
Armin Ghassim, Oscar Giménez, Anneliese Giseburt, Jörg Göbel,
Thomas Grasboll Svaneborg, Sylke Gruhnwald, Johannes Gunst,
John Hansen, Michael Haselrieder, Britta von der Heide, David Hohndorf,
Simon Jockers, Tor Johannesson,
Knut Kainz Rognerud, David Kaplan, Guido Kleinfeldt, Tom Koerke-meier, Willem Konrad, Simon Kretschmer, Andrezj Kròl, Knut Kühne,
Theo Leggett, Andrew W. Lehren, Moira Lenz, Dirk Liedtke,
Christoph Lütgert,
Karin Matussek, Ivo Mayr, Stefan Melichar, Felix Meschede,
Anne Michel, Angelo Mincuzzi, Andreas Mönnich, Agustin Monzón,
Gretchen Morgenson, Leo Müller,
Nanami Nakagawa, Tanja Nyrup Madsen,
John O'Donnell, James Oliver, Marta Orosz,
Nina Plonka, Karsten Polke-Majewski, Jack Power,
Uli Rauss, Gina Reg, Andrej Reisin, Dewald van Rensburg, Anja Reschke,
Alexandra Richter, Frederik Richter, Felix Rohrbeck, Christian Rohde,
Miquel Roig, Alexandra Rojkov, Giulio Rubino, Anne Ruprecht,
Jonathan Sachse, David Segal, Arne Semsrott, Patrizia Schlosser,
Dietmar Schiffermüller, Katharina Schiele, David Schraven,
Jonas Schreijäg, Benjamin Schubert, Tom Sims, Jörg Schmitt, Laurant Schmit, Eric Smit, Hannu Sokala, Holger Stark, Volker Steinhoff,
Matthias Stelte, Benedikt Strunz, Martin Stoll,
Mariko Tsuji,
Lyudmila Vaseva, Maxime Vaudano,
Makoto Watanabe, Ola Westerberg, Simon Wörpel
Olaf Zapke, Jorge Zulaga

Dank geht auch an die Steuerexperten Alexander Heist und Professor Christoph Spengel und seine Mitarbeiter Daniel Klein und Christopher Ludwig.

Der allergrößte Dank gebührt meiner Ehefrau Dorothee. Ohne sie wäre dies alles nicht möglich, ohne ihre Liebe hätte ich nicht die Kraft.